U0131624

看尖端科学如何更全面地展现罗马
和古代社会的面貌

让 我 们  一 起 追 寻

〔奥〕

WALTER SCHEIDEL　　瓦尔特·沙伊德尔　主编

祁长保　译

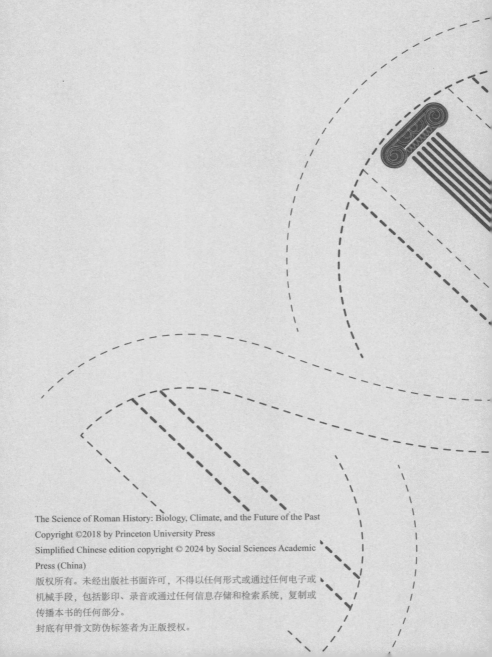

古罗马史与自然科学方法

生物、气候与历史学的未来

THE SCIENCE OF ROMAN HISTORY

BIOLOGY, CLIMATE, AND THE FUTURE OF THE PAST

社会科学文献出版社
SOCIAL SCIENCES ACADEMIC PRESS (CHINA)

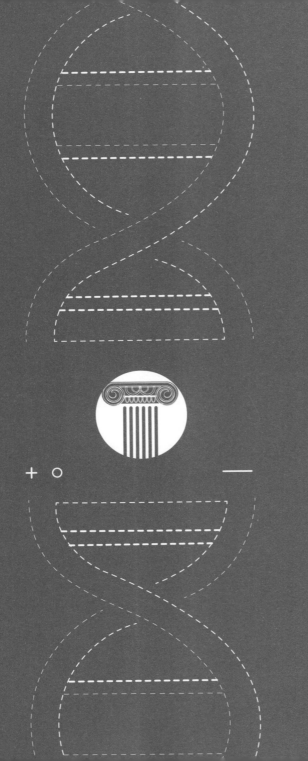

目　录

地图与图表

地图

图

表

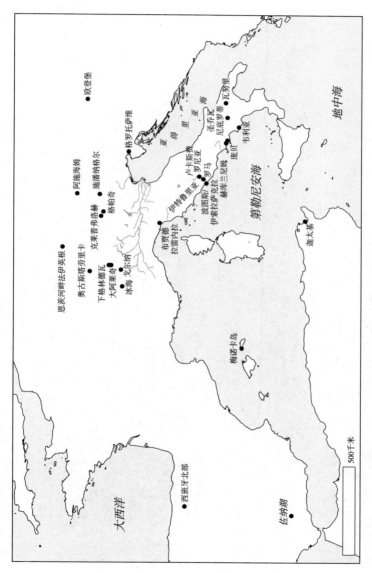

地图 1　西地中海地区

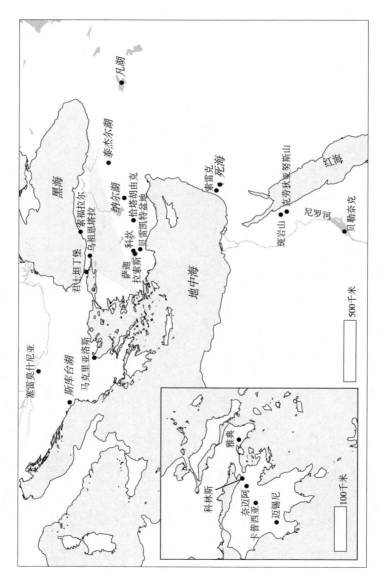

地图 2　东地中海地区

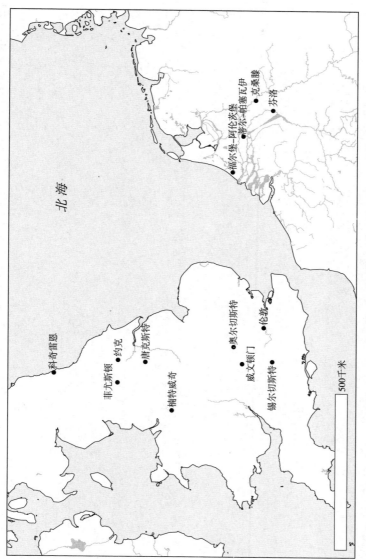

北海

科尔奇雷恩

菲尤斯顿
约克
唐克斯特

楠特威奇

奥尔切斯特
威文顿门
伦敦

锡尔切斯特

福尔堡—阿伦茨堡
蒂尔—帕塞瓦伊
克桑滕
芬洛

500千米

地图 3　欧洲西北部

作者简介

（按英文姓氏首字母排列）

卢卡·邦迪奥利（**Luca Bondioli**）是位于意大利罗马的古罗马文明博物馆（Museo delle civilta）生物考古学部主任和"L. 皮戈里尼"史前与民族志国家博物馆（Museo Nazionale Preistorico Etnograficl "L. Pigorini"）馆长。他最近的研究兴趣主要集中于从进化、功能和种群的角度出发，在化石、考古人类骨骼中获取信息的先进方法和技术。他曾经从事一系列的古人类学课题，集中于牙齿成熟度、化石记录中的放射成像技术的应用、古罗马遗骸的骨骼生理学。他在厄立特里亚的达纳基勒（Danakil）参加过布亚（Buia）遗址的更新世早期田野考察。

迈克尔·G. 坎帕纳（**Michael G. Campana**）是史密森国家动物园和保护生物学研究所（Smithsonian National Zoological Park and Conservation Biology Institute）的计算机基因组学家。他在工作中使用古代的脱氧核糖核酸（DNA）数据，对疾病和动物种群进行穿越时间的研究。

奥利弗·E. 克雷格（**Oliver E. Craig**）教授专攻分子生物考古学，特别是从古代骨骼遗骸和考古文物中回收蛋白质、脂类和 DNA，以提供对过往人类活动的深入了解。他尤为感兴趣的是人类饮食、烹饪和生存实践随时间的变化与多样性，以及日常饮食的变化对社会进化、健康和环境的影响。他喜欢将多种分析技术结合起来研究古代饮食，尤其是对人类骨骼的稳定同位素分析、对陶器上食物残渣的有机残留物分析。他在约克大学（University of York）主管生物考古中心。

彼得·加恩西（Peter Garnsey） 是剑桥大学古典古代史荣休教授。他目前的兴趣包括政治思想史、刑法制度比较和古罗马社会与文化，特别是有关骨骼证据方面。

丽贝卡·高兰（Rebecca Gowland） 是杜伦大学（Durham University）生物考古学副教授。她的研究兴趣包括人类骨骼与社会身份的相互关系、罗马世界的健康和生命历程、古病理学，以及关于身体损伤者的社会观念。她曾与克里斯托弗·克努塞尔（Christopher Knusel）合作编纂《丧葬遗迹的社会考古学》（*Social Archaeology of Funerary Remains*，2006），还曾与林赛·鲍威尔（Lindsay Powell）及威廉·索斯韦尔－赖特（William Southwell-Wright）合作编纂《过去的关怀：考古学与跨学科视角》（*Care in the Past：Archaeological and Interdisciplinary Perspectives*，2016），并与蒂姆·汤普森（Tim Thompson）合著《人类的身份与认同》（*Human Identity and Identification*，2013）。她已经有 40 多篇学术文章收录在不同的书中并发表在同行评议期刊上，包括《美国体质人类学期刊》（*American Journal of Physical Anthropology*）、《古物》（*Antiquity*）、《不列颠尼亚》（*Britannia*）和《国际骨骼考古学期刊》（*International Journal of Osteoarchaeology*）。

凯尔·哈珀（**Kyle Harper**）是俄克拉荷马大学（University of Oklahoma）的资深副校长兼教务长、古典学和文学教授。他著有《晚期罗马世界的奴隶制度，公元275~425年》（*Slavery in the Late Roman World*，*AD 275–425*，2011）和《从羞耻到罪恶：古代晚期性道德的基督教转变》（*From Shame to Sin：The Christian Transformation of Sexual Morality in Late Antiquity*，2013）。他目前的工作是研究古代晚期的人口和环境史。普林斯顿大学出版社刚刚出版了他的第三本书《罗马的宿命：气候、疾病与帝国的终结》（*The Fate of Rome：Climate，Disease，and the End of an Empire*）。

罗伊·J. 金（**Roy J. King**）是斯坦福大学精神病学和行为科学系的荣休副教授。他在地中海地区的现代DNA考古遗传学方面发表了大量著作，尤其关注新石器时代在欧洲的传播，以及更晚近的青铜时代晚期、古希腊时期地中海东部和中部的殖民模式。

迈克尔·麦金农（**Michael MacKinnon**）是温尼伯大学（University of Winnipeg）的古典学教授。作为一名考古学家，他在地中海各地的60多处遗址工作过。他特别关注从动物考古学、古代文献和图像学证据的结合中得出的，动物在古希腊和罗马社会中所扮演的角色。

迈克尔·麦考密克（**Michael McCormick**）研究罗马帝国的衰落与欧洲的起源。他是哈佛大学"弗朗西斯·戈莱特"（Francis Goelet）中世纪史捐赠教授，并在那里主持"人类过往科学倡议"网站（https：//sohp. fas. harvard. edu/）。他的著述包括获奖的《欧洲经济的起源》（*Origins of the European Economy*，2002）和《查理大帝的圣地勘察》（*Charlemagne's Survey of the Holy Land*，2011）；近来，他领导了针对罗马帝国时期气候的首次多重替代指标的科学和历史重建［《跨学科历史期刊》（*Journal of Interdisciplinary History*），43，2012］。他编辑了免费在线的、由学生创建的"罗马和中世纪文明数字地图册"（*Digital Atlas of Roman and Medieval Civilizations*，http：//darmc. harvard. edu/），并活跃于法国和西班牙的考古学界。

特蕾西·普劳斯（Tracy Prowse） 是麦克马斯特大学（McMaster University）人类学系副教授。她的研究结合了人类遗骸的稳定同位素和骨骼学分析，探讨古罗马时期各人群的断奶、日常饮食和迁徙。

瓦尔特·沙伊德尔（Walter Scheidel） 是斯坦福大学"迪克森"（Dickason）人文学科捐赠教授、古典和历史学教授，"肯尼迪-格罗斯曼"（Kennedy-Grossman）人类生物学研究员。作为另外 17 部书籍的作者和编者或合编者，他的已出版著作广泛涉及古代社会和经济史、前现代历史人口学、劳动制度比较史、国家的形成，以及不平等。

亚历山德拉·斯佩尔杜蒂（Alessandra Sperduti） 是目前执教于那不勒斯东方大学（University of Naples "L'Orientale"）的生物人类学家。她致力于分析和解读来自从史前到中世纪时期意大利考古现场的骨骼样本。关于罗马帝国时代，她一直在研究伊索拉萨克拉（Isola Sacra）、韦利亚（Velia）、卢卡斯费罗尼亚（Lucus Feroniae）和赫库兰尼姆（Herculaneum）等遗址。她在古人口学、古病理学、职业性骨骼标记物、确定性别和死亡年龄的方法论以及丧葬行为领域有众多著述。她还参与了聚焦于科学传播的项目，并发表了有关"公众对科学的理解"的文章。

诺琳·图罗斯（Noreen Tuross） 是哈佛大学科学考古学"兰登·T. 克莱"（Landon T. Clay）捐赠教授。

彼得·A. 昂德希尔（Peter A. Underhill） 博士自 2011 年以来是斯坦福大学医学院遗传学系卡洛斯·D. 布斯塔曼特（Carlos D. Bustamante）教授实验室的研究助理。1995 年，他参与发明了一项加速发现 Y 染色体二元突变的技术。他的开创性研究启动了一个长达几十年的过程，将 Y 染色体从一个精巧的新鲜事物转变为对那些从前超出记忆所及范围的史前人口事件进行标记的一个主流系统。与布斯塔曼特实验室的同事在基因组层面上取得的进展，使对 Y 染色体多样性的了解迅速发展为一种清晰的、经过时间校准的历史叙事。这种历史叙事尽管是以男性为中心的，但对验证假设和解读古代 DNA 结果仍然很有价值，而且成为研究人员通过模拟方法对人口统计学动态进行建模的指南。他的 Y 染色体研究成果见于许多经过同行评议的合作出版物。

玛丽克·范德维恩（Marijke van der Veen） 是莱斯特大

学（University of Leicester）考古学荣休教授。她的研究重点是古代农业、粮食考古学和植物的作用。她是《种植业制度》（*Crop Husbandry Regimes*，1992）、《消费、贸易与创新》（*Consumption*，*Trade and Innovation*，2011）的作者，也是《古代非洲植物资源开发》（*The Exploitation of Plant Resources in Ancient Africa*，1999）的编者，并编辑了三期《世界考古学》（*World Archaeology*），包括《奢侈食品》（*Luxury Foods*，2003）、《园艺农业》（*Garden Agriculture*，2005）和《农业创新》（*Agricultural Innovation*，2010）。

劳伦·沃尔瑟（Lauren Walther） 刚刚向杜伦大学考古系提交了博士学位论文。她的研究包括评估罗马时期和中世纪早期不列颠人类骨骼遗骸的身高和身体比例。不久后，她将在杜伦大学开始一个博士后项目，考察在中世纪早期不列颠的诺森布里亚王国的发展过程中，社会变革对人口健康的影响。

致　谢

　　作为本书的主编，我要感谢彼得·加恩西推荐了撰稿人，并对第四篇的协调工作给予了帮助。感谢 Peter Shi 和几位匿名推荐人对整部书稿或个别篇目的意见。感谢 Melissa Marturano 统一了七篇文章的格式。感谢 Jonathan Weiland 制作了地图，对文本中提到的地点做出了标示。感谢 Rob Tempio 从项目开始到完成的全程陪伴。还有 Jay Boggis、David Campbell、Ali Parrington、Matt Rohal、Stephanie Rojas 和 Jan Williams，感谢上述各位帮助我们将手稿成书。

导　论

瓦尔特·沙伊德尔

长期以来，自然科学一直在为我们理解古代历史做出巨大贡献。缺少了自然科学，考古学是不可想象的，从铭文、硬币到莎草纸和羊皮纸上的文献，对各种类型的原始素材的研究都从科学分析中受益匪浅。近年来，自然科学的贡献进一步扩大，因为从遗传学到气候替代指标等全新类型的证据已被引入历史探索当中。正是由于这一加速发展，如今的历史研究总体上进入一个跨学科的新阶段。作为这一阶段的坚实基础，我们认识到人类历史和自然历史是密不可分地交织在一起的。

这本书告诉我们，对古罗马世界的研究也不能脱离这一趋势。[1]气候居于最重要的地位（请见第一篇），对往往是勉强存续的农业社会的发展产生了巨大的影响。从局部数据中重建有意义的模式，而又不掩盖局部的变化，这仍是一项艰难的挑战。然而，我们现在第一次能对较长时间内气候变化的轮廓获得初步了解。罗马国力的扩张和繁荣正是发生在这种有利的条件下——恰到好处的温暖、稳定和潮湿。鉴于罗马的帝国势力范围在欧亚大陆西部的历史上是一个独特的例外情形，这很可能不仅仅是巧合，而需要进一步探究导致这一结果的制度、地缘政治和环境因素之间的相互作用。

从公元二世纪开始，伴随着罗马的国力断断续续地衰落，气候也变得越来越不稳定。四世纪的变暖趋势与帝国在西部的短暂复兴相重叠，降水量的增加也有助于东部的发展。四世纪的中亚大草原和两三百年以后在阿拉伯发生的人口迁移，可能都与长期的干旱有关。更为不祥的是，公元五世纪和六世纪这一地中海动荡时期经历了长期的变冷，同时火山活动激增。历史学家的任务很明确：虽然宏观社会发展趋势与气候条件之间的时间关联得到越来越多的文献记录，但因果关系的复杂性仍然很需要加以详细分析。气候变化的历史也是人类韧性的历史，我们要探寻的不仅是罗马社会如何受到环境因素影响，也包括它如何应对环境因素。此外，病原体或森林砍伐等其他生态因素也需要予以考虑。

对植物残留物的研究是一个补充性的学术研究领域（请见第二篇），与气候条件的研究存在紧密的联系，尽管这二者之间的关联还有待于深入探索。现有的研究将重点放在了可栽培作物在罗马统治庇护下的传播。适合制作面包的裸麦的扩散便是一个例子；另一个例子是油料压榨的碳化残留物，它指向了橄榄栽培的扩张。某些特定作物经过了长距离的运输，后来被纳入当地耕种制度，我们可以追踪这些作物最初是如何进口的，以及它们在多大程度上被接纳与消费。这些观察结果与涉及罗马经济发展性质的重大问题密切相关。此过程在多大程度上是由帝国统治本身驱动的，抑或就像耕种活动本身一度从中东传播开来一样，仅仅是持续长期发展的副产品？从被帝国塑造的意义上讲，罗马的经济是如何"罗马化"的？罗马军队的食物供应就是一个恰当的范例：在军事场所发现的植物性食物与当地平民的食物相比，情况如何？军队所需的食物和木材的来源随着时间的推移而变化，揭示了国家支撑的需求对生产模式有何影响。罗马人对不列颠的征服与谷物害虫的入侵同时发生，这种害虫在占领者建立的那些巨型露天粮仓中大肆繁衍，从这件事情上也可见帝国的影响。在红海港口发现的植物残留物揭示了原本无法再现的远距离贸易的活跃度，例如商船的来源地随着时间推移而发生的改变。城市遗址内植物生产的证据和对于人口规模的争论高度相关：庞贝城有六分之一的土地面积被用于植物生产，如果以这一发现为依据，那么罗马各城市的人口密度可能并不像一些人想象的那么高。

但最重要的是，植物残留物是有关日常饮食的一个关键信息来源。在整个罗马时代的遗址中发现了几十种不同的植物，这说明了经济发展的规模和范围。那个时期新发现的多种多样的食物消费不一定局限于精英阶层，也存在于更普通的阶层或者是农村地区。这对正在进行的辩论——有关罗马人的健康状况以及来自经济增长和商业一体化的收益如何分配——产生了相当大的影响。尤其是欧洲西北部的居民——他们比其他许多地区的人更能感受到帝国统治的变革性力量——在食品的可及性与多样化上获得了极大的改善。

动物遗骸提供了类似的洞见（请见第三篇）。人们已经从时间和空间上对肉类消费模式展开研究，将其与"罗马化"和其他过程联系起来。就像农作物一样，各种动物在罗马人的统治下传播开来。在罗马时期的意大利，家畜体形的增长揭示了生产力的提高。股骨测量和遗传学研究相结合有助于阐明这种进步在多大程度上归功于引进或繁育外来品种。对动物遗骸的研究启发了我们对各种迁移的了解，从尼罗河鱼类出口到小亚细亚，再到黑家鼠的迁徙使其最终成为腺鼠疫传播的工具。骨骼病理学，例如那些对奶牛的利用和公牛耕地的记录，增加了我们对农村经济效率的认识。从牙齿微磨损推断出的喂养制度告诉我们，动物是以牧草还是饲料为生，山羊骨骼中重金属沉积的不同甚至被用来追踪它们距离人类居住区远近的变化。

然而，无论古代植物残留物和牲畜与害虫的遗骸能告诉我们多少东西，人体始终占据着中心舞台（请见第四篇）。观察哪些作物或动物已经传播开来或出现在特定地点是一回事，而考察这些发现与当时人们的身体健康之间的关系则完全是另一回事。在缺乏关于当时的食物消费或公共卫生统计数据的情况下，人类骨骼和牙齿是关于罗马世界的营养状况、健康和发病率的最重要信息来源。缺少了它们，我们就不能指望观察到随时间发生的变化，无论是在某个人的一生中的，还是跨越世代或世纪的。从最基本的角度来说，人类的骨骼遗骸构成了"罗马人"样貌的最大一批档案。

并非所有的调查线索都能带来同样的收获。在评估整体健康和发展水平时，寿命是一个关键的变量。但是，除了在非常狭小的范围，它是很难或根本无法得到证实的，最显著的就是罗马时期埃及莎草纸上的人口普查记录。不幸的是，古代墓地中人类遗骸信息集合在一起往往不能可靠地说明从前的人口年龄结构。这就提出了一个问题，某些例外情况中产生了在人口特征上貌似合理的模式，这能否证明古代人口数据的重建是正确的？毕竟，即使是坏了的钟表有时也会显示正确的时间。但也许我们找错了方向：与其慨叹形塑了（从人口统计学家的角度来看则是破坏了）丧葬记录的各种偏差，不如说它们很可能反映了非常值得研究的文化习俗与偏好。最后，骨骼或许不得不告诉我们更多关于文化而不是人口方面的信息，这是一个非常有用的提醒，骨骼学有能力揭示从前的生活，那远远超出了人类存活方式的生理维度。

骨骼和牙齿在识别各种各样的疾病方面最为重要，这些疾病通常与特定的感染、职业危害和文化规范相关联。重要的是要意识到这一证据的局限性：关于某些类型的疏松性病变与疟疾之间联系的争辩尚无定论，就是对过度自信的古罗马病原体负荷鉴别提出的警告。古代世界最常见、最致命的疾病，如胃肠道感染，总体来讲还隐藏在我们的视线之外。木乃伊化的尸体可以导向更广泛的研究，但仅限于罗马世界的一隅，甚至在那里也尚未得到应有的重视。尽管如此，人们还是取得了相当大的进展。尤其是对婴儿和儿童遗体的研究大有希望，因为牙釉质分析已经开始揭示断奶和卫生习惯，否则我们对这些仍将不明所以。从某些方面来讲，早期的发育关键阶段也是最值得了解的。不要忘了，儿童和青少年占全部古代人口的三分之一以上。如果我们最终得到的有关儿童的信息比成年人的更为详细，将有助于弥补普遍匮乏的关于古代生命周期关键阶段的信息。

饮食也同样如此。牙齿和骨骼的稳定同位素分析为人们从前消费的食物类型提供了有价值的线索，尽管在实践中，精确性仍然是一个难以企及的目标。在确定不同人群的陆地与海洋食物来源的相应权重上，同位素研究最为成功。考虑到罗马帝国有相当一部分人口集中在沿海地区，海洋食物至少是他们的一个选项，而且经过加工的海洋食品可以长途运输，所以在揭示基于阶级、性别以及地理位置的饮食差异方面，这一指标比表面看上去更有用。然而，在整个罗马时代的日常饮食当中，最大的问题是谷物相对于动物产品在总体上的重要性，这方面还有许多工作需要去做。

最后但同样重要的是，稳定同位素分析有助于我们追踪生命周期中不同阶段的迁移活动。因为人类通过摄入当地的食物和水而获得了氧和锶的同位素特征——儿童阶段是在牙釉质中，而在整个一生中存在于骨骼当中——将这些特征与当地模型进行比较，可以对其移动性做出推断。使情况更为复杂的因素很多：短期移动可能很难追踪，进口食物和通过引渠输送的水会影响记录，不同地区可能会表现出类似的同位素特性。对当地参考数据进行系统的汇编至少能解决一部分问题。正如前几代人汇编了大量的铭文或莎草纸文献一样，现在我们也应当抓住时机，创造与我们对过往生活的理解相关的、具有可比性的科学证据。这其中包含同位素特征，同时也牵涉气候记录和遗传信息。

身体高度的研究也是骨骼学的另一个分支（请见第五篇），它植根于丰富的学术传统，力图将身高与健康和经济发展等各种因素联系起来。从最一般的角度来讲，身高往往与健康相关。然而，前者是遗传和饮食等各种各样投入的单一累积结果，而疾病使这种因果性解释更加复杂。在这一领域，海量的数据和跨时空的长期比较再一次不可或缺。从当地样本的汇集中得出的一个重要观察结果是，总体而言，罗马时期人们的身高低于之前或之后的几个世纪。[2]是营养还是病原体在其中发挥了更大的作用，这个问题对于我们理解罗马的经济至关重要。帝国统治和身体健康之间的关系必然是复杂的，受到经济发展、城市化、连接性和不平等性等因素的影响，这些因素对营养和健康，进而对身高造成了相互冲突的正反两方面影响。这又与牙齿的情况相同，成年前的记录可能具有特别的价值。身高证据指出，月经初潮和男性青春期的偏晚，与当前的低收入国家和其他历史人群的状况相符。如果有充足和足够精细的数据，不同阶级的身高差异也将显而易见，这在现代早期和当代社会中已得到充分的证实。总的来讲，身体发育的研究将大大得益于适当地集成各方面搜集的资料，从牙齿和骨骼中获取的有关健康和饮食的信息，由植物和动物遗骸记录的食物的可得性，以及稳定同位素和古代 DNA 记录的地理上的和血统上的起源。

　　最后一个数据来源是迄今所调查的其他大多数类型的古代遗迹，包括植物、人类和其他动物（请见第六篇）。由于古代 DNA 研究相对晚近，特别是因为这一领域的快速创新，它刚刚开始对罗马世界的研究做出贡献。在确定人类、牲畜和作物的地理起源，从而建立人类移动和生产资料转移的模式方面，基因分析尤其大有希望。古代伊特鲁里亚人（Etruscans）与更晚近的托斯卡纳人（Tuscans）之间在基因上可能并不存在连续性，还有伊特鲁里亚人和东地中海地区之间的联系，显然与我们如何评价有关其起源的古代传说以及人种形成的现代模式有很大关系。远距离迁徙的个别案例可能会引起我们的关注，但是对局部连续性的发现同样很有价值。总的来说，对较大样本进行全基因组测序是向前推进的最佳途径。就古代而言，迄今最具启发性的发现是与病原体，而不是与人类有关的。公元六世纪"查士丁尼瘟疫"（以及中世纪晚期"黑死病"）的病因被确定为鼠疫杆菌（*Yersinia pestis*），这必须被视作历史流行病学记录上的一个里程碑。早期的全球大流行，如公元二世纪的"安东尼瘟疫"和公元三世纪的"塞浦路斯瘟疫"，其背后的原因仍有待科学发现。在其他类型的严重感染中，相较之下很难从骨骼证据中推断出来的疟疾也越发引人注目，尽管相对于它在古代世界可能的传播规模，现有的基因证据的确还很少。即便如此，鉴于近年来这一研究领域的发展和成熟速度，在丰富我们对古代世界的了解方面，它仍具有难以估量的潜力。

对当前人口遗传构造的研究，形成了过往人口统计过程的大量史料，也补充了对幸存的古代生物分子链的分析（请见第七篇）。对亲缘性和混合性的考量揭示了活在当下的人们的起源。在这一领域，如同古代 DNA 一样，大多数现有的研究都集中于史前时期。虽然其中一部分可能已被最新的进展取代，但这些研究已经确定了一些模式，表明从黎凡特到北非，以及从爱琴海到西西里岛和普罗旺斯南部的移民与腓尼基人和希腊殖民者的活动可能存在关联。罗马历史缺乏类似的独特的迁移事件，或许证明了该领域的此类研究成果较少。一个有待探索的重要问题是，大量奴隶涌入意大利半岛的部分地区，这是否在基因记录中留下了痕迹。需要整理古代和现代的 DNA 来回答此问题。在其他地方，基因随时间推移的连续性有着确凿的证据，可以用来校正对地中海环境中人口移动性的夸大见解。

即使对以下各篇中涉及的一些问题的浅尝辄止的观察，也应当毫无疑问地表明，在历史探究中从"微观"到"宏观"的各个层面上，自然科学的方法都提供了深刻的见解。在光谱的一端是个体。理想情况下，通过整合各种方法，我们现在能够知悉某个人来自何处，以及这个人是在多大年龄搬到她去世的地方的；她在什么年龄断奶并经历了严重的生理压力；她赖以生存的食物更多来自陆地还是海洋；还有她是否死于瘟疫。她的身体数据可以和遗址中的其他人进行比较，并与当地的栽培品种、杂草、牲畜和害虫的残骸以及常见的无机考古残留物进行匹配。此前从未有可能如此细致地考察罗马人的个人生活细节。

在"中观"层面上，对某一特定地点的长期数据进行系列分析，并与其他遗址的数据展开比较，将我们导向了更宽泛的问题，有关帝国、政治和经济一体化，还有城市化和文化变迁对地方或地区以及更大层面的影响。与长期致力于从陶器到金属和石头等无生命物体的考古科学一样，气候学和生命科学为历史学家提供了处理这些问题的额外工具。

更进一步走到光谱的另一端，我们现在能够第一次尝试从整体上对罗马帝国进行合乎情理的生物历史叙事。凯尔·哈珀的新书将气候替代指标和有关病原体的科学数据与更传统的资料相结合，阐明了几个世纪中生态系统和人类活动的交互作用。[3]随着科学证据的扩充，还有很多需要进一步完善，但真正跨学科的古罗马历史的轮廓如今终于浮现在眼前。

————

要追求有关大结构和大过程的问题，我们就要努力思考如何将传统证据与科学发现相结合。这一结合是基于不同调查领域的观察结果的兼容性，这种兼容性又来自一致性。有关这个最早出现于十九世纪的术语，让我们引用一下迈克尔·麦考密克的精辟总结：

　　指的是根据认识论上不同的证据形式得出结论的这种调查的质量。它似乎特别适合于一边根据自然科学调查，一边根据历史学和考古学研究得出结论。一致性所指向的是人文研究和科学调查的根本统一的范畴——一种源于现实本身的统一。[4]

虽然这种看法意在弥合不同学科实践、专业知识的学术范围和调查探究之间的缺口，但应当承认的是，其基本前提可能也会强化现有的分歧，而不是让它们齐平。我们的一些人文学科同事可能对"统一现实"的概念持怀疑态度，或者对自然科学的入侵有所保留。而实际上，一致的统一体的前提几乎没有给更深奥的后现代主义与历史记录的交锋留下任何空间。这一概念本身便必然是"现代的"。就其成功的程度而言，它可能标志着钟摆向一个更开放的，或更恰当地说，向一个更乐观的角度摆动，一个关于知识生产和我们理解世界的更乐观的角度。我相信，我们应当欢迎这种转变。同样值得注意的是，有赖于源自生物科学的洞见，历史学家对霸权话语及从属者的担忧很容易得到应和。想要触及那"99%"的历史，还有什么方法比研究他们留下的以及维持和损害他们生活的生物体的实际遗存更为直接的呢？考古学自下而上有力地推动了历史学研究，展现了那些不曾留下其他记录的人。

8　　尽管如此，生物历史学的跨学科性还是带来了真正的挑战。技术越来越复杂精妙，成本逐渐下降，在遗传学方面最为显著，持续促进了自然科学对历史调查的贡献。但是，这一过程势必也常常造成一定的创造性破坏。我们正在面对持续的扰动，往往是几年之前——根本不用几十年——的研究成果就会受到质疑，或者直接被新方法的应用取代。这就使缺乏经验者步入了危险的地带。跟上最新潮流并非完美的解决方案，五年或十年前，专家完全有可能在跟上潮流的同时也出现错误。谨慎是当今的主旋律。长期以来，古人口学和从骨骼长度推断身高的方法因为规范和标准的持续混乱而一直受到困扰。我们最近了解到，古代营养学的骨科微量元素追踪、现代人群的血液等位基因研究，以及对古代 DNA 的早期研究，这些一度貌似最先进的方法和程序已经不再名副其实。保持谨慎是深刻的教训，要抵制永远存在的那种夸大最新发现的诱惑。自然科学研究的活力恰恰就是它最吸引人的特点，对于那些希望利用它的历史学家，这也是一项挑战。

自然科学的变化步伐，以及评估并应用其结果所需的专业知识，这两者都凸显了跨越既有学科边界开展合作的必要性。在考古学之外，关于古代世界的跨学科研究（更不用说教学）非常罕见，甚至更全面的协力工作也只是一种例外，而非常态。对个人能力的不断强调阻碍了从跨文化比较史到数字人文学科等多个领域的创新。现有的培训、支持和评价专业历史学家的模式，将他们视作某种现代意义上的大工匠，这是与生物历史学的方法更彻底的不相容。关于历史学家应该知道什么，以及他们如何与其他领域的同事合作，这又增加了新的期望，并将他们更深地吸引到申请拨款的复杂世界当中，这是他们在自然科学领域的同事们的生命之源。与此同时，它还号召科学家与历史学家合作，开发研究设计并解读结果：绝不能使跨学科研究变成一条单行道，让历史学家扮演消费者的被动角色。相反，对过去的一致性观点让历史学家充当中间人，在互不关联的学者群体之间建立联系，将他们团结在一起，追求对于历史的更丰富理解。

———

这本论文集只是阐述了与罗马世界相关的一些基本内容，其中涉及了自然科学的知识。我们聚焦于人类的身体和周遭的生物圈。在此过程中，这七篇论文所触及的内容包括气候以及植物、动物和人类，而对于人类，则涉及从大（骨骼）到小（生物分子），从表型到基因型，从古代到现代。出于我们的目的，作为地球科学一部分的气候学与基于生物学的其他研究领域之间的差别只是形式上的。虽然过去几千年中的大多数气候变化是由太阳和火山活动及地球轨道的变化引起的，但气候在生物历史重建中占据着中心地位，因为它主要通过对动植物和供水的影响间接作用于人类。

更多的内容尚待添加。一部真正的古罗马"生物史"理应更加宽泛，扩展到有关人类认知和行为的科学研究，接触这些更遥远的往事对学生们来说是一项挑战，并不在本次研究的范围之内。或许有一天，我们应当思索一下，作为历史记录中的几个突出特征，地方性奴隶制和有组织暴力（从大规模征兵到竞技场的杀戮）的环境如何形塑了罗马人的头脑与心灵。[5]

本书旨在为不同的生物科学方法及其对罗马历史研究的贡献提供一个指南：它们如何已经（或尚未），以及在未来可能如何丰富我们的理解。[6]虽然我们的重点是广义的古罗马世界，但每一篇的覆盖范围理所当然是各不相同的。与古代，以及现代 DNA 有着最紧密联系的工作涉及人类历史的早期阶段，与其说它阐明了罗马研究中的具体问题，不如说是让我们感觉到这项研究在未来几年有可能重新塑造我们对古代社会的理解。不过，骨骼和牙齿方面的研究使我们为了如何选择眼前的丰富资料而感到棘手。因此，第四篇集中讨论罗马时期的意大利，而第五篇则侧重于罗马时期不列颠人的身高数据，这吸引了一些最悉心的关注。并不是罗马世界的每一部分都能被同等程度地涵盖。来自埃及的证据特别丰富，值得单独成册，将古罗马的发现置于尼罗河流域文明的宏大时间维度的背景中，并充分利用木乃伊化的遗骸这种独特的证据。[7]

　　有一件事可以肯定。无论这种全面调查的覆盖面有多广，自然科学研究的迅猛发展一定会让它不久之后便会显得过时。它仅仅像是一帧快照，捕捉到了古代历史和自然科学越发纠缠的某一特定时刻。我们正在突破传统的传播方式的限制，下一步很可能必须依靠持续更新的电子出版物，才能跟上时代的潮流。

注　释

1. 这七篇论文共有超过 1000 条引文，所以我在很大程度上避免增加更多的参考书目。
2. 除了在第五篇中引用的作品，这也特别记录在格罗宁根大学（University of Groningen）Geertje Klein Goldewij 的专题论文项目中，其中利用的数据大大多于已经发表的研究成果，请见 Scheidel 2012：326。
3. Harper 2017. 关于其他时间和地点，目前特别请见 White 2011；Broodbank 2013；Parker 2013；Brooke 2014；Campbell 2016。
4. McCormick 2011：257. 本节后续的许多内容都受到了他的文章的启发。
5. AHR Roundtable 2014 呼吁历史学家更广泛地与生物学建立联系。该论坛中有关行为和情感的稿件来自 Harper 2014、Roth 2014 和 Scheidel 2014。又请见 Harper 2013。
6. Killgrove 即将发表的文章提供了一个补充的视角。
7. 关于古代疾病环境的一篇综述，请见 Scheidel 2010。

参考文献

AHR Roundtable 2014. "History meets biology." *American Historical Review* 119: 1492–1629.

Broodbank, C. 2013. *The Making of the Middle Sea: A History of the Mediterranean from the Beginning to the Emergence of the Classical World*. Oxford: Oxford University Press.

Brooke, J. 2014. *Climate Change and the Course of Global History: A Rough Journey*. New York: Cambridge University Press.

Campbell, B. 2016. *The Great Transition: Climate, Disease and Society in the Late-medieval World*. Cambridge: Cambridge University Press.

Harper, K. 2013. "Culture, nature, and history: the case of ancient sexuality." *Comparative Studies in Society and History* 55: 986–1016.

Harper, K. 2014. "The sentimental family: a biohistorical perspective." *American Historical Review* 119: 1547–1562.

Harper, K. 2017. *The Fate of Rome: Climate, Disease, and the End of an Empire*. Princeton: Princeton University Press.

Killgrove, K. forthcoming. *These Old Roman Bones: What Bioarchaeology Tells Us about Life in the Roman Empire*. Baltimore: Johns Hopkins University Press.

McCormick, M. 2011. "History's changing climate: climate science, genomics, and the emerging consilient approach to interdisciplinary history." *Journal of Interdisciplinary History* 42: 251–273.

Parker, G. 2013. *Global Crisis: War, Climate Change and Catastrophe in the Seventeenth Century*. New Haven: Yale University Press.

Roth, R. 2014. "Emotions, facultative adaptations, and the history of homicide." *American Historical Review* 119: 1529–1546.

Scheidel, W. 2010. "Age and health." In *The Oxford Handbook of Roman Egypt*, ed. C. Riggs Oxford: Oxford University Press, 305–316.

Scheidel, W. 2012. "Physical well-being." In *The Cambridge Companion to the Roman Economy*, ed. W. Scheidel. Cambridge: Cambridge University Press, 321–333.

Scheidel, W. 2014. "Evolutionary psychology and the historian." *American Historical Review* 119: 1563–1575.

White S. 2011. *The Climate of Rebellion in the Early Modern Ottoman Empire*. New York: Cambridge University Press.

第一篇　古罗马气候的重建

凯尔·哈珀、迈克尔·麦考密克

气候与古代科学

环境发展史作为一门分支学科，它的出现到如今已经超过一代人的时间。传统上，它聚焦于人类社会与自然界之间不断变化的关系，包括物理学和生物学两个维度。它和许多相关领域都存在重叠和关联，包括农业历史学、景观考古学、地理学，以及历史人口学与传染病方面的研究。从布罗代尔（Braudel）到霍登（Horden）和普塞尔（Purcell），这些环境历史学家的努力使人们对自然界的赋能能力及其带来的限制获得了更为清晰的理解。可以这么说，该领域的核心是致力于描述从环境中获取能量的必要性如何形塑了人类社会，以及人类社会在寻求燃料、食物与水的过程中如何利用并重塑了物理和生物环境。

具体到古罗马，在作为一个地理和生态意义的"地中海地区"的传统研究之上，已经构建出它的环境发展史。[1]首先需要理解古罗马帝国核心区域的特殊性，从这一点出发，研究扩展到探索古代粮食生产，相关论述涵盖了从特定作物的历史到彼得·加恩西有关食物短缺和饥荒的经典著作。[2]鉴于帝国很多半干旱地区的水资源管理之精妙，供水系统——从农业灌溉到丰碑式的城市水利工程——在古罗马环境的研究中经常占据显著地位。[3]森林曾是一个重要议题，而随着历史学家开始思考古罗马人如何满足他们对燃料和建筑材料的巨大需求，该议题再次凸显出重要性。[4]土地一度也受到历史学家的关注，虽然这种兴趣在最近几十年里很可惜地减弱了。[5]人类生物学偶尔会被摆在环境历史学的中心位置，例如瓦尔特·沙伊德尔或布伦特·肖（Brent Shaw）有关疾病和死亡的论述，抑或罗伯特·萨拉雷斯（Robert Sallares）关于疟疾历史的论文。[6]简而言之，古代环境发展史尝试迎接年鉴学派发起的书写一部完整历史的挑战——从所有必要的维度考量人类社会。[7]

或许正是在古气候研究中，"古代科学"正在显著地改变我们对古代环境的理解。[8]在最近约十年的时间里，从一些意想不到的来源发现并综合的新资料给气候历史带来了一场革命。我们迫切需要了解人为的气候变迁，部分来讲，古代气候记录的发现是这种需要所带来的一个副产品，它使我们能重新建构遥远过去的自然气候差异及变化，同时对环境发展史这项事业也大有裨益。全球气候系统在某种程度上框定了环境发展史所关注的全部系统和机制。我们以前对气候变化背景下的古代历史几乎一无所知，一些近年来尚在进行的科学调查已经开始揭开那层面纱，向我们阐明古代社会发展的基础条件。对于一个传统社会，特别是陷入了虽然有利却很可能出现难以预料的不稳定状态的地中海社会，气候的重要性很容易理解。[9]从学术角度完美地证明环境状况和历史变革之间清晰而缜密的因果关系，其重要性也是不言而喻的。[10]

探索气候变化对古代社会的影响，以及这些社会对环境做出的反应，在这一过程中首先需要说明的是，气候变化及其对社会的影响都是复杂的和多维度的现象，通常不能简化为通过一条单线贯穿始终的因果关系。气候变化可以表现为很多不同的形式，根据不同的条件和置身其中的社会的韧性，每一种形式所带来的影响可能各不相同。[11]给某个地区造成负面结果的变化，却可能在另一地区产生积极作用。在气温和降水方面，重要的不仅是绝对数值的增减。它们在时间分布上的变化，也可能或多或少有利于特定地区的某些农作物和动物。极端的变化则既可能是有害的也可能是有益的，譬如过度潮湿会造成作物枯萎和动物患病。变化的速度和时间分布同样重要。总的来说，缓慢的、渐进的气候变化被认为危害性较小，因为农民和牧民能够更容易地适应变化。变化本身的类型也能发挥一定的作用，比如说单向的或反复的波动，以及不同节奏的波动会改变气候变化对社会的影响。最后，气候事件或气候变化汇聚在一起可能会造成很大的影响。鉴于地中海地区的环境所固有的不稳定性，古代社会为不可避免的歉收年景开发了储存食物的各种方法。但是，当坏年景集中发生的时候，面对两年、三年或者更长时间的歉收，即便最有韧性的、储备最多的古代社会也可能会受到威胁。波动可能与单向的变化同样危险。

从历史上看，古代社会的韧性也很可能发生变化。在地中海地区的韧性当中，一个主要的"结构性"组成部分是尼罗河流域突出的农业生产效率。[12]除生产效率本身之外，还有一点很重要：对这种生产效率起决定作用的因素产生于印度洋气候系统，该系统有别于在地中海盆地其他地区占主导地位的北大西洋气候。[13]即便地中海地区的普遍条件不利于某一季的收成，这些不利条件也不大可能影响到埃及的收获情况。只要埃及的粮食生产能够融入地中海地区的整体经济中，且既存的船运和分销系统能根据需求转运这些粮食，地中海的大部分地区就能够应付气候问题带来的暂时性粮食短缺。这种韧性同样表

13

现在其他层面：整个地中海地区发展出了互联互通的各个市场和为之服务的航运业，还有那些至少建在大城市的巨大粮仓为不可避免的歉收年景囤积谷物。[14]这种粮仓无疑支撑了罗马和它的港口，以及君士坦丁堡，包括其海路上的忒涅多斯岛（Tenedos）。[15]在地中海地区的干旱环境中，复杂的贮水和输水技术的发展是构成韧性的另一个重要成分。一个有力的例证是，迦太基（Carthage）建造的高架渠是为了应对持续长达五年、直到公元128年才结束的一场干旱；公元766年，显然是一场十分严重的干旱引发了拜占庭皇帝重建君士坦丁堡高架渠的决定。[16]查士丁尼对圣城耶路撒冷供水设施的关注似乎同样反映了一场严重的干旱。[17]

直到相当晚近的时候，我们还仅能根据很少一些书面资料，结合考古证据，重新构建古代气候的历史，而这些也并未让我们取得很大进展。只有尼罗河的洪水是个例外——它通常需要通过间接证据重现——总体上，古代时期缺乏较长系列的历史学的或其他方面的报告，能够独立地让我们发现气候的变化。然而，H. H. 兰姆（H. H. Lamb）完成了一项了不起的工作。他从最为分散且相互迥异的证据出发，对各种气候变化的趋势加以推测，而且他的综合评估很值得一读。[18]古代的书面证据即使本身不足以重建古代气候，但是如果加以明智审慎的利用，它们还是可以为基于其他证据的重建提供一种宝贵的交叉验证。在某些场合下，它们的重要性甚至足够拓展和深化根据古气候替代证据进行的气候重建。例如在公元536年，所谓的"暗无天日之年"引发的大降温。[19]在未来几年中，只要考古学证据所提供的信息在时间和空间上的分辨率足够精细，可以实现原因与结果的准确关联，它们就能发挥出更为重要的作用。

在最近几代人之前并没有直接的仪器记录，这种情况下，气候科学家通过使用替代数据重建了古代气候的主要特征。这种替代数据来自树木年轮、冰芯、洞穴堆积（钟乳石）、湖泊纹泥（沉积层）等其他自然记录。[20]将过去大约一个世纪的气候仪器记录与替代指标的物理特征进行比较，发现了特定物理特征与气候条件之间存在长期一致的关联。假设这种关联和底层机制保持不变，气候学家便能够根据类似的替代指标推断在没有仪器记录存留时期的气候数据。[21]替代数据的精确性和细节的快速增长十分惊人，下文我们将提供这些证据的更多细节。研究古代世界的历史学家应该感谢这些不断涌现的新数据，以及它们为古代经济、社会和政治的环境背景提供的新见解。

本篇试图勾勒出我们目前对罗马帝国扩张、繁荣和最终分裂时期（公元前 200 年至公元 600 年）的自然气候了解的状态。其中的重点在于古气候替代数据的新证据。我们将探讨的是，它开始告诉历史学家，在他们感兴趣的几个世纪里，大规模气候变化的时间和性质是什么。最后一节将不同来源的证据汇集成一个尝试性的叙述，强调有关气候变化和历史变化这两者关系的一些问题，并强调未来还需要更多更好的资料来充实这样一种叙述。

古罗马的地理与气候

无论是在体量上还是在内部的多样性上，罗马帝国都是一个非常特别的地理实体，这显然与其环境有关，值得在本文中予以强调。它横跨三大洲，拥有一个内海，即"我们的海"

14

(*mare nostrum*)①。在东西方向上，它的范围大致从西经 9°到东经 38°，不包括它在美索不达米亚所做的尝试。其最北端在北纬 56°以北，而南端沿尼罗河达到北纬 24°以南。这后一个维度尤为特殊，因为纬向跨度在决定气候的因素中远比经向跨度更为重要。正如瓦尔特·沙伊德尔最近指出的那样，"在前现代历史上先后出现的所有帝国当中，只有蒙古人、印加人和俄罗斯沙皇的帝国能媲美或超出罗马人统治的南北范围"[22]。此外，帝国的地中海核心区域位于世界上一个气候较为复杂的地区。地中海周边地带处于亚热带和中纬度的交会处，受制于多种气候过程的影响；而且，地中海地区高度多样性的地形与（面积约 250 万平方千米的）巨大内陆海的动态相结合，使小区域间的差异更加明显。[23]在很多重要方面，这种多样性充当了一个完整统一的帝国对抗短期气候压力的缓冲器。

地中海地区任何一个特定地点的气候都是由当地复杂的海洋和山脉结构形塑的，但该地区的小气候并非一成不变的景观特征。除了明显的高频率变化造成急剧的季节更替，在一年、十年和更长的时间维度上还有更不规则的、低频率的变化模式。对地中海地区，尤其是其西部和北部的大范围气候变化的最强烈模式进行描述的，是一个被称作"北大西洋涛动"（North Atlantic Oscillation，简称 NAO）的指数，[24]它取决于亚速尔群岛（Azores）周围的持续高压区（"亚速尔高压"）和冰岛周围的低压区（"冰岛低压"）之间的气压差。[25]在北大西洋涛动的正相位下，西风带的强度增加，并将风暴路径向北推移，为北大西洋和欧洲中部带来更多降水。水分偏向北方，加

———————

① 古罗马人对地中海的称谓。（本书所有脚注均为译者注，后文不再说明。）

上反气旋的亚速尔高压的阻塞属性，意味着北大西洋涛动正相位可能与地中海西部发生的降水减少，甚至干旱相关。而即便上述关联较弱，正相位的北大西洋涛动也可以在地中海东部显示出相反的效果，带来更多的降水。[26]而在其负相位下，西风带直接穿过地中海西部，为摩洛哥、伊比利亚和意大利带来更多的降水。[27]

在地中海地区的南部和东部，调控机制更加多元。总的来说，随着人们进一步向南移动，由副热带高压带造成的干旱成为更大的威胁，前沙漠化景观变成了沙漠。最重要的冬季降雨是热带辐合带南移以及随后整个地区生成低压气旋的结果。[28]在全球气候的真正十字路口，罗马帝国的东部领土受到许多大范围气候机制的影响，包括但不限于北大西洋涛动、北海-里海模式（North Sea-Caspian Pattern，简称 NCP）、亚洲和非洲季风系统，甚至还有太平洋的厄尔尼诺南方涛动（El Niño Southern Oscillation，简称 ENSO）。[29]北海-里海模式是一种高层大气的远程遥相关，对冬季天气有剧烈的影响。在其负相位下，大气环流推动空气从西南向东北穿过地中海东部；而在正相位下，环流则是从东北向西南移动。[30]这一模式可能是地中海东部水体气候模式的一个特别重要的决定因素，它有别于北大西洋涛动，既能够解释希腊和土耳其的，也能解释黎凡特地区的不同模式。[31]罗马帝国庞大而完整的粮食体系也依赖埃及的粮食生产基地，那里的农业生产是由尼罗河的水文地理塑造的；尼罗河的流量取决于非洲中部和埃塞俄比亚高原的降水量，进而又受到印度洋季风系统的影响。[32]对罗马帝国的粮食生产如此重要的南部弧地，受到南半球的气候机制影响，因而与影响帝国其他区域的大西洋和北方气候机制无关。

16

因此，罗马帝国的气候必须被理解为本地和全球因素的交集、稳定和活跃特征的互动。从埃尔斯沃思·亨廷顿（Ellsworth Huntington）到 H.H. 兰姆和埃马纽埃尔·勒华拉杜里（Emmanuel Le Roy Ladurie），气候历史学家长期以来一直强调气候变化对于人类文明进程的重要性。[33]在更新世晚期，我们人类的祖先经历了气候的剧烈波动，这造成了冰期及之后的快速融化期。更新世气候曾被称为"闪烁开关"，其巨幅振荡主要是由天体力学所决定的——地球自转和倾斜，以及围绕太阳的椭圆轨道参数的微小变化，导致到达大气层的能量发生巨大变化。相比之下，从大约公元前 9700 年至今的全新世的特点是相对稳定，是与人类的生存方式相契合的。但越来越明显的是，即使在温暖且稳定的全新世，也发生了各种规模的持续而重大的气候变化。[34]在全新世的几千年里，轨道强迫一直在进行，在地球的复杂系统中，即使是渐进的变化也会产生惊人的非线性效应。此外，在从十年到百年的时间维度上，其他几个重要的气候强迫来源变得越来越清晰。太阳活动水平的变化会影响地球上的太阳辐射强度。[35]火山活动会影响大气化学，并释放出能将太阳辐射反射回太空的气溶胶。[36]除了这些外部强迫机制外，海洋-大气系统本身的内部动态也可能在不同的时间维度上对气候变化产生影响。

作为替代指标，自然的记录允许我们将针对过往气候的了解追溯到仪器记录开始之前。一些替代指标代表了可能的强迫机制，如太阳活动或火山作用；其他的可以提供有关温度和降水等气候参数的信息。至关重要的是分辨率的级别。例如，树木年轮、某些冰芯与湖泊纹泥可以达到年度甚至亚年度的分辨率，对于在古典古代或中世纪历史学家感兴趣的时间维度上重建气候，它也是非常有用的，尤其是大多数情况下树木年轮可以绝对确定年份，这时便尤其有用。相比之下，钻孔温度或海洋生物群通常只代表分辨率低得多的气候替代指标，因此可能有助于确定全新世晚期气候的背景或搞清长期的关联，但在每年、十年或有时是百年的时间维度上，它很少能给关注它的历史学家提供有用的资料。

几乎是自从人类开始写作以来，我们这个物种就记录了对环境现象的观察结果。[37]这些结果被观察者的文化加以过滤，其中的假设和期望无疑表达了他或她对世界的看法。通常，人类观察记录的是异常事件，而不是普通事件。除了尼罗河洪水之外，古代很少留下连续而大量的记录，那样的记录要求对特定现象进行坚实而独立的构建，比如中世纪法国的葡萄收成，及其所揭示的炎热或糟糕的夏季。但只要细心，即使从这种不完美的记录中也可以挖掘出有意义的信息和模式。[38]事实上，对书面资料和自然记录的比较证实了这样一种观点，即两者都保存着关于过往气候的重要证据，其方式相互阐释，相互挑战，有时又令人困惑。[39]人类记录和其他任何记录一样，都是证据来源的一种，需要小心地解读，并与其他数据流进行整合。

来自树木的资料在年代顺序的分辨率上是最清晰的，年轮标志着树木的生长，在某些情况下，树木生态学家能够构建坚实的、高还原度的、连续的区域性重叠年轮序列，可以追溯到地质年代更迭之前的最后几个世纪。[40]尽管经过仔细检查和统计学验证的大批树木年轮可以令人满意地重建关键生长季节（但在这之外的月份则不一定）的降水模式，在特殊情况下，如果树木暴露和承压的地方使它们对温度变化特别敏感，有时也可以从中推断出季节性的温度记录。[41]对于古代世界来说，最广泛的树木资料来自欧洲西北部；在靠近地中海地区的中心地带，规模相当的成套树木资料仍然非常罕见，虽然在地中海北部、南部和东部边缘，人们正努力改善这种状况。考虑到大量降水具有高度的地区性，这种限制也就更加严重。

极地冰芯中的年层所对应时间的年代准确性已经受到更多的争议，但最近的进展使格陵兰冰芯与公元14世纪以前的其他年代时序更加一致。[42]来自格陵兰冰盖第二计划（Greenland Ice Sheet Project 2，简称 GISP-2）和格陵兰冰芯项目（Greenland Ice Core Project，简称 GRIP），还有新近的北格陵兰伊米安间冰期冰芯钻探（North Greenland Eemian Ice Drilling，简称 NEEM）的冰芯提供的基础证据，在重建过去十万年北半球气候历史的主要特征上，将会起到更为有力的作用。然而，格陵兰岛的替代指标存在一个局限性，它首先让我们了解的是格陵兰岛的环境，而古气候学家必须据此推断欧亚大陆西部和地中海的环境。针对从瑞士和意大利边境钻取的新冰芯，一个正在进行的项目采取新技术从中提取出分辨率超高的数据，有望揭示出来自欧洲心脏地带的地中海地区气候标记的新线索，并开辟一条新途径，将这些标记与出自格陵兰岛的、早在我们这个地质年代之前的第一个千年的资料相关联。[43]

18 由于火山作用和太阳活动在历史学家的时间尺度上是主要的强迫机制，我们应当开始通过关注全新世晚期的气候强迫来探索罗马气候的背景，然后再转向帝国不同地区的气候本身的证据。轨道参数的变化可以简单地以天体力学来描述，它长期以来显然与地球气候系统的显著重组相一致。然而，近几十年来，太阳辐射输出中规模较小的、频率较低的波动也对气候系

统产生了影响。[44]"蒙德极小期"（Maunder Minimum）①　就是
一个极端例子。大约在公元 1645 年到 1715 年，几乎没有太阳
黑子活动，同时出现了异常的低温。太阳活动的变化对气候有
着深远影响，这一理论得到了近来的大量工作成果的支持。[45]

　　经过近四十年的仪器观测，我们了解了太阳活动的易变
性；通过对太阳黑子数量的直接观测记录，能够重建过去大约
400 年间的太阳活动。但是，替代证据可以对这种易变性追溯
得更远。当银河宇宙射线进入地球大气层时，它们会产生铍-
10 和碳-14 等宇生放射性核素；更剧烈的太阳活动减少了银
河宇宙射线在到达地球途中穿过太阳风层的能量，降低了铍-
10 和碳-14 等同位素的产生。[46]因此，太阳活动水平与放射性
核素的产生之间存在一种反比例关系。由于这些放射性核素保
存在可以确定年代的冰芯和树木年轮等有形史料当中，因而提
供了可以溯及数千年前的、通常分辨率很高的太阳活动记
录——如果是来自冰芯的记录，则可以追溯到数万年前。

　　重建随着时间推移的太阳总辐照度（Total Solar Irradiance，
简称 TSI）的努力，依赖于冰芯中的铍-10 和树木中的碳-14 的
自然记录。二者各有优缺点。铍-10 的产生是衡量太阳能输出
的高敏感度方法，导致其沉积在层叠冰盖中的过程比在树木中
形成碳-14 放射性碳记录的更少，也相对简单。[47]然而，铍-10
模型必须依赖来自少数深冰芯的数据。测量树木中放射性碳的
优点是数量更多，地理范围更大，还受益于年轮资料上出色的
年代准确性。可是，因为碳在大气、海洋、植物等范围中进行

① 　指公元 1645~1715 年太阳活动非常衰微的时期，以英国天文学家爱德
华·沃尔特·蒙德的名字命名。当时地球正处在小冰期，但二者是否相
关尚无定论。

循环的中介作用，需要在模型中设定更多的假设和更多的变量。[48]幸运的是，对于我们这一时期太阳活动中最重要变化的基本时间分布，人们有着较强的共识。在公元前四世纪中期到公元七世纪两个显著的太阳活动极小期之间，太阳活动相对较高而且稳定的时期里，罗马帝国欣欣向荣。[49]从整个全新世来看，在一个显著稳定的时期，罗马帝国实现了最为迅速的扩张与兴旺。

重建太阳总辐照度并重点关注罗马时期的努力值得我们重视。图 1.1 显示了以碳-14 测定的太阳总辐照度记录。基于碳-14 的一个模型清楚地显示了公元前四世纪和公元七世纪的极小值，以及在此期间上升且稳定的太阳活动水平。[50]然而，应当注意的是，在二世纪初，以及在三世纪中叶和五世纪，可能出现了太阳辐射输出的下降。相比之下，四世纪似乎是一个太阳活动频繁的时期。

19

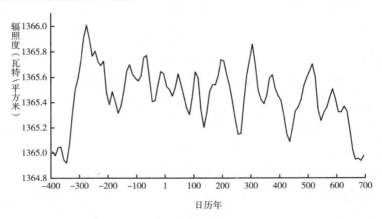

图 1.1　以碳-14 测定的太阳总辐照度

来源：数据来自 https：//www2. mps. mpg. de/projects/sun-climate/data/tsi_ hol. txt。

　　图 1.2 展示的是一个来自冰芯的铍 -10 模型，从全景上显示了在整个罗马时期的重要相似之处，也包括一些有趣的差异。[51] 二世纪初，太阳活动的减少更加明显；三世纪中叶，下降再次显著；四世纪的增长颇为突然，尤其是在该世纪的上半叶。

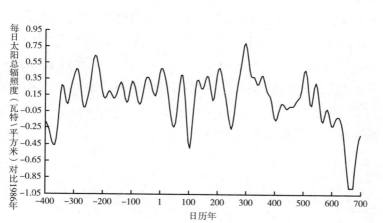

图 1.2　以铍 -10 测定的太阳总辐照度

　　来源：数据来自 ftp：//ftp. ncdc. noaa. gov/pub/data/paleo/climate _ forcing/solar_ variability/steinhilber2009tsi. txt。

　　在全新世，火山作用是人们理解得最为清楚的短期气候强迫机制。[52] 替代证据让我们重建了它在遥远过去的发生频率。火山喷发有时甚至会将悬浮颗粒抛到上层大气中，它们在那里可以阻挡作为地球上主要热量来源的太阳辐射。从火山喷发中降下来的硫酸盐颗粒落回地面，沉积在每年形成的层状冰盖中。因此，冰芯保存的剧烈火山活动的记录便具有很高的分辨率。严重的火山爆发可能引起短期的降温，有时严重到足以在随后几年造成极端天气。这类事件可以与经济和政治动荡联系在一起，就像已经证实的在加洛林王朝①时期发生的那样。[53]此外，由于复杂的反馈效应，火山事件有可能在更深远的、更系统性的气候变化中发挥作用。例如，有人认为，一个密集的火山活动期有助于引发小冰期。[54]相比之下，在罗马时期的大部分时间里，火山活动都处于中等至较低的阶段，但古代晚期的小冰期明显是个例外，它在公元 536 年春天突然爆发，同时伴随着大量剧烈的火山喷发。[55]

图 1.3 显示了在格陵兰冰盖第二计划的记录中重建的来自格陵兰岛的火山硫酸盐水平，它展示了罗马时代基本的稳定性，但公元前一世纪的一次重大事件除外。[56]值得注意的是，格陵兰冰盖第二计划的冰芯的相关部分已经损坏，未能为公元前六世纪的大部分时间提供任何证据。

21

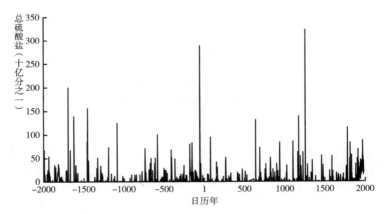

图 1.3　火山硫酸盐，格陵兰冰盖第二计划

来源：数据来自 ftp：//ftp. ncdc. noaa. gov/pub/data/paleo/icecore/greenland/summit/gisp2/chem/volcano. txt。

① 指从公元 751 年开始统治法兰克王国的王朝，该王朝开创了神圣罗马帝国。

格陵兰冰芯项目的记录显示了一种相似的模式。[57]根据西格尔（Sigl）团队最近发布的多个经过校准的冰芯记录，对全球火山作用力更扎实的重建中也出现了类似模式，如图 1.4所示。[58]

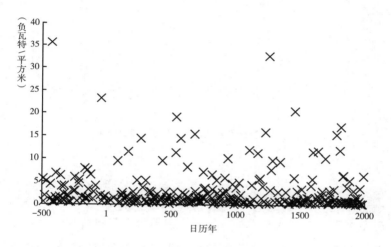

图 1.4　全球火山作用力估值

来源：Sigl，et al. 2015：Data File，"Volcanic Forcing," col. G。

结合了树木年轮证据和冰芯记录的一项研究证实并丰富了过往的主要火山活动的情况。北美洲西部狐尾松的生长对温暖季节的时长很敏感，萨尔泽（Salzer）与休斯（Hughes）从很多这类树木中识别出冰芯中的火山活动印记与树木年代学证据中的生长最小值之间存在的一致性。[59]同样，在罗马帝国极尽扩张和繁荣的时期，重大火山事件的广泛缺失也是引人注目的，如图 1.5 所示。

太阳活动和火山作用的替代指标告诉我们的，只是罗马时期全球范围气候强迫机制的历史，并非气候本身。开始触及古

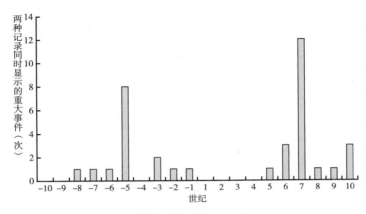

图 1.5 重大火山事件，冰芯与树木年轮

来源：Salzer and Hughes 2007。

气候本身的一种办法是通过多重替代指标进行温度重建。人们曾多次尝试对替代指标加以综合，以模拟全新世晚期全球或半球的温度变化历史。其中最全面的也最令人印象深刻的是克里斯琴森（Christiansen）和伦奎斯特（Lungqvist）最近所做的北半球两千年的温度重建，其使用了来自温带地区的 91 个高分辨率替代指标。[60]这些指标中有 26 个一直追溯到公元一世纪。他们只使用与公元 1880 年到 1960 年这一校正周期的温度具有显著相关性的替代指标。图 1.6 提供了一幅以 50 年为节点、与校正周期相比温度异常的平滑曲线图。罗马帝国时期的稳定和相对温暖是很明显的。在公元后两个半世纪的时间里，北半球的温度与 1880~1960 年相比持平或略高，而且惊人地稳定。在公元 250 年前后开始了一个不稳定的、总体变冷的阶段，一直持续到"中世纪气候异常期"。

对于邻近罗马帝国心脏地带的区域，阿尔卑斯山的冰

22

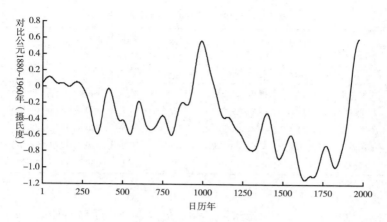

图 1.6　气温异常

资料来自 ftp：//ftp. ncdc. noaa. gov/pub/data/paleo/contributions_ by_ author/christiansen2012/christiansen2012. txt。

川提供了有关其气候条件的另一项记录。[61]冰川的退缩和前进取决于气候、地形和冰川参数的复杂组合。其年代在最佳情况下是由树木年轮确定的，而更多情况下采用了树木和冰渍碎屑等其他地理标记，特别是通过放射性碳进行的欠精确的年代确定。[62]冬季降水和夏季温度是主要限制因素，尤其是后者。冰川因其坡度和厚度等物理特征而表现各异，因此有些冰川对变化的反应更快。最近几十年来，阿尔卑斯山冰川得到了广泛的研究。冰川的前进和后退在时间分布上总体趋同，凸显了数据的质量，以及冰川证据在古气候研究中广泛的区域性价值。勒罗瓦最近的一项研究有益地总结了对阿尔卑斯山冰川物理特征最深入的研究（见表1.1）。[63]

表 1.1　阿尔卑斯山冰川的物理特征

冰川	长度（千米）	位置（北纬/东经）	界限（海拔高度，米）	平均坡度（度）	最大厚度（米）	体积响应时间
大阿莱奇	23.6	46.43°，8.06°	1649	14.6	800	慢（约 80 年）
戈尔纳	13.4	45.95°，7.80°	2173	18.7	450	慢（约 60 年）
冰海	11.6	45.87°，6.92°	1531	19.3	380	快（约 38 年）
格帕奇	7.5	46.87°，10.75°	2140	12.8	210	快（约 26 年）
下格林德瓦	8.0	46.60°，8.06°	1376	23.1	230	快（约 22 年）

　　欧洲的这些冰川都讲述了类似的故事。古希腊时期的一次重要冰川前进在公元前 600 年到公元前 500 年达到顶点。此后数百年，冰层普遍退缩，在罗马帝国的鼎盛时期达到最低点。巨大而缓慢的大阿莱奇冰川可能在帝国早期已经缩减到等于甚或小于其在 20 世纪的界限，说明了夏季的明显升温。公元三世纪下半叶，冰川前进的迹象很清楚。大阿莱奇冰川在公元 272 年之前一直在扩大，而最新公布的资料显示，勃朗峰盆地（Mont Blanc Basin）的冰海（Mer de Glace）到公元 287 年前也前进了。[64]公元四世纪的标志更为复杂，尽管看似在该世纪中叶的某个时刻，冰川显然是退缩了，然而在公元五世纪又恢复了前进。反应快速而年代确定的冰海冰川可能从公元 337 年到该世纪中叶达到了最大规模，然后在短短几十年的时间内显著萎缩，在公元 400 年或 402 年就到了 1990 年代的水平，之后又在公元五世纪期间再次迅速扩张。波松森（Bossons）冰川也位于勃朗峰地块（Mont Blanc Massif），关于它的即将面世的论文有望进一步丰富我们的了解。在公元六世纪末或公元七世纪初的某个时候，也就是在新确定的古代晚期小冰期（Late

Antique Little Ice Age，简称 LALIA）中，阿尔卑斯冰川达到了其第一个千年最大值。[65]

根据高纬度冰芯对太阳活动和火山作用这类强迫机制进行的重建，总体上提供了年代顺序上的高分辨率，但其标志是涉及半球或全球范围的；多重替代指标温度重建一般是超地区性的和低分辨率的，但它的优点是很扎实；冰川是地方性的，但在年代顺序上仅能提供较低的分辨率。为了获得具有地方特性的，并且在年代顺序上具有高分辨率的信息，气候历史学家转向了树木年轮、洞穴堆积物和湖泊纹泥这种逐年沉淀下来的沉积地层。传统上，树木年轮在古气候研究中颇有声誉，首先是因为它们提供的年代顺序非常精确。[66]在提供几千年前的放射性碳记录方面，它们也是至关重要的。与此同时，由于树木的生物学、地方生态学和环境对树木生长的影响都是复杂的，作为气候参数的替代指标，树木年轮数据的质量在很大程度上取决于每年同一地区树木的足够高的重复率，以及对树木生长对照系统的理解程度。

树木年轮数据的坚实性、丰富性和精确性是个好消息，而坏消息是，目前没有来自地中海地区的、追溯到罗马时期的连续的树木年代学记录。最相关的数据是来自罗马帝国北侧弧线的两项长期的年轮记录。[67]来自法国东北部、德国东北部和东南部的 7284 棵橡树，经过与 1901 年到 1980年的校正周期相比较，可以重建过去 2400 年中 4、5、6 三个月的降水模式。虽然这些趋势对于地中海地区的降水没有多少代表性，但它们肯定反映了帝国西北部省份的重要环境条件。图 1.7 所示的总体情况是，整个罗马时代中期的降水量多于平均水平且大致稳定，只在公元前 40 年和公

元 81 年前后可能出现了短期的大幅下降；而从公元三世纪
早期开始就呈现出长期的减少，四世纪的强劲反弹则一直
持续到五世纪；公元五世纪下半叶和六世纪，气候相当干
燥且极不稳定。

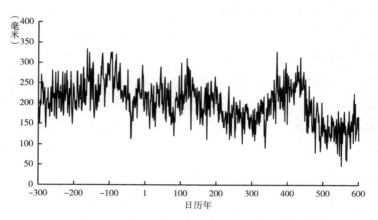

图 1.7　法国东北部、德国东北部和东南部的降水总量

来源：数据来自 Data from Büntgen et al. 2011。

25

通过阿尔卑斯山高海拔地区的很多树木，同一项研究重建
了包括 6、7、8 三个月在内的夏季温度，涵盖 1089 棵五针松
和 457 棵欧洲落叶松。[68]这一次，植物生长的对照系统得以重
建，根据的是与涵盖 1864 年到 2003 年的仪器数据的关联性。
最重要的是，树木生长标记与地中海地区的温度密切相关，因
此，这些证据的价值超出了本地。将阿尔泰山 660 株西伯利亚
落叶松从公元 104 年到 2011 年的最新树木年轮序列，与 1900
年到 2003 年的中亚夏季温度进行对照，有力地充实了上述资
料。夏季温度的重建显示出与阿尔卑斯山数据的惊人一致的结
果。[69]后者说明，共和国晚期的夏季大体上更温暖，只在公元

前40年代有一个夏季偏冷的阶段。帝国早期总体上温度较高；这两个序列都显示二世纪末有一个较冷阶段，开启了剧烈振荡的一个世纪。下文中，我们支持将公元前200年至公元150年这一时期称为"罗马气候最佳期"（Roman Climate Optimum，简称RCO）。文献资料中有时也称作"罗马温暖期"，但时间定义不完全一致，因此有充分的理由将这三个半世纪视作环地中海地区的一个气候温暖且有利的时期。树木生长的证据表明四世纪上半叶曾经变冷，而在阿尔卑斯山的记录中，又在接下来的一个半世纪中逐渐变暖，之后，两个序列都标志出在整个六世纪记录中的某些最低温度，特别是公元530年代和540年代。这些数据如图1.8所示。

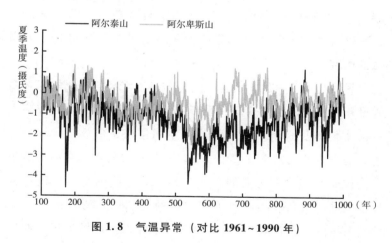

图 1.8　气温异常（对比 1961～1990 年）

来源：数据来自 Büntgen et al. 2016。

公元530年代和540年代的骤然变冷立即激起人们对公元536年尘幕事件的大量讨论。[70] 几份可靠的古代报告详细描述了从公元536年春季持续到公元537年夏季的一次奇异而漫长的大气事件。[71] 六世纪最重要的希腊历史学家普罗科匹厄斯（Procopius）描绘了类似日食的情况，同时期的西方政治家和作家卡西奥多罗斯（Cassiodorus）则提到黯淡无光的太阳和一个失去暖意的夏天。[72] 在1980年代，斯托瑟斯（Stothers）和兰皮诺（Rampino）认为该事件是火山造成的，从那时起，围绕这个题目涌现出大量的文献。[73] 公元536年的事件在冰芯证据和世界各地大范围的树木年轮中都可以检测到。新的证据及同时对高纬度冰芯年代进行的重新校准表明，这是一次北半球的火山喷发，几年后，热带地区在公元540年发生了一次大规模火山活动，然后在公元547年发生了另一次大范围活动。[74] 这些活动开启了古代晚期小冰期。它与公元541年至542年地中海盆地出现的第一次腺鼠疫大流行相关，这似乎是一种有趣的可能性，尽管这种联系的机制还未得到令人满意的解释。[75]

　　另一个有价值的，而且有时分辨率相当高的替代指标是洞穴堆积的稳定同位素构成。石笋之类的沉积物由洞穴内部滴水中的矿物质长时间累积而成。[76] 稳定同位素是形成洞穴堆积物的方解石中的元素自然发生的变体。较重的元素含有额外的中子，比如 $\delta^{18}O$ 是氧元素的一种较重形式，或 $\delta^{13}C$ 是碳的一种较重的同位素。样品中较重同位素的比例以每密耳的千分比（‰）表示，对降水发生的整体气候条件以及现场沉积的物理性质和过程非常敏感。在很好地了解了局部因素之后，氧同位素的比值有时能提供关于总体温度、降水来源、降水季节和（或）降水量的信息。同样是在充分了解当地环境和沉积过程的情况下，碳同位素比值也可以提供有关洞穴上方土壤和植被，以及温度和总降水量的信息。当稳定同位素比值随时间变化，反映气候变化时，洞穴堆积物构成了关于古代气候的一座矿物质资料库。

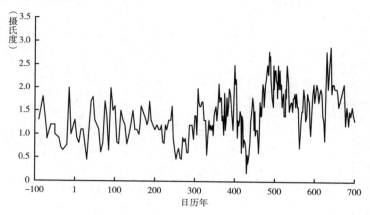

图 1.9 根据施潘纳格尔洞穴氧同位素比值的气温重建

来源：数据来自 ftp：//ftp. ncdc. noaa. gov/pub/data/paleo/speleothem/ europe/austria/spannagel2005. txt。

将洞穴堆积物作为气候资料的挑战在于确保对产生同位素的复杂的局部对照系统有一个可靠的理解。在解释大量因素时一定要非常小心，它们会影响并可能扭曲在任何特定洞穴的堆积物中检测到的标记。此外，从亚年到百年，时间分辨率差异很大（表 1.2 反映了每项记录中各个标记之间的平均时间片段）。但是，环地中海地区丰富的岩溶地形意味着我们可以从洞穴中获取大量的、越来越多的气候资料。与目前可比范围内匮乏的地中海树木年代学资料相比，至少有十几个洞穴堆积序列来自罗马帝国的领土范围内，而且可以追溯到两千年前，如表 1.2 所示。

表 1.2　洞穴堆积系列

洞穴	位置	分辨率	标志	资料来源	史前气候重建
施潘纳格尔（奥地利）	北纬 47.08°，东经 11.67°	接近每年	根据氧同位素比值的温度	Mangini, Spötl, and Verdes 2005; Vollweiler et al. 2006	公元三世纪中叶之前一直温暖并相当稳定，之后急剧变化；公元 300 年前后温暖，随后变冷；大约公元 400 年温暖，然后急剧变冷；公元五世纪末达到温暖的极值；公元六世纪稍稍变冷，但仍然相当温暖
索福拉尔（土耳其黑海沿岸）	北纬 41.44°，东经 31.96°	全新世约 5.4 年，罗马时期约 8.3 年	根据碳同位素比值的有效湿度	Göktürk 2011; Fleitmann et al. 2009	全新世的湿度在公元前五世纪达到峰值，之后湿度下降；大约公元 350 年至 450 年急剧变干；公元 450 年至 500 年又潮湿很多
西班牙北部	北纬约 42.79°，西经 4.26°	每 10 年	根据碳同位素比值的温度	Martín-Chivelet et al. 2011	从公元前 200 年到公元 200 年温暖而稳定；直到公元 450 年之前一直寒冷；然后变暖
卡普西亚（希腊伯罗奔尼撒半岛）	北纬 37.62°，东经 22.35°	大约 10 年	根据氧同位素比值和碳同位素比值的降水量	Finné et al. 2014	公元 160 年至 300 年有湿润条件；公元四世纪湿润；公元 500 年到 700 年有干燥条件
克莱普弗洛赫（奥地利）	北纬 46.95°，东经 10.55°	接近每年	根据氧同位素比值和碳同位素比值的降水量	Boch and Spötl 2011	公元四世纪之前一直湿润；公元 350 年之后大幅波动；大约公元 450 年至 600 年极其干燥
科坎（安纳托利亚地区南部）	北纬 37.23°，东经 30.71°	2.3 年	根据碳同位素比值的冬季温度	Göktürk 2011	公元前 800 年至公元前 200 年凉爽（相对于平均值回溯至公元前 3700 年的整个序列）；公元 200 年至 500 年变暖；公元 500 年至 600 年变冷；之后变暖

续表

洞穴	位置	分辨率	标志	资料来源	史前气候重建
乌祖恩塔拉（土耳其黑色雷斯）	北纬41.59°，东经27.94°	2.6年	根据氧同位素比值的温度和降水的季节性，以及根据碳同位素比值的温度和湿度	Göktürk 2011	罗马温暖期略微温暖；氧同位素比值偏高是由于温度升高，通过促进冬季降水得到部分的弥补；公元前100年至公元200年变暖，大约在公元220年至公元420年变冷；到大约公元600年一直在变暖；公元二世纪末和公元500年前后特别干燥
格罗托萨维（意大利的里雅斯特）	北纬45.61°，东经13.88°	18~25年	根据氧同位素比值的温度	Frisia et al. 2005	"罗马气候最佳期"在公元前300年至公元元年达到顶峰，类似于至今（大约2005年）；在公元二世纪末和三世纪末变冷；大约公元450年到700年变冷；公元650年最冷，直到第二个千年的"小冰期"
塞雷莫什尼尼亚（塞尔维亚）	北纬44.64°，东经21.56°	不明确	根据氧同位素比值的温度	Kacanski et al. 2001	直到大约公元前50年一直温暖；之后凉爽
索雷克（以色列，洞穴积物样品第2~6号）	北纬31.45°，东经35.03°	10~100年	根据氧同位素比值中的模式湿度	Schilman et al.2002; Bar-Matthews and Ayalon 2004; Orland et al. 2009	公元100年至700年干旱加剧
布贾德拉内拉（意大利阿普阿内山地区阿尔斯佩奇亚）	北纬44°，东经10°	100年	氧同位素比值和碳同位素比值的原始记录	Drysdale et al.2006	在公元一世纪到五世纪初达到顶点

奥地利阿尔卑斯山地区的施潘纳格尔（Spannagel）洞穴的堆积物提供了最重要的精确年代确定和高分辨率同位素替代指标。[77]在图 1.9 中，基于氧同位素比值水平的气温重建，显示了持续到三世纪的温暖且相对稳定的气候最佳期，以及那之后的急剧变化。这一重建展现了四世纪的一个总体变暖的趋势，随后是急剧的变冷，在五世纪初达到最冷。在公元 500 年前后，又有另一个温暖的高峰，然后进入六世纪再次变冷。

土耳其北部的索福拉尔洞穴（Sofular Cave）提供的来自变化的碳同位素比值的降水记录很有价值，而且分辨率相当高。[78]图 1.10 的这一序列呈现的主要是黑海的气候系统，其次还包括地中海环流。值得注意的是，大约公元 300 年的时候，降水量的峰值转入干旱的趋势，到公元 400 年前后形成干燥的峰值，然后显著增加的降水量又在六世纪达到新的水平。尽管索福拉尔的记录不是地中海地区的直接标志，但由于其模式清晰且经过了仔细的研究，最终也可能提供有关古代晚期气候变化的关键信息。

最后，我们可以考虑湖泊在保存古气候证据上的广泛价值。[79]从表 1.3 中可以明显看出，湖泊资料的优势在于其相对丰富，而且地理位置分散于地中海地区各处。湖泊也为气候参数提供了各种各样的证据，其水位是降水径流或蒸发的记录，可以通过对沉积过程的分析或其他考古学标志进行重建。沉积作用还可以通过稳定同位素和花粉的形式保存有价值的证据。与此同时，湖泊对古气候重建也提出了严峻的挑战。很难通过指标理解气候对照系统；特别是在全新世晚期，人为力量对水文系统或土地利用模式的影响远远超过了水文气候标志。此外，历史学家还面临分辨率和精确度的问题，因为湖泊数据序列经常过于粗糙或不够精确，无法提供每年、十年和百年尺度

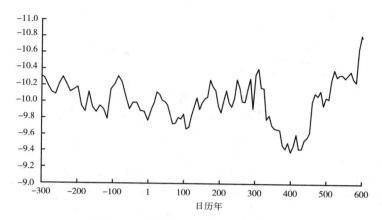

图 1.10　索福拉尔洞穴的碳同位素比值

来源：数据来自 ftp：//ftp. ncdc. noaa. gov/pub/data/paleo/speleothem/
asia/turkey/sofular2009. txt。

的信息。然而，在一些重要场合，冲积形成的沉积物提供了高
分辨率和年代精确的古气候数据来源。

　　湖泊记录强调了古代气候的易变性和地中海地区水文地理
的复杂性。最重要的标记是帝国早期的地中海西部和中北部的
湿度普遍较高。在漫长的罗马时期，黎凡特经历了两次明显的
从潮湿到干旱的波动，时间跨度都在百年；确切的年代仍有争
议，但目前看来最大的可能性是，公元三世纪和六世纪是近东
的干旱时期。地中海地区的东北部和东南部有可能在古代晚期
出现分化，到公元六世纪，土耳其的部分地区变得更加湿润，
而巴勒斯坦部分地区变得更加干燥。[80]

　　地中海地区水文气候响应的区域多样性是显而易见的，尤其
是将来自树木年轮、洞穴堆积和湖泊的数据序列集合到一起的时
候，如图 1.11 所示。显然，罗马帝国的气候变化是复杂的，重建
它的轮廓需要认真考虑从局部环境折射出来的大规模变化。

33

表 1.3 湖泊记录

地点	位置	标志	资料来源	古气候重建
凡湖（土耳其东部）	北纬38.75°，东经42.90°	花粉，重建降水的同位素数据	Wick, Lemcke, and Sturm 2003	潮湿的高峰出现在大约公元前200年，然后变干，直到大约公元50年；湿度增加到公元三世纪初，之后逐渐干旱到公元700年*
死海	北纬31.60°，东经35.47°	根据沉积记录的湖面水位	Bookman et al. 2004; cf. Migowski et al. 2006	公元前200年至公元200年湿润；公元200年至300年干燥；公元300年至500年湿润；公元500年至750年干燥。在 Migowski 2006 中的年代确定有所不同
贝雷凯特盆地（土耳其西南部）	北纬37.55°，东经30.30°	孢粉学和降水的沉积记录	Kaniewski et al. 2007	公元前40年至公元450年干燥；公元130年至350年（前后误差40年）最干燥；公元450年至650年湿润
纳尔湖（卡帕多细亚）	北纬38.34°，东经34.46°	根据硅藻序列，花粉记录，以及氧同位素比值的湿度	Dean et al. 2013; Jones et al. 2006; Woodbridge and Roberts 2011	公元300年至560年干燥；公元440年至540年发生旱灾；公元560年以后转向更湿润的气候；公元301年至801年降雪增加
泰杰尔湖（土耳其中部）	北纬39.43°，东经37.08°	根据沉积中心部位矿物质成分的湿度	Kuzucuoğlu et al. 2011	公元前70年至公元250年温暖潮湿；公元250年至400年加速变干；公元410年至500年再次潮湿；公元540年至630年年降雨量很大；公元630年至820年湖泊的注水量很大；公元630年至820年凉爽潮湿

续表

地点	位置	标志	资料来源	古气候重建
佐纳湖（西班牙南部）	北纬 37.48°，西经 4.69°	根据纹泥厚度和地理化学替代指标的湿度	Martin-Puertas et al. 2009；关于西班牙的情况，请见 Pérez-Sanz et al. 2013；Corella et al. 2010；Currás et al. 2012	公元前 650 年至公元 350 年是过去四千年中最潮湿的阶段；公元前 190 年至公元 150 年变干；公元 150 年至 350 年湿润；公元 350 年后变干
斯库台湖（阿尔巴尼亚东部）	北纬 42.08°，东经 19.47°	根据花粉和氧同位素比值的湿度	Zanchetta et al. 2012	公元前 550 年至公元前 50 年湿润；公元 150 年至 450 年湿润；公元 600 年至 700 年湿润；公元 100 年和公元 550 年显著变干
汝拉山脉（法国前阿尔卑斯山脉，瑞士高原）	北纬约 46.63°，东经约 5.91°	根据沉积物和考古学年代的湖面水位	Magny 2004；Magny 1993	公元 150 年至 250 年湖泊水位较高；之后大幅下降

* 我们想指出的是，麦考密克等人在 2012 年的图 7b 中错误地颠倒了干燥和潮湿的位置，在变化方向上给人一种误导性印象。

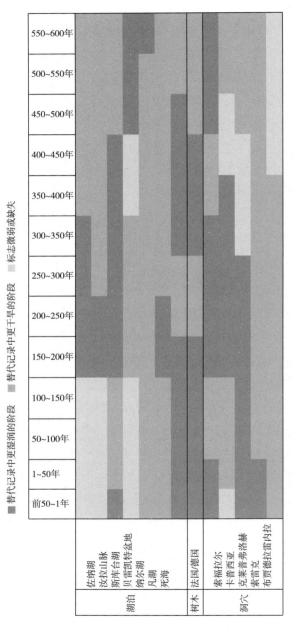

图 1.11　地中海地区水文变化的复杂性（公元前 50 年至公元 600 年）

一次尝试性的重建

由于这些古环境记录中的大部分才刚刚开始触及古代历史学家最为关心的时间和地点，以下的描述不可避免是局部的，肯定还有相当大的修改和完善空间。尽管如此，针对古代世界的气候，我们的了解已经足够提供一些早期研究中浮现的总体观察结果，并开始呈现一些方法，历史学家可以通过这些方法将环境变化视为罗马的帝国事业在几个世纪中的历史发展的一个因素。

在千年的时间维度上，全新世晚期（约公元前 2250 年至今）是一个变冷的时段。撒哈拉和近东地区变得越来越干旱。季风减弱，厄尔尼诺现象增多，北大西洋涛动指数趋于下降。在地中海地区，季节性差别变得更加明显。但在较短的时间维度上，这些模式遇到了各种各样的重复、暂停或反转。公元前约 200 年至公元约 150 年这一时期被称为"罗马气候最佳期"，以稳定、温暖和降水为特征。罗马的扩张阶段发生在气候更加温暖的背景下。碳-14 和铍-10 的记录都指向公元前四世纪一个重要的太阳活动极小期。从公元前三世纪开始，到达地球表面的太阳辐射增加，并进入一个平台期，在接下来的一千年里始终保持相对稳定。在共和国晚期的几个世纪里，火山活动也有所减弱，只在公元前 44 年前后出现了一个明显的尖峰。主要的短期强迫机制的稳定性支撑了"罗马气候最佳期"。这种模式在一系列来自各处领土的书面的、考古的和替代证据中都能发现，在此阶段，这些领土将在政治和经济上成为完整统一的帝国的一部分。[81]

北半球中纬度地区升温的背景趋势有一个强烈的标志：从

公元前第一个千年中期开始并持续到公元前三世纪，阿尔卑斯山脉的冰川出现长期退缩。[82]为阿尔卑斯山建构的长长的树木年轮序列与地中海地区的温度密切相关，显示出一个气候总体温暖的平台期，公元前 50 年至公元 30 年的一个稍冷时期除外。[83]根据西班牙北部内陆的洞穴堆积的温度重建，显示了从公元前 200 年开始持续四个世纪的温暖。施潘纳格尔洞穴的氧同位素比值记录显示出类似的温暖和相对稳定，尽管其温暖程度尚未接近同一洞穴堆积中显示的中世纪气候异常期。总的来说，"罗马气候最佳期"也被称为"罗马温暖期"是恰如其分的，它在半球范围的重建和主要来自地中海西部的局地替代指标方面似乎都是准确的。[84]

这一时期水文气候条件的证据更为复杂。来自法国和德国的树木年轮序列显示，截至公元前 100 年前后有一个特别潮湿的阶段，然后是一段逐渐干燥的时间，直到公元 300 年前后。这个标志并不一定能反映地中海地区的降水。在西班牙佐纳湖（Zoñar Lake）的记录中，大约从公元前 650 年到公元 350 年的一千年是过去四千年中最为潮湿的阶段；然而，从公元前约 190 年到公元 150 年，一种温和的干燥趋势出现在这一较长的更为潮湿的气候波段中。[85]共和国晚期和帝国早期，台伯河频繁泛滥的证据可能是罗马帝国中心地带环境更加潮湿的又一个象征。可能在西班牙、意大利和欧洲中北部同时造成更潮湿条件的整体气候机制仍有待阐明，某些标志是否出自人为原因也还需要仔细梳理。[86]

在东部，记录甚至更加不同，而且目前尚未理清。似乎最好是将来自现代土耳其和以色列的各个地区的证据分开。在以色列，数据的两个主要来源是死海和索雷克洞穴（Soreq

Cave）。死海的记录表明了从公元前 200 年前后到公元 200 年
的更湿润的状况，具有合理的确定性。[87]来自索雷克洞穴的堆
积物重建记录差异很大。席尔曼（Schilman）团队的分析可能
与死海水位的证据最为一致。根据来自该洞穴和一个完全不同
的浮游有孔虫海洋样本的氧同位素比值的记录，他们的分析表
明在公元前 100 年前后出现了一个干旱峰值，此后湿度更
大。[88]在土耳其，这一趋势大体相反。土耳其西北部的索福拉
尔洞穴记录显示，从大约公元前 300 年至公元 100 年存在逐渐
干旱化的趋势，但在公元前 100 年前后有一个湿润的间歇
期。[89]土耳其西南部的贝雷凯特盆地（Bereket Basin）的记录显
示了从公元前约 40 年开始、持续了五个世纪的干旱。[90]在东边
更远处的凡湖（Lake Van），干旱的高峰期更早地出现在公元
前 150 年前后，之后湿度变大。[91]

　　大约从公元 150 年开始，帝国两个部分的气候似乎都不如
前几个世纪稳定，多重替代指标有时也不太一致。更大范围的
气候条件似乎对帝国的东部和西部产生了不同的影响。多个标
志指向了公元三世纪帝国西北部省份的降温，太阳活动表明大
约在公元 260 年出现短暂的降温过程，而格陵兰岛附近的海冰
缓慢增加，直到公元 290 年前后，这与格陵兰岛中部的温度一
致。[92]在公元 169 年到 304 年，公元 266 年的一次重要火山事件
是最近记录到并重新确定了年代的最大规模的剧烈喷发。所有
这些都可能有助于变冷。[93]在罗马帝国有史以来所面临的最困
难的几十年里，如此迅速的短期变化很有可能扰乱了粮食生
产，因为政治、军事和货币危机在从大约公元 250 年到 280 年
和 290 年达到了顶峰。[94]

　　变冷当然也发生在帝国的西部省份，因为这在阿尔卑斯冰

35

川中是明确无误的：巨大而反应迟缓的大阿莱奇冰川结束了长达几个世纪的退缩，在公元 272 年前后，它又开始增长并大致达到了 1982 年前后的规模。[95]在阿尔卑斯山脉东部，树木资料显示了大约公元 200 年时变冷；从 221 年到 231 年温暖了几年，从 243 年到 253 年又急剧变冷之后，逐步降温的过程占据了上风，一直到 315 年前后稳定下来，并在 365 年前后改为升温。这种模式与施潘纳格尔洞穴堆积的记录并不矛盾，尽管后者显示变冷过程结束得稍早一些。法国东北部和欧洲中部的初夏降水量在公元 250 年前后变得尤其反复无常，并持续到大约 650 年。起初伴随这种变化的显著干燥趋势大约在公元 300 年达到峰值。

多项替代指标一致认为，公元四世纪，帝国西北部出现了一些变暖迹象。同位素数值表明，格陵兰岛中部在公元 375 年前后温度比较稳定，或只有少许增温，在大约 305 年和 335 年是短暂的凉爽期。[96]对奥地利的阿尔卑斯山树木资料的解读显示了逐渐变冷的过程，但 365 年前后又恢复变暖。[97]原位树木的年代确定证明，格帕奇弗纳冰川（Gepatschferner Glacier）在 335 年前后前进，达到了近似于 1930 年前后的范围。但冰川增长在公元 400 年前停止；在 400 年前后，下格林德瓦（Lower Grindelwald）冰川肯定在退缩，这似乎符合来自奥地利的树木资料和洞穴堆积的变暖标志。[98]在不列颠，主要出现在二十世纪的、喜温的荨麻虫却出现在公元四世纪的沉积物中。[99]法国东北部和欧洲中部的树木资料表明，在公元 300 年以后，干燥的状况开始让位于相对湿润的初夏，而湿润的夏季从公元 350 年一直持续到大约 450 年，当时的条件比罗马帝国早期更为潮湿。[100]这些书面资料整体上没有透露多少信息，但也表明在四世纪下半叶洪水更加频繁。[101]总的来说，替代指标资料指出一个相当稳定的四世纪，在该世纪下半叶，至少是帝国的西北部省份，气候开始变暖。

在东部省份，犹太法典《塔木德》（Talmud）所提到的巴勒斯坦旱灾，最确切的时间是在大约公元210年至220年，还有一种缺乏信服力的看法是在大约220年至240年或255年至270年。多项历史纪录记载了从311年持续到313年的一场全面的旱灾。[102]死海的水位显示，降水量在公元200年前后急剧减少，随后又陡然增加，并持续长达两百年，尽管对于何时恢复更湿润天气的放射性碳定年法的结果与此不同。一项研究为恢复潮湿环境确定的年代是在公元300年前后，这符合四世纪的考古特征和死海海岸线的大幅上升。罗马时期巴勒斯坦的泉水在当时的水量也可能更大。[103]另一项调查将更潮湿天气的回归确定在公元400年，这与格陵兰岛的氯化物数值一致，反映了夏季持续时间更长，因而中东地区的降水偏少，这种情况一直持续到400年前后。[104]历史上的干旱记录与多降水量报告这二者之间的比例尽管数值不大，但仍然提示了公元375年到475年的降水量。[105]索福拉尔洞穴还表明在小亚细亚有一个变干和（或）变冷的时期，紧跟着是一个非常长的变湿和（或）变暖期，虽然它为这两个时期确定的年代要略晚于其他替代指标。[106]在接近公元300年或400年的时候，无论罗马帝国东部是否恢复了更加湿润的环境，它在五世纪的繁荣都是与湿度的增加同时发生的，在其相对干旱的环境中，湿度恰恰是最关键的变量。

我们在其他地方观察到两个起源于罗马边境之外的重要气候变化，它们可能促成了帝国在古代晚期面临的环境和政治条件。尼罗河每年的洪水反映了中非，特别是埃塞俄比亚的降水量，尼罗河的生产力在公元二世纪似乎发生了不易察觉的重要变化。数据从公元 299 年开始变得稀缺，此前高于正常水平的洪水的总体比例到公元 155 年前后几乎是完全一样的。[107]然而，与罗马帝国后期相比，早期的洪水更为丰沛，因而也更有利于农业生产。在公元 156 年以前，19% 的洪水属于最为有利的两种类型，而到了 155 年之后，只有 7% 符合那些类型。相反，三种最严重的洪水不足的类型，与帝国早期的 21% 相比，在后期发生得更频繁，占 31%。换句话说，当帝国达到其历史巅峰的时候，大型的谷物运输船队每年向北航行，为都城提供粮食并增加帝国的谷物资源，埃及丰饶的农场增强了地中海地区粮食供应的韧性。在大约公元 155 年之后，最好的年景变得更为少见，而较差的收成出现得更多，此时的帝国在气候变化中的韧性减弱，却还要勉力应对日益严峻的政治、军事和经济挑战。书面记录表明，在罗马帝国的最初两个世纪里，对埃及粮食生产异常有利的气候条件十分盛行，而从公元 156 年到公元 299 年，支撑粮食生产的条件似乎一直不是很好。

　　发生在罗马边境以外、可能导致了四世纪帝国困境的第二个气候状况，包含中亚地区一连串的变湿和变干阶段，可能会给游牧群体造成影响，他们的扩张冲击了欧亚大陆的定居帝国。正如罗马人从波斯帝国的阿拉伯牧民身上明显看到的那样，其经济中的牧业成分可能使他们对降水的波动模式非常敏感。[108]最近的树木资料表明，三世纪的上半叶比平均水平更湿润，而二世纪的干旱状况从大约 242 年持续到 293 年，其中间歇性地恢复到更为正常的状态。但在四世纪，一场严重的干旱持续了将近四十年，是两千年里最严重的干旱之一。根据都兰-乌兰（Dulan-Wulan）树轮年代的记录，干旱状况的盛行始于公元 338 年，一直持续到公元 377 年，到那时又恢复了更湿润的状态。这场干旱在时间和空间上的范围表明，它可能在促成流动的牧民联盟方面发挥了关键作用，这种联盟是在顿河以东的某个地方以"匈人"的名义合并而成的，目的是到更遥远的西部和南部寻找牧场并进行掠夺。这一次，树木资料将证实我们所猜测的，这一环境因素至少在匈人入侵一个世纪前就发挥了作用。[109]历史资料表明，匈人在 370 年代已经到达顿河，并在 375 年前后渡过这条河，迫使定居在黑海以北地区的哥特人逃入罗马帝国，并最终对其发起攻击，于 378 年在哈德良堡 ［Adrianople，即现代土耳其的埃迪尔内（Idirne）］ 消灭了罗马军队。[110]

多种迹象指向了五世纪——乃至六世纪——的降温。事实上，这次变冷现在看来非常强烈和广泛，足以构成一次古代晚期小冰期。[111]太阳活动说明大约在五世纪中叶存在一个变冷的阶段。格陵兰岛的海冰也表明，降温过程在公元 540 年前后达到峰值。在西部省份，阿尔卑斯冰川退缩——因而变暖——的迹象出现在大约公元 400 年之后，五世纪的标记就不那么清晰了。430 年前后，反应迟缓的大阿莱奇冰川仍在前进。[112]阿尔卑斯山的树木年轮表明，五世纪的夏季温度既非特别温暖也非特别凉爽，尽管可能在那个世纪中略有上升。奥地利的洞穴堆积显示，五世纪上半叶变冷，随后下半叶又变暖。那个世纪的火山活动现在看起来也很活跃，这意味着无论整体温度变化趋势如何，破坏性的火山冬天①都必然拥有相当大的潜在威力。[113]

整个帝国范围内的书面资料记录了公元 536 年和 537 年发生的太阳辐射的严重遮蔽现象，它造成了不同地区的作物歉

① "volcanic winters"，指由非常剧烈的火山爆发造成的气温异常降低。

收。[114]欧洲北部的很多树木年轮在这几年里显示的是一种压力标记，如今，人们已将这次阳光遮蔽和变冷过程与相隔数年的三次猛烈的火山喷发联系在一起。[115]然而，最发人深省的是，根据阿尔卑斯山树木年轮重建的、欧洲从536年开始的夏季气温急剧下降，现在已经从新得到的大量中亚树木年轮中找到了记录。按照这一证据的估算，阿尔卑斯山地区夏季温度在公元540年代平均下降了1.9℃；对同时期阿尔泰山脉夏季温度的重建则是平均下降3.2℃。格陵兰海冰与阳光遮蔽和古代晚期小冰期的开始，一致证明变冷过程在540年前后达到最高峰。更重要的是，法国和瑞士的阿尔卑斯山地区都出现冰川的前进。[116]瑞士阿尔卑斯山区的下格林德瓦冰川大约在六世纪中叶开始前进。[117]现在看来，冰川的前进始于五世纪，并在七世纪达到了第一个千年中的最大范围。欧亚大陆西部的急剧变冷至少持续到公元660年前后，这为我们提供了一个新的视角来了解这个时代所发生的动荡，当时亚洲和北方族群大肆进攻罗马、波斯和中国等定居帝国。[118]

在法国东北部和欧洲中部从大约450年已经转而变干的总体背景下，历史记载中的严重洪水表明，意大利和高卢（Gaul）在六世纪的最后四分之一时间里相当湿润。[119]似乎与法国的大面积干旱条件形成对比的是，东罗马帝国东部降水增加，总体的湿润环境在恢复或持续。在公元五、六两个世纪，格陵兰岛的冬季较长，这与黎凡特地区的降水增加是一致的。我们已经看到，死海的水位证明，开始于公元300年或400年前后的降水量急剧增加持续了大约两个世纪。在东部，从大约375年至475年的书面记录中，降水事件也超过了干旱的报告。这在公元500年前后发生了巨大的变化。六世纪初，除去在 536 年事件发生时出现的急剧降温和作物歉收报告之外，对东部的干旱和异常的，特别是不合理的高温事件的提及超过了降水的报告，尤其是在 523 年到 538 年影响巴勒斯坦的长期干旱，当时连平常很可靠的泉水都干涸了。同时代的人明确把 536 年的干旱与阿拉伯牧民迁入帝国联系起来。[120] 正如我们前文提到的，在这一时期，罗马人在巴勒斯坦的水利工程建设似乎更加频繁。[121] 在 520 年代影响君士坦丁堡的夏季缺水也可能反映出，与修建都城的宏伟高架渠的四世纪到五世纪相比，降水量有所减少。[122] 死海水位所记录的黎凡特地区两个世纪里有利的湿润环境在六世纪的某个时候结束了，干旱状况似乎一直持续到八世纪。[123] 然而，再往南部和东部，古代晚期小冰期较为凉爽的夏季可能产生了不同的影响。阿尔泰山的记录似乎与阿拉伯半岛部分地区的夏季温度存在正相关。如果这一新的关联性被确认，并得到更充分的理解，人们就能想到，阿拉伯地区出现较凉爽的夏季，同时降水量也可能会增加，而蒸发量肯定会减少，其结果就是更好的水文平衡。进而，这可能就意味着作为骆驼种群主要饲料的灌木植被增加。而在发轫于阿拉伯半岛的新文明的突然扩张中，骆驼将发挥至关重要的作用。[124]

89

结语

迅速积累新的替代证据，加深对气候机制和遥相关的理解，以及重新审视历史学和考古学证据，意味着我们刚刚勾勒的图景一定会经历相当大的改进和完善，特别是关于目前未得到充分反映的欧洲南部、黎凡特和北非地区的最高分辨率的替代证据。尽管如此，还是有足够证据不容置疑地表明，古代气候变化在有些时候是迅速而强烈的，而且这种变化可能会引发人类的多种不同的反应。

但我们尚处在构建复杂的环境变化模式的初级阶段，更不用说构建关于这些模式对古代社会的影响了。首要任务是扩大古气候资料的数量和提高精度。其次，也是更具挑战性的一项任务是，对气候变化与古代社会的反应二者之间复杂的相互作用，努力获得严谨而令人信服的理解。稳定且总体有利的环境与古代经济的增长期以及罗马帝国的扩张期之间存在着广泛的联系，这似乎是不可否认的，就如同气候不稳定的加剧，至少在罗马世界的某些地区，与罗马帝国体系面临的挑战日益增加之间也存在着联系。但细节决定成败，必须从越来越丰富的古气候记录的自然资料、一批非常庞大且不断增长而又多少有些棘手的考古证据，以及一套近乎静态的书面记录中，将这些细节挖掘出来。

这需要我们对气候到底如何影响古代经济展开一些复杂的思考。显然，粮食生产是第一条途径。但是，粮食生产的总量当然也改变了与粮食生产有关的农业经济的组织方面，包括改变粮食生产的生态环境。

40　　气候变化很可能对生物的整体生态群落发挥影响。譬如，更干燥的阶段会不会帮助营造有利于蚊子之类寄生害虫的环境，并进而影响一些地方的疟疾感染率，或是正相反呢？举一个具体的例子，我们认为可以在三世纪的高卢看到的干燥的春季和寒冷天气，究竟是怎样与政治、军事和经济趋势发生联系的？它们如何影响推动当地经济发展的家畜？它们是否改变了人们对住房建设——为富人集中供暖，为穷人提供更多茅草屋顶——抑或对着装规范的预期？[125] 降水变化的幅度是否足以影响地下水位，从而改变经历过古代文化规范的最适合人类居住和发展农业经济的区域？文化确实会影响人类对水资源的消耗，即便其最低门槛是由生物学决定的。更干燥的气候是否挑战了罗马洗浴文化对水（和木材）的挥霍性使用？毫无疑问，有理由将罗马和拜占庭特有的高架渠项目视为对日益干旱的回应，强调古代社会在某些时候所具备的韧性。[126]气候科学家能否找到办法，将他们的数据转化为古代历史学家和考古学家可以直接使用的尺度？例如，与平均温度变化相比，对不同地区生长季节长度、起始点和结束点的变化进行估算，能够为历史分析提供更为方便的材料。

将新的环境证据整合到更宏大的古代历史解读中——为了完成这一雄心勃勃的任务，我们需要对古代社会迎接这些挑战的不断变化的韧性持更多的批判性理解。有人观察到，古地中海地区的经济一体化减少了饥荒的威胁，只要有可能转移粮食和水——后者在遭受干旱的地区以外供养粮食生长。

总之，在过去几年中，我们在古代环境及其对历史的潜在影响上的了解几乎是以指数级的速度增长。但在未来几年里，我们会清楚地看到，将新的证据与我们对古代历史的认识相结合，以便得出新的、更全面的理解，揭示古代世界在其所有辉煌的复杂性中的兴衰，这将是多么大的挑战。

注　释

1. Grove and Rackham 2001；Horden and Purcell 2000；Hughes 1994；Sallares 1991.
2. E. g., Garnsey 1988, 1998, 1999.
3. E. g., Leone 2012；Shaw 1995.
4. Harris 2013 and 2011；Hughes 2011；Meiggs 1982.

5. E. g., Huntington 1917. 请见 Williamson 2013，为了今天的潜力而关注盎格鲁－撒克逊时期的英格兰。

6. Scheidel 2001 and 1996；Shaw 1996；Sallares 2002.

7. E. g., Febvre and Bataillon 1966 （orig. 1922）；Le Roy Ladurie 1966.

8. 关于其概述，请见 McCormick 2011。

9. 关于地中海地区的气候，总体上请见 Lionello 2012；Xoplaki et al. 2004；Xoplaki 2002。

10. Harper 2015b；Brooke 2014；Butzer 2012；Caseldine and Turney 2010；McAnany and Yoffee 2010；Folke 2006；Chew 2002；DeMenocal 2001.

11. 有关气候变化的类型，请见 Bradley 2015，14-16。

12. 有关罗马时期的埃及谷物，请见 Erdkamp 2005，225-237。

13. Marriner et al. 2012；Eltahir 1996.

14. Garnsey 1988.

15. Rickman 1980；Mango 1985，40 and 54-55；Keay 2012.

16. Leveau 2014；Theophanes, *Chronographia*, A. M. 6258, ed. C. De Boor （Leipzig, Teubner, 1883-5），1. 440. 14-24 and Nicephorus I, *Short history*, 85, ed. and trans. C. Mango （Dumbarton Oaks Texts, 10, Washington, D. C., Dumbarton Oaks Research Library and Collection），p. 160. 1-12.

17. McCormick et al. 2012；C. P. Jones 2007.

18. Lamb 1982，156-169.

19. 请见下文。

20. McCormick et al. 2012；Luterbacher et al. 2012.

21. 关于爱尔兰编年史资料和树木年轮资料的一个案例研究，见 Ludlow et al. 2013。

22. Scheidel 2014.

23. 如 Horden and Purcell 2000 所强调的。更多请见 Broodbank 2013。

24. P. D. Jones, Jonsson, and Wheeler 1997；Xoplaki et al. 2004.

25. Olsen, Anderson, and Knudsen 2012.

26. Xoplaki 2002，163-164；关于正相位的冬季北大西洋涛动和黎凡特的较高降水量之间存在的某些相关性，而负相位的北大西洋涛动与以色列或约旦的气候缺乏相关性，请见 Black 2012。

27. Trouet et al. 2009.

28. Finné et al. 2011，3154.

29. Xoplaki 2002.

30. Black 2012，1655；Kutiel and Benaroch 2002.

31. 较低水平的东大西洋或西俄罗斯模式也可能导致了这种变化：Dermody et al. 2012；Krichak and Alpert 2005。

32. Marriner et al. 2012；Eltahir 1996.

33. Huntington 1907；Lamb 1982；Le RoyLadurie 2004；一份更近期的综述请见 Brooke 2014。

34. Wanner et al. 2015；Finné et al. 2011；Wanner et al. 2008；Mayewski et al. 2004.

35. Gray et al. 2010；请见下文。

36. Sigl et al. 2015；Gao，Robock，and Ammann 2008.

37. 关于拜占庭世界，请见 Telelēs 2004；关于罗马和古代晚期，请见作者已经出版的数据集 Historical Evidence on Roman and Post-Roman Climate，100 BCE to 800 CE，darmc. harvard. edu。

38. E. g.，Ludlow et al. 2013；McCormick et al. 2007.

39. 在中世纪安纳托利亚的书面与替代证据的一致性方面，请见 Haldon et al. 2014。

40. Manning 2013，136.

41. 如在 Büntgen et al. 2011 中。

42. Sigl et al. 2015.

43. 关于 PaulMayewski 和 Michael McCormick 共同领导的这个团队项目的最新情况，请见 https：//sohp. fas. harvard. edu/historical－ice－core－heart－europe。

44. Beer，Vonmoos，and Muscheler 2007.

45. 有关太阳的强迫作用，例如，Gray et al. 2010；Beer，Mende，and Stellmacher 2000；Bond et al. 2001；Shindell et al. 2003；Shindell 2001。

46. Steinhilber et al. 2012；Beer，Vonmoos，and Muscheler 2007.

47. Vonmoos，Beer，and Muscheler 2006.

48. Manning 2013，122；Usoskin and Kromer 2005.

49. Steinhilber et al. 2012.

50. Vieira et al. 2011.

51. Steinhilber, Beer, and Fröhlich 2009.

52. Sigl et al. 2015.

53. McCormick et al. 2007.

54. Miller et al. 2012；又见 Crowley et al. 2008；Büntgen et al. 2016。

55. Rossignol 2012；Rossignol and Durost 2010.

56. 数据来自 ftp：//ftp. ncdc. noaa. gov/pub/data/paleo/icecore/green land/summit/gisp2/chem/volcano. txt。公元前 44 年的喷发尚未得到应有的重视，目前请见 Sigl et al. 2015。

57. 数据来自 ftp：//ftp. ncdc. noaa. gov/pub/data/paleo/icecore/green land/summit/grip/chem/gripacid. txt。

58. Sigl et al. 2015.

59. Salzer and Hughes 2007.

60. Christiansen andLjungqvist 2012；又见 Ljungqvist 2009。

61. Holzhauser, Magny, and Zumbühl 2005.

62. Six and Vincent 2014；Hoelzle et al. 2003；Haeberli et al. 1999.

63. Le Roy et al. 2015.

64. Le Roy et al. 2015.

65. Holzhauser, Magny, and Zumbühl 2005, esp. Fig. 6；Le Roy et al. 2015, esp. Fig. 7 and p. 14。有关古代晚期小冰期，请见下文。

66. Hughes 2002.

67. Büntgen et al. 2011.

68. Büntgen et al. 2011.

69. Büntgen et al. 2016.

70. 大量参考书目中提到的一个重大事件。关于最近的一次讨论，声称该事件源自火山和彗星两方面的作用，请见 Abbott et al. 2014。更全面的请见 Gunn 2000。

71. 有关书面证据，请见 Arjava 2005。目前请见 Harper 2017, Chapter 6。

72. Procopius, *De bellis*, 4. 14. 5-6；Cassiodorus, *Variae*, 12. 25.

73. Stothers and Rampino 1983.

74. 目前特别请见 Sigl et al. 2015。关于树木证据，请见 Salzer 和 Hughes 2007；Eronen et al. 2002；D'Arrigo et al. 2001。关于冰芯

证据，请见 Larsen et al. 2008。

75. 另一个小小的难题在于，利用伊斯坦布尔耶尼卡帕（Yenikapi）港口挖掘中发现的考古木材，为公元 398 年至 610 年构建了一个树木年轮序列。君士坦丁堡在六世纪的港口建设中使用的来历不明的橡树，并没有显示出 536 年事件的明确迹象，尽管有目击者报告和其他替代资料的明确证据，这似乎对 536 年事件的影响提出了挑战。但是，我们目前对这些年代暂定的树木的来源地，进而对于其生长环境的无知，以及类似地，对同时代来自欧洲中部的降水强迫的树木年轮（Büntgen et al. 2011，图 S4 的补充数据，橡树的极值）缺乏强烈的响应，这些都提醒我们，不要从这些数据中得出粗陋的结论。无论如何，从中亚阿尔泰山新来的一个扎实的树木年轮记录确认并强化了阿尔卑斯山温度序列的证据，尤其是我们将看到的，关于古代晚期小冰期（至少）在欧亚大陆西部于 536 年开始的证据。关于与瘟疫可能存在的联系，目前请参见 Harper 2017，Chapter 5。

76. Göktürk 2011；F. McDermott et al. 2011；McDermott 2004.

77. Vollweiler et al. 2006；Mangini, Spötl, and Verdes 2005.

78. Göktürk 2011；Fleitman et al. 2009.

79. Luterbacher et al. 2012，112-119.

80. 见上文，在东大西洋-西俄罗斯和北海-里海气候模式方面，同样请见 Finné et al. 2014，224；Tudryn et al. 2013；M. D. Jones et al. 2006。

81. Hin 2013. 目前请见 Harper 2017，Chapter 1。

82. Holzhauser, Magny, and Zumbühl 2005；Le Roy et al. 2015.

83. Büntgen et al. 2011.

84. Christiansen andLjungqvist 2012.

85. Martín-Puertas et al. 2009；Martín-Puertas et al. 2010；see also Corella et al. 2010；Pérez-Sanz et al. 2013；Currás et al. 2012.

86. 事实上，对于任何强调正相位的北大西洋涛动是罗马气候最佳期主导机制的解读，地中海西部的这种湿度模式都使其更为复杂，如 Brooke 2014。

87. Bookman et al. 2004.

88. Schilman et al. 2002.

89. Fleitmann et al. 2009.

90. Kaniewski et al. 2007.

91. Wick，Lemcke，and Sturm 2003.

92. Büntgen et al. 2011；Mayewski et al. 2004.

93. Sigl et al. 2015，按照他在 Global Volcanic Forcing，Supplementary Date 6，Sheet 1，col. G 中的计算，对各次喷发影响的重建按照下述降序排列：公元 206 年、281 年、304 年、236 年、169 年和 266 年。

94. Witschel 1999；受到一场重要的全球大流行的加重，而且可能与之发生了联系，Harper 2015a。

95. Holzhauser，Magny，and Zumbühl 2005.

96. Mayewski et al. 2004；McCormick et al. 2012.

97. Büntgen et al. 2011.

98. Nicolussi and Patzelt 2001. 然而，公元 400 年前后，下格林德瓦冰川和格帕奇弗纳冰川前缘的树木发芽，表明这次前进在四世纪下半叶停止了，请见 Figure 2 in Holzhauser，Magny，and Zumbühl 2005；and Nicolussi et al. 2006。

99. Kenward 2004，Table 1，在十一处罗马遗址中，有四处可追溯至公元四世纪，一处可追溯至 "？三世纪、四世纪"，另一处可追溯至公元三世纪末至四世纪末。

100. Büntgen et al. 2011，578.

101. 或许部分反映了历史学家阿米亚诺斯·马塞利努斯（Ammianus Marcellinus）的有关这些年的幸存作品：*Res gestae* 14. 10. 2（354），17. 12. 4（358），27. 5. 5.（368），29. 6. 17（374 – 375）；Claudian，*De bello Gildonico* 1. 40 – 42 and Symmachus *Ep.* 6. 7. 1（397–398）；进一步引用于 McCormick Harper，More and Gibson 2012。

102. 关于所涉及的书面资料，请见 McCormick，Harper，More and Gibson 2012 有关这些年的内容。

103. Bookman et al. 2004；Hirschfeld 2004.

104. Migowski et al. 2006，Fig. 3.

105. 在经过最可靠证实的事件中，公元 300 年至 350 年的洪水和干旱各有一份报告。从 375 年到 475 年，提到了帝国东部的一两次干旱和四次降水或洪水事件，更多细节请见 McCormick，

Harper, More and Gibson 2012。

106. 大约公元 300 年到 450 年变干和（或）变冷，随后在大约公元 450 年到 625 年变湿或变暖。

107. McCormick et al. 2012.

108. Marcellinus Comes, *Chronicon*, *Auctarium* a. 536, ed. T. Mommsen, Monumenta Germaniae historica, Auctores antiquissimi, 11（Berlin, 1894）, p. 105.

109. Huntington 1907, 329-385 认为干旱导致的迁移主要缘于被他作为考古证据的里海水位波动；cf. Lamb 1982, 159-60。有关四世纪匈人的扩张，请见 de la Vaissière 2012, 144-146。

110. Maenchen-Helfen 1973, 1-36; A. H. M. Jones 1964, 1, 152-154.

111. 关于另外的来自奥地利洞穴流石的同位素标记，显示"黑暗世纪寒冷期"，目前请见 Büntgen et al. 2016 and Boch and Spötl 2011。

112. Hanspeter Holzhauser, Magny, and Zumbühl 2005.

113. Sigl et al 2015, Extended Data Figure 2 and Supplementary data, Nature 14565-s4. xls, Sheet 4.

114. Harper 2017, Chapter 6; Arjava 2005; Gunn 2000.

115. Sigl et al 2015.

116. Holzhauser, Magny, and Zumbühl 2005 认为，阿莱奇冰川在公元 600 年前后至少前进到了小冰期的最大范围。法国阿尔卑斯山的证据支持这一描述，请见 Le Roy et al. 2015。然而，阿尔卑斯山东部的最新研究成果并不支持这种看法。格帕奇弗纳冰川前缘的木质碎屑覆盖了大约公元 510 年至 809 年的整个时间段，这说明该冰川在六世纪的前进并未超过公元 1920 年或 1940 年前后的冰川极限。

117. 目前，大约公元 546 年至 579 年的晚期树木年轮澄清了下述已发表资料中的年代顺序：Holzhauser, Magny, and Zumbühl 2005; cf. H. Holzhauser and Zumbühl 1996。

118. Büntgen et al. 2016.

119. See McCormick et al. 2012, as well as McCormick, Harper, More and Gibson 2012.

120. 在公元 500 年至 599 年，东罗马帝国的书面资料中可靠地记录了 14 次干旱和炎热事件：在巴勒斯坦，大约公元 500 年［毁掉了内盖夫（Negev）宝贵的葡萄园]；从 523 年到 538 年，一场持续 15 年的旱灾造成西罗亚（Siloah）泉水的干涸；550 年发生在奇里乞亚地区（Cilicia），以及 600 年到 601 年发生在巴勒斯坦和叙利亚的冬季高温；525 年到 526 年和 568 年到 569 年，干旱侵袭了叙利亚，536 年又袭击了波斯帝国，引起了阿拉伯人的迁徙；530 年秋、556 年和 562 年，干旱降临到君士坦丁堡，更不用说大约在 551 年 9 月到 11 月的一场异常的晚热浪；501 年、502 年和 595 年，炎热事件发生在美索不达米亚地区；550 年，奇里乞亚地区的一场春季炎热事件使积雪融化，造成了后文提到的洪水。详细记录请见 McCormick，Harper，More and Gibson 2012。有类似确定性的八次过度降水事件和（或）洪水的记录，发生在美索不达米亚地区的有 501 年到 502 年、525 年（包括叙利亚）、553 年到 554 年、580 年和大约 582 年到 602 年，以及 597 年到 598 年；还有 537 年和 550 年发生在奇里乞亚地区的。更多细节请见 McCormick，Harper，More and Gibson 2012 有关这些年的内容，以及下一条注释。

121. 在七段罗马铭文中，有五段记录了六世纪集中于巴勒斯坦的公共水利项目的建设、维修和保护：Di Segni 2002；Avigad 1977；C. P. Jones 2007。

122. Procopius, *De aedificiis*, 1, 11, 10 – 14, 42. 26 – 43. 23；Malalas, *Chronographia*, 18, 17, ed. J. Thurn, Corpus fontium historiae byzantinae, 35（Berlin, 2000）, 364. 39 – 41；Theophanes, *Chronographia*, A. M. 6020, ed. C. De Boor, 1（Leipzig, 1883）, 176. 26-7.

123. Bookman et al. 2004；Migowski et al. 2006. 对公元约 300 年或约 400 年的更湿润的状况（以及随后更干燥的状况）所提出的起始日期的差异，完全在样品的放射性碳基于两个标准偏差的两百年的精确度范围之内（特别请见 Migowski et al. 2006 Appendix A），但是两项研究都发现变干过程开始于大约公元 500 年到 600 年的某一时间。

124. Büntgen et al. , 2016.

125. McCormick 2013，84-87.

126. Leveau 2014.

参考文献

Abbott, D. H., et al. 2014. "What Caused Terrestrial Dust Loading and Climate Downturns between A.D. 533 and 540?" *Geological Society of America Special Papers* 505 (September): 421–438. DOI: 10.1130/2014.2505(23).

Arjava, A. 2005. "The Mystery Cloud of 536 CE in the Mediterranean Sources." *Dumbarton Oaks Papers* 59: 73–94. DOI: 10.2307/4128751.

Avigad, N. 1977. "A Building Inscription of the Emperor Justinian and the Nea in Jerusalem (Preliminary Note)." *Israel Exploration Journal* 27 (2/3): 145–151.

Bar-Matthews, M., and A. Ayalon. 2004. "Speleothems as Palaeoclimate Indicators, a Case Study from Soreq Cave Located in the Eastern Mediterranean Region, Israel." In *Past Climate Variability through Europe and Africa*. Vol. 6. eds. W. Battarbee, F. Gasse, and C. E. Stickley. Netherlands: Springer, 363–391. DOI: 10.1007/978-1-4020-2121-3_18.

Beer, J., W. Mende, and R. Stellmacher. 2000. "The Role of the Sun in Climate Forcing." *Quaternary Science Reviews* 19 (1–5): 403–415. DOI: 10.1016/S0277-3791(99)00072-4.

Beer, J., M. Vonmoos, and R. Muscheler. 2007. "Solar Variability Over the Past Several Millennia." *Space Science Reviews* 125 (1–4): 67–79. DOI: 10.1007/s11214-006-9047-4.

Black, E. 2012. "The Influence of the North Atlantic Oscillation and European Circulation Regimes on the Daily to Interannual Variability of Winter Precipitation in Israel." *International Journal of Climatology* 32 (11): 1654–1664. DOI: 10.1002/joc.2383.

Boch, R., and C. Spötl. 2011. "Reconstructing Palaeoprecipitation from an Active Cave Flowstone." *Journal of Quaternary Science* 26 (7): 675–687. DOI: 10.1002/jqs.1490.

Bond, G., et al. 2001. "Persistent Solar Influence on North Atlantic Climate During the Holocene." *Science* 294 (5549): 2130–2136. DOI: 10.1126/science.1065680.

Bookman, R., et al. 2004. "Late Holocene Lake Levels of the Dead Sea." *Geological Society of America Bulletin* 116 (5–6): 555–571. DOI: 10.1130/B25286.1.

Bradley, R. S. 2015. *Paleoclimatology: Reconstructing Climates of the Quaternary*. Amsterdam: Elsevier.

Broodbank, C. 2013. *The Making of the Middle Sea: A History of the Mediterranean from the Beginning to the Emergence of the Classical World*. Oxford; New York: Oxford University Press.

Brooke, J. 2014. *Climate Change and the Course of Global History: A Rough Journey*. New York: Cambridge University Press.

Büntgen, U., et al. 2011. "2500 Years of European Climate Variability and Human Susceptibility." *Science* 331 (6017): 578–582. DOI: 10.1126/science.1197175.

Büntgen, U. et al. 2016. "Cooling and Societal Change during the Late Antique Little Ice Age from 536 to around 660 AD." *Nature Geoscience* 9: 231–236. DOI: 10.1038/ngeo2652.

Butzer, K. W. 2012. "Collapse, Environment, and Society." *Proceedings of the National Academy of Sciences of the United States of America* 109 (10): 3632–3639. DOI: 10.1073/pnas.1114845109.

Caseldine, C. J., and C. Turney. 2010. "The Bigger Picture: Towards Integrating Palaeoclimate and Environmental Data with a History of Societal Change." *Journal of Quaternary Science* 25 (1): 88–93. DOI: 10.1002/jqs.1337.

Chew, S. C. 2002. "Globalisation, Ecological Crisis, and Dark Ages." *Global Society* 16 (4): 333–356. DOI: 10.1080/0953732022000016081.

Christiansen, B., and F. C. Ljungqvist. 2012. "The Extra-Tropical Northern Hemisphere Temperature in the Last Two Millennia: Reconstructions of Low-Frequency Variability." *Climate of the Past* 8 (2): 765–786. DOI: 10.5194/cp-8-765-2012.

Corella, J. P., et al. 2010. "Climate and Human Impact on a Meromictic Lake during the Last 6,000 Years (Montcortès Lake, Central Pyrenees, Spain)." *Journal of Paleolimnology* 46 (3): 351–367. DOI: 10.1007/s10933-010-9443-3.

Crowley, T. J., et al. 2008. "Volcanism and the Little Ice Age." *PAGES News* 16 (2): 22–23.

Currás, A., et al. 2012. "Climate Change and Human Impact in Central Spain during Roman Times: High-Resolution Multi-Proxy Analysis of a Tufa Lake Record (Somolinos, 1280 M Asl)." *CATENA* 89 (1): 31–53. DOI: 10.1016/j.catena.2011.09.009.

D'Arrigo, R., et al. 2001. "Spatial Response to Major Volcanic Events in or about AD 536, 934 and 1258: Frost Rings and Other Dendrochronological Evidence from Mongolia and Northern Siberia: Comment on R. B. Stothers, 'Volcanic Dry Fogs, Climate Cooling, and Plague Pandemics in Europe and the Middle East' (Climatic Change, 42, 1999)." *Climatic Change* 49 (1–2): 239–246. DOI: 10.1023/A:1010727122905.

Dean, J. R., et al. 2013. "Palaeo-Seasonality of the Last Two Millennia Reconstructed from the Oxygen Isotope Composition of Carbonates and Diatom Silica from Nar Gölü, Central Turkey." *Quaternary Science Reviews* 66 (April): 35–44. DOI: 10.1016/j.quascirev.2012.07.014.

De la Vaissière, É. 2012. "Central Asia and the Silk Road." In *Oxford Handbook of Late Antiquity*, ed. S. F. Johnson. New York: Oxford University Press, 142–169.

DeMenocal, P. B. 2001. "Cultural Responses to Climate Change during the Late Holocene." *Science* 292 (5517): 667–673. DOI: 10.1126/science.1059827.

Dermody, B. J., et al. 2012. "A Seesaw in Mediterranean Precipitation during the Roman Period Linked to Millennial-Scale Changes in the North Atlantic." *Climate of the Past* 8 (2): 637–651. DOI: 10.5194/cp-8-637-2012.

Di Segni, L. 2002. "The Water Supply of Palestine in Literary and Epigraphical Sources." In *The Aqueducts of Israel*, eds. D. Amit and J. Patrich. Portsmouth, RI: Journal of Roman Archaeology, 36–67.

Drysdale, R., et al. 2006. "Late Holocene Drought Responsible for the Collapse of Old World Civilizations Is Recorded in an Italian Cave Flowstone." *Geology* 34 (2): 101–104. DOI: 10.1130/G22103.1.

Eltahir, E. 1996. "El Niño and the Natural Variability in the Flow of the Nile River." *Water Resources Research* 32 (1): 131–137.

Erdkamp, P. 2005. *The Grain Market in the Roman Empire: A Social, Political and Economic Study*. Cambridge, UK; New York: Cambridge University Press.

Eronen, M., et al. 2002. "The Supra-Long Scots Pine Tree-Ring Record for Finnish Lapland: Part 1, Chronology Construction and Initial Inferences." *The Holocene* 12 (6): 673–680. DOI: 10.1191/0959683602hl580rp.

Febvre, L., and L. Bataillon. 1966, *A Geographical Introduction to History*, London: Routledge & Kegan Paul.

Finné, M., et al. 2011. "Climate in the Eastern Mediterranean, and Adjacent Regions, during the Past 6000 Years—A Review." *Journal of Archaeological Science* 38 (12): 3153–3173. DOI: 10.1016/j.jas.2011.05.007.

Finné, M., et al. 2014. "Speleothem Evidence for Late Holocene Climate Variability and Floods in Southern Greece." *Quaternary Research* 81 (2): 213–227. DOI: 10.1016/j.yqres.2013.12.009.

Fleitmann, D., et al. 2009. "Timing and Climatic Impact of Greenland Interstadials Recorded in Stalagmites from Northern Turkey." *Geophysical Research Letters* 36 (19): L19797. DOI: 10.1029/2009GL040050.

Folke, C. 2006. "Resilience: The Emergence of a Perspective for Social-Ecological Systems Analyses." *Global Environnemental Change* 16 (3): 253-267. DOI: 10.1016/j .gloenvcha.2006.04.002.

Frisia, S., et al. 2005. "Climate Variability in the SE Alps of Italy over the Past 17, 000 Years Reconstructed from a Stalagmite Record." *Boreas* 34 (4): 445-455. DOI: 10.1080/03009480500231336.

Gao, C., A. Robock, and C. Ammann. 2008. "Volcanic Forcing of Climate over the Past 1500 Years: An Improved Ice Core-Based Index for Climate Models." *Journal of Geophysical Research: Atmospheres* 113 (D23): D23111. DOI: 10.1029/2008JD010239.

Garnsey, P. 1988. *Famine and Food Supply in the Graeco-Roman World: Responses to Risk and Crisis*. Cambridge; New York: Cambridge University Press.

Garnsey, P. 1998. *Cities, Peasants, and Food in Classical Antiquity: Essays in Social and Economic History*, Cambridge: Cambridge University Press.

Garnsey, P. 1999. *Food and Society in Classical Antiquity*, Cambridge: Cambridge University Press.

Göktürk, O. M. 2011. "Climate in the Eastern Mediterranean through the Holocene Inferred from Turkish Stalagmites." PhD dissertation, Universität Bern, Switzerland.

Goosse, H., et al. 2012. "The Role of Forcing and Internal Dynamics in Explaining the 'Medieval Climate Anomaly.'" *Climate Dynamics* 39 (12): 2847-2866. DOI: 10.1007 /s00382-012-1297-0.

Graham, N., et al. 2011. "Support for Global Climate Reorganization during the 'Medieval Climate Anomaly.'" *Climate Dynamics* 37 (5): 1217. DOI: 10.1007/s00382-010-0914-z.

Gray, L. J., et al. 2010. "Solar Influences on Climate." *Reviews of Geophysics* 48 (4): 1-53. DOI: 10.1029/2009RG000282.

Grove, A. T., and O. Rackham. 2001. *The Nature of Mediterranean Europe: An Ecological History*. New Haven: Yale University Press.

Gunn, J. 2000. *The Years without Summer: Tracing A.D. 536 and Its Aftermath*. Oxford: Archaeopress.

Haeberli, W., et al. 1999. "On Rates and Acceleration Trends of Global Glacier Mass Changes." *Geografiska Annaler: Series A, Physical Geography* 81 (4): 585-591. DOI: 10 .1111/1468-0459.00086.

Haldon, J., et al. 2014. "The Climate and Environment of Byzantine Anatolia: Integrating Science, History, and Archaeology." *Journal of Interdisciplinary History* 45 (2): 113-161. DOI: 10.1162/JINH_a_00682.

Harper, K. 2015a. "Rethinking the Plague of Cyprian: Pandemics and Passages to Late Antiquity." *Journal of Roman Archaeology* 28: 223-260. DOI: 10.1017/S1047759415002470.

Harper, K. 2015b. "Civilization, Climate, and Malthus: The Rough Course of Global History." *Journal of Interdisciplinary History* 45 (4): 549-566. DOI: 10.1162/JINH_a_00758.

Harper, K. 2017, *The Fate of Rome: Climate, Disease, and the End of an Empire*. Princeton: Princeton University Press.

Harris, W. V. 2011, "Bois et déboisement dans la Méditerranée antique," *Annales. Histoire, sciences sociales* 66: 105-140.

Harris, W. V. 2013, "Defining and Detecting Mediterranean Deforestation, 800 BCE to 700 CE," in W. V. Harris, ed., *The Ancient Mediterranean Environment between Science and History*, Leiden: 173-194.

Hin, S. 2013. *The Demography of Roman Italy: Population Dynamics in an Ancient Conquest Society (201 BCE-14 CE)*. Oxford; New York: Oxford University Press.

Hirschfeld, Y. 2004. "A Climatic Change in the Early Byzantine Period? Some Archaeological Evidence." *Palestine Exploration Quarterly* 136 (2): 133-149. DOI: 10.1179/003103204225014184.

Hoelzle, M., et al. 2003. "Secular Glacier Mass Balances Derived from Cumulative Glacier Length Changes." *Global and Planetary Change* 36 (4): 295-306. DOI: 10.1016/So921-8181(02)00223-0.

Holzhauser, H., M. J. Magny, and H. J. Zumbühl. 2005. "Glacier and Lake-Level Variations in West-Central Europe over the Last 3500 Years." *The Holocene* 15 (6): 789-801. DOI: 10.1191/0959683605hl853ra.

Holzhauser, H., and H. J. Zumbühl. 1996. "To the History of the Lower Grindelwald Glacier during the Last 2800 Years—Paleosols, Fossil Wood and Historical Pictorial Records—New Results." *Zeitschrift für Geomorphologie Supplementband* 104: 95-127.

Horden, P., and N. Purcell. 2000. *The Corrupting Sea: A Study of Mediterranean History.* Oxford: Blackwell Publishers.

Hughes, D. J. 1994. *Pan's Travail: Environmental Problems of the Ancient Greeks and Romans,* Baltimore: The Johns Hopkins University Press.

Hughes, D. J. 2011. "Ancient Deforestation Revisited." *Journal of the History of Biology* 44: 43-57.

Hughes, M. K. 2002. "Dendrochronology in Climatology—The State of the Art." *Dendrochronologia* 20 (1-2): 95-116. DOI: 10.1078/1125-7865-00011.

Huntington, E. 1907. *The Pulse of Asia: A Journey in Central Asia Illustrating the Geographic Basis of History.* Boston; New York: Houghton, Mifflin and Co.

Huntington, E. 1917. "Climatic Change and Agricultural Exhaustion as Elements in the Fall of Rome." *Quarterly Journal of Economics* 31: 173-208.

Jones, A.H.M. 1964. *The Later Roman Empire, 284-602: a Social Economic and Administrative Survey.* Oxford: Blackwell.

Jones, C. P. 2007. "Procopius of Gaza and the Water of the Holy City." *Greek, Roman, and Byzantine Studies* 47 (4): 455-467.

Jones, M. D., et al. 2006. "A High-Resolution Late Holocene Lake Isotope Record from Turkey and Links to North Atlantic and Monsoon Climate." *Geology* 34 (5): 361-364. DOI: 10.1130/G22407.1.

Jones, P. D., T. Jonsson, and D. Wheeler. 1997. "Extension to the North Atlantic Oscillation Using Early Instrumental Pressure Observations from Gibraltar and South-West Iceland." *International Journal of Climatology* 17 (13): 1433-1450. DOI: 10.1002/(SICI)1097-0088(19971115)17:13<1433::AID-JOC203>3.0.CO;2-P.

Kacanski, A., et al. 2001. "Late Holocene Climatic Change in the Balkans; Speleothem Isotopic Data from Serbia." *Radiocarbon* 43 (2B): 647-658. DOI: 10.2458/azu_js_rc.43.3896.

Kaniewski, D., et al. 2007. "A High-Resolution Late Holocene Landscape Ecological History Inferred from an Intramontane Basin in the Western Taurus Mountains, Turkey." *Quaternary Science Reviews* 26 (17-18): 2201-2218. DOI: 10.1016/j.quascirev.2007.04.015.

Keay, S. J. (ed.). 2012. *Rome, Portus and the Mediterranean.* London: British School at Rome.

Kenward, H. 2004. "Do Insect Remains from Historic-Period Archaeological Occupation Sites Track Climate Change in Northern England?" *Environmental Archaeology* 9 (1): 47-59. DOI: 10.1179/env.2004.9.1.47.

Krichak, S. O., and P. Alpert. 2005. "Decadal Trends in the East Atlantic–West Russia Pattern and Mediterranean Precipitation." *International Journal of Climatology* 25 (2): 183-192. DOI: 10.1002/joc.1124.

Kutiel, H., and Y. Benaroch. 2002. "North Sea–Caspian Pattern (NCP)—An Upper Level Atmospheric Teleconnection Affecting the Eastern Mediterranean: Identification and Definition." *Theoretical and Applied Climatology* 71 (1-2): 17-28. DOI: 10.1007/s704-002-8205-x.

Kuzucuoğlu, C., et al. 2011. "Mid- to Late-Holocene Climate Change in Central Turkey: The Tecer Lake Record." *The Holocene* 21 (1): 173-188. DOI: 10.1016/j.quascirev.2007.04.015.

Lamb, H. H. 1982. *Climate, History, and the Modern World*. London; New York: Methuen.

Larsen, L. B., et al. 2008. "New Ice Core Evidence for a Volcanic Cause of the A.D. 536 Dust Veil." *Geophysical Research Letters* 35 (4): L04708. DOI: 10.1029/2007GL032450.

Le Roy, M., et al. 2015. "Calendar-Dated Glacier Variations in the Western European Alps during the Neoglacial: The Mer de Glace Record, Mont Blanc Massif." *Quaternary Science Reviews* 108 (January): 1–22. DOI: 10.1016/j.quascirev.2014.10.033.

Le Roy Ladurie, E. 2004. *Histoire humaine et comparée du climat*. Paris: Fayard.

Le Roy Ladurie, E. 1966, *Les paysans de Languedoc*. Paris: Mouton.

Leone, A. 2012, "Water Management in Late Antique North Africa: Agricultural Irrigation." *Water History* 4: 119–33.

Leveau, P. 2014. "Évolution climatique et construction des ouvrages hydrauliques en Afrique romaine." In *Regards croisés d'Orient et d'Occident: Les barrages dans l'antiquité tardive*, eds. F. Baratte, C. J. Robin, and E. Rocca. Paris: Fondation Simone et Cino del Duca, 125–138.

Lionello, P. (ed.). 2012. *The Climate of the Mediterranean Region: From the Past to the Future*. 1st ed. Elsevier Insights. London; Waltham, MA: Elsevier.

Ljungqvist, F. C. 2009. "Temperature Proxy Records Covering the Last Two Millennia: A Tabular and Visual Overview." *Geografiska Annaler: Series A, Physical Geography* 91 (1): 11–29. DOI: 10.1111/j.1468-0459.2009.00350.x.

Ludlow, F., et al. 2013. "Medieval Irish Chronicles Reveal Persistent Volcanic Forcing of Severe Winter Cold Events, 431–1649 CE." *Environmental Research Letters* 8 (2): 024035. DOI: 10.1088/1748-9326/8/2/024035.

Luterbacher, J., et al. 2012. "A Review of 2000 Years of Paleoclimatic Evidence in the Mediterranean." In *The Climate of the Mediterranean Region from the Past to the Future*, ed. P. Lionello. Netherlands: Elsevier, 87–185. DOI: 10.1016/B978-0-12-416042-2.00002-1.

Maenchen-Helfen, O. 1973. *The World of the Huns: Studies in Their History and Culture*. Berkeley: University of California Press.

Magny, M. 1993. "Holocene Fluctuations of Lake Levels in the French Jura and Sub-Alpine Ranges, and Their Implications for Past General Circulation Patterns." *The Holocene* 3 (4): 306–313. DOI: 10.1023/A:1008195401085.

Magny, M. 2004. "Holocene Climate Variability as Reflected by Mid-European Lake-Level Fluctuations and Its Probable Impact on Prehistoric Human Settlements." *Quaternary International* 113 (1): 65–79. DOI: 10.1016/S1040-6182(03)00080-6.

Mangini, A., C. Spötl, and P. Verdes. 2005. "Reconstruction of Temperature in the Central Alps during the Past 2000 Yr from a δ18O Stalagmite Record." *Earth and Planetary Science Letters* 235 (3–4): 741–751. DOI: 10.1016/j.epsl.2005.05.010.

Mango, C. A. 1985. *Le développement urbain de Constantinople, IVe–VIIe siècles*. Travaux et mémoires du Centre de recherche d'histoire et civilisation de Byzance. Monographies, 2. Paris: de Boccard.

Mango, C. A. 1993. *Studies on Constantinople*. Aldershot, Hampshire, UK; Brookfield, VT: Variorum.

Manning, S. W. 2013. "The Roman World and Climate: Context, Relevance of Climate Change, and Some Issues." In *The Ancient Mediterranean Environment between Science and History*, ed. W. V. Harris. Leiden: Brill, 103–170.

Marriner, N., et al. 2012. "ITCZ and ENSO-like Pacing of Nile Delta Hydro-Geomorphology during the Holocene." *Quaternary Science Reviews* 45: 73–84. DOI: 10.1016/j.quascirev.2012.04.022.

Martín-Chivelet, J., et al. 2011. "Land Surface Temperature Changes in Northern Iberia since 4000yr BP, Based on δ13C of Speleothems." *Global and Planetary Change* 77 (1–2): 1–12. DOI: 10.1016/j.gloplacha.2011.02.002.

Martín-Puertas, C., et al. 2009. "The Iberian–Roman Humid Period (2600–1600 Cal Yr BP) in the Zoñar Lake Varve Record (Andalucía, Southern Spain)." *Quaternary Research* 71 (2): 108–120. DOI: 10.1016/j.yqres.2008.10.004.

Martín-Puertas, C., et al. 2010. "Late Holocene Climate Variability in the Southwestern Mediterranean Region: An Integrated Marine and Terrestrial Geochemical Approach." *Climate of the Past Discussions* 6 (5): 1655–1683. DOI: 10.5194/cpd-6-1655–2010.

Mayewski, P. A., et al. 2004. "Holocene Climate Variability." *Quaternary Research* 62 (3): 243–255. DOI: 10.1016/j.yqres.2004.07.001.

McAnany, P. A., and N. Yoffee. 2010. *Questioning Collapse: Human Resilience, Ecological Vulnerability, and the Aftermath of Empire.* Cambridge: Cambridge University Press.

McCormick, M. 2011. "History's Changing Climate: Climate Science, Genomics, and the Emerging Consilient Approach to Interdisciplinary History." *Journal of Interdisciplinary History* 42 (2): 251–273. DOI: 10.1162/JINH_a_00214.

McCormick, M. 2013. "What Climate Science, Ausonius, Nile Floods, Rye, and Thatch Tell Us about the Environmental History of the Roman Empire." In *The Ancient Mediterranean Environment between Science and History*, ed. W.V. Harris. Leiden; New York: Brill, 61–88.

McCormick, M., P. E. Dutton, P.A. Mayewski, and N. Patterson. 2007. "Volcanoes and the Climate Forcing of Carolingian Europe, A.D. 750–950." *Speculum* 82 (4): 865–895. DOI: 10.1017/S0038713400011325.

McCormick, M., K. Harper, A.F.M. More, and K. Gibson. 2012. "Geodatabase of Historical Evidence on Roman and Post-Roman Climate." DARMC Scholarly Data Series, Data Contribution Series # 2012-1. DARMC, Center for Geographic Analysis. Harvard University, Cambridge, MA 02138: https://darmc.harvard.edu/data-availability.

McCormick, M., et al. 2012. "Climate Change during and after the Roman Empire: Reconstructing the Past from Scientific and Historical Evidence." *Journal of Interdisciplinary History* 43 (2): 169–220. DOI: 10.1162/JINH_a_00379.

McDermott, F. 2004. "Palaeo-Climate Reconstruction from Stable Isotope Variations in Speleothems: A Review." *Quaternary Science Reviews* 23 (7–8): 901–918. DOI: 10.1016/j.quascirev.2003.06.021.

McDermott, F., et al. 2011. "A First Evaluation of the Spatial Gradients in $\delta18O$ Recorded by European Holocene Speleothems." *Global and Planetary Change* 79 (3–4): 275–287. DOI: 10.1016/j.gloplacha.2011.01.005.

Meiggs, R. 1982, *Trees and Timber in the Ancient Mediterranean World.* Oxford: Clarendon Press.

Migowski, C., et al. 2006. "Holocene Climate Variability and Cultural Evolution in the Near East from the Dead Sea Sedimentary Record." *Quaternary Research* 66 (3): 421–431. DOI: 10.1016/j.yqres.2006.06.010.

Miller, G., et al. 2012. "Abrupt Onset of the Little Ice Age Triggered by Volcanism and Sustained by Sea-Ice/ocean Feedbacks." *Geophysical Research Letters* 39 (2): L02708. DOI: 10.1029/2011GL050168.

Nicolussi, K., and G. Patzelt. 2001. "Untersuchungen zur Holozänen Gletscherentwicklung von Pasterze und Gepatschferner (Ostalpen)." *Zeitschrift für Gletscherkunde und Glazialgeologie* 36: 1–87.

Nicolussi, K., et al. 2006. "Precisely Dated Glacier Fluctuations in the Alps over the Last Four Millennia." In *Global Change in Mountain Regions*, ed. M. F. Price. London; New York: Parthenon Publishing Group, 59–60.

Olsen, J., N. J. Anderson, and M. F. Knudsen. 2012. "Variability of the North Atlantic Oscillation over the Past 5,200 Years." *Nature Geoscience* 5 (11): 808–812. DOI: 10.1038/ngeo1589.

Orland, I. J., et al. 2009. "Climate Deterioration in the Eastern Mediterranean as Revealed by Ion Microprobe Analysis of a Speleothem That Grew from 2.2 to 0.9 Ka in Soreq Cave, Israel." *Quaternary Research* 71 (1): 27–35. DOI: 10.1016/j.yqres.2008.08.005.

Pérez-Sanz, A., et al. 2013. "Holocene Climate Variability, Vegetation Dynamics and Fire Regime in the Central Pyrenees: The Basa de La Mora Sequence (NE Spain)." *Quaternary Science Reviews* 73: 149–169. DOI: 10.1016/j.quascirev.2013.05.010.

Rickman, G. 1980. *The Corn Supply of Ancient Rome*. Oxford; New York: Clarendon Press; Oxford University Press.

Rossignol, B. 2012. "Le climat, les famines et la guerre: éléments du contexte de la peste antonine." In *L'impatto della "peste antonina,"* ed. E. L. Cascio. Bari: Edipuglia, 87–122.

Rossignol, B., and S. Durost. 2010. "Volcanisme global et variations climatiques de courte durée dans l'histoire romaine (Ier s. av. J.-C.-IVème s. ap. J.-C.): Leçons d'une archive glaciaire (GISP2)." *Jahrbuch des Römisch-Germanischen Zentralmuseums Mainz* 54 (2): 395–438. DOI: 10.11588/jrgzm.2007.2.30692.

Sallares, R. 1991, *The Ecology of the Ancient Greek World*. Ithaca, NY: Cornell University Press.

Sallares, R. 2002, *Malaria and Rome: A History of Malaria in Ancient Italy*. Oxford: Oxford University Press.

Salzer, M. W., and M. K. Hughes. 2007. "Bristlecone Pine Tree Rings and Volcanic Eruptions over the Last 5000 Yr." *Quaternary Research* 67 (1): 57–68. DOI: 10.1016/j.yqres.2006.07.004.

Scheidel, W. 2014. "The Shape of the Roman World: Modelling Imperial Connectivity." *Journal of Roman Archaeology* 27: 7–32. DOI: 10.1017/S1047759414001147.

Scheidel, W. 1996. *Measuring Sex, Age and Death in the Roman Empire*. Roman Archaeology Supplementary Series. Ann Arbor: Journal of Roman Archaeology.

Scheidel, W. 2001. *Death on the Nile: Disease and the Demography of Roman Egypt*. Leiden: Brill.

Schilman, B., et al. 2002. "Sea-Land Paleoclimate Correlation in the Eastern Mediterranean Region during the Late Holocene." *Israel Journal of Earth Sciences* 51 (3): 181–190. DOI: 10.1560/504G-007U-5NKY-GUN1.

Shaw, B. D. 1995, *Environment and Society in Roman North Africa*. Aldershot.

Shaw, B. D. 1996, "Seasons of Death: Aspects of Mortality in Imperial Rome." *Journal of Roman Studies* 86: 100–138.

Shindell, D. T. 2001. "Solar Forcing of Regional Climate Change During the Maunder Minimum." *Science* 294 (5549): 2149–2152. DOI: 10.1126/science.1064363.

Shindell, D. T., et al. 2003. "Volcanic and Solar Forcing of Climate Change during the Pre-industrial Era." *Journal of Climate* 16 (24): 4094–4107.

Sigl, M., et al. 2015. "Timing and Climate Forcing of Volcanic Eruptions for the Past 2,500 Years." *Nature* 523 (7562): 543–549. DOI: 10.1038/nature14565.

Six, D., and C. Vincent. 2014. "Sensitivity of Mass Balance and Equilibrium-Line Altitude to Climate Change in the French Alps." *Journal of Glaciology* 60 (223): 867–878. DOI: 10.3189/2014JoG14J014.

Steinhilber, F., and J. Beer. 2011. "Solar Activity—The Past 1200 Years." *PAGES News* 19 (1): 5–6.

Steinhilber, F., J. Beer, and C. Fröhlich. 2009. "Total Solar Irradiance during the Holocene." *Geophysical Research Letters* 36 (19): L19704. DOI: 10.1029/2009GL040142.

Steinhilber, F., et al. 2012. "9,400 Years of Cosmic Radiation and Solar Activity from Ice Cores and Tree Rings." *Proceedings of the National Academy of Sciences of the United States of America* 109 (16): 5967–5971. DOI: 10.1073/pnas.118965109.

Stothers, R. B., and M. R. Rampino. 1983. "Volcanic Eruptions in the Mediterranean before A.D. 630 from Written and Archaeological Sources." *Journal of Geophysical Research: Solid Earth* 88 (B8): 6357–6371. DOI: 10.1029/JB088iB08p06357.

Telelēs, I. 2004. *Meteōrologika phainomena kai klima sto Byzantio: symboles stēn ereuna tēs hellēnikēs kai latinikēs grammateias 1.1*. Athens: Akadēmia Athēnōn.

Trouet, V., et al. 2009. "Persistent Positive North Atlantic Oscillation Mode Dominated the Medieval Climate Anomaly." *Science* 324 (5923): 78–80. DOI: 10.1126/science .1166349.

Tudryn, A., et al. 2013. "A 2300-Year Record of Environmental Change from SW Anatolia, Lake Burdur, Turkey." *Journal of Paleolimnology* 49 (4): 647–662. DOI: 10.1007 /s10933-013-9682-1.

Usoskin, I. G., and B. Kromer. 2005. "Reconstruction of the [14]C Production Rate from Measured Relative Abundance." *Radiocarbon* 47 (1): 31–37. DOI: 10.2458/azu_js_rc.47.2798.

Vieira, L.E.A., et al. 2011. "Evolution of the Solar Irradiance during the Holocene." *Astronomy & Astrophysics* 531: A6. DOI: 10.1051/0004-6361/201015843.

Vollweiler, N., et al. 2006. "A Precisely Dated Climate Record for the Last 9 Kyr from Three High Alpine Stalagmites, Spannagel Cave, Austria." *Geophysical Research Letters* 33 (20): L20703. DOI: 10.1029/2006GL027662.

Vonmoos, M., J. Beer, and R. Muscheler. 2006. "Large Variations in Holocene Solar Activity: Constraints from [10]Be in the Greenland Ice Core Project Ice Core." *Journal of Geophysical Research* 111: A10105. DOI: 10.1029/2005JA011500.

Wanner, H., et al. 2008. "Mid- to Late Holocene Climate Change: An Overview." *Quaternary Science Reviews* 27 (19–20): 1791–1828. DOI: 10.1016/j.quascirev.2008.06.013.

Wanner, H., et al. 2015. "Holocene Climate Variability and Change; a Data-Based Review." *Journal of the Geological Society* 172 (2): 254–63. DOI: 10.1144/jgs2013-101.

Wick, L., G. Lemcke, and M. Sturm. 2003. "Evidence of Lateglacial and Holocene Climatic Change and Human Impact in Eastern Anatolia: High-Resolution Pollen, Charcoal, Isotopic and Geochemical Records from the Laminated Sediments of Lake Van, Turkey." *The Holocene* 13 (5): 665–675. DOI: 10.1191/0959683603hl653rp.

Williamson, T. 2013. *Environment, Society and Landscape in Early Medieval England: Time and Topography*. Rochester, NY: The Boydell Press.

Witschel, C. 1999. *Krise, Rezession, Stagnation?: Der Westen des römischen Reiches im 3. Jahrhundert n. Chr.* Frankfurt am Main: Marthe Clauss.

Woodbridge, J., and N. Roberts. 2011. "Late Holocene Climate of the Eastern Mediterranean Inferred from Diatom Analysis of Annually-Laminated Lake Sediments." *Quaternary Science Reviews* 30 (23–24): 3381–3392. DOI: 10.1016/j.quascirev.2011.08.013.

Xoplaki, E. 2002. "Climate Variability over the Mediterranean." PhD dissertation, University of Bern, Switzerland.

Xoplaki, E., et al. 2004. "Wet Season Mediterranean Precipitation Variability: Influence of Large-Scale Dynamics and Trends." *Climate Dynamics* 23 (1): 63–78. DOI: 10.1007 /s00382-004-0422-0.

Zanchetta, G., et al. 2012. "Multiproxy Record for the Last 4500 Years from Lake Shkodra (Albania/Montenegro)." *Journal of Quaternary Science* 27 (8): 780–789. DOI: 10.1002 /jqs.2563.

第二篇　考古植物学：人类与植物互动的考古学

玛丽克·范德维恩

引言

对于地球上的人类和动物的生命来说，植物是至关重要的，它们创造了我们呼吸的氧气和消耗的食物。此外，植物为我们的衣服提供纤维，为我们的住所提供建筑材料，为我们的取暖提供燃料，为我们的药物提供原料，还有花朵为我们带来美景。重要的是，植物也是我们创造和维持群体身份、社会关系和一种社群意识（食物共享）或社会差异（奢侈食品）以及个人身份［衣服、颜色（植物染料）和气味（香水、植物树脂）］的"原材料"。因此，植物以不同的方式参与我们每日的生活，对我们的营养与健康、我们的社会习俗、我们的情绪及我们的工作产生影响。食物的种植、分配、选择、制备与食用，以及其他许多日常活动中对植物的利用，都是深深植根于我们的文化规范中的实践活动。重要的是，与植物的这些常规接触，形成了一套相同的行为，日复一日，年复一年，使我们成为我们自己。考古植物学是对考古发掘中获得的植物残留物的研究，因而可以深入了解我们的不同存在方式，并追溯过去的社会和文化行为以及其中的沿袭与变化。虽然这些活动和选择中有一些被记载于当时遗留下来的文本中，但还有很多并未记录下来，要么是因为它们涉及的个人和社会团体因不使用文本而没有书写下来，要么是因为它们涉及的活动没有人认为值得记录。与动物考古学、人类骨骼和稳定同位素分析（请见第三篇和第四篇）一起，考古植物学可以对我们理解从前的日常生活发挥重要作用。虽然它构成考古科学的一部分，使用了多种科学方法，但它是以人类与植物的交互作用为焦点的。

这里介绍了考古植物学为我们理解希腊罗马世界的生活所做的贡献。我们没有提供当前考古植物学的综合证据，因为整个地区的范围和时间变化都太大，无法在一篇论文中加以整合；相反，本文旨在强调考古植物学通过聚焦某一侧面（食物）可以实现的成果。它分为五个主要部分，分别集中于食物的五个阶段，如古迪（Goody）最先描述的：食物生产——农场与景观；食物的分配与贸易——粮仓、市场和远距离运输；食物制备——厨房这一场所；食物消费——饮食，在很多情况下还有餐桌；最后是食物处理——垃圾箱或垃圾场这些场合，以及典型的考古学领域。[1]本文顺便也提及了人与植物的其他交互作用，包括生前与死后的身体处理，植物和树木的意识形态功能，作为燃料、手工制品和建筑材料的木材选择；本地植被与环境、饲料作物、野生植物利用等方面所带来的和受到的影响，但出于篇幅的原因，无法一一详细论述。本篇最后将简要回顾这些互动如何帮助创造了许多不同的生存模式，以及古代的日常生活如何因时间和空间而变化。最后，值得在此强调的是，我认为在考古发掘中获得的植物是一种物质文化形式，受到它们与人类交互作用的影响，同时也形塑了它们与人类的互动，应与其他证据线采取类似的方式一同得到研究，包括动物遗骸、人类遗骸、同位素、陶器、工具、建筑和文本。每个数据集都有各自的优缺点，只有集合所有可用证据，我们才有可能更加接近过往的多种多样的真实情况。

农业：食物如何生产？

在古代，农业是许多人的主要职业，大多数农民采用小规模的农业技术，而非立足于资本密集的大片农地。[2]在本研究所涉及的时期，农业实践发生了许多变化，例如种植规模的差异越来越大，改善水管理和土壤维护的新技术的发展，树木栽培研究的兴起，农产品的更大规模的远程运输（包括罗马军队的后勤供应、支持不断发展的城市化、香料贸易等），以及新作物的引进，还包括很多连续性的要素。考古植物学有许多方法可资利用，来帮助确定这些要素。

此类研究通常始于确定哪些作物得到栽培，以及何时发生变化。例如，从新石器时代开始，裸麦就已进入欧洲的农业生产，但它成为主要作物则是相对晚近的事情。在地中海、欧洲北部和中部的大部分地区，我们看到在公元前一千年后期和公元一千年早期，包括单粒小麦、二粒小麦和斯佩尔特小麦在内的有壳小麦被面包小麦、硬粒小麦和圆锥小麦等裸麦或脱壳小麦取代。[3]这种转变在整个地区并不是同步发生的；例如，在法国，向裸麦的转变始于南部，之后才在北部逐渐出现。[4]有壳小麦往往与小规模的自给型生产有关，而裸麦则与生产过剩和市场交换相关。此外，面包小麦作为一种裸麦，具有适合制作面包的优良品质。公元后第一个千年里，人们对裸麦的依赖与日俱增，这通常与支撑罗马征服的粮食需求增加、城镇的兴起以及更广泛的经济扩张存在关联。从下述事实可以清楚地看到，其他因素也起了重要作用：在某些地区，例如德国西南部和瑞士北部的部分地区，以斯佩尔特小麦为代表的有壳小麦保持了优势地位，它耐高海拔的生态因素以及因缺乏肥料而继续使用三田制度的农艺因素，再加上对斯佩尔特小麦的强大文化偏好，显然压倒了它在经济上的所有劣势。[5]面包制作品质是另一个因素，一些地方土壤肥力的下降影响了面包小麦的成功种植，如公元二世纪的法国北部，我们在那里发现了朝向斯佩尔特小麦的重新转变，因为它是一种对土壤类型的要求低于面包小麦的有壳小麦，但与后者一样，也具有良好的面包制作品质。[6]当然，面包并不仅仅是一种营养来源；它还是一种手工制品，一种文化物品，而可以制作白色发酵面包的面包小麦的使用量增加，也与基督教信仰在地中海地区和欧洲西北部的兴起有关。[7]

这些不同作物对生态和农艺的要求使我们得以确定栽培方法，如播种、耕地、保持土壤肥力（施肥、休耕或轮作）、除草和灌溉。与这些做法相关的，还有作物产量、收成的可靠性、土地所有权、劳动力成本、与家畜养殖的结合，以及栽培密度和田地的位置。古代农业是否以低强度、轮作的形式开始，然后发展到劳动密集型的连作，抑或畜牧制度的这些不同类型与当地的具体情况相关？传统上，通过研究与作物有关的耕地杂草的生态学，我们使用间接方法来猜测栽培制度。它们的生命形式（一年生或多年生）和生态偏好（土壤的营养丰富或贫瘠、酸性或中性、湿润或干燥）有助于确定耕地的条件，从中可以推断出栽培技术和生产规模。举例来说，对英格兰东北部六个铁器时代遗址的谷类作物及其相关杂草群落进行的个体生态分析，揭示了两种不同的农作物耕作制度，一种代表了集约的小规模自给型农业，而另一种则表明了一种更广泛的制度，暗示了可耕地的扩张。[8]类似地，监测各种杂草对土壤酸碱度的不同耐受性，以及它们在耕地和除草带来的土壤干扰中的恢复能力，有助于确定德国西南部新石器时代线纹陶文化（Linearbandkeramik）遗址的栽培地块之间的显著差别，其中一些地块的特点是高干扰和高酸碱度，另一些地块则是低干扰和酸碱度不确定，另有一些介于两者之间。值得注意的是，这些不同的地块和习惯与定居点内的特定房屋群有关，并保持了几代人的时间。[9]此外，杂草种子的休眠已被用于揭示不列颠在公元后第一个千年里，犁耕技术和农业实践从轻型无铧犁到铧式犁的转变。[10]

植物学调查实用解读（Functional Interpretation of Botanical Surveys，简称 FIBS）越来越多地被应用于杂草生态学的研究。该方法在现代非机械化农业实践中用于衡量耕地杂草的功能属性（如叶片面积、冠层大小、生根深度、气孔大小和数量、花期开始日期、花期长度），并将其用作物种应对特定人为环境潜力的指标。它抛弃了形式上的类比，因而避免了从前所使用的植物社会学和个体生态学方法带来的相关问题。[11]通过确定每一个属性的生态学意义，该方法使我们能够确定这些杂草标示了耕作的哪一个侧面，进而有助于识别栽培习惯，包括那些已经不存在的做法。这种方法迄今已经成功地识别了现代约旦的灌溉和旱作农田、希腊的集中施肥和除草地块、约旦的作物轮作制度，以及欧洲中部的播种时间。[12]

最近又有了更进一步的方法，即稳定同位素分析，它研究的是作物本身的化学特征。到目前为止，其重点一直放在氮和碳这两种元素上。例如，给谷物农田施肥会提高谷物中的氮元素值，即氮稳定同位素比值（$\partial^{15}N$），而水的可用性和灌溉情况也可以从碳稳定同位素比值（$\Delta^{13}C$）中推断出来。[13]继而，这项工作对我们重建人类饮食也具有了重要意义。来自人类骨骼胶原蛋白的氮稳定同位素比值已被用于推断动物和植物食物在饮食中的相关重要性，因为氮同位素大量出现在食物链的上层（请见第四篇）。正像现在已经证明的，如果施肥能显著提高谷粒和谷糠中的氮稳定同位素比值，那么主要含有施肥谷物的人类饮食，可能就会被错误地解读为饮食中含有较高的动物成分。[14]这强调了将每个位置的人类骨骼材料与动物遗骸和植物残留物的同位素比值一同加以研究的重要性，这样就可以避免等效性的问题，并将我们对饮食习惯的理解与对作物管理和粮食生产的理解结合起来。[15]该技术的另一应用涉及气候与农业的关系。[16]（也请参见第一篇。）例如，里尔（Riehl）将青铜时代早期近东不耐旱作物的减少与公元前 4000 年以后的日益干旱联系起来。[17]此外，近来的实验工作正在支持这样一种假设，即末次冰期的大气条件会限制农作物的潜在祖先的生产能力，这意味着紧随冰期之后大气中二氧化碳浓度的增加可能有利于这些作物的驯化。[18]不可否认，仍有许多方法论上的挑战亟待解决，但最近的大规模炭化实验已经表明，炭化过程对谷粒和豆类种子中稳定同位素值的影响很小，而且是可预测的。[19]

无论过去和现在，除了谷物和豆类，果树，尤其是葡萄藤和橄榄树，在地中海地区都具有重要的经济和文化意义，这反映在关于葡萄和橄榄的种植以及其他树种果实的广泛研究中，例如李属果实（樱桃、李子）。[20]这当中涵盖了区分野生和人工种植果树种子的各种尝试，以证实驯化的时间和地理位置，并找到葡萄酒和橄榄油生产的最早证据。起初，此类研究主要依靠种子大小、比率和表面纹理的描述来区分形态类型。虽然通常是成功的，但并非所有考古标本都能被归入某一物种或类型，一个原因是表面纹理和种脐并不是总能保留在年代久远的标本中，另一个原因是几个世纪的栽培和杂交导致了果实的大小在物种和品种之间出现了重叠。[21]最近，这些方法得到了几何形态测量法，即椭圆傅里叶变换法（Elliptic Fourier Transform method）的补充，它包括测量和拍摄每颗种子的整体三维形状，并结合统计学分析来评估种群内部和种群之间的多样性。迄今取得的成就包含对种子的形状与驯化之间关系的认识，进而提高了我们查明驯化的开端，并努力发现生物多样性和区域差异性程度的能力。有关实例可以参见近来对于橄榄、葡萄、樱桃和枣的研究。[22]

现在，古代脱氧核糖核酸（简称 aDNA）分析是考古植物学研究的一个补充，即便还不能算是主流的话。聚合酶链式反应（polymerase chain reaction，简称 PCR）方法经历了长期的应用与验证，但是由于古代种子中保存的古代 DNA 碎片数量过少，这种方法也有局限性。新的"下一代"测序（"next generation" sequencing，简称 NGS）方法正在提供许多新的可能性。[23]所有这些研究中的一个关键问题是古植物材料中残留的生物分子。古代 DNA 在脱水的植物材料中存活状态非常好，而且在埃及的干燥大麦粒中已经发现了不同寻常的遗传特征，这可能反映了对当地干燥环境的适应，也有助于我们理解棉花在被驯化前的进化过程。[24]当然，世界上很少有地方植物材料能以干燥形式保留下来，但是在真的有所留存的地方，它们的保存状态属于例外情况，因此对它们的全面分析就更为重要。举例来说，请参见来自埃及的贝勒奈克（Berenike）、卡斯尔伊布里姆（Qasr Ibrim）和库塞尔卡迪姆（Quseir al-Qadim）的，

58

来自中国新疆、西班牙大加那利岛（Gran Canaria）的，以及来自欧洲中部和英国的历史建筑的残留物。[25]古代 DNA 也能存活在许多水浸、缺氧条件下保存的植物中，尽管不是全部，如葡萄籽、李子核与小麦粒。[26]此外，炭化的植物材料的遗存会有更大的问题，并且严重依赖于炭化的方法，不过最终，"下一代"测序方法可能在此处也被证明是成功的。[27]这一点很重要，因为考古遗址中的大多数植物材料都是经过炭化保存的，如果完全依赖干燥和水浸的残留物，就会把世界上的大部分地区排除在外。

考古遗传学当下研究的领域覆盖了传统方法并不是很成功的植物材料鉴别（例如缺失了谷壳碎片的裸麦），每一种作物的驯化事件的次序，农业生产的传播轨迹，地方品种和生物多样性的确定，以及作物驯化以后的适应性进化，尤其是一旦它们进入其本身的自然环境以外区域后的进化（开花行为、白昼时长敏感度、营养价值、耐旱性和耐涝性）。当然，考虑到很多表型的遗传基础的复杂性，表型界定和基因组测序可能很难成功。[28]实际上，一些进化方面的问题可以更为容易地从现存的地方品种中得到解决，因为很多作物品种的进化历史相对较短——具体到无性繁殖的果树和葡萄树，可能只涉及几代——近来对大麦开展了这项研究。[29]在所有这些工作中，特定的实验室和严格的规程当然是基本的前提条件。[30]

跟踪调查农业生产规模的变化在一定程度上依赖于确定考古记录中保存的残留物的密度变化。此间，重要的是要认识到，考古植物学记录，尤其是炭化残留物的沉积，是由日常活动、偶然事故造成的，还是由蓄意的火烧造成的，需要非常小心地对二者加以区分。[31]在日复一日的以家庭为基础的常规活动，如谷物脱壳、清洁、干燥和临近食用的食物制备过程中，植物材料的炭化会导致残留物的低密度沉积，特别是谷壳和草籽等副产品，而不是谷物。相比之下，仓库着火、暴力行为之类的意外或故意焚烧农产品将导致谷物、豆类、其他粮食等植物材料的高密度沉积。后一类事件会更频繁地发生在大批量处理和储存农产品的地方，这些地方往往是大型生产场所，而不是较小的家居环境。因此，富含谷物的样品占比增加可能是生产和消费规模扩大的一个标志。这种方法被用来解释选定的不列颠铁器时代遗址中富含谷物的样品增加，作为盛宴期间消耗的剩余物产量的证据。[32]

　　我们所见到的，更多的有意用作燃料的大量高密度农业副产品，这是农业生产提高的另一个标志。橄榄油渣是压榨橄榄油后留下的渣滓，在持续高温燃烧时产生的烟雾很少，因此成为理想的室内燃料，但也被用于工业生产。[33]在地中海地区各处都发现了橄榄压榨残渣的炭化残留物，但在罗马时期，它的使用量明显增加，突出了橄榄油产量的显著增加，从而为赫库兰尼姆和庞贝（Pompeii）这些地方不断增长的城市人口、城市面包房和日益发展的制陶业提供了大量的橄榄油渣作为燃料。在罗马帝国的鼎盛时期，橄榄油的产量可能达到了每年10亿升，这可以换算为100万吨浮渣和20亿~45亿小时的热量。[34]类似地，在罗马时期的不列颠，我们看到农村地区富含谷壳的样本激增，尽管不完全是，但通常与所谓的烘干谷物的窑有关。加上大型谷仓、磨坊和其他农业设施的增加，所有这些都表明，罗马征服该地区后，为应对更大的需求而发生的农业生产扩张。[35]与此同时，某些遗址的农业副产品（包括谷壳和草籽）在如庞贝和锡尔切斯特（Silchester）等原始定居点消失，被认为是意味着这些地方在当时变得更符合城市化的特点。[36]针对类似问题的研究目前正在罗马展开。[37]

此处值得强调的是，食物的生产不仅发生在农村，而且也在城镇。例如，罗马和其他许多城镇的郊区被菜园和果园环绕，很多城镇房屋也有花园，用于装饰和生产食物。它们的丰富性和重要性清楚地体现在庞贝城、赫库兰尼姆城和邻近住宅的挖掘过程中，这些地方在公元79年维苏威火山喷发中全部被毁。在许多大大小小的花园地块上都发现了根洞、炭化的种子和果实、花粉、种植沟和花盆，甚至整个果园、葡萄园和菜园也出现在庞贝的城墙范围内。从这些花园中发现的食用植物包括杏仁、豆类、柑橘、无花果、葡萄、榛子、梨，以及莳萝、迷迭香和百里香等香草。一个反映园艺生产重要性的事实是，在庞贝城的挖掘面积中，估计有17%曾用作花园和种植植物。[38]

除上述提到的情况以外，农业变化的其他特征还包括农业向不适合农业的地区扩张，或是从那里收缩，与之相结合的是对当地气候和土壤条件的适应，以及排水、灌溉、深耕等适当的作物管理措施的发展。[39]最后，在我们理解植被变化及人类对当地环境的影响方面，包括可耕地的扩展和某些时候森林砍伐对景观的破坏性影响，花粉分析和生物炭分析都做出了重大贡献，但这些研究不属于本篇的讨论范围。[40]

综合起来，这些证据揭示了农业实践的类型和规模的巨大而复杂的变化，意味着古代农业文献和植物专著——如加图（Cato）、科卢梅拉（Columella）、普林尼（Pliny）、特奥弗拉斯托斯（Theophrastus）、瓦罗（Varro）的著作——虽然很有价值，但应被置于他们所在时代、文化和区域背景下阅读，而不能作为有关整个希腊罗马世界农业的可靠指引。农业实践通过与文化和自然的许多不同变量的相互作用而发展，文化变量包括土地使用规模、土地保有形式和市场参与程度等，自然变量则有气候、海拔、土壤、水文及植物的物理需求，因此它们具有历史的偶然性，且处于持续的变化之中。[41]

分配与贸易——食物从何而来？

农产品的储存、分配和交换是每一种农事制度的组成部分，但是当这些实践从日常或家庭环境转变为更大的公共或帝国范围的需求时，就要进行重大的结构和组织变革。尤其是在罗马时期，越来越多的资源在广大地区动员起来，包括用北非的粮食供养罗马、保证帝国边境上的罗马军队的供应，以及为满足精英阶层日益增长的需求的异国奢侈品贸易，如印度洋香料等。考古植物学有助于我们理解其中的每一个过程。

在考古记录中，大规模储存和加工设施的出现，如大型粮仓、地窖、烘干谷物的窖、磨坊和谷仓，以及更多出现的大量存储的谷物或其他粮食作物炭化的情况，还有表现为成批的发芽谷粒和被害虫破坏的作物种子的存储不善的证据，从中都可以看到谷物和其他粮食的储存超出了家庭的规模。举例来说，我们现在有令人信服的证据表明，存储不善在罗马时期的不列颠已经成了一个严重问题。在此期间，鞘翅目（Coleoptera）谷物害虫首次出现在这里，它们在通风不良的储藏设施中，以及入库时未彻底干燥的谷物中大量繁殖。[42]这些谷物甲虫在铁器时代或更早的考古遗址中并无记录，也不被认为来自不列颠本土。它们恰好从罗马征服开始的时候出现，可能是罗马军队在早期战役中带入不列颠的谷物中所偶然包含的。这类例子还包括，

61

在拥有小米和芜菁等其他进口品种的奥尔切斯特（Alchester）、伦敦和约克（York）发现的公元一世纪的谷象（*Sitophilus granarius*）。[43]这些谷物害虫的突然出现可能与盛放大批粮食的大型露天粮仓的使用增加有关。相对于之前家庭规模的存储，这些粮仓为谷物害虫创造了可以滋生的环境。此外，跨越海峡和不列颠境内的大规模谷物贸易和运输促进了它们的迅速传播。[44]储存条件不良而导致库存谷物发芽的例子在罗马时期的约克和伦敦都有发现，后者的集合体中发芽谷物占比在 23% ~ 44%。[45]

透过储存的农产品中存在的"外来耕地杂草"，可以找到这种中远程贸易的证据。譬如，在荷兰的一批船运而来的小麦和粮仓附近发现的一批斯佩尔特小麦的谷壳中发现了蕾丝花（*Orlaya platycarpa*）的种子，这表明它们是进口谷物。蕾丝花是一个地中海亚种，不属于此地的本土物种，因此它的出现说明谷物来自比利时或更远的南方。[46]类似地，在法国北部几个罗马时期遗址的面包小麦和斯佩尔特小麦中发现的捕蝇芥（*Myagrum perfoliatum*）是一种产于欧洲南部和近东的物种，在卢瓦尔河（Loire）以北是不会成功生长的，表明了谷物被运往罗马帝国北部。[47]同样地，在公元一世纪罗马时期的伦敦，一批斯佩尔特小麦中有几颗单粒小麦，以及小扁豆和苦野豌豆的种子，确认了这批谷物来自地中海或近东地区。[48]

由此提出了罗马军队沿边境驻扎时的后勤补给问题。我们是否应该想象集中化的长途补给线路、本地强制征用、适应当地情况的时间性和区域性调整，还是在不同时代的这些措施的结合？当地的情势和农业人口承受额外负担的能力如何？军事存在是否对当地造成了无法承受的压力，破坏了当地生产的稳定，或者反而生成了刺激因素，带来农业的增长？粮食从更远的南方运抵法国北部及荷兰，与此相关的证据暗示了中远程供应的需求，但从莱茵河下游三角洲的景观重建、考古动物学、考古植物学和木材分析中得出的数据建模显示出一种更加微妙和复杂的模式，该地区最初或许能够维持军队的粮食和木材需求，但从公元二世纪开始，资源压力越来越大。[49] 始终存在一部分本地给养，但得到了区域外资源的补充。需求的增加给当地农业带来了压力，这一点在法国北部的部分地区是很明显的。在那里，我们看到了在公元二世纪从面包小麦向斯佩尔特小麦的转变。前者是一种自铁器时代晚期以来持续增长的作物，回到后者可能是因为地力耗尽，因为面包小麦比斯佩尔特小麦对土壤的要求更高。[50]

62

在北部边疆，谷物不是唯一需要的产品（另一种是木材）。树木年代学的应用，结合对内河驳船、港口码头建设和道路建设中使用的木材的鉴别，再次表明在相当远的距离内的资源流动，并为具体的建设活动提供了准确的年代。比如，公元 160 年前后，荷兰的福尔堡-阿伦茨堡（Voorburg-Arentsburg）建造港口码头时使用的橡木桩来自荷兰东南部和德国南部，而公元 205 年后不久重建码头时使用的橡木来自摩泽尔（Mosel）地区。[51] 类似的技术还确定了，荷兰乌得勒支（Utrecht）的两艘罗马内河驳船和一艘罗马平底船一定是在下斯海尔德河（Lower-Scheldt）地区建造的，因而指出了该地区和莱茵河边境之间的内河航运，而在公元 124 年到 125 年用于建造连接下莱茵地区边境道路的木材，或许和皇帝哈德良（Hadrian）① 对

————————

① 全名为普布利乌斯·埃利乌斯·哈德良（Publius Aelius Hadrianus，76～138），罗马帝国安敦尼王朝五贤帝之一，在位时间为公元 117～138 年。

该地区的访问有关，它们都来自同一个地方，可能是克桑滕（Xanten）和芬洛（Venlo）之间，并用驳船在水上运输了大约100千米。[52]

在罗马帝国的另一端，对木材、手工制品和生物碳的木材分析也显示了远距离的接触，在埃及红海沿岸的贝勒奈克港和库塞尔卡迪姆港，用印度柚木（*Tectona grandis*）制成的船舶木材和与船有关的手工制品凸显了这些港口在印度洋香料贸易中的作用。库塞尔卡迪姆的日用手工制品和船舶木材所用的异国与本土木材的时序变化指向了航运习惯上发生的改变，在罗马时期，这些港口既有按照地中海传统建造的船只，也有印度洋船只经常出入。不过，到了伊斯兰时期，印度洋船只往往在亚丁（Aden）结束航行，而让埃及或也门的船只将货物继续运往红海。[53]

在贝勒奈克和在古代被称为米奥斯赫尔墨斯（Myos Hormos）的库塞尔卡迪姆，最近开展的挖掘也为香料贸易提供了考古植物学证据的新一批丰富档案。这两个地点都是印度洋贸易的重要交通枢纽，而且埃及红海沿岸的气候极度干旱，使香料和其他食物的植物残留物得到了十分出色的保存。[54]在这里的罗马和中世纪伊斯兰的沉积物中，进口物种数量的时序变化及其数显频率，帮助我们确定了这两个时期香料贸易在性质和规模上有何差异，其中黑胡椒是这两个时期最丰富的香料，但还有其他许多香料过于稀有和珍贵，以至于在罗马港口工作的人，事实上包括生活在帝国其他地方的大多数人，都无法得到。到了中世纪的伊斯兰时期，这种情况已经发生了变化，当时包括生姜和豆蔻在内有更多的香料在港口被消费，而地中海及其他地区的更广泛的群体也在消费，即便这些人仍属于精英阶层。[55]

在其他港口进行的工作正在增强我们对这些远距离网络的作用和重要性的理解，其中也越来越多地囊括了通过地质考古和花粉分析的结果对港口实际环境及其周边植被和景观变化的研究。[56]

供应粮食、木材和燃料所涉及的物流问题当然不仅局限于罗马军队，不断增长的城市人口以及在矿山和采石场工作的专业劳动力的供给需要进一步研究。后者的一个例子来自两个罗马采石场定居点——克劳狄亚努斯山（Mons Claudianus）和斑岩山（Mons Porphyrites）。这两处都是皇家专营的大理石采石场，服务于帝国建设项目，如罗马万神殿柱廊中的灰色花岗闪长岩立柱和紫色斑岩制成的雕像。采石场位于埃及东部沙漠（Eastern Desert）的偏远地区，从尼罗河谷出发需要大约七天，但是与文明的距离显然不妨碍其饮食的丰富多样，因为考古植物集合体不仅显示了谷物、豆类、枣和洋葱等主食，还有黑胡椒、朝鲜蓟、石榴、鳄梨、各种坚果，以及许多草药和调味料之类的奢侈品。此外，通常作为"绿色蔬菜"食用的植物种子，如叶甜菜或莙荙菜、莴苣、菊苣、卷心菜、薄荷、罗勒和芸香，说明士兵或采石工人能够用沙漠中的小块菜地上种植出来的新鲜绿色蔬菜来补充他们的食物。[57]进一步的花粉分析和生物炭鉴别揭示出，在这里劳作的牲畜被喂食的是从尼罗河流域运来的大麦粒、谷壳和稻草，燃料包括谷壳和稻草以及沙漠灌木和树木，还有两种金合欢树的木炭被运来供铁匠铺使用。此外，陶器证据表明，整个帝国都有充足的葡萄酒和橄榄油供应。[58]当我们将有关食物的植物学证据与瓦片文（ostraca）① 中罗列的证

---

① 　指在埃及考古中发现的刻有文字的石灰岩碎片。

据进行比较时，谷物、豆类和蔬菜的相应证据在这两者之间有着很好的一致性。[59]这些文本还提到了面包、蛋糕、麦芽、葡萄酒、橄榄油、醋等加工食品，但值得注意的是，其中几乎没有提到在植物集合体中相当突出的诸多草药、水果和坚果，这说明了为什么在重建食品和农业时始终利用所有证据是如此至关重要。综合起来，这些证据表明采石场并非营养或供应不足的沙漠驿站，而是可以获得尼罗河流域的大部分食物的定居点。石材作为帝国声望象征的重要性意味着，这些采石场嵌在一个连接着东部沙漠与罗马、地中海东部和西部、印度、红海沿岸以及尼罗河流域的复杂的物流网络之中。

当然，食品的远距离贸易不能算是罗马的一项奇迹，尽管现有证据表明，这一时期的食品运输量有很大增长。举例来说，作为罗马对该地区征服过程的一部分，大约 50 种新的食用植物被带到不列颠和欧洲西北部的其他地区，起初是作为罗马军队的补给，但随后是更多地满足士兵和平民的需求。其中如无花果之类的某些食物从一开始就被广泛进口，芜菁等其他食物在罗马中期才丰富起来，而李子等另一些品种则是慢慢地流行起来。在这种情况下，重要的是要注意到，有许多植物已成为当地农业的一部分，因而从进口食品转变为引进作物，包括苹果、梨、李子、樱桃、核桃、卷心菜、叶甜菜，这些作物对当地的农业实践产生了重大影响（见上文"农业"小节），同时也导致大部分人口的饮食广度和营养可及性大幅拓展（见下文"消费"小节）。[60]

当欧洲西北部地区与地中海之间的文化接触增加时，这种远距离的食品交流便开始了。这一点可以通过该地区铁器时代中期至晚期遗址中出现的双耳葡萄酒罐，以及橄榄、芹菜、芜

荽和莳萝的残留物发现。目前的证据表明，这些食物主要
（即使不是全部的话）流向"大型设防定居点"（*oppida*）等
精英场所，这是当地精英渴望并获得罗马风格产品的普遍现象
的一部分。[61]这种情况在罗马早期发生了变化，当时这种进口
的范围和规模都有所扩大，社会上的更多阶层都能获得这种食
品（见上文）。

对于我们理解作物的此类易位，植物 DNA 分析提供了重
要的补充数据。譬如，很多新引进欧洲西北部的食用植物包含
外来物种，如梨、李子、核桃、芜菁、韭葱、洋葱、黄瓜和莴
苣，但其他植物来自本地，也就是说，野生种类确实生长在这
一地区，如芹菜和苹果。对于后一组植物，这提出了一个问
题：罗马人是实际带来了这些作物的栽培种，还是只是引入了
种植它们的观念，并鼓励种植当地的这些物种。此处，DNA
分析被证明是非常有价值的。例如，现代苹果的栽培品种苹果
（*Malus domestica*）的 DNA 表明，我们的驯化苹果的野生祖先是
原产于吉尔吉斯斯坦和中国西北部山区的新疆野苹果（*Malus*
sieversii），而不是欧洲野苹果（*Malus sylvestris*）。[62]这表明，是
罗马人将栽培的苹果带到了欧洲西北部，而非采用当地的野生
品种，尽管这两个品种后来可能进行了杂交。于是，将栽培果
树引入欧洲西北部就需要引进带有芽茎的植物，也就是幼枝，
可以将其嫁接到专门为此目的而开发的当地野生苹果、野生李
子等砧木上，或者也可以引入砧木，即活的植株。运输活植株
的证据存在于带孔花盆（*ollae perforatae*）上，这是一种特制
的花盆，用于种植和运输树木、藤蔓和灌木，在整个罗马帝国
（包括不列颠）都有发现，可追溯到公元前一世纪末至公元二
世纪中叶。[63]从在英国的几个地点发现的数百颗苹果籽中，可以

65

清楚地看出，此类水果很快便普及开来，这些地点包括公元二世纪的唐克斯特（Doncaster）、伦敦和罗马晚期的锡尔切斯特。[64]

在最近对大麦的历史地方品种的研究中，DNA 分析的作用也很明显。这项研究确定了欧洲存在的三组不同的大麦，揭示了大麦曾被不止一次地引入欧洲，每一组都来自亚洲西南部的不同地区。有一个大麦品种能适应较长的生长季节和潮湿的夏季，最初是在伊朗驯化，引进时间比其他品种晚，且主要分布在欧洲西北部。[65]

最后，简单来说，对于这些往往路途很长的食品运输，沉船上的货物提供了进一步的非常直接的证据。这些发现包括荷兰一艘沉没的内河驳船上的小麦，土耳其海岸附近一艘沉船上的石榴，在泰晤士河的河口发现的一个装满橄榄的双耳细颈瓶，以及红海一艘沉船上的棉籽、咖啡豆和调味料。[66]

准备——食物是如何制备和消费的？

食物的制备包括各种各样的过程，其目的都是提高植物营养素的吸收和消化、去除毒素、改进口味、改变食品的物理形态，或将原材料转化为可储存的食品。这些过程包括捣碎、碾磨、煮沸、烘烤、蒸煮、预煮、烘焙和发酵。[67]由此，谷物可以转变为粥、面包、粗麦片和啤酒，葡萄能变成葡萄干或葡萄酒，橄榄则化为橄榄油。从食物的考古残留物中查明这些过程的研究是考古植物学的一个日益扩大的研究领域。通常是几种不同的方法组合使用。除了确定植物的哪些部分得到了保存以外，还利用炭化实验和扫描电子显微术（Scanning Electron Microscopy，简称 SEM），并结合人种学观察研究其中的破碎模式。[68]举例来说，瓦拉莫蒂（Valamoti）证明，破碎谷粒的炭化会导致胚乳渗出，产生一种特别的鼓胀外观，而炭化以后的破碎谷粒表面则显示多孔且不规则。[69]闪亮的玻璃状表面纹理更常见于在沸水中浸泡、破碎，然后炭化的谷粒。这项实验工作使她得出结论，希腊青铜时代遗址的谷粒碎片代表了麦片，也就是煮熟后磨碎的谷粒。这种为了日后食用而对谷物进行的预处理是很重要的，因为它可以将季节可及性农产品转化为营养丰富、可储存的食品，供日后食用。

塞缪尔（Samuel）也利用相似的技术研究了保存下来的古埃及面包碎屑和啤酒残渣。[70]通过扫描电子显微术，她能够识别出酵母细胞、细菌和淀粉颗粒，后者严重凹陷，表明酶已经开始分解淀粉，这是麦芽制造过程的一部分。在实验工作之外，还有烤炉、研磨工具和陶缸的考古证据，以及埃及的丰富艺术记录与文献证据，古埃及烘焙和酿造传统中涉及的许多过程和成分都可以重建。高倍组织分析也有助于确定在许多考古遗址发现的所谓无定形炭化物所代表的谷物类型，现在通常认为这些炭化物代表着谷物制品。同样，来自法国公元一世纪罗马公墓的一种保存十分完好的炭化面饼，经鉴定是由精磨大麦粉与一些单粒小麦或二粒小麦混合而成，没有经过发酵。[71]

整个史前时期都有啤酒的生产，但只限于家庭规模，使用的是普通的容器和烤炉，因此在考古记录中不易发现，尽管大量发芽谷物的发现可能证明了麦芽制造和啤酒酿造。[72]在某些地区和时期，我们看到了特殊构造的出现，表明谷物加工和啤酒酿造具备了"产业"规模。例如，在罗马时期的不列颠，啤酒可能被视作一种经济作物，多余的谷物可以借此转化为拥有附加值的产品，进而可以通过销售获利。[73]在这里，发芽的谷粒和分离的幼芽或作为麦芽制造过程一部分的胚芽鞘，经常被发现与所谓的烘干谷物的窖有关。考古植物学证据显示，这是一种多功能的构造，它所配备的加热更剧烈的烤炉被认为是用来干燥斯佩尔特麦粒，而加热更温和的烤炉则用来发芽谷物和生产麦芽。[74]关于啤酒调味的考古植物学证据，如香杨梅（*Myrica gale*）和啤酒花（*Humulus lupulus*），从大约公元500年开始在欧洲西北部日益凸显出来。[75]

对于橄榄油榨取或葡萄酒生产所牵涉的工序，结合考古植物学、人种学、扫描电子显微术和实验进行了类似的研究。这些生产过程中的残留物，包括破碎的橄榄核及葡萄和橄榄的压榨果肉，可以而且已经在考古记录中得到确认，但是区分整颗葡萄和葡萄干仍然存在问题。[76]脂肪和液体，如油、葡萄酒和啤酒，也可以通过有机残渣的化学分析加以研究，包括通过一处伊朗史前遗址的陶罐中存在的酒石酸来鉴别早期葡萄酒，并区分生产油料和葡萄酒的设施。[77]

迄今其他食物类型的研究还比较少，如今正在开发新的方法，以确定人们食用的是植物的哪一部分，或者水果是在新鲜还是干燥状态下被食用的。比如，一项关于罗马时期和伊斯兰时期埃及的西瓜籽破损模式的研究表明，根据现有证据，食用瓜籽，而不只食用果肉的方式，似乎是在伊斯兰时期传入的。[78]豆类在煮前进行浸泡可以加快烹饪过程，更重要的是，对于某些豆类，还能够去除有害毒素，比如草豌豆和苦野豌豆。[79]

消费——谁吃了什么？

对于大多数人来说，每天的食物摄取和充足的营养水平都是日常关心的问题，缺乏足够的食物对许多人来说是一个问题，而充足的食物对某些人来说是一种乐趣。除了满足基本营养需求外，食物还用于建构与维持社会关系、权力关系，以及其他多种的文化、民族和宗教身份。因此，能够确定吃了什么、饮食如何随时间变化或因社会群体而有所区别是考古植物学研究的一个重要方面。考古植物学基本上可以确定一个地点和地区的居民可以获得哪些植物食物，但在希腊罗马世界的某些地区，该数据库现在已经足够丰富，可以识别不同的消费群体和其中的时间变化。

对植物残留物保存完好的遗址进行的调查表明，截至罗马时期，该地区许多居民可获得的食用植物种类已相当丰富，远超仅供生存的程度。譬如，在埃及东部沙漠的两个罗马采石场发现的食用植物的干燥残留物超过 50 种，在米奥斯赫尔墨斯的罗马时期港口发现的食用植物的干燥残留物也在 50 种以上，在罗马时期迦太基发现的食用植物的炭化和水浸残留物超过20 种，在庞贝发现的食用植物的矿化和炭化残留物在 40 种以上，在赫库兰尼姆发现的食用植物的矿化和炭化残留物超过30 种，罗马时期伦敦的水浸、矿化和炭化残留物超过了 40种，法国的平民定居点欧登堡（Oedenburg）有超过 50 种水浸残留物，英格兰小型农村定居点威文顿门（Wavendon Gate）有 12 种以上的水浸和炭化残留物，英格兰村庄楠特威奇（Nantwich）的水浸残留物也超过了 10 种。[80]尽管这些地点中许多都有军队或平民精英的存在，这可能部分解释了这种食物上的丰富性，但在赫库兰尼姆、威文顿门和楠特威奇的情况并非如此。在赫库兰尼姆，一条下水道服务于许多商铺，以及家庭的、非精英的住所，其中生产了各种各样的食品。而楠特威奇是一个村庄，威文顿门是一个小型农村定居点，这表明植物食品的这种多样性并不局限于人口中的精英阶层。更重要的是，

68

这些多种多样的食用植物不仅包括本地植物，还包括外来的和（或）新引进的食物，如赫库兰尼姆的黑胡椒和枣，楠特威奇的芜菁、韭葱、无花果、莳萝和芹菜，以及威文顿门的芜菁、李子、樱桃、芹菜和夏香薄荷。为了进一步探索这种在获取食用植物上的社会差异性，对保存良好的非精英遗址的植物集合体进行分析可能会成为未来研究的重点。

特定个体的饮食通常超出了考古植物学的范畴，除非木乃伊、沼泽尸体或粪化石得以保存。在这里，稳定同位素分析能提供很重要的洞见（请参见第四篇），所以在可能的情况下，考古植物学的结果就应当与动物考古学和稳定同位素分析的结果相结合。[81]稳定同位素分析的优势在于可以研究个体，而它的缺点是只能识别非常宽泛的饮食差异（陆地食物或海洋食物，碳三作物或碳四作物），[82]而且只能用于保存有人类遗骸的遗址。考古植物学的作用在于，它可以识别单个植物物种，而且可以是从任何定居点遗址发现的植物残留物，而不是以丧葬环境为主的人类遗骸，因此有可能展开大规模的区域和年代调查。

在罗马时期的欧洲西北部，可获得的营养物和调味品显著增加。在这一地区的整个史前时期，全部人口以植物为基础的饮食包括谷物和豆类、范围有限的野生水果、坚果和浆果，以及几种用作蔬菜、调味品和医药配方的野生植物。饮食中的所有社会差异主要表现在这些食物的消费量上，包括肉类的数量和更好部位的肉。随着该地区并入罗马帝国，这种情况迅速发生了变化，尽管这一过程始于铁器时代晚期（请见"分配与贸易"一节）。当时，大量的水果、坚果、蔬菜、香草、香料和富含油脂的种子被引入欧洲西北部，最初作为军队给养的一部分，但很快就有更多的人可以获得。[83]举例来说，大约有 50

种新的植物食品被引进不列颠，其中大多数仍然非常罕见，但无花果在罗马早期 40% 的遗址中被发现，到罗马晚期下降到 25%；而芜菁从开始时的 28%，到罗马中期增加到略高于40%。这些食物中的许多随着罗马军队的撤退又消失了（如橄榄），其他则留了下来，已经或开始融入英国的农业（如苹果、李子、樱桃、核桃、卷心菜、叶甜菜和莳萝），从而供更广泛的社会阶层所用。

　　如果数据库足够充实，就有可能确定不同消费群体的发展。例如，在罗马时期的不列颠，尤其像伦敦这样的主要城镇，军事遗址和农村遗址形成了独立的消费群体，伦敦的各处遗址可以获得最大范围的进口商品、水果和坚果，军事遗址比平均水平更强调草药，而农村遗址则更依赖蔬菜和野生的食物。也可以观察到明显的地区差异。值得注意的是，代表农村精英的乡间宅邸并不是一个独立的群体，有些地方与军事遗址存在相似之处，都有许多进口食物，但另一些地方与非精英农村场所没有什么不同。事实上，小村庄这种较小的农村遗址有一系列类似于某些乡间宅邸和军事遗址的食物。因此，这里的植物仍然突出了群体内部存在的巨大差异，这似乎与靠近主要道路和内河运输、市场、某个圣地的存在以及该地区的经济繁荣等经济机会和社会期望相关。[84]

　　在罗马帝国的另一端，位于埃及红海沿岸的库塞尔卡迪姆，食物、身份和地缘政治之间的相互作用也很明显。罗马时期工作和生活在港口的人，其饮食反映了与罗马世界的紧密联系。到了伊斯兰时期，港口居民已经承袭了更具中东某些地区特色的饮食方式，该港口已成为伊斯兰世界的一部分。这些饮食上的变化是当时红海及其港口地缘政治重组的一部分，也是实现这些转变和身份认同的不可或缺的一部分。换句话说，地缘政治不仅涉及高层政治变革，还改变了人们日复一日的生活方式，正是通过日常的食物获取和消费，这些变革才得以实现。[85]像这样的发现使考古植物学成为一门有益的学科。

对供奉和葬礼所用食物的挑选，为社会和文化选择以及殡葬习俗提供了进一步的洞见。过去，每日生活中的基本关切——食物的可及性和农业循环的连续性——一般是通过提供作为祭品的农产品和食品得以仪式化，在许多公共和家庭祭坛、神庙遗址、祭祀坑以及一系列丧葬环境中都发现了这方面的考古证据。[86]从这些遗址找到的食物类型包括炭化的面包和蛋糕或糕点、谷物谷粒和豆类、各种水果、坚果和野生植物。其中一些可能是因为它们与特定的神明存在关联而被选中，另一些则是因为它们的气味或装饰效果或作为引火材料。举例来说，在希腊北部萨索斯（Thasos）的古代大墓中，人们发现石榴、大蒜、葡萄和面包等食物具有宗教意义；而在伯罗奔尼撒半岛上迈锡尼（Messene）的公元前三世纪的圣所，选择的食物包括石松的球果与种子、橄榄、葡萄、杏仁和板栗。[87]食物放在火上时的状态——以完整的水果或面包，而不是丧葬餐食中的剩饭菜作为祭品——可以利用与上文食物制备一节所述的扫描电子显微术、炭化实验和碎片研究等类似技术来确定。此外，气相色谱质谱联用技术已在英国的罗马晚期墓葬中鉴定出树胶、树脂等植物渗出物，包括来自欧洲松树的树脂和来自地中海黄连木（Pistacia）的笃耨香，以及著名的来自阿拉伯南部或东非的乳香，后者发现于英国的多切斯特（Dorchester）和约克。[88]

在早期的考古挖掘期间，墓葬遗址、神庙和祭坛的植物残留物采样往往不成系统，进而缺乏对该地区的足够数量的案例研究，这些都影响了查明这些数据集里的固有模式的形成。尽管如此，在墓葬、圣所或神庙中发现的植物种类往往非常类似于同一地区和时期的家庭遗址，这符合此类祭品反映了围绕食物的日常关切的观点。因此，地位、受罗马影响的程度和新引进食物的可及性之间的联系不仅出现在定居点，也表现在丧葬环境中。[89]到目前为止，将某些食物与特定的神明联系起来，主要是依赖古代资料和现存的艺术记录而实现的，其中，松果与伊西斯（Isis）崇拜之间的关联是最常被提到的。[90]对欧洲西北部罗马时期有关海枣（*Phoenix dactylifera*）的证据，最近进行的一项评审表明，这种进口水果主要与仪式环境有关，而很少出现在定居点遗址。人们认为它与特定的崇拜相联系，使它更像是一种具有象征意义的物品，而非食物。[91]

"石棺夫人"是个特例，这是在米兰一座未受干扰的石棺中发现的一位年轻女子，可追溯到公元三世纪。[92]不仅可以在与石棺相关的沉积物中找到作为供品的食物和饮品，而且对石棺内部的微型考古挖掘和实验室分析也证明了非常有用的信息。这些研究确认了她的衣物，以及放置在墓葬中的个人物品、礼品或祭品，包括一串葡萄、花环、坚果和水果，后者表明这是一场秋季葬礼。此外，花粉、植物学和化学分析强调了树脂、芳香草药和油膏的使用，如笃耨香和乳香树脂。

当然，植物和植物材料也因其药用的、芳香的、作用于精神的和装饰的属性而被人们消费，其中既有栽培的也有野生的物种。很难确定某些野生植物是否用于上述任何目的，因为它们通常就是当地植被或杂草群落的一部分，这意味着它们到达现场的机制存在几种不同的可能。如果此类植物以高纯度和高密度被发现——例如在希腊北部的遗址中发现的笃耨香、罂粟

和扁柄草（*Lallemantia*），数量达到 50 粒甚至更多——它们被
用于特定目的的证据是令人信服的，即便我们无法确定其具体
用途。[93]和所有考古植物学证据一样，残留物的密度与其背景
信息的结合在此处是至关重要的。

废物处理——剩下什么让我们去发现？

对于考古学家来说，这是所有阶段中最关键的一环。毕
竟，食物会被吃掉，然后消失。其结果就是，考古植物学家必
须在每一个定居点，通过丢弃的剩菜和废物来重建什么东西被
食用，谁食用了什么东西，这些东西是如何生产、分配或制备
的。这意味着，除了木乃伊、泥沼尸体和类似庞贝城那种
"时间胶囊"等极少数例外，我们正在应对的是一个局部的、
零碎的数据集，而且是不断减少的，因为地面上或泥土中的死
亡植物组织通常在数年后腐烂。也就是说，植物只是在某些特
定情况下才能幸存于考古记录当中。由此，便需要遵循一整套
基于方法论的程序，以确保数据得到正确的收集和解读。幸运
的是，研究已经表明，考古植物数据建构于非常一致的方法之
上，因而便于跨文化的和时序上的比较。[94]

我们遇到的四种最常见的保存方式是炭化或碳化、水浸、
干燥和矿化（矿物置换）。实际的保存方式关系重大，因为每种
保存方式所保存的植物类型的范围都略有不同。举例来说，谷
物和豆类通常以炭化的形式被发现，而水果、蔬菜、草药和香
料的残留物更经常地以水浸或矿化的形式被发现。坚果、富含
油脂的种子和亚麻等纤维植物则居于二者中间，通常以碳化和
水浸状态存在。[95]干燥的植物材料可以涵盖所有种类的农作物，
包括这些作物的植物性部分，保存状态往往良好，但它们很少

见。因此，农业实践和主食（谷物和豆类）消费的重建最好使用炭化的残留物，幸运的是，几乎所有定居点都存在炭化残留物。相比之下，关于其他类型食物（尤其是水果、坚果、草药和香料）的消费模式问题，可以使用水浸、干燥或矿化材料的集合体加以解决，后者主要存在于下水道、厕所或污水坑中。

　　某些区域性的评价强调了这些不同保存形式的优势和劣势。举例来说，对欧洲中部新石器时代遗址野生食用植物的炭化和水浸残留物进行的一项比较已经指出，炭化集合体总体上只占水浸样本中记录的食用野生植物种类的35%。[96]类似地，在具有炭化和干燥保存物的罗马时期北非遗址，集合体中炭化成分仅占识别总量的20%，而平均来说，干燥材料中包含的食物和其他分类单元的经济植物相当于炭化成分所包含的两倍。最后，罗马时期赫库兰尼姆的一条下水道主要含有矿化的植物残留物，而几乎没有出现谷物，尽管这些谷物本该是饮食中的重要成分。[97]这引出了两段重要的论述。首先，在预期保存状况良好，即可能存在大量水浸、干燥或矿化保存物的情况下，应当对遗址进行非常细致的取样，以提供在其他遗址无法或只能部分追踪到的活动的充分证据。其次，几乎所有定居点和许多仪式性遗址都存在炭化残留物，再加上这些集合体在其所包含的植物材料（谷物、豆类、谷壳、耕地杂草，以及偶尔出现的坚果壳和水果核等）的范围上表现出显著的一致性，这两个事实结合在一起，使这些集合体非常适合于农业实践的重建，以及对它们进行区域之间的和时间顺序上的比较。

　　食物和其他植物的残留物通常并非肉眼可见，因此在挖掘过程中不是惯常能够发现的。于是，精心设计的取样策略便应当成为每个考古挖掘项目的一部分，旨在从遗址上发生的所有活动中收集材料。由于总体采样（即从所有出土的沉积物中采集样本）并不总适用于大规模挖掘，因此结合随机和判断的采样策略可能是最成功的。[98]应调整样本大小，确保至少每个样品获得 100 个以上，但最好是 300 个以上的确认点。[99]在许多情况下，这意味着从包含炭化残留的沉积物中取 60 升的样本，如果存在水浸、干燥或矿化残留物，则要取多达 10 升沉积物。[100]过筛工作要与沉积物类型和保存方式相适应，目前的标准筛法是以 0.5 毫米孔径的筛网进行水浮选或湿筛分，但在遇到水浸沉积物时应使用 0.3 毫米孔径的筛网。不用说，部分取样、样本量过小、使用过粗的筛网或根本不进行筛分，将生成无法代表目标群落的集合体，因而也就失去了价值。

确定每个样本的形成过程以及每个物种和植物成分进入考古沉积层的路径是解读每一个样本的关键。了解这些过程要着重依靠对传统农业的人种学研究和发生在收获以后的农作物加工活动的次序，以及炭化和消化实验，以判断损失方向。[101]此类研究有赖于计算主要作物成分的比率、每升筛后沉积物中的残留物密度、样本中每一物种出现的频率、多样性指数，并确定遗址和所在区域的残留物分布空间模式，以及为了确定样本、分类单元、占用阶段和遗址类型之间的相互依存与关联而开展的对应分析和其他多变量分析。为确保此类计算的可靠性，样本应具有足够数量的已识别残留物。理想情况下，每个样本至少应包含 300 个确认点，尽管 100 个以上的确认点便可用于要求较低的分析。与所有定量分析一样，至关重要的是，仔细考虑每次分析纳入哪些数据，在决定将样本纳入任何分析之前确定每个样本的形成过程，以确保每一次都是同类比较。[102]此处，不要忘记"垃圾进，垃圾出"（Garbage In, Garbage Out,

简称 GIGO）这句话。

　　同样非常重要的还有全部样本的年代证据。如果考古年代测定不准确，当我们怀疑沉积物中存在残留物，可是就有关时间或地区的结论貌似异常，或者是监测到新作物的引入，则建议直接测定单个植物样本的年代。[103]

　　毋庸讳言，考古植物学数据需要与来自同一遗址、地区和时期的其他证据进行比较与整合。在这里，研究问题的构建是很有帮助的。虽然每个项目都有针对每一条证据线的研究问题，但创建一些共享的研究问题将是有利的，其中每个数据集都处理相同的问题集，以确定所有数据集之间是否存在变化方向上的相似性。通过这种方法，能够根据每个分支学科内公认的实践与方法，研究并量化每条证据线包含的数据，而且可以将每个数据集对这些问题的答案，而不是每条证据线的数据，整合到对于当时和当地发生的转变的更广泛的解释框架中。

日常生活——我们能否识别不同的生存模式？

　　虽然考古植物学不可避免地非常关注方法论，但这门学科的真正目的是帮助我们理解人类和植物之间的交互作用，以及这种作用在文化过程中所扮演的角色。从前的倾向是偏好唯物主义和环境决定论，以生产和消费为焦点，将经济和环境因素视作改变常规的关键驱动力。反过来，它又被更加强调人的能动性所取代，这种方式承认并强调人类行为和人类选择所发挥的重要作用，进而摆脱了气候变化、人口压力和生态压力等外部力量决定人类行为的观念。在这种方式中，社会因素被认为是人们行为的重要驱动因素，人被视作选择利用植物的一种原动力，目的是实现或维持某种特定的结果，诸如一定的社会地

位或一种特别的身份。然而，植物在其中仅仅被视为被动的客
74 体。如今，我们越发认识到，人和植物都具有能动性，能够相
互影响，而日常生活曾经是，现在也是由人和植物之间的日常
互动或"相关性"所形塑的。[104]植物曾经是，现在也是我们的生
活、营养与健康、工作、身体形象和社会关系的不可或缺的一
部分。作为生长中的有机体和收获的资源，植物所具有和展现
的属性，不仅在实践中，而且在它们所承载的社会与文化意义
和价值观上，都影响着我们如何应对植物、如何与植物发生联
系。植物曾经是，现在也是每天都在被使用并被丢弃。因此，
在识别这些日常活动，区分日常活动和不寻常事件、群体习俗和
个体特征方面，考古植物学居于一个理想的位置，因而也就可以
帮助我们理解从前的日常生活。这里简要介绍其中一些互动。

植物的采集、照料、栽培、修剪、除草、收获和加工，与
食用植物的这些日常接触创造了每日、每月和每年的生活节
奏，对于植物种植者和采集者来说，这种节奏与他们种植或采
集的作物的生命周期相关。该过程还包括使用特定类型的工
具，以及为了使用工具（铁锹、犁、牵引用的牲畜、镰刀、
修枝钩镰、脱粒棒或脱粒锤、筛子、篮子等）而年复一年地
反复执行相同的动作，所有这些行为共同造就了农民的身份与
生活。这些都体现了农民如何看待世界、环境、动植物以及其
他人类，并如何与之互动的日常状态，这就是他们的生活。[105]
通过这些行为，他们成为农民，一种特殊的生存模式，但这是
一种植根于特定历史上出现的关系当中的本体论，此种关系通
过与自然和文化因素的相互作用，处在一个不断转换和变化的
过程当中。在农业的和非农业的生活方式之间采取简单的二分
法是无益的。每种类型的农作物都会产生自己的节奏，每种环

境、每个社会和每种历史背景都会带来自身的可能性与限制性。当然，植物也会受到影响，这一点很明显，因为只有某些植物被驯化，还有一些植物灭绝，以杂草为代表的某些植物蔓延到全球，其他则没有，等等。

　　人类与植物之间这种互惠互利关系的一个最好的例证是向农业社会的过渡，以及与此相关的定居主义、所有权和财富积累的出现，还包括这种过渡带来的植物、动物、社会、植被和物质世界的根本变化。自然因素和人类能动性之间复杂的相互影响在这一转变的不同阶段都发挥了重要的作用。[106]人类与植物之间互惠互利关系的其他例子包括，在香料贸易中，热带香料的功效和合意性与社会对奢侈食物的渴望相结合，导致了长距离贸易、新的贸易港口、海上运输和导航技术的创新，并最终带来全球化的崛起；在中东引进所谓夏季作物的过程里，糖和棉花等某些热带和亚热带作物的潜力及在灌溉方面的客观要求对中东和北非的农业和劳动关系产生了影响；在哥伦布交换（Columbian Exchange）① 中，欧洲对更便宜的蔗糖、烟草和棉花产品的需求，加上这些作物适合种植园栽培的特性，导致它们被引入美洲，而这对廉价劳动力的需求便带来了涉及三方的奴隶贸易；糖和茶在工业化过程中维持工人长时间工作的作用和吸引力；当前的过度肥胖带来的危机；最后但同样重要的是，农民和杂草之间的持续斗争与栽培技术的进步和种子休眠机制的并行响应之间存在的关联。[107]

75

————————

　　①　指哥伦布在 1492 年发现美洲大陆以后发生的，一场东半球与西半球之间生物、农作物、人种（包括黑奴）、文化、传染病，甚至思想观念的突发性交流。在人类历史上，这是关于生态学、农业、文化等许多方面的一个重要历史事件。

在更为局部的范围内，考古植物学有助于我们了解在同一村庄并肩生活、从事相同农业活动的人们的日常真实生活，而前提是进行了大规模的考古挖掘和密集的采样。譬如，在德国西南部的恩茨河畔法伊英根（Vaihingen an der Enz）的新石器时代遗址，一项对农作物和相关杂草群落的研究，结合每栋房屋的手工制品集合体，确定了几个不同的但属于同时代的房屋组群，每个组群种植相同的作物，但根据杂草证据，分别位于距离定居点不同远近的地块上，这表明土地是属于"家族"的。[108] 每个房屋组群地块的不同位置是长期存在的（持续了几代人的时间），但在生态上并非"中性的"。最好的土地没有在房屋组群之间平均分配。距离村庄最近的区域位于酸碱度较高的黄土地上，可以从更大程度的土壤扰动和施肥中受益，于是具有更高的产出潜力，但这些区域优先由来自某个特定房屋组群的人种植。其他房屋组群的人耕种那些距离很远的土地，黄土层较薄，酸碱度不明，土壤扰动较少，因而产量可能偏低。于是，某些家庭或群体就比其他的更有优势。值得注意的是，这种差异也表现在定居点内部家庭或群体的空间分布模式上，并如前文所述，此类差异持续了几代人的时间。[109]

一个社区中的社会凝聚力程度也可以通过存储习惯开展研究。我们在此处需要认识到，储存植物和动物的要求不同。虽然植物可以零散地食用，也可以储存在单个家庭里，但动物，尤其是牛等大型动物，却不能这样，而是需要在家庭之间共享。[110] 在安纳托利亚中部的恰塔胡由克（Çatalhöyük）新石器时代遗址，许多家庭在连体居所中并排居住，谷物、水果、坚果、调味品等植物食物通常被储存在特殊的容器里，放在房屋中相对难以接近和看不见的地方，这是一种有可能带来差异的习惯。相比之下，动物蛋白质的"库存"并不在家庭层面，而是通过在宴会中间对肉类的社会共享来实现的，有证据表明，此类增强社会凝聚力的公共行为，以在房屋入口附近展示的野牛的头和角作为纪念。[111]这突出地表明，社会习俗因而不是将武断的人类实践强加给一个由动植物组成的被动世界，而是在特定的历史背景下，从人、植物、动物和事物之间的动态关系中生发出来的，所有各方都是这些关系中的积极参与者。

在更加个体或个人的层面上，身体对植物的摄入是植物影响我们日常生活的另一个方面。植物成分对我们身体和精神状态的影响是众所周知的，但尚未在考古学中得到广泛研究。在这里，文化规范和信仰体系决定着哪些食物被视作可食用的或可接受的，对食物的这种文化背景的研究包括，在构建民族或宗教身份、社会关系和权力地位方面，公共的和上层精英的盛宴的识别和作用，食物的使用，其中有对特定食品的回避，如上所述。"人如其食"的观点也被用于稳定同位素研究中，涉及骨骼中留下的化学特征和个体骨骼残骸中可见的营养不良（请见后文第四篇）。植物的物质属性，例如它们的甜味、苦味、蛋白质、碳水化合物、维生素、矿物质、毒性和精神活性物质，不仅影响我们对食物的享受和情绪反应，还牵涉到某些成瘾问题，因其刺激或改变精神的属性而备受追捧，并通过其他方式影响我们的身体健康，如暴饮暴食，尤其是对于如今人们所担忧的含糖的和高脂肪的食物。蛀牙及其相关不适和疼痛可能就是一个例子。龋齿的高发病率往往与定居的农业社会有关，因为这些人严重依赖引发或促进蛀牙发展的致龋食物。对古代牙结石中细菌 DNA 的分析证实，开始向农业社会过渡以后，与发生龋齿有关的口腔微生物群变得更加普遍。[112]关于口腔健康不佳的考古植物学证据来自西班牙的大加那利岛，在那里的前西班牙人类遗骸中，发现了嵌入牙髓腔的无花果种子。[113]在这方面，是食物而非定居的生活方式在起作用，证据表明，在摩洛哥有一个更新世狩猎采集者社区，那里的龋齿患病率高得异乎寻常，与依赖致龋性很强的野生植物食物有关，例如圣栎树（*Quercus ilex*）的甜栎实。[114]迄今，精神活性物质在人类文化和社会生活中的作用主要集中于酒精作为社会润滑剂和政治工具的作用。[115]

植物可能引发强烈的情绪反应，而这些反应涵盖了生活的方方面面，包括宗教信仰中一些食物禁忌的重要意义，某些食物与外国文化或外国势力的联系，道德上对奢侈食物的反对，以及食物在庆祝活动和其他社交场合中的角色。非食用植物也会影响我们的情绪和我们的存在，正如我们在死者身上放置鲜花和花环、使用药膏、建造花园、在墓地种植神圣的松树和榆树林，以及在娱乐场所种植棕榈树林。[116]最后，身体治疗的场所以及植物、染料和树脂的使用都还有待进一步调查研究。[117]现在可以利用气相色谱质谱联用技术来鉴别考古植物学中的树脂，为研究开辟一条新路径。例如，殡葬习俗中用到的那些物质可以掩盖腐烂的气味，有利于软组织的保存，从而彰显死者的社会地位，最重要的是，推动朝向来世的过渡。[118]

结语

对于了解希腊罗马世界的，以及更广大范围内的过往的日常生活，考古植物学为我们做出了巨大的贡献。它讲述了在存世文献中很少讨论的世俗活动、每年生产食物的常规过程、食物制备和剩余物处理等生活琐事、进餐过程中涉及的日常社交、营养与健康、社会地位与身份、植物在个人生活中发挥的意识形态作用，以及不同的本体论。它谈到了书面记录中没有提及的那些事，并添加了有关它们的额外信息。文本在表面上的"发声"[119]意味着考古植物学的贡献在古代时期考古的核心领域不如其他地方突出。我们必须希望这篇简短的概述以及这本书能够强调并让人们相信，多线条证据的应用会强化我们对过去的理解，并更加清晰地阐明实践与存在的巨大复杂性和多样性。

致谢

感谢瓦尔特·沙伊德尔邀请我为本书撰稿，并感谢 Amy Bogaard、Terry Hopkinson、Valerie Maxfield 和 Jacob Morales 对本文初稿提出的很有帮助的意见。

注　释

1. Goody 1982.
2. Margaritis and Jones 2009.
3. E. g. , Campbell 2008；M. Jones 2007, 260 – 266；Nesbitt and Samuel 1996；Pelling 2008；Van der Veen 1995；Van der Veen 2014b；Zech-Matterne et al. 2014.
4. Zech-Matterne et al. 2014.
5. Rösch et al. 1992.
6. Zech-Matterne et al. 2014.
7. M. Jones 2007, 260–269.
8. Van der Veen 1992.
9. Bogaard et al. 2011；see also Section 7 below.
10. M. Jones 1988, 2009.

11. 个体生态学聚焦于单个植物物种与其环境之间的关系，而植物社会学则关注植物群落与其内部的不同物种之间的关系。

12. Bogaard et al. 1999；Charles et al. 2003；G. Jones 2002；G. Jones et al. 1999，2000，2010.

13. Bogaard，et al. 2013；Fraser，et al. 2011；Wallace，et al. 2013.

14. Bogaard et al. 2007.

15. Bogaard and Outram，2013；Fiorentino et al. 2015；Fraser et al. 2013.

16. Araus et al. 1997；Riehl et al. 2014.

17. Riehl 2009.

18. Cunniff et al. 2010.

19. Fiorentino et al. 2015；Nitsch et al. 2015.

20. E. g.，Marvelli et al. 2013；Rodríguez-Ariza and Moya 2005.

21. Burger et al. 2011.

22. Newton et al. 2014；Terral et al. 2004（橄榄）；Orrù et al. 2013；Pagnoux et al. 2015；Terral et al. 2010（葡萄）；Burger et al. 2011（樱桃）；Gros-Balthzard et al. 2016；Terral et al. 2012（枣）。

23. Allaby et al. 2014；Brown et al. 2015.

24. Allaby et al. 2014；Li，et al 2011；Palmer et al. 2009；Palmer et al. 2012.

25. Cappers 2006；Rowley-Conwy 1994；Van der Veen 2011；Van der Veen and Morales 2015（埃及）；Jiang et al. 2015（中国）；Morales et al. 2014；Oliveira et al. 2012（西班牙）；Ernst and Jacomet 2005；Letts 1999（欧洲的建筑）。

26. Manen et al. 2003；Pollmann et al. 2005；Schlumbaum and Edwards 2013.

27. Bunning et al. 2012；Fernández et al. 2013.

28. Brown et al. 2015.

29. G. Jones et al. 2012；G. Jones et al. 2013.

30. Brown et al. 2015；Cooper and Poinar 2000.

31. Fuller and Stevens 2009；Fuller et al. 2014；Hillman 1981；Van der Veen 1992，2007；Van der Veen and Jones 2006.

32. Hillman 1984；Van der Veen and Jones 2006，2007.

33. Neef 1990；W. Smith 1998；Rowan 2015.

34. Rowan 2015.

35. Van der Veen 2014b.

36. Ciaraldi 2007；Robinson 1999；Robinson 2012.

37. Motta，2002.

38. Giesecke 2013；Jashemski 1979；Kron 2013.

39. E. g. ，Bouchaud 2011；Bouchaud et al. 2011；M. Jones 1981；Van der Veen et al. 1996.

40. See Bottema et al. 1990；Cheddadi et al. 2015；Foxhall et al. 2007；Harris 2013；Mercuri et al. 2015；Roberts et al. 2004；Sadori and Giardini 2007；Veal 2012，2013，2014.

41. Halstead 2014，chapter 7；see also Van der Veen 2010.

42. Smith and Kenward 2011.

43. Booth et al. 2007，24，281；Kenward and Williams 1979；Smith and Kenward 2011.

44. Smith and Kenward 2011.

45. Kenward and Williams 1979；Straker 1984. 有关一个来自以色列梅察达（Masada）遗址的例子，请见 Kislev and Simchoni 2007。

46. Pals et al. 1989；Pals and Hakbijl 1992.

47. Zech-Matterne et al. 2014.

48. Straker 1984.

49. Kooistra et al. 2013；Van Dinter et al. 2014.

50. Zech-Matterne et al. 2014.

51. Domínguez-Delmás et al. 2014.

52. Jansma et al. 2014；Visser 2015.

53. Vermeeren 1999；Van der Veen and Gale 2011.

54. Cappers 2006；Van der Veen 2011.

55. Livarda 2011；Van der Veen 2011；Van der Veen and Morales 2015.

56. Bouby et al. 2011；Sadori et al. 2010；Sadori et al. 2014；Van Zeist et al. 2001；Vittori et al. 2015.

57. Van der Veen 1998a and b，2001；Van der Veen and Tabinor 2007.

58. Tomber 1996.

59. Bülow-Jacobsen 1997, 2003; Cuvigny 1996, 2000.

60. Bakels and Jacomet 2003; Livarda 2011; Livarda and Van der Veen 2008; Van der Veen 2008; Van der Veen et al. 2008.

61. Kreuz 2004; Lodwick 2014; Zech-Matterne et al. 2009.

62. Harris et al. 2002.

63. Macauley-Lewis 2006.

64. Buckland and Magilton 1986, 198; Robinson et al. 2006.

65. G. Jones et al. 2012, 2013.

66. Pals and Hakbijl 1992; Sealey and Tyres 1989; Ward 2001, 2003.

67. Rowan 2014; Stahl 1989.

68. al-Azm 2009; Samuel 2000; Valamoti et al. 2008.

69. Valamoti 2011.

70. Samuel 2000.

71. Heiss 2014; Heiss et al. 2015.

72. Bouby et al. 2011; Stika 2011.

73. M. Jones 1981.

74. Campbell 2008; Cunliffe 2009; Van der Veen 1989.

75. Behre 1992.

76. Margaritis and Jones 2006, 2008a and b; Marinova et al. 2011; Miller 2008; Valamoti et al. 2007.

77. Evershed 2008; McGovern et al. 1995, 1996; Pecci et al. 2013.

78. Cox and Van der Veen 2008. 有关其他例子，请见 Van der Veen 2011, chapter 4. 4。

79. Valamoti et al. 2011.

80. Ciaraldi 2007; Davis 2011; Pearson and Letts 1996; Rowan 2014; Robinson and Rowan 2015; Tomlinson 1987; Van der Veen 2001, 2011; Van der Veen and Tabinor 2007; Vandorpe and Jacomet 2011a; Van Zeist et al. 2001.

81. E. g., Papathanasiou et al. 2013.

82. 植物并非都具有相同的光合作用途径，它们的固碳方式并不一样。温带环境中的大多数食用植物，如小麦、大麦、水稻、苹果、胡萝卜、菠菜、甜菜、树木，都有所谓的碳三途径；而许多热带食用植物，包括玉米、高粱、小米、甘蔗，都有所谓的碳四途径。于是，对于引入温带环境中的热带碳四植物，可以通过食用此类植物的那些人的碳同位素比值来确定。

83. Bakels and Jacomet 2003; Jacomet et al. 2002; Kreuz 2004; Livarda and Van der Veen 2008; Van der Veen et al. 2008. See also Van der Veen 2003.

84. Van der Veen 2008; Van der Veen et al. 2008.

85. Van der Veen 2011; Van der Veen and Morales 2017.

86. E. g. , Bouby and Marinval 2004; Heiss 2014; Kohler-Schneider et al. 2015; Kuč an 1995; Megaloudi 2005; Megaloudi et al. 2007; Petrucci-Bavaud and Jacomet 1997; Robinson 2002; Rottoli and Castiglioni 2011; Vandorpe and Jacomet 2011b; Zach 2002.

87. Megaloudi 2005; Megaloudi et al. 2007.

88. Brettell et al. 2015.

89. Bouby and Marinval 2004; Robinson 2002; Rottoli and Castiglioni 2011.

90. E. g. , Kislev 1988.

91. Livarda 2013.

92. Rossignani et al. 2005.

93. Valamoti 2012/13.

94. Fuller et al. 2014; Hillman 1981; Jacomet 2013; Van der Veen 2007; Van der Veen and G. Jones 2006.

95. Van der Veen et al. 2013, Fig. 7.

96. Colledge and Conolly 2014.

97. Van der Veen 2007（北非）；Rowan 2014（赫库兰尼姆）。

98. M. Jones 1991; Van der Veen 1984.

99. Van der Veen and Fieller 1982.

100. E. g. , Campbell, Moffett and Straker 2011.

101. E. g. , Boardman and Jones 1990; Braadbaart 2008; Charles 1998; Hillman 1981, 1984; Jacomet 2013; G. Jones 1984, 1998; Kreuz 1990; Miller and Smart 1984; Van der Veen and Jones 2006; Van der Veen 2007; Wallace and Charles 2013.

102. G. Jones 1991; Van der Veen and Fieller 1982.

103. Pelling et al. 2015.

104. E. g. , Ingold 1993, 1996; Van der Veen 2014a.

105. Ingold 1993, 1996; Halstead 2014.

106. E. g. , Cunniff et al. 2010; Fuller et al. 2010; G. Jones et al. 2013; Zeder 2006.

107. E. g. , Crosby 2003; M. Jones 1988, 2009; Mintz 1985; Van der Veen 2014a; Van der Veen and Morales 2015, 2017; Viola 1991; Watson 1983.

108. Bogaard et al. 2011.

109. Ibid.

110. Bogaard et al. 2009.

111. Ibid.

112. Adler et al. 2013.

113. Morales and Gil 2014.

114. Humphrey et al. 2014.

115. Dietler 2006; Sherratt 1991; 但是请见 Lewis-Williams（2004）关于改变心理与行为的物质的作品。

116. E. g. , Androu et al. 2013; Hamdy 2007; Jashemski 1979; Koch et al. in press; Robinson 2016; Rossignani et al. 2005; Schlumbaum et al. 2011; Wilson 2016.

117. E. g. Van der Veen, Hall and May 1993.

118. Brettell et al. 2015; see also Vermeeren and Van Haaster 2002.

119. Moreland 2001, 33−34.

参考文献

Adler, C. J., et al. 2013. "Sequencing ancient calcified dental plaque shows changes in oral microbiota with dietary shifts of the Neolithic and Industrial revolutions." *Nature Genetics* 45 (4): 450-455. DOI: 10.1038/ng.2536.

Allaby, R.G., et al. 2014. "Using archaeogenomic and computational approaches to unravel the history of local adaptation in crops." *Philosophical Transactions of Royal Society of London* B 370: 20130377. DOI: 10.1098/rstb.2013.0377.

al-Azm, A. 2009. "The importance and antiquity of frikkeh: a simple snack or a socio-economic indicator of decline and prosperity in the ancient Near East?" In *From For-*

agers to Farmers: Papers in Honour of Gordon C. Hillman, eds. A. Fairbairn and E. Weiss. Oxford: Oxbow Books, 112–116.

Androu, S., et al. 2013. "Smelly barbarians or perfumed natives? An investigation of oil and ointment use in Late Bronze Age northern Greece." In *Diet, Economy and Society in the Ancient Greek world: Towards a Better Integration of Archaeology and Science*, eds. S. Voutsaki and S. M. Valamoti. Leuven: Peeters, 173–185.

Araus, J. L., et al. 1997. "Changes in carbon isotope discrimination in grain cereals from different regions of the western Mediterranean basin during the past seven millennia: Palaeoenvironmental evidence of a differential change in aridity during the late Holocene." *Global Change Biology* 3: 107–118. DOI: 10.1046/j.1365-2486.1997.00056.x.

Bakels, C., and S. Jacomet. 2003. "Access to luxury foods in Central Europe during the Roman period: the archaeobotanical evidence." *World Archaeology* 34 (1): 542–557. DOI: 10.1080/0043824021000026503.

Behre, K. E. 1992. "The history of beer additives in Europe—a review." *Vegetation History and Archaeobotany* 8 (1): 35–48. DOI: 10.1007/BF02042841.

Boardman, S., and G. Jones. 1990. "Experiments on the effects of charring on cereal plant components." *Journal of Archaeological Science* 17: 1–11. DOI: 10.1016/0305-4403(90)90012-T.

Bogaard, A., R. Krause, and H.-C. Strien. 2011. "Towards a social geography of cultivation and plant use in an early farming community: Vaihingen an der Enz, south-west Germany." *Antiquity* 85: 395–416. DOI: 10.1017/S0003598X00067831.

Bogaard, A., and, A. K. Outram. 2013. "Palaeodiet and beyond: stable isotopes in bioarchaeology." *World Archaeology* 45 (3): 333–337. DOI: 10.1080/00438243.2013.829272.

Bogaard, A., et al. 1999. "A FIBS approach to the use of weed ecology for the archaeobotanical recognition of crop rotation regimes." *Journal of Archaeological Science* 26: 1211–1224. DOI: 10.1006/jasc.1998.0364.

Bogaard, A., et al. 2007. "The impact of manuring on nitrogen isotope ratios in cereals: archaeological implications for reconstruction of diet and crop management practices." *Journal of Archaeological Science* 34: 335–343. DOI: 10.1073/pnas.1305918110.

Bogaard, A., et al. 2009. "Private pantries and celebrated surplus: storing and sharing food at Neolithic Çatalhöyük, Central Anatolia." *Antiquity* 83: 649–668. DOI: 10.1017/S0003598X00098896.

Bogaard, A., et al. 2013. "Crop manuring and intensive land management by Europe's first farmers." *Proceedings of the National Academy of Sciences of the United States of America* 110 (31): 12589–12594. DOI: 10.1073/pnas.1305918110.

Booth, P., et al. 2007. *Thames through Time: The Archaeology of the Gravel Terraces of the Upper and Middle Thames. The Early Historical Period: AD 1–1000*. Oxford: Oxford Archaeology.

Bottema, S., G. Entjes-Nieborg, and W. Van Zeist, eds. 1990. *Man's Role in the Shaping of the Eastern Mediterranean Landscape*. Rotterdam: Balkema.

Bouby, L., P. Boissinot, and P. Marinval. 2011. "Never mind the bottle: Archaeobotanical evidence of beer-brewing in Mediterranean France and the consumption of alcoholic beverages during the 5th Century BC." *Human Ecology* 39: 351–360. DOI: 10.1007/s10745-011-9395-x.

Bouby, L., A. Bouchette, and I. Figueiral. 2011. "Sebesten fruits (*Cordia myxa* L.) in Gallia Narbonensis (Southern France): a trade item from the Eastern Mediterranean?" *Vegetation History and Archaeobotany* 20 (5): 397–404. DOI: 10.1007/s00334-011-0285-3.

Bouby, L., and P. Marinval. 2004. "Fruits and seeds from Roman cremations in Limagne (Massif Central) and the spatial variability of plant offerings in France." *Journal of Archaeological Science* 31: 77–86. DOI: 10.1016/j.jas.2003.07.006.

Bouchaud, C. 2011. "Paysages et pratiques d'exploitation des ressources végétales en milieux semi-aride et aride dans le sud du Proche-Orient: Approche archéobotanique des périodes antique et islamique (IVe siècle av. J.-C.–XVIe siècle ap. J.-C.)." PhD dissertation, Université Paris 1 Panthéon-Sorbonne, Paris.

Bouchaud, C., M. Tengberg, and P. Dal-Prà. 2011. "Cotton cultivation and textile production in the Arabian Peninsula during Antiquity: The evidence from Madâ'in Sâlih (Saudi Arabia) and Qal'at al-Bahrain (Bahrain)." *Vegetation History and Archaeobotany* 20 (5): 405–417. DOI: 10.1007/s00334-011-0296-0.

Braadbaart, F. 2008. "Carbonisation and morphological changes in modern dehusked and husked *Triticum dicoccum* and *Triticum aestivum* grains." *Vegetation History and Archaeobotany* 17 (1): 155–166. DOI: 10.1007/s00334-011-0296-0.

Brettell, R. C., et al. 2015. "'Choicest unguents': molecular evidence for the use of resinous plant exudates in late Roman mortuary rites in Britain." *Journal of Archaeological Science* 53: 639–648. DOI: 10.1016/j.jas.2014.11.006.

Brown, T.A., et al. 2015. "Recent advances in ancient DNA research and their implications for archaeobotany." *Vegetation History and Archaeobotany* 24 (1): 207–214. DOI: 10.1007 /s00334-014-0489-4.

Buckland, P. C., and J. R. Magilton. 1986. *The Archaeology of Doncaster*. Volume 1: *The Roman Civil Settlement*. Oxford: British Archaeological Reports.

Bülow-Jacobsen, A. 1997. "The correspondence of Dioscorus and others (224–242)." In *Mons Claudianus: Ostraca Graeca et Latina II (O. Claud. 191–416)*, ed. J. Bingen et al. Cairo: Institut Français d'Archéologie Orientale du Caire, 43–68.

Bülow-Jacobsen, A. 2003. "The traffic on the road and the provisioning of the stations." In *La route de Myos Hormos: l'armée romaine dans le désert Oriental d'Égypte*, ed. H. Cuvigny. Cairo: Institut Français d'Archéologie Orientale du Caire, 399–425.

Bunning, S., G. Jones, and T. Brown. 2012. "Next generation sequencing of DNA in 3300-year-old charred cereal grains." *Journal of Archaeological Science* 39: 2780–2784. DOI: 10.1016/j.jas.2012.04.012.

Burger, P., et al. 2011. "Assessing the agrobiodiversity of *Prunus avium* L. (Rosaceae): a morphometric approach focussed on the stones from the archaeological site of Hôtel-Dieu (16th century, Tours, France)." *Vegetation History and Archaeobotany* 20 (5): 447–458. DOI: 10.1007/s00334-011-0310-6.

Campbell, G. 2008. "Plant utilization in the countryside around Danebury: a Roman perspective." In *The Danebury Environs Programme. A Wessex Landscape during the Roman Era*. Volume 1: *Overview*, ed. B. Cunliffe. Oxford: English Heritage and Oxford University School of Archaeology, 53–74.

Campbell, G., L. Moffett, and V. Straker. 2011. *Environmental Archaeology: A Guide to the Theory and Practice of Methods, from Sampling and Recovery to Post-excavation (2nd edition). Swindon: English Heritage.* http://www.english-heritage.org.uk/publica tions/environmental-archaeology-2nd/.

Cappers, R.T.J. 2006. *Roman Foodprints at Berenike: Archaeobotanical Evidence of Subsistence and Trade in the Eastern Desert of Egypt*. Los Angeles: UCLA.

Charles, M. 1998. "Fodder from dung: the recognition and interpretation of dung-derived plant material from archaeological sites." *Environmental Archaeology* 1: 111–122. DOI: 10.1179/env.1996.1.1.111.

Charles, M., et al. 2003. "Using weed functional attributes for the identification of irrigation regimes in Jordan." *Journal of Archaeological Science* 30: 1429–1441. DOI: 10.1016 /S0305-4403(03)00038-4.

Cheddadi, R., M. Nourelbait, and O. Bouaissa. 2015. "A history of human impact on Moroccan mountain landscapes." *African Archaeological Review* 32: 233–248. DOI: 10.1007 /s10437-015-9186-7.

Ciaraldi, M. 2007. *People and Plants in Ancient Pompeii, the Use of Plant Resources at Pompeii and in the Pompeian Area from the 6th century BC to AD 79*. London: Accordia Specialist Studies on Italy 12.

Colledge, S., and J. Conolly. 2014. "Wild plant use in European Neolithic subsistence economies: a formal assessment of preservation bias in archaeobotanical assemblages and the implications for understanding changes in plant diet breadth." *Quaternary Science Reviews* 101 (1): 193–206. DOI: 10.1016/j.quascirev.2014.07.013.

Cooper, A., and H. N. Poinar. 2000. "Ancient DNA: Do it right or not at all." *Science* 289 (5482): 1139. DOI: 10.1126/science.289.5482.1139b.

Cox, A., and M. Van der Veen. 2008. "Changing foodways: watermelon (*Citrullus lanatus*) consumption in Roman and Islamic Quseir al-Qadim, Egypt." *Vegetation History and Archaeobotany* 17 (1): 181–189. DOI: 10.1007/s00334-008-0164-8.

Crosby, A.W.J. 2003. *The Columbian Exchange: Biological and Cultural Consequences of 1492*. Westport, CT: Praeger.

Cunliffe, B. 2009. "Continuity and change in a Wessex landscape." *Proceedings of the British Academy* 162, 161–210.

Cunniff, J., et al. 2010. "Was low atmospheric CO_2 a limiting factor in the origin of agriculture?" *Environmental Archaeology* 15 (2): 113–23. DOI: 10.1179/146141010X12640787648469.

Cuvigny, H. 1996. "The amount of wages paid to the quarry workers at Mons Claudianus." *Journal of Roman Studies* 86: 139–145.

Cuvigny, H. 2000. *Mons Claudianus Ostraca Graeca et Latina III. Les reçus pour avances à la familia. O Claud. 417 à 631*. Cairo: Institut Français d'Archéologie Orientale de Caire.

Davis, A. 2011. "Plant foods." In *Roman London and the Walbrook Stream Crossing; Excavations at 1 Poultry and Vicinity, City of London*, eds. J. Hill and P. Rowsome. London: Museum of London Archaeology: 409–410.

Dietler, M. 2006. "Alcohol: anthropological/archaeological perspectives." *Annual Review of Anthropology* 35: 229–249. DOI: 10.1146/annurev.anthro.35.081705.123120.

Domínguez-Delmás, M., et al. 2014. "Long-distance oak supply in mid-2nd century AD revealed: the case of a Roman harbour (Voorburg-Arentsburg) in the Netherlands." *Journal of Archaeological Science* 41: 642–654. DOI: 10.1016/j.jas.2013.09.009.

Ernst, M., and S. Jacomet, 2005. "The value of the archaeobotanical analysis of desiccated plant remains from old buildings: methodological aspects and interpretation of crop weed assemblages." *Vegetation History and Archaeobotany* 15 (1): 45–56. DOI: 10.1007/s00334-005-0077-8.

Evershed, R.P. 2008. "Experimental approaches to the interpretation of absorbed organic residues in archaeological ceramics." *World Archaeology* 40 (1): 26–47. DOI: 10.1080/00438240801889373.

Fernández, E., et al. 2013. "DNA analysis in charred grains of naked wheat from several archaeological sites in Spain." *Journal of Archaeological Science* 40: 659–670. DOI: 10.1016/j.jas.2012.07.014.

Fiorentino, G., et al. 2015. "Stable isotopes in archaeobotanical research." *Vegetation History and Archaeobotany* 24 (1): 215–227. DOI: 10.1007/s00334-014-0492-9.

Foxhall, L., M. Jones, and H. Forbes. 2007. "Human ecology and the classical landscape." *Blackwell Studies in Classical Archaeology*, eds. S. Alcock and R. Osborne. Oxford: Blackwell, 89–117.

Fraser, R. A., et al. 2011. "Manuring and stable nitrogen isotope ratios in cereals and pulses: towards a new archaeobotanical approach to the inference of land use and dietary practices." *Journal of Archaeological Science* 38: 2790–2804. DOI: 10.1016/j.jas.2011.06.024.

Fraser, R. A., et al. 2013a. "Assessing natural variation and the effects of charring, burial and pre-treatment on the stable carbon and nitrogen isotope values of archaeobotanical cereals and pulses." *Journal of Archaeological Science* 40: 4754-4766. DOI: 10.1016/j .jas.2013.01.032.

Fraser, R. A., et al. 2013b. "Integrating botanical, faunal and human stable carbon and nitrogen isotope values to reconstruct landuse and palaeodiet at LBK Vaihingen an der Erz, Baden-Württemberg." *World Archaeology* 45 (3): 492-517.

Fuller, D. Q., R. G. Allaby, and C. Stevens. 2010. "Domestication as innovation: the entanglement of techniques, technology and chance in the domestication of cereal crops." *World Archaeology* 42 (1): 13-28. DOI: 10.1080/00438240903429680.

Fuller, D. Q., and C. J. Stevens. 2009. "Agriculture and the development of complex societies: an archaeobotanical agenda." In *From Foragers to Farmers: Papers in Honour of Gordon C. Hillman*, eds. A. Fairbairn and E. Weiss. Oxford: Oxbow Books, 37-57.

Fuller, D. Q., C. Stevens, and M. McClatchie. 2014. "Routine activities, tertiary refuse and labor organisation: social inferences from everyday archaeobotany." In *Ancient Plants and People: Contemporary Trends in Archaeobotany*, eds. M. Madella, C. Lancelotti, and M. Savard. Tucson: University of Arizona Press, 174-217.

Giesecke, A. 2013. "Gardens, Roman Empire." In *The Encyclopedia of Ancient History*, eds. R. S. Bagnall et al. Oxford: Blackwell, 2853-2856. DOI: 10.1002/9781444338386 .wbeah18049.

Goody, J. 1982. *Cooking, Cuisine and Class: A Study in Comparative Sociology*. Cambridge: Cambridge University Press.

Gros-Balthazard, M., et al. 2016. "The domestication syndrome in *Phoenix dactylifera* seeds: toward the identification of wild date palm populations." *PLOS One*. DOI: 10.1371/jour nal.pone.0152394.

Halstead, P. 2014. *Two Oxen Ahead: Pre-Mechanized Farming in the Mediterranean*. Oxford: Wiley-Blackwell. DOI: 10.1002/9781118819333.

Hamdy, R. 2007. "Plant remains from the intact garlands present at the Egyptian Museum in Cairo." In *Fields of Change: Progress in African Archaeobotany*, ed. R. Cappers. Groningen: Barkhuis and Groningen University Library, 115-126.

Harris, S. A., J. P. Robinson, and B. E. Juniper. 2002. "Genetic clues to the origin of the apple." *Trends in Genetics* 18: 426-430. DOI: 10.1016/S0168-9525(02)02689-6.

Harris, W. V. 2013. "Defining and detecting Mediterranean deforestation, 800 BCE to 700 CE." In *The Ancient Mediterranean Environment between Science and History*, ed. W. V. Harris. Leiden: Brill, 173-194.

Heiss, A. G. 2014. "Ceremonial foodstuffs from prehistoric burnt offering places in the Alpine region." In *Plants and People: Choices and Diversity Through Time*, eds. A. Chevallier, E. Marinova, and L. Peña-Chocarro. Oxford: Oxbow Books, 343-353. DOI: 10.13140/2.1.2776.5767.

Heiss, A. G., et al. 2015. "Tissue-based analysis of a charred flat bread (*galette*) from a Roman cemetery at Saint-Memmie (Dép. Marne, Champagne-Ardenne, north-eastern France)." *Journal of Archaeological Science* 55: 71-82. DOI: 10.1016/j.jas.2014.12.014.

Hillman, G. 1981. "Reconstructing crop husbandry practices from charred remains of crops." In *Farming Practice in British Prehistory*, ed. R. Mercer. Edinburgh: University of Edinburgh Press, 123-162.

Hillman, G. 1984. "Interpretation of archaeological plant remains: the application of ethnographic models from Turkey." In *Plants and Ancient Man: Studies in Paleoethnobotany*, eds. W. van Zeist and W. A. Casparie. Rotterdam: Balkema, 1-41.

Humphrey, L. T., et al. 2014. "Earliest evidence for caries and exploitation of starchy plant foods in Pleistocene hunter-gatherers from Morocco." *Proceedings of the National Academy of Sciences of the United States of America* 111 (3): 954-959. DOI: 10.1073 /pnas.1318176111.

Ingold, T. 1993. "The temporality of landscape." *World Archaeology* 25 (2): 152-174. DOI: 10.1080/00438243.1993.9980235.

Ingold, T. 1996. "Growing plants and raising animals: an anthropological perspective on domestication." In *The Origins and Spread of Agriculture and Pastoralism in Eurasia*, ed. D. R. Harris. London: University College London Press, 12-24.

Jacomet, S. 2013. "Archaeobotany: analyses of plant remains from waterlogged archaeological sites." In *The Oxford Handbook of Wetland Archaeology*, eds. F. Menotti and A. O'Sullivan. Oxford: Oxford University Press, 497-514. DOI: 10.1093/oxfordhb /9780199573493.013.0030.

Jacomet, S., et al. 2002. "*Punica granatum* L. (pomegranates) from early Roman contexts in Vindonissa (Switzerland)." *Vegetation History and Archaeobotany* 11 (1-2): 79-92. DOI: 10.1007/s003340200009.

Jansma, E., K. Haneca, and M. Kosian. 2014. "A dendrochronological reassessment of three Roman boats from Utrecht (the Netherlands): evidence of inland navigation between the lower-Scheldt region in Gallia Belgica and the limes of Germania inferior." *Journal of Archaeological Science* 50: 484-496. DOI: 10.1016/j.jas.2014.07.019.

Jashemski, W.J. 1979. *The Gardens of Pompeii, Herculaneum and the Villas Destroyed by Vesuvius*. New York: Caratzas.

Jiang, H., et al. 2015. "Archaeobotanical evidence of plant utilization in the ancient Turpan of Xinjiang, China: a case study at the Shengjindian cemetery. *Vegetation History and Archaeobotany* 24 (1): 165-177. DOI: 10.1007/s00334-014-0495-6.

Jones, G. 1984. Interpretation of archaeological plant remains: ethnographic models from Greece. In W. Van Zeist and W.A. Casparie (ed.), *Plants and Ancient Man: Studies in Paleoethnobotany*. Rotterdam: Balkema, pp. 43-61.

Jones, G. 1991. "Numerical analysis in archaeobotany." In *Progress in Old World Palaeoethnobotany*, eds. W. van Zeist, K. Wasylikowa, and K.E. Behre. Rotterdam: Balkema, 63-80.

Jones, G. 1998. "Distinguishing food from fodder in the archaeobotanical record." *Environmental Archaeology* 1: 95-98. DOI: 10.1179/env.1996.1.1.95.

Jones, G. 2002. "Weed ecology as a method for the archaeobotanical recognition of crop husbandry practices." *Acta Archaeobotanica* 42: 185-193.

Jones, G., et al. 1999. "Identifying the intensity of crop husbandry practices on the basis of weed floras." *Annual of the British School at Athens* 94: 167-89. DOI: 10.1017 /S0068245400000563.

Jones, G., et al. 2000. "Distinguishing the effects of agricultural practices relating to fertility and disturbance: a functional ecological approach in archaeobotany." *Journal of Archaeological Science* 27: 1073-2784.

Jones, G., et al. 2010. "Crops and weeds: the role of weed functional types in the identification of crop husbandry methods." *Journal of Archaeological Science* 37: 70-77.

Jones, G., et al. 2012. "Phylogeographic analysis of barley DNA as evidence for the spread of Neolithic agriculture through Europe." *Journal of Archaeological Science* 39: 3230-3238. DOI: 10.1016/j.jas.2012.05.014.

Jones, G., et al. 2013. "Barley DNA evidence for the routes of agricultural spread into Europe following multiple domestications in Western Asia." *Antiquity* 87: 701-13. DOI: 10.1017/S0003598X00049401.

Jones, M. 1981. "The development of crop husbandry." In *The Environment of Man: The Iron Age to the Anglo-Saxon period*, eds. M. Jones and G. Dimbleby. Oxford: British Archaeological Reports, 95-127.

Jones, M. 1988. "The arable field: a botanical battleground." In *Archaeology and the Flora of the British Isles: Human Influence on the Evolution of Plant Communities*, ed. M. Jones. Oxford: Oxford University Committee for Archaeology, 86-92.

Jones, M. 1991. "Sampling in Palaeoethnobotany." In *Progress in Old World Palaeoethnobotany*, eds. W. van Zeist, K. Wasylikowa, and K. E. Behr. Rotterdam: Balkema, 53–62.

Jones, M. 2007. *Feast.: Why Humans Share Food*. Oxford: Oxford University Press.

Jones M. 2009. "Dormancy and the plough: weed seed biology as an indicator of agrarian change in the first millennium AD." In *From Foragers to Farmers: Papers in Honour of Gordon C. Hillman*, eds. A. Fairbairn and E. Weiss. Oxford: Oxbow Books, 58–63.

Kenward, H. K., and D. Williams. 1979. *Biological Evidence from the Roman Warehouses at Coney Street*. The Archaeology of York, The Past Environment of York, 14/2: 44–100.

Kislev, M. E. 1988. *Pinus pinea* in agriculture, culture and cult. In *Der Prähistorische Mensch und seine Umwelt: Festschrift für Udelgard Körber-Grohne*, ed. H. J. Küster. Stuttgart: Konrad Theiss, 73–79.

Kislev, M. E., and O. Simchoni. 2007. "Hygiene and insect damage of crops and foods at Masada." In *Masada VIII*, eds. J. Aviram et al. Jerusalem: Israel Exploration Society and The Hebrew University, 133–170.

Koch, P., et al. In Press. "Feasting in a sacred grove: a multidisciplinary study of the Roman sanctuary of Kempraten, CH." In *Bioarchaeology of Ritual and Religion*, eds. A. Livarda, R. Madgwick, and S. Riera. Oxford: Oxbow Books.

Kohler-Schneider, M., A. Caneppele, and A. G. Heiss. 2015. "Land use, economy and cult in late Iron Age ritual centres: an archaeobotanical study of the La Tène site at Sandberg-Roseldorf, Lower Austria." *Vegetation History and Archaeobotany* 24 (4): 517–540. DOI: 10.1007/s00334-014-0511-x.

Kooistra, L. I., et al. 2013. "Could the local population of the Lower Rhine delta supply the Roman army?" *Journal of the Archaeology of the Low Countries* 4 (2): 5–23. DOI: http://jalc.nl/cgi/t/text/text-idx7c37.html.

Körber-Grohne, U. 1981. "Distinguishing prehistoric grains of *Triticum* and *Secale* on the basis of their surface patterns using scanning electron microscopy." *Journal of Archaeological Science* 8: 197–204. DOI: 10.1016/0305-4403(81)90024-8.

Kreuz, A. 1990. "Searching for single activity refuse in Linearbandkeramik settlements: an archaeobotanical approach." In D. E. Robinson, ed. *Experimentation and Reconstruction in Environmental Archaeology*. Symposia of the Association for Environmental Archaeology No. 9. Oxford: Oxbow Books: 63–74.

Kreuz, A. 2004. "Landwirtschaft im Umbruch? Archäobotanische Untersuchungen zu den Jahrhunderten um Christi Geburt in Hessen und Mainfranken." *Bericht der Römisch-Germanischen Kommission* 85: 97–304.

Kron, G. 2013. "Agriculture, Roman Empire." In *The Encyclopedia of Ancient History*, eds. R. S. Bagnall, et al. Oxford: Blackwell, 217–222. DOI: 10.1002/9781444338386 .wbeah18004.

Kučan, D. 1995. "Zur Ernahrung und dem Gebrauch von Pflanzen im Heraion von Samos im 7. Jahrhundert v. Chr." *Jahrbuch des Deutschen Archaologischen Instituts* 110: 1–64.

Letts, J. B. 1999. *Smoke Blackened Thatch: A Unique Source of Late Medieval Plant Remains from Southern England*. London: English Heritage and University of Reading.

Lewis-Williams, D. 2004. *The Mind in the Cave*. London: Thames & Hudson.

Li, C. X., et al. 2011. "Ancient DNA analysis of desiccated wheat grains excavated from a Bronze Age cemetery in Xinjiang." *Journal of Archaeological Science* 38: 115–119. DOI: 10.1016/j.jas.2010.08.016.

Livarda, A. 2011. "Spicing up life in north-western Europe: exotic food plant imports in the Roman and Medieval world." *Vegetation History and Archaeobotany* 20 (2): 143–164. DOI: 10.1007/s00334-010-0273-z.

Livarda, A. 2013. "Date, rituals and socio-cultural identity in the north-western Roman provinces." *Oxford Journal of Archaeology* 32 (1): 101–117. DOI: 10.1111/ojoa.12004.

Livarda, A., and M. Van der Veen. 2008. "Social access and dispersal of condiments in north-west Europe from the Roman to the Medieval period." *Vegetation History and Archaeobotany* 17 (1): 201–209. DOI: 10.1007/s00334-008-0168-4.

Lodwick, L. 2014. "Condiments before Claudius: new plant foods at the Late Iron Age oppidum at Silchester, UK." *Vegetation History and Archaeobotany* 23 (5): 543–549. DOI: 10.1007/s00334-013-0407-1.

Macaulay-Lewis, E. 2006. "The role of *ollae perforatae* in understanding horticulture, planting techniques, garden design and plant trade in the Roman world." In *The Archaeology of Crops, Fields and Gardens*, eds. J.-P. Morel, J. T. Juan, and J. C. Matalama. Bari: Centro Universitario Europeo Per I Beni Culturali, 207–219.

McGovern, P. E. et al. 1996. "Neolithic resinated wine. *Nature* 381: 480–481.

McGovern P. E., S. J. Fleming, and S. H. Katz, eds. 1995. *The Origins and Ancient History of Wine*. Amsterdam: Gordon & Breach.

Manen, J.-F., et al. 2003. "Microsatellites from archaeological *Vitis vinifera* seeds allow a tentative assignment of the geographical origin of ancient cultivars." *Journal of Archaeological Science* 30: 721–729. DOI: 10.1016/S0305-4403(02)00244-3.

Margaritis, E. 2013. "Distinguishing exploitation, domestication, cultivation and production: the olive in the third millennium Aegean." *Antiquity* 337: 746–757. DOI: 10.1017/S0003598X00049437.

Margaritis, E., and M. Jones. 2006. "Beyond cereals: crop processing and *Vitis vinifera* L. Ethnography, experiment and charred grape remains from Hellenistic Greece." *Journal of Archaeological Science* 33: 784–805. DOI: 10.1016/j.jas.2005.10.021.

Margaritis, E., and M. Jones. 2008a. "Crop processing of *Olea europaea* L.: an experimental approach for the interpretation of archaeobotanical olive remains." *Vegetation History and Archaeobotany* 17 (4): 381–392. DOI: 10.1007/s00334-007-0122-x.

Margaritis, E., and M. Jones. 2008b. "Olive oil production in Hellenistic Greece: the interpretation of charred olive remains from the site of Tria Platania, Macedonia, Greece (fourth–second century B.C.)." *Vegetation History and Archaeobotany* 17 (4): 393–401. DOI: 10.1007/s00334-008-0155-9.

Margaritis, E., and M. Jones. 2009. "Greek and Roman agriculture." In *The Oxford Handbook of Engineering and Technology in the Classical World*, ed. J. P. Oleson. Oxford: Oxford University Press, 159–174. DOI: 10.1093/oxfordhb/9780199734856.013.0008.

Marinova, E., et al. 2011. "An experimental approach for tracing olive processing residues in the archaeobotanical record, with preliminary examples from Tell Tweini, Syria." *Vegetation History and Archaeobotany* 20: 471–478. DOI: 10.1007/s00334-011-0298-y.

Marvelli, S., et al. 2013. "The origin of grapevine cultivation in Italy: the archaeobotanical evidence." *Annali di Botanica* 3: 155–163. DOI: 10.4462/annbotrm-10326.

Megaloudi, F. 2005. "Burnt sacrificial plant offerings in Hellenistic times: an archaeobotanical case study from Messene, Peloponnese, Greece." *Vegetation History and Archaeobotany* 14 (4): 329–340. DOI: 10.1007/s00334-005-0083-x.

Megaloudi, F., S. Papadopoulos, and M. Sgourou. 2007. "Plant offerings from the classical necropolis of Limenas, Thasos, northern Greece." *Antiquity* 81: 933–943. DOI: 10.1017/S0003598X00096010.8.

Mercuri, A. M., et al. 2015. "Pollen and macroremains from Holocene archaeological sites: a dataset for the understanding of the bio-cultural diversity of the Italian landscape." *Review of Palaeobotany and Palynology* 218: 250–266. DOI: 10.1016/j.revpalbo.2014.05.010.

Miller, N. F. 2008. "Sweeter than wine? The use of the grape in early Western Asia." *Antiquity* 82: 937–946. DOI: 10.1017/S0003598X00097696.

Miller, N. F., and T. Smart. 1984. "Intentional burning of dung as fuel: a mechanism for the incorporation of charred seeds into the archaeological record." *Journal of Ethnobiology* 4 (1): 15–28.

Mintz, S. W. 1985. *Sweetness and Power: The Place of Sugar in Modern History*. New York: Viking.

Mlekuž, D. 2014 "The Neolithic year." In *The Oxford Handbook of Neolithic Europe*, eds. C. Fowler, J. Harding, and D. Hofmann. Oxford: Oxford University Press. DOI: 10.1093 /oxfordhb/9780199545841.013.023.

Morales, J., and J. Gil. 2014. "Fruits as a staple food: the role of fig (*Ficus carica* L.) during the pre-Hispanic period of Gran Canaria (3rd c BC–15th c CE)." In *Plants and People. Choices and Diversity Through Time*, eds. A. Chevallier, E. Marinova, and L. Peña-Chocarro. Oxford: Oxbow Books, 182–190.

Morales, J., et al. 2014. "The archaeobotany of long-term crop storage in northwest African communal granaries: a case study from pre-Hispanic Gran Canaria (cal. AD 1000–1500)." *Vegetation History and Archaeobotany* 23 (5): 789–804. DOI: 10.1007 /s00334-014-0444-4.

Moreland, J. 2001. *Archaeology and Text*. London: Duckworth.

Motta, L. 2002. "Planting the seed of Rome." *Vegetation History & Archaeobotany* 11: 71–77.

Neef, R. 1990. "Introduction, development and environmental implications of olive culture: the evidence from Jordan." In *Man's Role in the Shaping of the Eastern Mediterranean Landscape*, eds. S. Bottema, G. Entjes-Nieborg, and W. van Zeist. Rotterdam: Balkema, 295–306.

Nesbitt, M., and D. Samuel. 1996. "From staple crop to extinction? The archaeology and history of the hulled wheats." In *Hulled Wheats: Proceedings of the First International Workshop on Hulled Wheats. Promoting the Conservation and Use of Underutilized and Neglected Crops 4*, eds. S. Padulosi, K. Hammer, and J. Heller. Rome: International Plant Genetic Resources Institute, 41–100.

Newton, C., et al. 2014. "On the origins and spread of *Olea europaea* L. (olive) domestication: evidence for shape variation of olive stones at Ugarit, Late Bronze Age, Syria—a window on the Mediterranean Basin and on the westward diffusion of olive varieties." *Vegetation History and Archaeobotany* 23 (5): 567–575. DOI: 10.1007/s00334-013-0412-4.

Nitsch, E. K., M. Charles, and A. Bogaard. 2015. "Calculating a statistically robust d13C and d15N offset for charred cereal and pulse seeds." *Science and Technology of Archaeological Research* 1 (1): 1653–1676. DOI: STAR20152054892315Y.0000000001.

Oliveira, H. R., et al. 2012. "Ancient DNA in archaeological wheat grains: preservation conditions and the study of pre-Hispanic agriculture on the island of Gran Canaria (Spain)."*Journal of Archaeological Science* 39: 828–835. DOI: 10.1016/j.jas.2011 .10.008.

Orrù, M., et al. 2013. "Morphological characterisation of *Vitis vinifera* L. seeds by image analysis and comparison with archaeological remains." *Vegetation History and Archaeobotany* 22 (3): 231–242. DOI: 10.1007/s00334-012-0362-2.

Pagnoux, C., et al. 2015. "Inferring the agrobiodiversity of *Vitis vinifera* L. (grapevine) in ancient Greece by comparative shape analysis of archaeological and modern seeds." *Vegetation History and Archaeobotany* 24 (1): 75–84. DOI: 10.1007/s00334-014-0482-y.

Palmer, S. A., et al. 2009. "Archaeogenetic evidence of ancient Nubian barley evolution from six to two-row indicates local adaptation." *PLoS ONE* 4 (7): e6301. DOI: 10.1371 /journal.pone.0006301.

Palmer, S. A., et al. 2012. "Archaeogenomic evidence of punctuated genome evolution in *Gossypium*." *Molecular Biology and Evolution* 29 (8): 2031–2038. DOI: 10.1093/molbev /mss070.

Pals, J. P., V. Beemster, and A. Noordam, 1989. "Plant remains from the Roman castellum Praetorium Agrippinae near Valkenburg (prov. of Zuid-Holland)." In *Archäobotanik*, eds. U. Körber-Grohne, and H. Küster. Stuggart: Cramer, 117-133.

Pals, J. P., and T. Hakbijl. 1992. "Weed and insect infestation of a grain cargo in a ship at the Roman fort of Laurium in Woerden (Prov. of Zuid-Holland)." *Review of Palaeobotany and Palynology* 73: 287-300. DOI: 10.1007/s10530-008-9339-6.

Papathanasiou, A., T. Theodoropoulou, and S.M. Valamoti. 2013. "The quest for prehistoric meals: towards an understanding of past diets in the Aegean: integrating stable isotope analysis, archaeobotany and zooarchaeology." In *Diet, Economy and Society in the Ancient Greek world: Towards a Better Integration of Archaeology and Science*, eds. S. Voutsaki and S. M. Valamoti. Leuven: Peeters, 18-31.

Pearson, E., and J. Letts. 1996. "Waterlogged plant remains and charred plant remains." In *Wavendon Gate, A Late Iron Age and Roman Settlement in Milton Keynes*, eds. R. J. Williams, P. J. Hart, and A.T.L. Williams. England: Buckinghamshire Archaeological Society, 236-255.

Pecci, A., M.A.C. Ontiveros, and N. Garnier. 2013. "Identifying wine and oil production: analysis of residues from Roman and Late Antique plastered vats." *Journal of Archaeological Science* 40: 4491-4498. DOI: 10.1016/j.jas.2013.06.019.

Pelling, R. 2008. "Garamantian agriculture: the plant remains from Jarma, Fazzan." *Libyan Studies* 39: 41-71. DOI: 10.1017/S0263718900009997.

Pelling, R., et al. 2015. "Exploring contamination (intrusion and residuality) in the archaeobotanical record: case studies from central and southern England." *Vegetation History and Archaeobotany* 24 (1): 85-99. DOI: 10.1007/s00334-014-0493-8.

Petrucci-Bavaud, M., and S. Jacomet. 1997. "Zur Interpretation von Nahrungsbeigaben in römischen Brandgräbern." *Ethnographisch-Archäologische Zeitschrift* 38: 567-593.

Pollmann, B., S. Jacomet, and A. Schlumbaum. 2005. "Morphological and genetic studies of waterlogged *Prunus* species from the Roman vicus Tasgetium (Eschenz, Switzerland)." *Journal of Archaeological Science* 32: 1471-1480. DOI: 10.1016/j.jas.2005.04.002.

Riehl, S. 2009. "Archaeobotanical evidence for the interrelationship of agricultural decision-making and climate change in the ancient Near East." *Quaternary International* 197: 93-114. DOI: 10.1016/j.quaint.2007.08.005.

Riehl, S., et al. 2014. "Drought stress variability in ancient Near Eastern agricultural systems evidenced by d13C in barley grain." *Proceedings of the National Academy of Sciences of the United States* 111 (34): 12,348-12,353. DOI: 10.1073/pnas.1409516111.

Roberts, N., et al. 2004. "Holocene climate, environment and cultural change in the circum-mediterranean region." In *Past Climate Variability through Europe and Africa*, eds. R. W. Battarbee, F. Gasse, and C. E. Stickley. Dordrecht: Kluwer Academic Publishers, 627-637. DOI: 10.1007/978-1-4020-2121-3_17.

Robinson, M. 1999. "The macroscopic plant remains." *Towards a History of Pre-Roman Pompeii: Excavations beneath the House of Amarantus (I. 9.11-12), 1995-8*, eds. M. Fulford and A. Wallace-Hadrill. London: Papers of the British School at Rome 67, 95-102.

Robinson, M. 2002. "Domestic burnt offerings and sacrifices at Roman and pre-Roman Pompeii." *Vegetation History and Archaeobotany* 11 (1): 93-99. DOI: 10.1007/s003340200010.

Robinson, M. 2012. "The place of Silchester in archaeobotany." In *Silchester and the Study of Romano-British Urbanism*. ed. M. Fulford. Journal of Roman Archaeology Supplementary Series 90. Portsmouth, RI: Journal of Roman Archaeology, 213-226.

Robinson, M. 2016. "The environmental archaeology of the South Agora Pool, Aphrodisias." In *Aphrodisias Papers 5: Excavation and Research at Aphrodisias, Turkey, 2006-2012*, eds. R.R.R. Smith et al. Portsmouth, RI: Journal of Roman Archaeology, 91-99.

Robinson, M., N. Fulford, and K. Tootell. 2006. "The macroscopic plant remains." In *Life and Labour in Roman Silchester: Excavations in Insula IX since 1997*, eds. M. Fulford, A. Clarke, and H. Eckardt. London: Britannia Monograph Series 22, 206–18 and 374–379.

Robinson, M., and E. Rowan. 2015. "Roman food remains in archaeology and the contents of a Roman sewer at Herculaneum." In *A Companion to Food in the Ancient World*, eds. J. Wilkins and R. Nadeau. Chichester: Wiley-Blackwell, 105–115

Rodríguez-Ariza, M. O., and E. M. Moya. 2005. "On the origin and domestication of *Olea europaea* L. (olive) in Andalucia, Spain, based on the biogeographical distribution of its finds." *Vegetation History and Archaeobotany* 14 (4): 551–561. DOI: 10.1007/s00334-005-0012-z.

Rösch, M., S. Jacomet, and S. Karg. 1992. "The history of cereals in the region of the former Duchy of Swabia (Herzogtum Schwaben) from the Roman to the Post-medieval period: results of archaeobotanical research." *Vegetation History and Archaeobotany* 1 (4): 193–231. DOI: 10.1007/BF00189499.

Rossignani, M. P., M. Sannazaro, and G. Legrottaglie, eds. 2005. *La Signora del Sarcofago. Una Sepoltura di Rango Nella Necropoli dell'Università Cattolica*. Milan: Vita & Pensiero.

Rottoli, M., and E. Castiglioni. 2011. "Plant offerings from Roman cremations in northern Italy: a review." *Vegetation History and Archaeobotany* 20 (5): 495–506. DOI: 10.1007/s00334-011-0293-3/.

Rowan, E. 2014. "Roman diet and nutrition in the Vesuvian Region: a study of the archaeobotanical remains from the Cardo V sewer at Herculaneum." PhD dissertation, St. Cross College, University of Oxford, England.

Rowan, E. 2015. "Olive pressing waste as a fuel source in antiquity." *American Journal of Archaeology* 119: 465–482. DOI: 10.3764/aja.119.4.0465.465.

Rowley-Conwy, P. 1994. "Dung, dirt and deposits: site formation under conditions of near-perfect preservation in Egyptian Nubia." In *Whither Environmental Archaeology*, eds. R. Luff, and P. Rowley-Conwy. Oxford, Oxbow Monograph 38, 25–32.

Sadori, L., and M. Giardini. 2007. "Charcoal analysis, a method to study vegetation and climate of the Holocene: the case of Lago di Pergusa (Sicily, Italy). *Geobios* 40 (2): 173–180.

Sadori, L., et al. 2010. "The plant landscape of the imperial harbour of Rome." *Journal of Archaeological Science* 37: 3294–3305. DOI: 10.1016/j.jas.2010.07.032.

Sadori, L., et al. 2014. "Archaeobotany in Italian ancient Roman harbours." *Review of Palaeobotany and Palynology*. DOI: 10.1016/j.revpalbo.2014.02.004.

Samuel, D. 2000. "Brewing and baking." In *Ancient Egyptian Materials and Technology*, eds. P. T. Nicholson and I. Shaw. Cambridge: Cambridge University Press, 537–576.

Schlumbaum, A., and C. J. Edwards. 2013. "Ancient DNA research on wetland archaeological evidence." In *The Oxford Handbook of Wetland Archaeology*, eds. F. Menotti and A. O'Sullivan. Oxford: Oxford University Press, 569–583.

Schlumbaum, A., et al. 2011. "Die Ulmen und andere besondere Gehölze aus dem Römischen Tempelbezirk und der Zivilsiedlung." In *Oedenburg*. Volume 2: *L'agglomération civile et les sanctuaires. 2—Matériel et etudes*, ed. M. Reddé. *Monographien des Römisch-Germanischen Zentralmuseums* 79.2.2. Mainz: Verlag des Römisch-Germanischen Zentralmuseums, 73–102.

Sealey, P. R., and P. A. Tyres. 1989. "Olives from Roman Spain: a unique amphora find in British waters." *Antiquaries Journal* 69: 54–72. DOI: 10.1017/S0003581500043419.

Sherratt A. 1991. "Sacred and profane substances: the ritual use of narcotics in later prehistoric Europe." In *Sacred and Profane: Proceedings of a Conference on Archaeology, Ritual and Religion*, eds. P. Garwood et al. Oxford: Oxford University Committee for Archaeology, 50–64.

Smith, D., and H. Kenward. 2011. "Roman grain pests in Britain: implications for grain supply and agricultural production." *Britannia* 42: 243-262. DOI: 10.1017/S0068113X11000031.

Smith, H., and G. Jones. 1990. "Experiments on the effects of charring on cultivated grape seeds." *Journal of Archaeological Science* 17: 317-327. DOI: 10.1016/0305-4403(90)90026-2.

Smith, W. 1998. "Fuel for thought: archaeobotanical evidence for the use of alternatives to wood fuel in Late Antique North Africa." *Journal of Mediterranean Archaeology* 11: 191-205. DOI: 10.1558/jmea.v11i2.191.

Stahl, A. B. 1989. "Plant-food processing: its implications for dietary quality." In *Foraging and Farming: The Evolution of Plant Exploitation*, eds. D. K. Harris and G. C. Hillman. London: Unwin Hyman, 171-194.

Stika, H. P. 2011. "Early Iron Age and Late Mediaeval malt finds from Germany—attempts at reconstruction of early Celtic brewing and the taste of Celtic beer." *Archaeological and Anthropological Sciences* 3: 41-48. DOI: 10.1007/s12520-010-0049-5.

Straker, V. 1984. "First and second century carbonized cereal grain from Roman London." In *Plants and Ancient Man*, eds. W. van Zeist, and W. A. Casparie. Rotterdam: Balkema, 323-329.

Styring, A., et al. 2013. "The effect of charring and burial on the biochemical composition of cereal grains: investigating the integrity of archaeological plant material." *Journal of Archaeological Science* 40: 4767-4779. DOI: 10.1016/j.jas.2013.03.024.

Terral, J. F., et al. 2004. "Historical biogeography of olive domestication (*Olea europaea* L.) as revealed by geometrical morphometry applied to biological and archaeological material." *Journal of Biogeography* 31: 63-77. DOI: 10.1046/j.0305-0270.2003.01019.x.

Terral, J. F., et al. 2010. "Evolution and history of grapevine (*Vitis vinifera*) under domestication: new morphometric perspectives to understand seed domestication syndrome and reveal origins of ancient European cultivars." *Annals of Botany* 105 (3): 443-455. DOI: 10.1093/aob/mcp298.

Terral, J. F., et al. 2012. "Insights into the complex historical biogeography of date palm agrobiodiversity (*Phoenix dactylifera* L.) using geometric morphometrical analysis of modern seeds from various origins and Egyptian ancient material." *Journal of Biogeography* 39: 929-941.

Tomber, R. S. 1996. "Provisioning the desert: pottery supply to Mons Claudianus." In *Archaeological Research in Roman Egypt*, ed. D. M. Bailey. Ann Arbor, Michigan: Journal of Roman Archaeology, 39-49.

Tomlinson, P. 1987. "Plant remains." In *A Plank Tank from Nantwich*, ed. R. McNeil and A. F. Roberts. England: Cheshire, 287-296.

Valamoti, S. M. 2011. "Ground cereal food preparations from Greece: the prehistory and modern survival of traditional Mediterranean 'fast foods.'" *Archaeological and Anthropological Sciences* 3: 19-39. DOI: 10.1007/s12520-011-0058-z.

Valamoti, S. M. 2012-2013. "Healing with plants in prehistoric northern Greece—a contribution from archaeobotany." *Offa* 69/70: 479-494.

Valamoti, S. M., A. Moniaki, and A. Karathanou. 2011. "An investigation of processing and consumption of pulses among prehistoric societies: archaeobotanical, experimental and ethnographic evidence from Greece." *Vegetation History and Archaeobotany* 20 (5): 381-396. DOI: 10.1007/s00334-011-0302-6.

Valamoti, S. M. et al. 2007. "Grape pressings from northern Greece: the earliest wine in the Aegean?" *Antiquity* 81: 54-61. DOI: 0.1017/S0003598X00094837.

Valamoti, S. M., et al. 2008. "Prehistoric cereal foods in Greece and Bulgaria: investigation of starch microstructure in experimental and archaeological charred remains." *Vegetation History and Archaeobotany* 17 (1): 265-276. DOI: 10.1007/s00334-008-0190-6.

Van der Veen, M. 1984. "Sampling for seeds." In *Plants and Ancient Man: Studies in Palae-oethnobotany*, eds. W. van Zeist, and W. A. Casparie. Rotterdam: Balkema, 193–199.

Van der Veen, M. 1989. "Charred grain assemblages from Roman-period corn driers in Britain."*Archaeological Journal* 146: 302–319. DOI: 10.1080/00665983.1989.11021292.

Van der Veen, M. 1992. *Crop Husbandry Regimes: An Archaeobotanical Study of Farming in Northern England, 1000 BC–AD 500*. Sheffield: J. R. Collis.

Van der Veen, M. 1995. "Ancient agriculture in Libya: a review of the evidence." *Acta Palae-obotanica* 35 (1): 85–98.

Van der Veen, M. 1998a. "A life of luxury in the desert? The food and fodder supply to Mons Claudianus." *Journal of Roman Archaeology* 11: 101–116. DOI: 10.1017/S1047759400017219.

Van der Veen, M. 1998b. "Gardens in the desert." In *Life on the Fringe: Living in the South-ern Egyptian Deserts during the Roman and Early-Byzantine Periods*, ed. O. E. Kaper. Leiden, The School of Asian, African, and Amerindian Studies, 221–242.

Van der Veen, M. 2001. "The Botanical Evidence. (Chapter 8)." In *Survey and Excavations at Mons Claudianus 1987–1993*. Volume 2: *The Excavations: Part 1*, eds. V.A. Maxfield, and D.P.S. Peacock. Cairo: Institut Français d'Archéologie Orientale du Caire, 174–247.

Van der Veen, M. 2003. "When is food a luxury?" *World Archaeology* 34: 405–427. DOI 10.1080/0043824021000026422.

Van der Veen, M. 2007. "Formation processes of desiccated and carbonized plant remains: the identification of routine practice." *Journal of Archaeological Science* 34: 968–990. DOI: 0.1016/j.jas.2006.09.007.

Van der Veen, M. 2008. "Food as embodied material culture—diversity and change in plant food consumption in Roman Britain." *Journal of Roman Archaeology* 21: 83–110. DOI: 10.1017/S1047759400004396.

Van der Veen, M. 2010. "Agricultural innovation: invention and adoption or change and adaptation?" *World Archaeology* 42 (1): 1–12. DOI: 10.1080/00438240903429649.

Van der Veen, M. 2011. *Consumption, Trade and Innovation: Exploring the Botanical Re-mains from the Roman and Islamic Ports at Quseir al-Qadim, Egypt*. Frankfurt· Africa Magna Verlag.

Van der Veen, M. 2014a. "Arable farming, horticulture, and food: expansion, innovation, and diversity in Roman Britain." In *The Oxford Handbook of Roman Britain*, eds. M. Millett, L. Revell, and A. Moore. Oxford: Oxford University Press. DOI: 10.1093/oxfordhb/9780199697713.013.046.

Van der Veen, M. 2014b. "The materiality of plants: plant-people entanglements." *World Archaeology* 46 (5): 799–812. DOI: 10.1080/00438243.2014.953710.

Van der Veen, M., and N. Fieller. 1982. "Sampling Seeds." *Journal of Archaeological Science* 9: 287–298.

Van der Veen, M., and R. Gale. 2011. "Woodworking and firewood—resource exploitation." In *Consumption, Trade and Innovation: Exploring the Botanical Remains from the Roman and Islamic Ports at Quseir al-Qadim, Egypt*, ed. M. Van der Veen. Frankfurt: Africa Magna Verlag, 205–226.

Van der Veen, M., A. Grant, and G. Barker. 1996. "Romano-Libyan agriculture: crops and animals." In *Farming the Desert: The UNESCO Libyan Valleys Archaeological Survey*. Vol. 1: *Synthesis*, eds. G. Barker et al. Paris: UNESCO: 227–263.

Van der Veen, M., A. J. Hall, and J. May. 1993. "Woad and the Britains painted blue." *Oxford Journal of Archaeology* 12 (3): 367–371. DOI: 10.1111/j.1468-0092.1993.tb00340.x

Van der Veen, M., A. Hill, and A. Livarda. 2013. "The archaeobotany of medieval Britain (c. AD 450–1500): identifying research priorities for the 21st century." *Medieval Archaeol-ogy* 57: 151–182. DOI: 10.1179/0076609713Z.00000000018.

Van der Veen, M., and G. Jones. 2006. "A re-analysis of agricultural production and consumption: implications for understanding the British Iron Age." *Vegetation History and Archaeobotany* 15 (3): 217-228. DOI: 10.1007/s00334-006-0040-3.

Van der Veen, M., and G. Jones. 2007. "The production and consumption of cereals: a question of scale." In *The Later Iron Age of Britain and Beyond*, eds. C. Haselgrove, and T. Moore. Oxford: Oxbow Books: 419-429.

Van der Veen, M., A. Livarda, and A. Hill. 2008. "New food plants in Roman Britain: dispersal and social access." *Environmental Archaeology* 13 (1): 11-36. DOI: 10.1179/174963108X279193.

Van der Veen, M., and J. Morales. 2015. "The Roman and Islamic spice trade: new archaeological evidence." *Journal of Ethnopharmacology* 167: 54-63. DOI: 10.1016/j.jep.2014.09.036.

Van der Veen, M., and J. Morales. 2017. "Food globalisation and the Red Sea: new evidence from the ancient ports at Quseir al-Qadim, Egypt." In *Human Interaction with the Environment in the Red Sea. Selected Papers of Red Sea Project VI*, eds. D. A. Agius et al. Leiden: Brill, 254-289.

Van der Veen, M., and T. O'Connor. 1998. "The expansion of agricultural production in Later Iron Age and Roman Britain." In *Science in Archaeology: An Agenda for the Future*, ed. J. Bayley. London: English Heritage, 127-143.

Van der Veen, M., and H. Tabinor. 2007. "Food, fodder and fuel at Mons Porphyrites: the botanical evidence." In *Survey and Excavation at Mons Porphyrites 1994-1998*. Volume 2: *The Excavations*, eds. V. A. Maxfield and D. P. S. Peacock. London: Egypt Exploration Society, 83-142.

Van Dinter, M., et al. 2015. "Could the local population of the Lower Rhine delta supply the Roman army? Part 2: Modelling the carrying capacity using archaeological, palaeoecological and geomorphological data " *Journal of the Archaeology of the Low Countries* 5: 5-50 DOI: http://jalc.nl/cgi/t/text/get-pdf6920.pdf.

Vandorpe, P., and S. Jacomet. 2011a. "Plant economy and environment." In *Oedenburg*. Vol. 2: *L'agglomération civile et les sanctuaires*. Vol. 2: *Matériel et études*, ed. M. Reddé. Mainz: Monographien des RGZM, Band 79/2, 3-72.

Vandorpe, P., and S. Jacomet. 2011b. "Remains of burnt vegetable offerings in the temple area of Roman Oedenburg (Biesheim-Kunheim, Alsace, France)—First results." In *Carpologia: Articles réunis à la mémoire de Karen Lundström-Baudais*, ed. J. Wiethold. Glux-en-Glenne: Bibracte, 87-100.

Van Zeist, W., S. Bottema, and M. Van der Veen. 2001. *Diet and Vegetation at Ancient Carthage: The Archaeobotanical Evidence*. Groningen: Groningen Institute of Archaeology.

Veal, R. J. 2012. "From context to economy: charcoal and its unique potential in archaeological interpretation: a case study from Pompeii." In *More Than Just Numbers? The Role of Science in Roman Archaeology*, ed. I. E. Schrüfer-Kolb. Portsmouth, RI, Journal of Roman Archaeology, 19-52.

Veal., R. J. 2013. "Fuelling ancient Mediterranean cities: a framework for charcoal research." In *The Ancient Mediterranean between Science and History*, ed. W.V. Harris. Leiden: Brill, 37-58. DOI: 10.1163/9789004254053_004.

Veal, R. J. 2014. "Pompeii and its hinterland connection: the fuel consumption of the House of the Vestals, 3rd c. BC to AD 79." *European Journal of Archaeology* 17 (1): 27-44. DOI: 10.1179/1461957113Y.0000000043.

Vermeeren, C. 1999. "The use of imported and local wood species at the Roman port of Berenike, Red Sea coast, Egypt." In *The Exploitation of Plant Resources in Ancient Africa*, ed. M. Van der Veen. New York: Kluwer/Plenum, 199-204.

Vermeeren, C., and H. Van Haaster. 2002. "The embalming of the ancestors of the Dutch royal family." *Vegetation History and Archaeobotany* 11 (1): 121–126. DOI: 10.1007 /s003340200013.

Viola, H. J. 1991. "Seeds of change." In *Seeds of Change: A Quincentennial Commemoration*, eds. H. J. Viola and C. Margolis. Washington, DC: Smithsonian Institution Press, 11–15.

Visser, J.M. 2015. "Imperial timber? Dendrochronological evidence for large-scale road building along the Roman limes in the Netherlands." *Journal of Archaeological Science* 53: 243–254. DOI: 10.1016/j.jas.2014.10.017.

Vittori, C., et al. 2015. "Palaeoenvironmental evolution of the ancient lagoon of Ostia Antica (Tiber delta, Italy)." *Journal of Archaeological Science* 54: 374–384. DOI: 10.1016/j.jas .2014.06.017

Wallace, M., and M. Charles. 2013. "What goes in does not always come out: the impact of the ruminant digestive system of sheep on plant material, and its importance for the interpretation of dung-derived archaeobotanical assemblages." *Environmental Archaeology* 18 (1): 18–30. DOI: 10.1179/1461410313Z.00000000022.

Wallace, M., et al. 2013. "Stable carbon isotope analysis as a direct means of inferring crop water status and water management practices." *World Archaeology* 45 (3): 388–409. DOI 10.1179/1461410313Z.00000000022.

Ward, C. 2001. "The Sadana Island shipwreck: an eighteenth-century AD merchantman off the Red Sea coast of Egypt." *World Archaeology* 32 (3): 368–382. DOI: 10.1080/00438240120048680.

Ward, C. 2003. "Pomegranates in eastern Mediterranean contexts during the Late Bronze Age." *World Archaeology* 34 (3): 529–541. DOI: 10.1080/0043824021000026495.

Watson, A. M. 1983. *Agricultural Innovation in the Early Islamic World*. Cambridge: Cambridge University Press.

Wilson, A. 2016. "Water, nymphs, and a palm grove: monumental water display at Aphrodisias." In *Aphrodisias Papers 5: Excavation and Research at Aphrodisias, Turkey, 2006–2012*, eds. R.R.R. Smith et al. Portsmouth, RI: Journal of Roman Archaeology, 100–135.

Zach, B. 2002. "Vegetable offerings on the Roman sacrificial site in Mainz, Germany—a short report on the first results." *Vegetation History and Archaeobotany* 11 (1/2): 101–106. DOI: 10.1007/s003340200011.

Zech-Matterne, V., et al. 2009. "L'Agriculture du VIe au Ier siècle avant J.-C. en France: état des recherches carpologiques sur les établissements ruraux." In *Habitats et paysages ruraux en Gaule et regards sur d'autres régions du monde celtique*, eds. I. Bertrand et al. Chauvigny: Association des Publications Chauvinoises, 383–416.

Zech-Matterne, V., et al. 2014. "L'essor des blés nus en France septentrionale: systèmes de culture et commerce céréalier autour de la conquête césarienne et dans les siècles qui suivent." In *Consommer dans les campagnes de la Gaule romaine*, eds. X. Deru and R. González Villaescusa. Lille: Université Charles-de-Gaulle, 23–50.

Zeder, M. A. 2006. "Central questions in the domestication of plants and animals." *Evolutionary Anthropology* 15: 105–117. DOI: 10.1002/evan.20101.

第三篇　动物考古学：根据考古动物遗骸重建自然与文化环境

迈克尔·麦金农

引言

作为能够体现并联结环境、生物和文化各个方面的有用之物，动物在针对古代的学术研究中占据着不可或缺的地位。与所有生物一样，动物是与自然环境一同进化并适应自然环境的生物实体，无论自然环境以何种方式在空间和时间中建构或发展。但动物也可以作为文化制品——由人类创造、改造和操纵的事物（尽管具有生物的本质）——我们要考虑的不仅是动物本身，还包括直接或间接来自动物身上的资源如何被人们获取、利用或以其他方式融入古代生活的无数种方式，所以它是一个非常广泛的概念。环境、生物和文化等各个领域互相交织，每种动物产生有关各自的知识。[1]因此，对它们的研究为全面重建过去形成了一条有力的而且是必不可少的调查路线。

对古代希腊和罗马时期的动物，我们的理解基本上依赖于三种主要手段。第一种，许多古代文献本身具有不同的形式与功能，比如，纪念和题献性质的铭文、文学作品、历史、百科全书、说教性质的手册、诗歌、法律规范等各种门类类别，它们的记录包括对遇到和利用的各种类型的动物的描述，有关照料和维护这些动物的详细情况，以及它们对古代生活的广泛贡献。第二种来源是图像学。希腊和罗马的视觉文化或艺术中所描绘的形象使我们可以探索动物的形态、特征和身体变化等概念。第三种，考古学，尤其是动物考古学，为文化、生物和环境方面的重建提供了动物的身体遗骸。挖掘出的动物遗骸揭示了有关物种的表征、年龄、性别和健康状况的资料；它们还可以生成文化习俗方面的证据，例如消费者在营销、资源的获取和利用、屠宰、烹饪和食用方面的决策。因此，考古学分析可以展示关于动物本身的很多信息，以及对动物进行保存、管理、屠宰、食用和利用的文化信息。

尽管文本、艺术和骨骼提供了有关古代动物的关键信息，但在古典考古学的历史发展中，它们并没有受到同等程度的关注。[2]早先，已确立的古典考古学起源于十八世纪的古代艺术、建筑和手工艺品的美学学术传统，同时与古代希腊和罗马的文本分析和语文学有着密切的联系。动物考古遗骸当然会被发现，但陶器、建筑、艺术和文学的突出地位削弱了动物素材的重要性，即便它们确实是在一开始就被保存下来的。从十九世纪末到二十世纪初，一些零散断续的学术研究出现在部分报告当中，但是直到 1960 年代和 1970 年代，随着构建"新考古学或过程考古学"（New Archaeology/Processual Archaeology）的方法和理论的创建与发展，动物考古研究才在古典考古学中获得更认真的关注。针对更大范围内获取到的包含动物材料在内的考古素材，在科学研究和推理上的关注随后多了起来，引发了对过往的环境、经济、饮食和农牧业实践的重建，还有对发现物的空间分布、遗址沉积过程和样本统计评估等方面的更广泛关注。

自 1980 年代以来，对古典考古遗址中的动物考古材料的科学调查和分析迅猛发展，并通过进一步采取的行动得到拓展。这些行动不仅是为了了解从前的生物和环境组分，也就是表面上得到自然科学更好支持的那些方面，而且是为了让动物成为文化复杂性的标志。如今，专注于古代希腊和罗马学术研究的动物考古学家越来越多地开展调查，这一策略的结果有助于模糊或消除古代研究中传统的学术界限，这些传统研究一度强调文本或艺术等其他类别的物质遗存的优先地位。现在，自然科学家深入了古典研究，反之亦然。将人文社会科学和自然科学联系起来的多学科探索，在对过往的合作性与综合性的重建中越来越常见。

在动物考古学这门学科中，古典考古学中科学技术的大量涌现表现得十分充分，这些研究不断影响和改变着我们对古代的人、地点、事件和行为的理解。在过去几十年里发生了很多事情，今天，古代希腊和罗马遗址中关于动物遗骸的科学研究所做出的贡献及其潜力和未来方向，包含了我们对古代自然和文化环境的理解中那些深感兴趣的、重要的，而且在许多情况下不可或缺的方方面面。本篇的目的不是概述动物考古学的一般理论、方法和实践。对于这些，已经有了许多关于"如何去做"的资料，从鉴定与实验室手册到教科书和相关出版物。[3]本篇也不是一个总结从古代遗址的动物考古学勘探中所获结果的论坛。同样，有大量的学术研究成果来呈现和评估这方面的趋势与模式，这些题目包括畜牧业、肉食的贡献，以及动物在古代经济和文化生活中可能发挥的多重作用。[4]为了集中于本章的探索，以"谁"、"什么"、"何时"、"何地"和"为什么"等疑问代词作为先导词来概括随后的讨论，并构建动物考古学的探索路径。无论是现在还是未来，这些路径在该学科对古典考古学做出的更大贡献中可能不太为人熟知，但依然十分重要。这几个词语概括了不同的类别或维度，它们包含或强调数据收集，而这是建构更大规模的重建所必需的学术研究基础。限于篇幅，无法对每个词语中动物考古的所有方面进行深入的详细考察；相反，在预测古典考古学的新方向时，我们的意图是勾勒出可以探求的主题之广度。

何时

判断年代顺序

确定事件或行为发生的时间是古典考古学的一个主攻方向，使用一系列资料构建年代顺序的例子数不胜数。然而，结合来自动物考古资料的证据往往是次要的。总体来看，人们往往不太愿意，有时甚至完全不愿意，将收集到的任何骨骼的放射性碳定年法作为紧密相关的手段，与来自陶器和（或）硬币证据的更精确的年代顺序并置在一起。当然，采用放射性碳定年法时，其固有的审慎和限制使结果呈现为历史时代。例如，在古代希腊和罗马的各个阶段，校准曲线的扭曲形状引发了一个非常合理的担心，即碳-14年代可能与不止一个日历日期相匹配。校准曲线内的水平延伸或"平台"期造成了第二个困难，此处提供的碳-14年代可能对应一长串的校准日期。[5] 虽然加工成本、幸存模式和原状固结问题、对污染的担忧以及误差因素可能会进一步阻碍在古典考古学中应用放射性碳定年法，[6]但使用贝叶斯统计法（Bayesian statistics）① 的应用程序大大提高了这种方法的精密度与准确度。[7]为了避免低估任何一项

① 指英国学者托马斯·贝叶斯在《论有关机遇问题的求解》中提出的一种归纳推理理论，被后世统计学者发展为一种系统的统计推断方法，即贝叶斯方法。

必须考虑的因素，重要的是要认识到，每项因素都不需要普遍或均等地适用于全部古典古代时期，那意味着完全拒绝以放射性碳定年法先行确定各个遗址的年代。

尽管针对古代的某些时间框架进行放射性碳年代测定存在实际问题——主要是渗透到所研究的各个时期的校准曲线中的"偏差"和"平台"因素——对古代希腊和罗马遗址中的更多骨骼开展放射性碳年代测定实际上可能有助于完善那些"不易确定年代"的材料的年代确定工作，其中典型的物品如炊具、粗制陶器、瓦片和砖块，这些往往是在遗址中发现最多的类别。当只有少量（甚至可能只有一件）在该沉积层中仅占次要地位的、容易确定年代的陶器或钱币，上述放射性碳年代测定工作能有助于减少诱惑，不去以它们为基础为一大批"无法确定年代"的材料确定年代，无论是这些骨头还是其他材料。

以放射性碳确定了年代的动物材料，与通过更传统方法确定年代的材料（主要是陶器和硬币），这两者的相关性可能带来的互补和冲突问题，有两个事例能够帮助我们加以说明。首先，在希腊科林斯（Corinth）那座剧院的西侧房间，最近挖掘出一块巨大的骨骼沉积物，重量超过了一吨，以牛的遗骸为主。沉积物中的硬币或精细陶器少得惊人，其中的发现物可追溯至公元四世纪至五世纪。[8]这个动物考古集合体的偏向性很严重，几乎没有牛的门齿、肋骨或足骨。更奇怪的是，从剧场东侧发现的另一块相当大的动物沉积物中，这几种骨头占据主导地位，1980年代挖掘出来的这个集合体能追溯到公元二世纪。[9]将这两个并不相同却相当可观的动物考古集合体视为出自同一时代，而非相距两百多年，这种诱惑实在是太大了。虽然骨骼沉积物之间在总体上具有埋藏学的相似性，但更重要的是，其中一块骨骼沉积物似乎存在将骨头刮得相当干净的倾向，而另一块沉积物中却缺乏此种迹象。另外两项发现引起了更多的怀疑：在剧场西侧沉积物中发现的一块腿骨上有一处特有的感染，显示出与在剧场东侧发现的一些足骨相似的病理标记。将"腿"与"足"互相联系起来的关联骨骼在两个集合体中都未发现，因此无法确定无疑地在两者之间建立匹配关系。各自的 DNA 特征可能将这两个组成部分最终联系在一起，但在此项工作完成之前，这个时间上的谜团将一直存在。在这里，放射性碳定年法将有助于确定每块沉积物的年代，进而帮助澄清沉积物之间的任何时间相关性。

另一个例子是，在今天突尼斯迦太基的比尔马索达（Bir Massouda）遗址，从"东西向主街"（*decumanus maximus*）下方的整平层或填充物中挖掘出五块牛骨样本，经过校准的放射性碳年代测定表明，这些牲畜很可能是在公元前九世纪末被屠宰的。[10]然而，这一时间比最初预期的要晚，希腊晚期几何学陶器的传统年表是有关腓尼基迦太基的建立的传统解释的核心，它对此给出的年代是公元前八世纪下半叶。因为意识到质疑或调整已确立的陶器年代序列的影响，研究人员竭尽全力地争辩说，所分析的全部骨骼样本都来自废物残渣，它们以公元前九世纪末的早期材料为主，是在公元前八世纪下半叶或最后四分之一世纪再次沉积的，当时迦太基的这一地区已经城市化。虽然在理论上是可能的，但这一解释带来了一系列令人费解的情况：为什么只有骨骼可以追溯到更早的时间范围中？如果这些材料确实只存在间接的关联，为什么它们会如此均匀地混合一处？为什么没有随陶器一同发现公元前八世纪的骨骼？

有哪些埋藏学因素发挥了作用？在早期记录动物和陶器材料时，是否注意到了人为的误差造成或加剧了不一致性？这只是一些偶然的地层学上的谜团吗？然而，有人呼吁，随着更多的放射性碳年代测定，鉴于碳-14年代清楚地表明，腓尼基人开始与地中海西部文化接触的时间似乎早于从前所认为的，可能有必要修订地中海地区的年表。[11]

当然，年代建构可以受益于跨学科和多种材料的更多投入。陶罐，尤其是一些有价值的，可以在某个人的一生中得到保存和展示，但某人餐盘上的牛肋排则是另一回事，它来自与许多陶器相比寿命相对较短的动物。因此，相比于锅，用餐的日期可能更为精确，也更具文化意义。将这一原则扩展开来，并换言之，对于包含在分层环境中的、带有切割痕迹的牛骨，确定了它们的年代，不仅可以确定这些发现物所在沉积地层的年代，还可以确定在一定生态和气候条件或背景下发生的人的存在和事件的年代。文化、生物和环境都在这个场景中交互作用。这样一个要求并不是要贬低古典考古学在强调传统年代顺序和年代构建上的难以置信的价值与精确度，而是要将它们置于不同时期和时代框架内发生的不论大小和重要与否的个别事件所在的更广阔视角中，以及每项活动或行为所处的更宽广的文化和环境背景之中。动物考古学工作有助于这种关乎时间的讨论。

绘制时间模型

除了开展更多的放射性碳年代测定，还有许多方法从动物考古遗骸中提取有关"何时"的信息，也都可以为古典考古学提供帮助。与畜牧业体制的转变、饮食随时间的变化或各个

100

动物分类单元的引入和消亡相关的趋势，当然也提供了帮助。这些主题在针对古代时期的许多动物考古学研究中形成了传统的焦点，本质上围绕着一系列存在疑问的维度，譬如在模型的绘制、细化和解释中，激起了关于"谁"、"什么"、"何地"和"为什么"的问题。

一系列生物、文化和环境因素形塑并影响着人类的行为。对古代饮食和畜牧业实践的重建是动物考古学研究的基本组成部分，当然也成为各方面之间相互联系的典范。古代遗址中的大多数动物遗骸都来自被吃掉的动物。一处遗址所展现的分类单元的品种及出现率，每种动物生活的条件或环境，畜群统计，以连接这些肉块的骨骼或骨架部位的百分比为标志的不同肉块的比例，更不用说还有这些动物的肉和其他材料的屠宰、加工和食用方式，所有这些都为重建更全面和细微的饮食评估提供了数据。事实上，更清楚地了解饮食与生存实践是动物考古学进行了大量阐释与完善的一个领域，这甚至改变了我们对古代的印象。大多数古代希腊人和罗马人共享一种基本以素食为主的食谱，虽然这一假设具有一定合理性，但是动物考古学数据也证实了肉类的食用。哺乳动物、鸟类和鱼类往往是从古代遗址发现和识别的动物遗骸的主体。然而，根据许多方面的不同，每一类别所占比例存在差异，包括所采用的不同类型的回收方案（筛分或手工收集）、调查的时间范围（家禽在罗马遗址中比在希腊遗址中更为常见）、地理和环境背景（靠近海岸的遗址中，鱼类的出现频率往往更高）、遗址的类型（农村或城市、富裕或贫穷、希腊的或罗马的，等等），以及与生产、营销、贸易、种族、宗教、食物禁忌和个人选择相关联的一系列其他文化问题，都影响了食物的获取，并最终左右了人类的饮食。即便肉类在整个古代时期仅占大众饮食的一小部分，动物考古学资料还是在很大程度上强调了驯化的动物分类单元的主导地位，尤其是家养畜类，即牛、绵羊或山羊和猪在更常见和更普遍食用的肉类中的主导地位。虽然人们也吃野生的猎物，但它们常常更多地与精英饮食相关，至少在古罗马世界中是这样的。鱼类，特别是新鲜鱼类，通常也和古代的高级烹饪相关。尽管如此，在古代希腊和罗马遗址的大多数动物考古集合体中，野生猎物和鱼类一般只占已识别骨骼的5%以下，许多情况下还要远远低于这条基线。

有关古希腊罗马时期的饮食和生存实践、畜牧业和食物分配等问题的动物考古学文献非常丰富，还出版了概括性的综合文献。鉴于罗马帝国在地理和文化上的广袤，目前这些文献大多与古罗马时期有关，[12]但综合性质的文章也更多是针对焦点问题的，包括与希腊世界相关的动物燔祭和仪式盛筵。[13]时间跨度和主题持续扩大，举例来说，对雅典广场（Athenian Agora）各个遗址的动物考古材料进行的广泛的历时性调查支持如下假设：以驯化的绵羊、山羊和牛为主的专业饲养和食用体系始于新石器时代，在此阶段也有一些狩猎的猎物。[14]随后，以此为基础发展起来的阶段，最终在公元前五世纪和公元前四世纪的古典时期地层中形成了屠宰、牛角与骨加工、饮食废弃物的大量沉积物。在罗马时期和古代晚期的影响下，模式发生了转变，猪肉的消费略有增加，甚至出现了更系统化的屠宰模式，然后在拜占庭时期再次转向山羊游牧方式的更高出现率，有可能是为了应对不断变化的文化和环境条件。总的来讲，虽然在动物考古学证据的基础上可以假定环境和文化变化的普遍

101

模式，但更深入的审视揭示出，在史前、古代和拜占庭希腊时期，在动物所发挥的作用上存在着区域性差异。

动物的灭绝、迁徙和移动的时间框架

通过对动物的不同分类单元的起源、迁徙、移动和灭绝事件进行评估，动物考古学增加了我们对"何时"以及"何地"概念的了解。许多案例都引起了人们的注意。黇鹿（*Dama Dama*）似乎在罗马时代的地中海和欧洲大陆变得更加普遍，[15]也许作为一种商品，通过它的野生状态、异国起源和在私人空间内的维护，有助于体现或展示某种社会和经济地位的信息。[16]在伊比利亚的铁器时代和罗马时期遗址中，家兔（*Oryctolagus cuniculus*）的骨头很常见，证实了古代作者谈到的家兔在这一地区无处不在以及它们总体上很高的繁殖能力，[17]但现有证据表明，该物种可能直到古代晚期才被引入意大利和地中海东部地区。[18]非洲冕豪猪（*Hystrix cristata*）于全新世早期在整个欧洲灭绝，但随后于古代晚期又从北非重新引入西西里岛和意大利南部，这一事实如今已在动物考古学上得到证实。[19]

微型动物群落为动物考古学家绘制古代文化模式提供了一个独特的机会。小家鼠（*Mus musculus*）和黑家鼠（*Rattus rattus*）的分布和扩散经常与城市化和人类活动存在关联。动物考古学证据显示，青铜时代的水手无意中导致了老鼠和鼩鼱①在克里特岛的扩散。[20]接下来，腓尼基人和希腊人对家鼠传

102

----

① 鼩形目鼩鼱科的一种动物，靠吃蚯蚓、昆虫等为生，虽然长得极像老鼠，但其实两者没有任何关系。

播到地中海西部负有进一步的责任，而罗马人则不经意间在他们的整个帝国输入并传播了黑家鼠和其他害虫。[21]家鼠骨骼在古典时期的希腊考古挖掘中得以记录，但直到共和国后期才出现在意大利。[22]一旦侵入城市内部，它们便在各处站稳脚跟，取代了其他类型的老鼠。譬如，在庞贝的动物考古学证据显示家鼠的出现率上升，同时与家鼠竞争的林姬鼠（*Apodemus sylvaticus*）的数量下降，这与这座城市的城市化进程加速相一致。[23]

涉及黑家鼠的情况很复杂。古希腊和罗马时期关于老鼠的明确且广泛的考古证据是其他骨骼上的老鼠啃痕、猫头鹰等捕食者的团粒中包含的老鼠碎片；或者说，原位保存的老鼠实际遗骸是碎片化的。起源于东方的黑家鼠在早期近东和埃及遗址中留下记录。[24]在科西嘉岛上，它们出现于公元前四世纪到公元前二世纪的地层中，以及庞贝和梅诺卡岛（Minorca）的公元前二世纪的环境中，这表明黑家鼠是在共和国时期侵入地中海西部的，[25]可能是作为贸易船上的偷渡者。鉴于传统资料通常泛称老鼠，古代文献在时序方面提供的帮助很少。在古代世界的许多地方，仍然存在着有利于老鼠入侵和扩张的因素，譬如贸易和航运的增加、人口密度升高和城市化的发展、不良的卫生条件等，进而增加了老鼠的安全处所。在古代时期，黑家鼠在地中海西部的大部分地区都很常见，可能与当时影响了该地区的鼠疫暴发有关，因为腺鼠疫的致病微生物就是通过老鼠携带的跳蚤传播的。[26]

动物考古学方面的时间与季节顺序

通过分析屠宰习惯和技术，动物考古学证据以另一种手段对古典考古学调查"何时"的问题给予协助。古代时期可能会出现时间上的差异，特别是在某些罗马环境中，锯和锋利刀具的使用以及切成两半的椎骨增加了。[27]对罗马时期不列颠遗址的屠宰骨骼进行了一次多学科的评价，结合了来自考古冶金学、图像学和文献数据，以及现代屠宰业的人种学观察与实验，得出的结论是，尽管乍看上去，骨头上砍削痕迹的分布可能有些"草率"，但实际上，罗马时期不列颠城市的屠宰业涉及高超的技巧。[28]这些结果表明，此类屠宰实践强调速度的最大化，这才有助于提高其效率。通常，这种模式往往意味着，屠宰商，甚至可能是商业化的屠宰商更大规模地参与了这种加工过程。再者，罗马时期不列颠的砍肉刀是一种两用工具，既方便家畜躯体的肢解，又能对该过程施以改进。从宏观和微观两个层面进一步研究家畜屠宰的模式和装备，可以帮助我们完善对过程性变化，以及可能强调此类操作的确定年代阶段的认识。

108

动物考古资料也提供了查实季节性的各种方法。在古代，季节性的安排和历法上的重要事件随处可见，包括节日、仪式、祭祀、农事等诸多行为，凸显了对其开展研究的重要性。在宏观层面上，对牙齿老化法的改进和动物分类单元的死亡年龄序列的相关性有助于缩小潜在的季节性淘汰时间表。这种技术最适合年幼的动物，在这些动物出生后的第一年里，可以观察到牙齿磨损阶段的年龄模式。罗马时期意大利的现有证据表明，在农村遗址中，3～6个月齿龄组的绵羊或山羊的死亡率略高于城市遗址中的，后者中是7～12个月齿龄组的死亡率更高。[29]假设是秋季出生，[30]这样一种模式就能支持农村遗址中更多是在冬末或早春进行选择性宰杀的假设，但在城市遗址中更倾向于主要在夏秋两季对羊进行选择性宰杀。

也可以通过制备显微薄片来检查牙骨质的递增结构对牲畜死亡的年龄和季节开展研究。这些技术极大地有助于澄清各种动物分类单元的季节轮替，[31]但迄今在古典考古学中几乎尚未得到应用，部分原因可能是处理和分析材料的实际限制。对土耳其萨迦拉索斯（Sagalassos）罗马时期拜占庭遗址的绵羊和山羊之间的牙骨质带的研究，很好地解决了古代放牧体制的季节安排问题，并顺利地与从该地区的现代羊中观察到的模式进行了比较。[32]其良好结果预示这些从考古材料中获取年龄和季节的不太成熟的路线具有很大的潜力，应该在古典考古学中得到更广泛的应用。

何地

判断生态与环境方面的背景和条件

"何地"是动物考古学范畴中有益于古典考古学的第二类科学研究。长期以来，利用动物遗骸重建环境和气候条件一直是古环境研究的一个组成部分（参见第一篇和第二篇，了解这种与古气候和考古植物学资料的关系）。对于从遗址中获取的各种动物的首选生态栖息地，及其在决定分类单元移动或迁移中的相应含义，相关的传统调查为评估动物的"起源地"和"结束地"提供了一些方法。于是，动物考古学有助于判断森林、田野、牧场、深浅湖泊等可能位于"何地"，以及动物在不同环境中行进或被人们移动多远的距离。家畜的环境和气候耐受性通常相当宽泛，因此在环境重建中的用途相对有限。这些分类单元往往包括从古典考古遗址中发现，或至少报告的大部分动物遗骸，这一事实可能会低估传统的古生态动物考古学对古希腊罗马时期的贡献。尽管如此，在完善我们在分类单元内部和对家畜物种之间的生态和环境偏好与耐受性的评估方面，未来取得的进展使利用家畜骨骼呈现从前的这一类条件更有价值。

为了更好地了解过去的环境条件，以及在古典考古学中多少有一定规律的因素，小型哺乳动物、鸟类、两栖动物和鱼类的遗骸经常能够提供更好的解决办法。从庞贝古城发掘出来的这些分类单元的大量动物考古学成果，从宏观和微观尺度上对该遗址的环境条件进行了极其生动和细微的重建——并成为古典考古学中比较全面的研究之一。[33]

稳定同位素研究、动物和景观重建

最近，在对动物考古遗骸中的"何地"概念以及随之与古典古代时期景观重建之间关系的研究中，一个聚焦于稳定同位素的领域迅速发展。这一研究领域在过去的生物学探索中做出了多项贡献，并在古气候学（第一篇）、考古植物学（第二篇）和人类骨骼学（第四篇）领域得到了应用。就其在动物考古学中的作用而言，元素及其稳定同位素在物理、化学和生物变化的驱动下循环于生物圈之中，但是其原子量的不同造成速率各异。这导致此类物质在生物体中的比例不同，反过来又有助于为饮食、活动范围、繁殖和觅食区域以及迁徙路线等不同方面提供标记。如今，考古学中常用的稳定同位素包括通常与植被相关的碳元素，与营养水平相关、通常代表肉类在一个人的饮食中的占比的氮元素，用于地质沉积物及其生成的植被的锶元素，还有作为温度、海拔和水文学等方面指标的氧元素。相互关联并交叉引用的数值允许我们根据累积的同位素将

动物置于不同的环境背景中，进而帮助识别异常值和输入值。　105
此外，对早年形成的牙釉质与死亡前重塑的骨骼中的数值加以
比较，有助于根据与牙齿老化分析的相关性，在某种程度上确
定一只动物终其一生的流动性，但是也包括季节性的流动。

　　来自两处遗址的案例研究有助于说明它的潜力。萨迦拉索
斯遗址在一定程度上算是古典考古学中动物考古学稳定同位素
调查的先驱，学者在此进行过一些很有影响力的研究。首先，
在考古鱼类遗骸中测量了氧和锶的同位素比值，以回答它们的
起源问题。用以评估的分类单元是鲤鱼，其稳定氧的研究结果
排除了这些鱼类来自河流，而锶研究的结果又帮助排除了一些
当地湖泊作为其来源。[34]其次，萨迦拉索斯的各种牲畜的碳和
氮的稳定同位素结果显示，绵羊的数值发生的变化表明它们在
罗马时期是与牛一起放牧的，在拜占庭早期则与山羊一起放
牧。这种模式说明了古罗马时期该地区大规模畜牧业活动的蓬
勃发展，毫无疑问，这不仅是因为当时加强了对可用牧场的开
发，而且可能也是出于对这些资源的良好管理。最后，从这些
遗址中羊类牙齿得到的稳定锶数值记录了这些动物在哪里出
生，以及在其一生中可能移动到了什么地方。[35]

　　供我们考虑的第二项研究探讨了新石器时代安纳托利亚的
放牧制度。针对绵羊和山羊的考古遗骸中的骨胶原蛋白，通过
测量其中的碳和氮同位素，研究者发现，相比于阿斯克利胡由
克（Asikli Höyük）遗址附近的羊群，恰塔胡由克遗址的羊群
移动跨越了更广阔的领土，因而遇到了多种具有独特同位素特
征的植物生物量。[36]在恰塔胡由克进行的、结合了氧同位素和
牙齿微磨损研究的工作进一步拓展了维度，除其他方面以外得
出的结论是：（1）在新石器时代的遗址中，无论是远距离的

季节性牲畜迁移，还是完全独立的游牧式的放牧方式都不曾实践；（2）羊群在专门的季节性牧场上进食青草，没有受到资源紧张的影响；（3）经过秋季牧草再生后的育肥过程，大多数绵羊在早春被宰杀。[37]虽然这些例子在时间上并非处于古代时期的范围之内，但所产生的结果由于构建古希腊罗马时期牲畜迁移的类似问题而受到极大的关注。例如，围绕古代畜牧业的不同规模存在着相当大的争议。[38]从某一固定地点的局部的、小型的、非迁移性的放牧，到大规模的、远距离迁移性的放牧，体制各不相同。更多地通过考古学同位素分析、应用科学手段追踪动物一生中的迁移是一种客观的手段，它侧重于此类过程的实际参与者，即动物本身，而非此类操作的文化记录、反映或描述。

景观、微量元素、污染物与动物

对动物考古遗骸中的微量元素数据进行的评估，为古典考古学的环境和文化重建增添了又一个组成部分。通过与环境条件、饮食摄入、吸收或吸入污染物以及其他方式的交互作用，包括一些有毒物在内的各种化合物要么可以渗入，要么就是包含在骨头与牙齿等骨骼组织中。在对萨迦拉索斯发现的山羊骨骼进行的化学分析中，研究人员能够检测出锌、铅、镁、铜和其他重金属含量的增加。从公元二世纪环境中测出的更高含量表明，牲畜被保持在更靠近遗址的位置，甚至可能就在遗址内部，因而更多暴露于附近的作坊和制造业产生的城市污染物中。公元四世纪，这些污染物的吸收水平较低，其原因可以解释为更广阔的集水区域囊括了更远处的污染较少的地区，这个概念本身可能标志着这一时期该地区的农业生产条件更为安全。[39]

显然，对于季节性牲畜迁移的规模和路线，动物在沿海和内陆地区之间的流动性，放牧策略，家畜与生态区的关系，沿海、河流与湖泊资源的开发利用，古代世界各地区的动物进出口，以及不同的饲养制度，利用稳定同位素和微量元素的研究可以极大地提高我们的认识。在古典考古学中，这些都是非常有力的工具，也是动物考古学所投入的极具潜力的领域。然而，目前更多的注意力集中于人类骨骼的同位素及人类饮食研究方面；[40]用于动物的研究更多关注史前和罗马背景之下，主要是在安纳托利亚的恰塔胡由克和萨迦拉索斯遗址。

动物考古遗骸在遗址内部的空间分布

从广泛的生态、环境和栖息地意义上理解动物来源于"何地"，虽然这无疑是一个值得探讨的话题，但重要的是要认识到"何地"也可以在较小的层面上进行探究，尤其是骨骼在遗址内部的空间分布。这项工作被证明是有利于区分文化和行为的变化范围的，能够突出动物材料是在"何地"被丢弃、放置或埋葬的。古典考古学中的动物考古工作的一个关注领域聚焦在一些希腊遗址中燔祭材料的空间分布上，以弄清此类沉积物的组成和位置与遗址中其他可能被归类为"世俗的"沉积物具有何种关联或对照。[41]关于古代希腊的肉食，"神圣"和"世俗"两种特性之间的这种复杂的相互关系，极大地拓展了古典考古学领域中动物考古学的工作，人们现在越来越关注希腊考古中"非仪式"背景下的动物遗骸的检验。[42]

从动物考古学的角度出发，罗马和近东考古学在这方面更有优势，针对骨骼的空间分布，及其对遗址类型、空间功能的

107

意味，初次和二次垃圾处理以及其他相关主题开展了更多的研究，其中一些利用了源自地理信息系统（geographic information system，简称 GIS）研究和应用的技巧与技术。举例来说，对古代晚期的意大利圣乔瓦尼底罗蒂（San Giovanni di Ruoti）遗址的骨骼空间模式开展的详细调查，能够阐明该遗址的垃圾堆形成和空间废弃的时间顺序及内部变化。[43]

埋藏学与骨密度研究

埋藏学，即构成和形塑考古集合体的所有遗址形成和沉积后的过程，不可避免地成为对于考古遗址的动物考古材料保护和放置加以评估的因素。[44]动物考古样本居于其核心，实际上，包括所有被认为的考古材料在内，都密不可分地取决于埋藏学上的行为主体。在我们的调查中，更加关注考古遗址是如何产生的，以及物品在埋葬中是如何发生变化的，这的确至关重要，但在一些古典考古遗址的工作中，埋藏学往往是一个被过于简化的问题，甚至更糟，完全受到忽视。骨骼作为有机残留物，可以为埋藏学研究做出诸多贡献，因为它们在很大程度上代表了其他生物体（如狗、昆虫、细菌等）所寻求的东西，或者在形塑沉积后特征的文化、生物和地质环境之间提供了一种直接的联系。

虽然埋葬行为的实施者可能以多种方式影响到古典考古遗址中的动物考古沉积物，但一个关键问题集中于骨密度的差异。从本质上讲，密度较高的骨骼比密度较低的能保存得更好，这可能导致的偏差有利于老年动物遗骸，还有特定的骨骼部分，如牙齿和腕骨、跗骨和趾骨等下肢骨骼的保存。分类单元之间，个体骨密度比率的变化，以及来自每种动物的实际骨骼数量的差异、不同分类单元之间获取的骨骼基本部分的差异，以及食肉动物对集合体的破坏等问题，都增加了需要加以考虑的更多偏差。在圣乔瓦尼底罗蒂遗址，动物考古材料在埋藏学上形成了一条完整的调查线。[45]此处的调查所采用的实验工作不仅考虑了骨密度、获取及相关问题的变量，还考量了食肉动物破坏、沉积后破损模式、土壤成分和酸度等重要埋藏学因素的不同破坏率，帮助补偿了可能影响动物集合体的组成和完整性的潜在偏差范围。所有这些因素的加入强化了最终得出的结论，最关键的就是骨骼部分的偏向模式（在这个案例中，伴随着肉块的出口和加工程度不同，猪颅骨部分的出现率非常高）。这种模式在本质上具有强烈的文化属性，而非埋藏学的问题。

108

什么

稳定同位素与动物的日常饮食

　　"什么"是形塑了调查研究的另一个疑问代词。此处，稳定同位素有助于确定动物吃下了什么，以及这些食物如何因生态和文化因素而变化。[46]研究表明，在中世纪的约克，猪体内的碳和氮的稳定同位素值存在差异。[47]一个样本记录的数值与饮食中的高蛋白更为一致，或许表明这头猪是被关在院子里并具有杂食性日常饮食。然而，大多数样本得出的数值表明，这些动物的饮食以草本为主，暗示着它们被饲养在农地或林地，而非城市环境当中。此类应用目前在古典考古学中的潜力尚未得到开发，但它们极有前途且密切相关。众所周知，古代的人们出于文化品位而操纵动物的饮食。譬如，古代资料记录了猪肉是如何根据猪摄取的食物差别而具有不同口味的。[48]确定古代动物的不同饲养制度——某些动物可能接受"优质的"饮食，使其肉类获得不同的风味——进而可以反映出不同的文化含义与目标。

氮元素水平也可能受到施肥的影响，这个并未在古典考古学中得到充分探讨的方面颇值得商榷，对历代的农作物和畜牧业来说却是极其重要的。[49]如第二篇所述，考古植物学研究证实了施肥对谷物作物的影响，后者对此做出的反应是稳定氮的数值水平升高。[50]鉴于豆类植物可以固定大气中的氮元素，并且往往从一开始就有较高的稳定氮数值，因此对豆果果实的影响更不明显。这项工作产生的一个潜在研究途径包含对食草动物的稳定氮数值的更广泛评估，继而将那些数据与其他方面联系起来，包括豆荚和豆类在其饮食中的输入，以及对比在相当肥沃的土地，即生长在施过肥的土地上的草与较贫瘠的牧场上的草。这无疑会加深我们对古代农业和畜牧业体制一体化的理解。在现阶段，很多工作取决于加强古植物学和动物考古学同位素研究与数据并将二者联系起来，这样才能探索一条更为全面的路径。

牙齿微磨损分析与动物的日常饮食

牙齿微磨损技术是检测饲养方式造成的牙釉质上的划痕、凹坑和条纹，它为重建动物的日常饮食又增添了一个维度，具有应用于古典考古学的潜力。这些标记形成以后通常能在釉质表面保留几个星期的时间，从而提供了关于动物在生命后期摄入的食物类型的一些记录。[51]已经通过微磨损特征确定的各方面情况包括牧场放牧还是饲料喂养，以树叶还是耕地副产品作为饲料，新鲜与干燥饲料的消耗量，以及牧场质量如何。[52]此外，影响动物饲养制度的潜在环境和文化因素增强了此类研究的相关性。比如说，牙齿微磨损分析显示，在希腊新石器时代的马克里亚洛斯（Markriyalos），来自"仪式"背景的驯养绵羊、山羊、猪和牛被提供了软饲料，这或许是在屠宰之前赋予其特殊饮食的一种手段。[53]在古典考古学的时间框架内，萨迦拉索斯的牧羊实践随年代的变化通过牙齿微磨损分析得到记录，[54]而这些技术的应用已经帮助我们区分了萨迦拉索斯以及罗马时期不列颠的家猪饲养方式。[55]

骨骼部分的表征与分布

化学、同位素和显微研究显然为动物骨骼调查提供了新的路径，但关键的"什么"问题也可以通过更传统的方式来解决。具体而言，出现在遗址表面的动物的"什么"部分，即骨骼的"什么"部分，以及这对动物及其资源的生产、消费、贸易、移动和整体利用意味着"什么"，更多关注于此是动物考古学研究能够为古典考古学做出显著贡献的一个重要范畴。为了提炼动物考古研究的核心内容，最终的报告经常是各个分类单元的出现率，即牛、猪和羊等动物所占的百分比，而有关任何身体部位的变量都比较少。难道一个样本基本上是头骨，而另一个主要就是尾巴吗？这后一类信息才更能说明这些动物的实际加工和使用，至少是那些关键的最后步骤。埋藏学的影响因素再次成为理解这些问题不可或缺的一部分，因为这些因素会对"什么"骨骼得到保存产生巨大影响。

在骨骼部分分布这一主题上，动物考古学工作对以希腊为

110 主的古典考古学做出了重大贡献的一个领域是，动物的"什么"部位被挑选出来进行燔祭："图希亚"（thusia）指不同的部位，但通常是大腿骨；"奥斯普希斯"（osphys）是尾巴，还有"整杀"（holocaust），即整只动物。每一种的例证都已在动物考古记录中得到识别。[56]对骨骼的显微检查甚至能帮助我们改善对于火焰温度、持续时间、燃料来源和燃烧的其他实际情况等各个方面的了解。[57]

尽管研究骨骼部分表征中的偏差和模式对古典考古学很重要，但也应对确定身体材料来自"什么"侧面给予更多关注。在动物考古学分析中，"哪一侧"可能不会得到常规的记录，但它可能是很有意义的。比如说，在希腊奈迈阿（Nemea）遗址中，向英雄俄斐尔忒斯（Opheltes）献祭的"图希亚"往往是左侧。在库里翁（Kourion）遗址等少数情形下，向阿波罗献祭时会出现右侧偏好，但并不总是如此。[58]最终，从动物身上选择的"什么"侧面、部分、切口或来源能承载更深层的文化含义，除此之外，不会被记录在其他任何考古、文学或图像学等资料中。对于最初未记录有关侧面和部位数据的样品而言，这可能尤其重要。这一概念从本质上支持将新的技术和分析方法应用于更古老的、经过策划的动物考古藏品，以解决当前有关古代时期人类与动物互动历史的问题。这种重新评估不应被视为对原有结果的挑战，事实上，在考古挖掘的问题和不断变化的参数导致难以收集和研究新材料的情况下，这种重新评估可能更为常见。考虑到许多古希腊和罗马遗址的挖掘历史已经很久远，旧有的藏品与在特定遗址（在可能的情况下）重新挖掘所新近获得的材料相互融合，相当的潜力也从对它们的分析中浮现出来。

谁

通过 DNA 分析确定动物的祖先和"身份"

疑问代词"谁"包含了血统和身份的概念。请见第四、第六和第七篇，正如在评估包括骨骼的过往人类生物材料时可以探索这些方面一样，我们对古代动物中此类材料的了解正通过 DNA 分析得到大幅度的重塑。[59]在一定意义上，DNA 调查有助于保证遗骸的准确鉴别，这一手段未来有望在考古学中得到巨大应用，尤其是在根据碎片或其他判断不明的骨骼确定物种方面。[60]作为区分绵羊和山羊的手段，DNA 分析工作也很有价值，这些分类单元经常在古代遗址中发现，显然是羊毛等行业不可或缺的组成部分。[61]这些动物的骨骼相似，虽然一些形态学和测量学手段可以帮助识别，但此类方法不能普遍适用于所有骨骼和牙齿部件，并且在其表征上可能存在很大差异。

作为动物考古学工作的一部分，DNA 分析涉及的第二个领域是追踪生物产品的地理起源，以确定贸易和交换网络。当来自罗马时期萨迦拉索斯遗址的鲶鱼骨骼的线粒体 DNA 序列与采自下尼罗河的现代鲶鱼相匹配，便证实了尼罗河流域的鱼类被输入了这里。据推测，这些鱼是在交易之前以某种方式保存下来的，但它们还是帮我们确认了有关这两个地区之间的商品和资源贸易的其他考古证据体系。[62]

最后，对于动物种群随时间和空间变化的关系，DNA 研究正在给我们的理解带来革命性的改变。事实上，追踪并描绘物种的起源和驯化过程，以及特定物种可能经历的后续转变、

111

迁徙、移动和互动作用，在很大程度上占据了当下考古学中的 DNA 研究的主导地位。[63]在研究动物新的变种或品种的创造与传播方面，这些方法的潜力与古典考古学产生了很好的共鸣。如果我们假设，古代资料中描述某个物种内不同的动物形态类型的参考范围是古代农民和牧民有意识或无意识的繁殖操纵的迹象，那么古希腊和罗马时期就可能出现了许多在今天也算是最好的变种、株系或地方品种。[64]其不可避免的结果是，随着对某些特性的选择被视为特定的当地和区域自然与文化要素上的偏好，或成为这其中的考虑因素，家畜的特征便发生了改变。古代资料中提到罗马时期的意大利有几种不同的牛，它们通常按地理区域划分，并伴有每个地点所偏好的一般特征，例如利古里亚（Liguria）的小型牛、伊特鲁里亚（Etruria）和拉丁姆（Latium）的矮胖强壮的牛等。[65]古代文献中猪和羊的类似区别表明在这些分类单元中也创造了"品种"或变种。[66]

形态测量学研究与动物的"品种"

虽然随着 DNA 研究的发展，对于古希腊和罗马动物品种的了解一定会为我们带来新的曙光，但近来利用骨骼测量学的工作也增加了这方面的可能性。[67]通过利用骨骼测量的详细研究，可以对变种或"品种"加以探索，为古典考古学而开展的动物考古学研究中已经取得这方面的大量结果。结合各个维度的测量结果——骨骼长度、宽度、深度等——以及这些尺寸之间的比例，可以提供更好的形态计算。这些技术并非动物骨骼研究所独有的，而且可以切实地应用到本书第二篇涉及的考古植物学和第四篇的人类骨骼学领域——

以后者为例，最显著的是第五篇所讨论的发育和身高研究。
至于动物，研究表明，直到罗马的共和国和帝国时代，整个
意大利的牲畜体形才普遍变大，这与该地区的农业和人口的
显著变化相重叠。[68]在上述时期，牛的不同"品种"形成了
独特的集群，这在动物考古学和文献数据库中均有所体现。
在矮胖、瘦削、身高、腿长等方面，对不同性状的选择都很
明显，而其他方面也有不同的把控，以适应特定的文化和环
境方面的需要与条件。对谷物和其他食品的市场与军事需求
的增加，本地对更有力的犁和耕牛的需求，以及罗马时期意
大利的种牛进出口，种种因素的互动带来了牛的体形的
变化。

在另一个例子中，绵羊的动物考古测量数据显示，由
于罗马时代在更广阔的地中海世界的大部分地区对牲畜进
行操纵，绵羊的体形变化表现为身高的增加；然而，我们
注意到了巨大的差异。[69]较小的品种往往永远不会被淘汰，
高而苗条、重而矮胖、小而粗野的类型以及其他变种的绵
羊的引进和传播，证明了古代时期精明而多产的繁育
策略。

家禽骨骼的形态测量学评估进一步呈现了引人入胜的工
作。研究人员能够识别萨迦拉索斯的三个"品种"的家禽，
但通过将样本限定在根据髓质骨的存在和产蛋禽体内钙的积累
加以确定的雌性家禽身上，可以避免不同性别在大小上的差异
问题，否则结果会变得复杂。[70]

骨骼组织学和动物的"身份"

"谁"的问题进一步体现在个体的骨骼发育模式中。骨骼

会因每一个体的特殊情况而异，包括环境、健康和行为。在微观结构和组织学层面，我们可以记录下很多标记，包括骨纤维排列、结晶取向、骨组织置换和重塑的速度及比率、沉积物的厚度，以及与肌肉活动变化和任何承重活动都会出现的来自压缩力的相关应力有关的其他特征。针对伊朗新石器时代环境，研究人员利用组织学指标研究了在牲畜的季节性迁移中，哪些山羊可能行走得更多，哪些可能遇到了更困难的地形。[71]结果显示，研究中使用的肱骨骨轴的卵圆形程度与骨小梁的厚度呈现一种负相关的倾向，如果骨小梁与更多压缩力造成的重量转移相关，这便是预期中的结果。野生绵羊比家养绵羊表现出更多的上述倾向，该发现支持了这一现象与更多的活动有关，在这种情况下，它们的骨骼承受了更大的压缩力，可能是由于在更困难的地形上跋涉了更长的距离。虽然预期动物组织学要素之间存在差异的理论基础是可靠的，但该项工作在考古实践中的潜力从未得到任何重视，很可能是由于这类研究总体上还处于初级发展阶段，再加上与样品制备和显微镜有关的实际成本。尽管如此，该项技术为古典考古学提供了一个几乎尚未触及的研究领域，尤其是在理解动物对其生态系统的相关效应方面。

古病理学与动物的"身份"

健康是为动物赋予个性的另一个方面，无论是在具体的健康状况下，还是在治疗该状况的任何投入上。古病理学分析构成了动物考古学研究的重要组成部分（人类骨骼学同样如此，请见第四篇和第五篇），形成了从个体层面到种群层面的信息。可以和这些信息进行比照的是，针对可能与不同病理状况

的发生和流行相关的所有文化与自然因素，以及疾病治疗的各
种方式进行的更广泛的调查。

在个体层面上，对某一动物的照料经常显示出某种情感
上的依恋或投入，进而又成为人类身份的一项指标。在对来
自罗马时期地中海范围内的狗进行的骨骼健康研究中发现，
常见的病理状况包括牙齿并发症，尤其是死前的牙齿缺失、
愈合的四肢骨折、骨关节炎和感染，其模式和出现率与其他
时空背景下的狗样本类似。[72] 总的来说，罗马时期的狗在骨
骼健康方面似乎状况良好，很少有受到人类虐待或粗暴对待
的骨科证据，但也没有用夹板固定骨折的确凿资料。罗马时
期较小的"玩具"犬种似乎更容易受到多种病理状况的影
响，但也显示出更多人类关爱的迹象，特别是在娇惯和喂养
方面。

从现代和古代的牛身上观察到的骨病理学相关性，可以让
我们更好地理解与承担拖曳工作相一致的疾病病因。[73] 这项工
作不仅把在骨骼上看到的变形范围与相关活动联系起来，增强
了我们对动物牵引的理解，而且进一步建立了一种方法学基
础，用于对牛的各种骨骼病理开展评估、描述和解读。在荷兰
的一处罗马时期遗址蒂尔-帕塞瓦伊（Tiel-Passewaaij），对牛
的病理状况进行的调查显示，公牛和母牛都被用于拖曳目的，
从而打破了只有公牛被用于拖曳的某些传统假设。[74] 此类研究
对古典考古学的影响和潜力尤其显著，役用动物在这一时期得
到了极大的利用和发展。

釉质发育不全是一种常见的缺陷，反映了动物在牙齿发育
过程中所遇到的生理压力，体现了古典古代时期另一种重要的
病理状况。这种情况可以阐明动物的饮食缺陷和总体健康等方

114

面，而这些又会受到环境和文化因素的影响。随着古典考古学中一些值得注意的应用，形成了记录包括主要驯养动物在内的不同物种的釉质发育不良的科研报告。[75]举例来说，萨迦拉索斯遗址的猪釉质发育不全数据揭示了两个重要结论。首先，在各个居住阶段条件下的相同模式表明，环境条件在整个时代都保持着相对的稳定，这或许暗示了，这些猪可能被放牧于其中的森林没有受到采伐的严重影响。[76]其次是与单一的春季产仔期相关的证据，这是一种更适合大规模放牧而非家庭喂养的畜牧业策略。[77]

为什么

最后，请将注意力转向疑问代词"为什么"。这是一个宏大的议题，其价值远远超出此处提供的简短概要。"为什么"的问题通常涉及本来就依赖理论的综合体。许多人倾向于对理论加以污名化——"哦，这对我来说太复杂了"——直到他们意识到自己经常使用理论，并将其许多方面内化。理论固然涉及概念、模式识别、关联的共享轨迹以及指导我们思考的相关知识框架。按理说，在考古学的理论光谱中，动物考古学工作的许多组成部分更偏向过程性的，即"自然科学"的一端，因为它强调以模式和数据分析精心解释和解读，更不用说它与材料科学检验之间的互补性。然而，在对古希腊和罗马这种复杂社会的研究中，"过程+"或"后过程"，即更"人性化"的理论视角可能是更好的评估，因为动物考古学家利用自然科学的方法、埋藏学和数据模式来解决考古记录开发过程中单个主体的问题，比如种族群体、移民社群、社会阶层等。因此，动物考古学家通常用过程方法解决后过程问题。这可能会造成理论界限的模糊，但也证明了动物考古学在检验考古重建所固有的全部内容，以及在倡导议程和目标分享方面的重要性。此外，自然科学方法经常带有一定程度的程序性思维和力求客观推理的严谨性。虽然在解读过去人类行为的充满主观性的领域中，坚定的客观性并不总是能够达成，但将科学思维纳入这一探索中会有所帮助。正如莫里斯（Morris）所言：

115

> 考古学的解读永远不会达到自然科学解读所具备的可信度——有太多的相互作用和未知因素需要评估——但是通过使检验过程精确化，考古学家和自然科学家在科学探索中可以拥有共同的基础和语言。[78]

综上所述，"古典考古学是一个逃避自然科学的地方"这一看法，无论是否被公开表达出来，显然不能反映当今的古典考古学。此外，这种狭隘的态度对学科内部勇往直前的学术研究工作没有任何帮助。虽然从考古遗迹中提取和处理科学资料的一些程序（本篇的重点是动物考古学发现）可能看起来很复杂，但在剖析其基本组成部分时，真实情况并非如此。事实上，正如本书第一篇所明确指出的（在此处强调这一点非常重要），从动物考古学材料获得的了解，以及对这些材料的科学检测，大大增加了我们所共享的对过去的重建。这里的关键词是"共享"——那些有助于我们理解古代时期的形形色色的资料。培养这种意识当然会出色地服务于古典考古学。

注　释

1. 自然与文化两个世界之间相互联系的前提也强调了对考古生物残留物的研究（请见第二篇）。

2. 有关古典考古学中动物考古学的历史发展的更详细概况，请见 MacKinnon 2007。

3. 例如（作为教科书式的作品）Hesse and Wapnish 1985；Davis 1987；Reitz and Wing 1999；O'Connor 2003。

4. 举例来说，有关罗马世界的地区性研究，King 1978，1984，1999，2005；Luff 1982；Luff 1982；Lauwerier 1988；Peters 1998；Lepetz 1996；Columeau 2002；Fernández Rodríguez 2003；Colominas 2013；Bökönyi 1974；MacKinnon 2004，2017；等等。与古代时期的动物相关的各种手册和配套书籍提供了更多的兴趣点（e.g.，Campbell 2014；Albarella et al. 2017）。

5. 在校准曲线中的这样一个水平延伸，被称作"Halstatt plateau"（Becker and Kromer 1993），涵盖了公元前 800 年至公元前 400 年的范围，可以说是古典考古学所关注的一个重要时期。

6. van der Plicht et al. 2009.

7. Bronk Ramsey 2009.

8. Williams 2013.

9. Reese 1987.

10. Docter et al. 2004.

11. van der Plicht et al. 2009，227.

12. 有关罗马时期不列颠和罗马的西北各个行省的动物考古学综合文献，请见 King 1978，1984，2005；Luff 1982。有关荷兰，请见 Lauwerier 1988。有关罗马时期的日耳曼各行省，请见 Peters 1998。有关罗马时期的高卢，请见 Lepetz 1996；Columeau 2002。有关罗马时期的伊比利亚，请见 Fernández Rodríguez 2003；Colominas 2013。有关欧洲中东部，请见 Bökönyi 1974。有关罗马时期的意大利，请见 MacKinnon 2004。有关罗马时期的北非，请见 MacKinnon，2017。Audoin-Rouzeau（1993）and King

（1999）提供了概括性的帝国范围的动物考古学研究。

13. 有关古代希腊的鱼类和渔业的动物考古学概述，请见 Mylona 2008。有关仪式盛筵，请见 Dietler and Hayden 2001；Dabney et al. 2004。有关燔祭，请见 Ekroth 2014；2017。

14. MacKinnon 2014.

15. Davis and MacKinnon 2009.

16. Sykes et al. 2006.

17. Strabo，3.2.5；Pliny the Elder，*Natural History* 8.217–18.

18. Masseti 2003，58；MacKinnon 2004，213.

19. Masseti et al. 2010.

20. Papayiannis 2012.

21. Cucchi and Vigne 2006.

22. King 2002，435.

23. Holt and Palazzo 2013.

24. Collins 2002.

25. McCormick 2003.

26. King 2002，443. 有关得益于 DNA 证据的古代瘟疫研究，请见第六篇。

27. MacKinnon 2004，163–172，177–184.

28. Seetah 2006.

29. MacKinnon 2004，108.

30. 如这些古代文献所示：Columella，*On Agriculture* 7.3.12；Varro，*On Agriculture* 2.1.19，2.2.14；Pliny the Elder，*Natural History* 8.72.187。

31. Lieberman 1994.

32. Buels 2004. 在古典考古学的很多动物考古学的自然科学应用中，萨迦拉索斯遗址都居于前列。关于一项有代表性的工作概述，请见 van Neer and de Cupere 2013。

33. Jashemski and Meyer 2002.

34. Dufour et al. 2007.

35. 后面两个例子来自：W. Van Neer et al. "Herding practices inferred from multiple isotopic and heavy metal analyses of faunal remains from a classical site in Turkey," in BoneCommons, Item # 1622,

http：//alexandriaarchive. org/bonecommons/items/show/1622
（accessed May 25，2014）。

36. Pearson et al. 2007.

37. Henton 2010，406-409.

38. Halstead 1996；Lemak 2006.

39. Degryse et al. 2004.

40. 请见本书第四篇之详述。

41. Ekroth 2014；MacKinnon 2013.

42. MacKinnon 2014.

43. MacKinnon 2002.

44. Lyman 1994 提供了脊椎动物埋藏学方面极好的概述。

45. MacKinnon 2002.

46. 同样的概念也适用于利用这些技术研究人类的饮食，请见第四篇。

47. Hammond and O'Connor 2013.

48. Varro，*On Agriculture* 2. 4. 3；Pliny the Elder，*Natural History* 8. 209.

49. Forbes 2012.

50. Fraser et al. 2011.

51. Solounias and Hayek 1993.

52. Mainland 2006；Henton 2010.

53. Mainland and Halstead 2002.

54. Beuls 2004.

55. Vanpoucke et al. 2009 （有关萨迦拉索斯）；Wilkie et al. 2007 （有
    关不列颠）。

56. Ekroth 2014；2017.

57. Hincak et al. 2007；Ubelaker and Rife 2007；MacKinnon 2013.

58. MacKinnon 2013.

59. Matisoo-Smith and Horsburgh （2012，145-152） 为这类应用提供
    了很好的概括。

60. Newman et al. 2002.

61. Buckley et al. 2010.

62. Arndt et al 2003.

63. Lira et al. （2010） 追踪伊比利亚地区新石器时代和青铜时代马
    的谱系与现代马的关系；Larsen et al. （2007） 调查新石器时代

家猪的驯化及其在欧洲的扩散。Colominas et al.（2014）利用线粒体 DNA 考察伊比利亚地区牛的原种。更多例证和古典考古学总体上的 DNA 研究的一篇概述，请见本书第六篇。

64. 严格来讲，没有适当的遗传学研究，"品种"就无法得到真正的验证，因为基因型与表型操控框定了它的现代定义。

65. 有关古代资料及其与罗马时期意大利的牛的"品种"的关联，更全面的列表请见 MacKinnon 2004 and 2010。

66. MacKinnon 2001；2015.

67. 增强三维成像将不可避免地成为动物考古学的一项探索工具。有关利用猪头盖骨的一次应用请见 Owen et al. 2014。此外，成像技术在考古植物学和人类骨骼学中有多种用途（请见第二篇和第四篇）。

68. MacKinnon 2010.

69. MacKinnon 2015.

70. DeCupere et al. 2005.

71. Zeder 1978.

72. MacKinnon 2010.

73. Bartosiewicz et al. 1997.

74. Groot 2005.

75. 例如 Dobney and Ervynck 1998（有关猪）；Upex et al. 2014（有关山羊）；Kierdorf et al. 2006（有关牛）。

76. M. Waelkens——"Stressed pigs？"—— http：//mill. arts. kuleuven. be/IPA-V-09/faunal. html.

77. Vanpoucke et al. 2007.

78. Morris 1995：82.

参考文献

Albarella, U., M. Rizzetto, H. Russ, K. Vickers, and S. Viner-Daniels, eds. 2017. *The Oxford Handbook of Zooarchaeology*. Oxford: Oxford University Press.

Arndt, A., et al. 2003. "Roman trade relationships at Sagalassos (Turkey) elucidated from mtDNA of ancient fish remains." *Journal of Archaeological Science* 30: 1095-1105. DOI: 10.1016/S0305-4403(02)00204-2.

Audoin-Rouzeau, F. 1993. *Homme et animaux en Europe de l'époque antique aux temps modernes. Corpus de données archéozoologiques et historiques.* Paris: Centre National de la Recherche Scientifique.

Bartosiewicz, J., W. Van Neer, and A. Lentacker. 1997. *Draught Cattle: Their Osteological Identification and History.* Tervuren: Koninklijk Museum voor Midden-Afrika.

Becker, B., and B. Kromer. 1993. "The continental tree-ring record—absolute chronology, 14C calibration and climatic change at 11ka." *Palaeogeography, Palaeoclimatology, Palaeocology* 103: 67–71. DOI: 10.1016/0031–0182(93)90052-K.

Bökönyi, S. 1974. *A History of Domestic Mammals in Central and Eastern Europe.* Budapest: Akadémiai Kiadó.

Bronk Ramsey, C. 2009. "Bayesian analysis of radiocarbon dates." *Radiocarbon* 51 (1): 337–360. DOI: 10.2458/azu_ js_rc.51.3494.

Buckley, M., et al. 2010. "Distinguishing between archaeological sheep and goat bones using a single collagen peptide." *Journal of Archaeological Science* 37: 13–20. DOI: 10.1016/j .jas.2009.08.020.

Beuls, I. 2004. "Design of Odontological Tools to Elucidate Small Ruminant Herd Management at Sagalassos (SW-Turkey) in the Roman-Byzantine Period (0–650 AD)." PhD dissertation, University of Leuven, Belgium.

Campbell, G. L., ed. 2014. *The Oxford Handbook of Animals in Classical Thought and Life.* Oxford: Oxford University Press.

Collins, B. J., ed. 2002. *A History of the Animal World in the Ancient Near East.* Leiden: Brill.

Colominas, L. B. 2013. *Arqueozoología y Romanización. Producción, distribución y consume de animals en el nordeste de la Península Ibérica entre los siglos V ane-V dne.* Oxford: Archaeopress.

Colominas L., A. Schlumbaum, and M. Saña. 2014. The impact of the Roman Empire on animal husbandry practices: Study of the changes in cattle morphology in the north-east of the Iberian Peninsula through osteometric and ancient DNA analyses. *Archaeological and Anthropological Sciences* 6: 1–16.

Columeau, P. 2002. *Alimentation carnée en Gaule du sud (VIIe s. av. J.-C.-IIVe s.).* Aix-en-Provence: Université de Provence.

Cucchi, T., and J.-D. Vigne. 2006. "Origins and diffusion of the House Mouse in the Mediterranean." *Human Evolution* 21: 95–106. DOI: 10.1007/s11598–006–9011-z.

Dabney, M. K., P. Halstead, and P. Thomas. 2004. "Mycenaean feasting at Tsoungiza at ancient Nemea." *Hesperia* 73 (2): 197–215. DOI: 10.2972/hesp.2004.73.2.197.

Davis, S. J. M. 1987. *The Archaeology of Animals.* London: Batsford.

Davis, S. J. M., and M. MacKinnon. 2009. "Did Romans Bring Fallow Deer to Portugal?" *Environmental Archaeology* 14: 15–26. DOI: 10.1179/174963109X400646.

De Cupere, B. 2001. *Animals at Ancient Sagalassos: Evidence of the Faunal Remains.* Turnhout, Belgium: Brepols.

De Cupere, B., et al. 2005. "Ancient breeds of domestic fowl (*Gallus gallus* f. domestica) distinguished on the basis of traditional observations combined with mixture analysis." *Journal of Archaeological Science* 32: 1587–1597. DOI: 10.1016/j.jas.2005.04.015.

Degryse, P., et al. 2004. "Statistical treatment of trace element data from modern and ancient animal bone: Evaluation of Roman and Byzantine environmental pollution." *Analytical Letters* 37: 2819–2834. DOI: 10.1081/AL-200032082.

Dietler, M., and B. Hayden, eds. 2001. *Feasts: Archaeological and Ethnographic Perspectives on Food, Politics, and Power.* Washington, D.C.: Smithsonian Institution Press.

Dobney, K., and A. Ervynck. 1998. "A protocol for recording linear enamel hypoplasia on archaeological pig teeth." *International Journal of Osteoarchaeology* 8: 263–273. DOI: 10.1002/oa.2227.

Docter, R. F., et al. 2004. "Radiocarbon dates of animal bones in the earliest levels of Carthage." *Mediterranea* 1: 557-577.

Dufour, E., et al. 2007. "Oxygen and strontium isotopes as provenance indicators of fish at archaeological sites: the case study of Sagalassos, SW Turkey." *Journal of Archaeological Science* 34: 1226-1239. DOI: 10.1016/j.jas.2006.10.014.

Ekroth, G. 2014. "Animal sacrifice in antiquity." In *The Oxford Handbook of Animals in Classical Thought and Life*, ed. J. L. Campbell. Oxford: Oxford University Press, 324-354.

Ekroth, G. 2017. "Bare bones: osteology and Greek sacrificial ritual." In *Animal Sacrifice in the Ancient Greek World*, eds. S. Hitch and I. Rutherford. Cambridge: Cambridge University Press.

Fernández Rodríguez, C. 2003. *Ganadería, caza y animals de compañia en la Galicia Romana: Estudio arqueozoológico*. Coruña: Museo Arqueolóxico e Histórico.

Forbes, H. 2012. "Lost souls: Ethnographic observations on manuring practices in a Mediterranean community." In *Manure Matters: Historical, Archaeological and Ethnographic Perspectives*, ed. R. Jones. Burlington, Vermont: Ashgate, 159-172.

Fraser, R. A. et al. 2011. "Manuring and stable nitrogen isotope ratios in cereals and pulses: Towards a new archaeobotanical approach to the inference of land use and dietary practices." *Journal of Archaeological Science* 38: 2790-2804. DOI: 10.1016/j.jas.2011.06.024.

Groot, M. 2005. "Palaeopathological evidence for draught cattle on a Roman site in the Netherlands." In *Diet and Health in Past Animal Populations*, eds. J. Davies et al. Oxford: Oxbow, 52-57.

Halstead, P. 1996. "Pastoralism or household herding? Problems of scale and specialization in early Greek animal husbandry." *World Archaeology* 28: 20-42.

Hammond, C., and T. O'Connor. 2013. "Pig diet in medieval York: Carbon and nitrogen stable isotopes." *Archaeological and Anthropological Sciences* 5: 123-127. DOI: 10.1007/s12520-013-0123-x.

Henton, E. 2010. "Herd Management and the Social Role of Herding at Neolithic Çatalhöyük: An Investigation Using Oxygen Isotope and Dental Microwear Evidence in Sheep." PhD dissertation, University College London, England.

Hesse, B., and P. Wapnish. 1985. *Animal Bone Archaeology: From Objectives to Analysis*. Washington, DC: Taraxacum.

Hincak, Z., Mihelic, D., and A. Bugar. 2007. "Cremated human and animal remains of the Roman period—microscopic method of analysis." *Collegium Antropologicum* 31: 1127-1134.

Holt, E., and S. Palazzo. 2013. "The role of rodents in the disease ecology of the Roman city." *Archaeological Review from Cambridge* 28 (2): 132-154.

Jashemski, W. F., and F. G. Meyer, eds. 2002. *The Natural History of Pompeii*. Cambridge: Cambridge University Press.

Kierdorf, H., J. Zeiler, and U. Kierdorf. 2006. "Problems and Pitfalls in the diagnosis of linear enamel hypoplasia in cheek teeth of cattle." *Journal of Archaeological Science* 33: 1690-1695. DOI: 10.1016/j.jas.2006.03.001.

King, A. C. 1978. "A comparative study of bone assemblages from Roman sites in Britain." *Bulletin of the Institute of Archaeology (University of London)* 15: 205-232.

King, A. C. 1984. "Animal bones and the dietary identity of military and civilian groups in Roman Britain, Germany and Gaul." In *Military and Civilian in Roman Britain*, eds. Blagg, T. F.C., and A. C. King. Oxford: Archaeopress, 187-217.

King, A. C. 1999. "Diet in the Roman world: A regional inter-site comparison of the mammal bones." *Journal of Roman Archaeology* 12: 168-202. DOI: 10.1017/S1047759400017979.

King, A. C. 2002. "Mammals: Evidence from wall paintings, sculpture, mosaics, faunal remains, and ancient literary sources." In *The Natural History of Pompeii*, eds. W. F. Jashemski and F. G. Meyer. Cambridge: Cambridge University Press, 401-450.

King, A. C. 2005. "Animal remains from temples in Roman Britain." *Britannia* 36: 329-369. DOI: 10.3815/000000005784016964.

Larsen, G., et al. 2007. "Ancient DNA, pig domestication, and the spread of the Neolithic into Europe." *Proceedings of the National Academy of Sciences of the United States of America* 104 (39): 15276-15281. DOI: 10.1073/pnas.0703411104.

Lauwerier, R. C. G. M. 1988. *Animals in Roman Times in the Dutch Eastern River Area*. Amersfoot: Rijksdienst voor het Oudheidkundig Bodemonderzoek.

Lemak, J. 2006. "Pastoralism in the Roman Empire: A Comparative Approach." PhD dissertation, State University of New York at Buffalo.

Lepetz, S. 1996. *L'animal dans la société Gallo-Romaine de la France du Nord*. Amiens: Revue Archéologique de Picardie.

Lieberman, D. E. 1994. "The biological basis for seasonal increments in dental cementum and their application to archaeological research." *Journal of Archaeological Science* 21: 525-539. DOI: 10.1006/jasc.1994.1052.

Lira, J., et al. 2010. "Ancient DNA reveals traces of Iberian Neolithic and Bronze Age lineages in modern Iberian horses." *Molecular Ecology* 19 (1): 64-78. DOI: 0.1111/j.1365-294X.2009.04430.x.

Luff, R. 1982. *A Zooarchaeological Study of the Roman North-Western Provinces*. Oxford: Archaeopress.

Lyman, D. 1994. *Vertebrate Taphonomy*. Cambridge: Cambridge University Press.

MacKinnon, M. 2001. "High on the hog: Linking zooarchaeological, literary and artistic data for pig breeds in Roman Italy." *American Journal of Archaeology* 105: 649-673. DOI: 10.2307/507411.

MacKinnon, M. 2002. *The Excavations of San Giovanni di Ruoti 3. The Faunal and Plant Remains*. Toronto: University of Toronto Press.

MacKinnon, M. 2004. *Production and Consumption of Animals in Roman Italy: Integrating the Zooarchaeological and Textual Evidence*. Portsmouth, RI: Journal of Roman Archaeology.

MacKinnon, M. 2007. "State of the discipline: osteological research in classical archaeology." *American Journal of Archaeology* 111: 473-504. DOI: 10.3764/aja.111.3.473.

MacKinnon, M. 2010. "Cattle 'breed' variation and improvement in Roman Italy: Connecting the zooarchaeological and ancient textual evidence." *World Archaeology* 42 (1): 55-73. DOI: 10.1080/00438240903429730.

MacKinnon, M. 2013. "'Side' matters: animal offerings at ancient Nemea, Greece." In *Bones, Behaviours, and Belief: The Osteological Evidence as Source of Greek Ritual Practice*, eds. G. Ekroth, and J. Wallensten. Athens: Swedish Institute Athens, 125-143.

MacKinnon, M. 2014. "Animals, economic and culture in the Athenian Agora: Comparative zooarchaeological investigations." *Hesperia* 83 (3): 189-255. DOI: 10.2972/hesperia.83.2.0189.

MacKinnon, M. 2015 "Changes in animal husbandry as a consequence of changing social and economic patterns: Zooarchaeological evidence from the Roman Mediterranean context." In *Ownership and Exploitation of Land and Natural Resources in the Roman World*, eds. P. Erdkamp, K. Verboven, and A. Zuiderhoek. Oxford: Oxford University Press, 249-276.

MacKinnon, M. 2017. "Animals, acculturation and colonization in ancient and Islamic North Africa." In *The Oxford Handbook of Zooarchaeology*, eds. U. Albarella et al. Oxford: Oxford University Press, 466-478.

Mainland, I. 2006. "Pasture lost? A dental microwear study of ovicaprine diet and management in Norse Greenland." *Journal of Archaeological Science* 33: 238–252. DOI: 10.1016/j.jas.2005.07.013.

Mainland, I., and P. Halstead. 2002. "The diet and management of domestic sheep and goats at Neolithic Makriyalos." In *Diet and Health in Past Animal Populations*, eds. J. Davies et al. Oxford: Oxbow, 104–112.

Masseti, M. 2003. "Holocene endemic and non-endemic mammals of the Aegean islands." In *Zooarchaeology in Greece: Recent Advances*, eds. E. Kotjabopoulou et al. London: British School at Athens Studies 9, 53–64.

Masseti, M., U. Albarella, and J. De Grossi Mazzorin. 2010. "The Crested Porcupine, *Hystrix cristata* L., 1758, in Italy." *Anthropozoologica* 45 (2): 27–42. DOI: 0.5252/az2010n2a2.

Matisoo-Smith, E., and K. A. Horsburgh. 2012. *DNA for Archaeologists*. Walnut Creek CA: Left Coast Press.

McCormick, M. 2003. "Rats, communications, and plague: Towards an ecological history." *Journal of Interdisciplinary History* 34: 1–25. DOI: 10.1162/002219503322645439.

McGovern, P. E. 1995. "Science in archaeology: A review." *American Journal of Archaeology* 99: 79–142. DOI: 10.2307/506880.

Mylona, D. 2008. *Fish-Eating in Greece from the Fifth Century B.C. to the Seventh Century A.D.* Oxford: Archaeopress.

Newman, M. E., et al. 2002. "Identification of archaeological animal bone by PCR/DNA analysis." *Journal of Archaeological Science* 29: 77–84. DOI: 10.1006/jasc.2001.0688.

O'Connor, T. 2003. *The Archaeology of Animals Bones*. Stroud: Sutton.

Owen, J., et al. 2014. "The zooarchaeological application of quantifying cranial shape differences in wild boar and domestic pigs (*Sus scrofa*) using 3D geometric morphometrics." *Journal of Archaeological Science* 43: 159–167. DOI: 10.1016/j.jas.2013.12.010.

Papayiannis, K. 2012. "The micromammals of Minoan Crete: Human intervention in the ecosystem of the island." *Paleobiology and Palaeoenvironment* 92: 239–248. DOI: 10.1007/s12549-012-0081-9.

Pearson, J. A., et al. 2007. "New light on early caprine herding strategies from isotope analysis: A case study from Neolithic Anatolia." *Journal of Archaeological Science* 34: 2170–2179. DOI: 10.1016/j.jas.2007.09.001.

Peters, J. 1998. *Römische Tierhaltung und Tierzucht: Eine Synthese aud archäozoologischer Untersuchung und schriftlich-bildicher Überlieferung*. Rahden: Marie Leidorf.

Reese, D. 1987. "A bone assemblage at Corinth of the second century after Christ." *Hesperia* 56 (3): 255–274.

Reitz, E., and E. Wing. 1999. *Zooarchaeology*. Cambridge: Cambridge University Press.

Seetah, K. 2006. "Multidisciplinary approach to Romano-British cattle butchery." In *Integrating Zooarchaeology*, ed. M. Maltby. Oxford: Oxbow, 109–116.

Solounias, N., and L. A. Hayek. 1993. "New methods of tooth microwear analysis and application to dietary determination of extinct antelopes." *Journal of Zoology, London* 229: 421–445. DOI: 10.1111/j.1469-7998.1993.tb02646.x.

Sykes, N. J., et al. 2006. "Tracking animals using strontium isotopes and teeth: The role of fallow deer (*Dama dama*) in Roman Britain." *Antiquity* 80: 948–959. DOI: 10.1017/S0003598X00094539.

Towers, J., et al. 2011. "A calf for all seasons? The potential of stable isotope analysis to investigate prehistoric husbandry practices." *Journal of Archaeological Science* 38: 1858–1868. DOI: 0.1016/j.jas.2011.03.030.

Trantalidou, K. 2000. "Animal bones and animal representations at Late Bronze Age Akrotiri." In *The Wall Paintings of Thera*. Vol. 2, ed. S. Sherratt. Athens: The Thera Foundation, 709–735.

Ubelaker, D. H., and J. L. Rife. 2007. "The practice of cremation in the Roman-era cemetery at Kenchreai, Greece: the perspective from archaeology and forensic science." *Bioarchaeology of the Near East* 1: 35–57.

Upex, B., and K. Dobney. 2012. "More than just mad cows: Exploring human-animal relationships through animal paleopathology." In *A Companion to Paleopathology*, ed. A. L. Grauer. Chichester: Blackwell, 191–213. DOI: 10.1002/9781444345940.ch11.

Upex, B., et al. 2014. "Protocol for recording enamel hypoplasia in modern and archaeological caprine populations." *International Journal of Osteoarchaeology* 24: 79–84. DOI: 10.1002/oa.2227.

Van der Plicht, J., H. J. Bruins, and A. J. Nijboer. 2009. "The Iron Age around the Mediterranean: A high chronology perspective from the Groningen radiocarbon database." *Radiocarbon* 51 (1): 213–242. DOI: 10.1017/S0033822200033786.

Van Neer, W., and B. De Cupere. 2013. "Two decennia of faunal analysis at Sagalassos." In *Exempli Gratia: Sagalassos, Marc Waelkens and Interdisciplinary Archaeology*, ed. J. Poblome. Leuven: Leuven University Press, 51–58. DOI: 10.2143/AS.27.0.632400.

Vanpoucke, S., B. De Cupere, and M. Waekens. 2007. "Economic and ecological reconstruction at the Classical site of Sagalassos, Turkey, using pig teeth." In *Pigs and Humans, 10,000 Years of Interaction*, eds. U. Albarella et al. Oxford: Oxford University Press, 269–282.

Vanpoucke, S., et al. 2009. "Dental microwear study of pigs from the classical sites of Sagalassos (SW Turkey) as an aid for the reconstruction of husbandry practices in ancient times." *Environmental Archaeology* 14: 137–154. DOI: 10.1179/146141009X124817099 28328.

Wilkie, T., et al. 2007. "A dental microwear study of pig diet and management in Iron Age, Roman-British, Anglo-Scandinavian, and Medieval contexts in England." In *Pigs and Humans, 10,000 Years of Interaction*, eds. U. Albarella et al. Oxford: Oxford University Press, 241–254.

Williams, C. K. 2013. "Corinth, 2011: Investigation of the west hall of the theatre." *Hesperia* 82 (3): 487–549. DOI: 10.2972/hesperia.82.3.0487.

Yannouli, E., and K. Trantalidou. 1999. "The Fallow Deer (*Dama dama* Linnaeus, 1758): Archaeological presence and representation in Greece." In *The Holocene History of the European Vertebrate Fauna: Modern Aspects of Research*, ed. N. Benecke. Rahden/Westf: Verlag Marie Leidorf GmbH, 247–282.

Zeder, M. 1978. "Differentiation between the bones of caprines from different ecosystems in Iran by the analysis of osteological microstructure and chemical composition." In *Approaches to Faunal Analysis in the Middle East*, eds. R. H. Meadow, and M. Zeder. Cambridge, MA: Peabody Museum, 69–84.

第四篇 骨骼、牙齿与历史

亚历山德拉·斯佩尔杜蒂、卢卡·邦迪奥利、

奥利弗·E.克雷格、特蕾西·普劳斯、彼得·加恩西

引言

人类的骨骼和牙齿是生物人类学家最主要的数据库，却并未引起古代历史学家的兴趣。能够解释这种差别的事实首先是，作为政治活动、政治制度、政治思想、政府、法律、宗教、战争的信息来源，简而言之，就是古代历史学家的传统关注，人类骨骼遗骸并不具备显而易见的相关性。其次要考虑的因素是，生物人类学扎根于史前时期，其专业人员以探索人类起源为主要任务。就我们当下的目的而言相当幸运的是，一些人类学家主动进入了历史时期，包括希腊和罗马的古典世界。举例来说，位于罗马的"路易吉·皮戈里尼"史前与民族志国家博物馆的生物考古学实验室收藏了来自伊索拉萨克拉的骨架，那是位于古典罗马时期的港口城镇波图斯（Portus）的一处墓地。在过去大约三十年里，通过对这一大型样本的研究，形成了一系列文章与专题论文。与此同时，古代历史学家对社会、经济和文化史表现出越来越大的兴趣，并流露出新的意愿去接触自然科学与社会科学中的其他学科。因此，历史学家和人类学家之间开展卓有成效的交流的时机似乎已经成熟。具体而言，医疗卫生和死亡率、生育率、流动性等人口数据有望成为建设性对话与合作研究的领域。初步的接触已经开始，虽然并不是总能取得满意的效果。

124 　　历史学家面临的挑战是提供情境化的研究，将科学分析的结果置于历史背景当中，并在充分意识到其他证据局限性的同时提供这些证据。关于健康与幸福的核心问题——罗马人的健康状况如何？——人类学证据似乎比传统来源的材料具有明显的优势。对健康状况的探究不可避免地要从日常饮食开始。在过往的社会里，人们一般吃什么、吃多少，至少在十九世纪之前，这些问题实际上是无法从传统来源获得解答的。这是因为从传统来源的有关食物和饮食的材料中无法获得定量的数据。然而，缺少这方面数据，任何关于食物消费的历史叙述充其量只能给人一个大致的印象。当然，人们可以从以文学和考古为主的各种来源中获得一份清单，列出从前某一特定社会的居民大体上可以获得和利用的食物。其针对的通常是上流社会的成员，因为证据对这些人有所偏向，而这在罗马社会已经实现。[1]这样的目录并非无人感兴趣，也不是没有用处，但研究食物的历史学家应该拥有更大的野心，并且要准备好问询任何特定人群的饮食中有哪些不同的来源以及各占多大比例，包括特定社会中代表普罗大众的而不仅是精英群体的情况。这一领域取得进展的最大希望在于对人类骨骼遗骸开展科学分析，仅此一项就提供了具有数量和质量意义的，而且是跨阶级的数据。特别是，通过对碳和氮的稳定同位素分析，我们可以着手重建累积饮食，也就是说，个体在生命最后十年中的饮食。历史学家了解了稳定同位素分析以后，几乎没有人会对这种方法持怀疑态度或低估其潜力。

　　与此同时，许多历史学家已经显露出这样一种趋势：从对一个人日常饮食的判断发展到对其健康状况做出通常比较乐观的结论。在这么做的时候，他们并没有考虑到疾病的因素。日常饮食和营养成分与身体健康或营养状况不是一回事。营养状况等于营养减去疾病及劳作造成的负面影响。暴露于地方性或偶发性的疾病，甚至会抵消掉最好的饮食。在赫库兰尼姆一处公寓街区的居民所消费食物的范围和种类令人印象深刻，正如其下水道的内容物所揭示的那样，虽然我们有充分的理由对此热情满满，但我们不应忘记，在任何关乎健康的判断中，还有其他变量也在发挥作用。具体到这个问题上，历史学家和人类学家的合作能够带来重大成果。历史学家的袖子里藏着两张大牌：历史人口学和铭文学。历史人口学家的一个主题是城市化集聚对健康的负面影响，尤其是在前科学社会中，历史人口学家的关注焦点不可避免地集中在早期现代和现代历史时期。人们首先想到的当然是古罗马本土及其周边地区，但还有那不勒斯湾（Bay of Naples）这个重要的人口中心。在赫库兰尼姆，或许有 4000 人密集地簇拥在 20 公顷左右的空间里，每公顷大约 250 人。婴儿的高死亡率意味着出生时的预期寿命较低——只有 20 多岁，甚至低于 20 岁——可以据此假定罗马帝国早期的意大利中部各个城市也如是，而且其他条件都相同。巧合的是，有一段引人注意的铭文（大量残片幸存），我们据此可以推测，赫库兰尼姆这个镇的人口能维持在一个稳定的水平，不是因为现有居民的自然繁殖，而是因为奴隶被强迫迁入，其中有很大一部分是被解放后的自由人口。我们现在期待着人类学家通过他们已经开发和正在开发的各种最先进的技术，包括牙科组织学的应用，来绘制赫库兰尼姆的发病率和死亡率（实际上还包括地理流动性），提供一幅生命周期的最危险阶段，也就是婴儿早期所经受的生存压力的高分辨率地图。

在一个与健康相关的特定领域，历史学家的行动太快、太

125

迅速，而进展太少。一些对健康和营养开始感兴趣的经济历史学家正在寻找骨骼证据来支持他们的论点，即早期罗马帝国见证了巨大的经济增长。具体来说，有人断言，罗马人比十九世纪和二十世纪初的大多数欧洲人都享有更好的健康和营养，这反映在他们的身材上。总的来讲，在健康状况和经济发展之间建立联系不太可能是一个简单的过程。[2]尤其是关于身高，可以一致认为（就像历史人口学家早已熟悉的），身高（如果知道的话，还包括体重）是健康和营养状况的重要指标（请见第五篇）。问题是，从人类学文献中得出的身高数字是通过自长骨测量值的回归分析得出的估算值。而人类学家使用了各种各样的回归公式，而对于哪一种最恰当尚未达成共识。更糟糕的是，许多人类学家在他们的出版物中并没有提供长骨长度的原始数据，甚至略去了他们所应用的回归公式。

这向我们表明这样一个事实：历史学家想建设性地利用人类学家的工作成果并非易事。如果历史学家对人类学提供的机会视而不见，那么人类学家也不会有兴趣为历史学家提供帮助。他们一直专注于飞速进化的本学科内部的发展，而这一领域在每一个关键点都充满了争议。很快就会出现的情况是，线索被认定为错误，在方法中发现不足，最好的推进方式也存在争议。

如上所述，骨头和牙齿是古代人口历史重建的重要信息来源，这一观点近年来逐渐为考古学家和历史学家所接受。与此同时，人类学家如今开始意识到，对过去人口的生物文化适应和生活方式的重建，依赖于包含生物、生态、历史和考古证据在内的综合分析，而这些证据汇集在各学科研究人员的通力合作之中。[3]更确切地说，社会制度、生存策略和丧葬仪式——以及它们在生物考古学记录中得以具体化的方式——代表了当前人类学研究的主要焦点。然而，数据的提取和解读并非简单而直接的过程：死者群体很少能反映生者群体，[4]而更多是那些并不总能量化的文化、环境和生物现象相互作用的结果。

事实上，自从两篇主要的、现在已相当著名的文章发表以来，在过去三十年间，根据骨骼群体进行的生物文化重建的质量和可靠性在人类学家之间承受了很多争议。这两篇文章对下述假设提出了严峻的挑战，即一种良好的基本骨骼生理学有能力重新构建出古代人口特征概况，并细致地描述古代社会的生活条件。[5]自从这些论文发表以来，开始了新一代的研究，主要集中于对理论和方法问题的批判性重新评价，而且我们如今可以利用骨骼人类学中越来越多的相关贡献，认识到基本的问题与隐患，同时指出新的和更有希望的分析与解读方式。

人类学在墓地环境中的任何介入，如果有助于和考古学家与历史学家进行整体性的合作研究，则应当针对被埋葬的个体提出如下基本问题：他们是谁？他们的生理状况如何？他们从事什么职业？他们吃了什么？他们来自哪里？

他们是谁？基本要素：性别、年龄与古人口学

针对骨头与牙齿进行的人类学分析，无论是简单的，还是复杂且基于先进调查技术的，都不能够忽视两种基本数据，即被检验者的性别和死亡年龄。与此同时，如果是为了具备人口统计学意义，任何重建都必须从整体上考虑正在审查的整套骨骼遗骸的人口特征概况。正是出于这个原因，从一开始，骨骼研究中的很大一部分就是致力于如何对性别和死亡年龄做出最

127

佳的判断，以及如何根据个体数据构建一幅人口特征的清晰图景。

性别的确定

至于从骨头和牙齿遗骸中确定性别，根据对已确定性别和年龄的骨骼序列进行的检验，骨架的每一个单独部分都经过了针对性别二态性的计算及其在性别确定中的潜在应用的分析。文献中提出并发表了许多形态学和计量学的标准，同时还有主要涉及颅骨和髋骨的几何形态计量学的详尽阐述。[6]此外，对从古代骨骼中提取的 DNA 进行分离、扩增和测序的可能性越发现实，这为我们提供了一种额外的判断工具，尽管其中涉及的时间与费用意味着它是一种难以大规模实施的步骤。

有一些与性别确定相关的基本问题。首先就是形态学标准，是通常采用的颅骨和髋骨这样整块的骨头，还是它们的一部分？同时，由于是在视觉评分的基础上进行判定，就要求观察者接受过专门的训练，其结果也容易受到主观判断的影响，从而破坏观察者内部和观察者之间的可复制性。[7]测量标准具有一定的优势，因为它们甚至能适用于高度碎片化状态的个体，如骨骼经过焚烧的情形；而且，它们具有客观性，且受到严格的界定。[8]尽管如此，它们往往也有相当高的概率会出现错误分类，并且严重依赖于遗传背景，更不用说还有受检人群的生活条件。大量研究已经表明，在应用于一个不同来源的骨骼序列时，从已知性别人群中得出的测量学和形态学标准并非同样可靠。[9]

然而，骨骼性别判断仍然可以达到非常高的一致性，从单独颅骨的 90%，到单独骨盆的 95%，再到两者结合时都能达到的，或者单独骨盆的 98%。[10]最近的一项研究在颅后测量变量上显示出相似的数值，无论是作为长骨骨骺宽度单一测量，还是应用于多元函数当中。[11]根据特定骨骼的三维模型计算体积和面积，在性别判断中获得了很高的可靠性。[12]可是，这一程序不能在考古环境中经常使用，因为它要求骨骼完好无损。

亚成年个体在骨骼上的二态性常常得到定量和定性的描述。即便如此，还几乎没有人试图为亚成年人的性别判定制定标准。[13]从本质上讲，人们的注意力已经集中于根据初级和次级牙列的尺寸变化，以及骨盆和下颌骨的形态学特征制定判断标准。尽管在此学科上付出了努力，但现在的普遍共识还是无法根据骨骼形态学确定青春期前的性别。唯一切实可行的选择是古代 DNA 分析。事实证明，在为古罗马社会的弃婴提供更好的案例和行为模式解释方面，这一方法特别有效。[14]

死亡年龄的确定

根据骨头和牙齿判定死亡年龄是骨骼生理学中得到最多研究的，也是最有争议性的话题。为确定死亡年龄而寻找最佳和最值得信赖的牙齿骨骼特征，并不断加以验证，这可以追溯到十九世纪中叶。值得认真考虑的是，年龄标记应满足以下标准：与实际年龄具有很强的相关性，渐进的、明确的、可识别的老化模式，在生命延续的时间范围内持续地变化，广泛的适用性，没有或几乎没有病理、营养、工作负荷等环境因素的影响。[15]

为婴儿和青少年个体制定的若干老化标准在最大程度上取决于牙齿和骨骼的生长发育阶段，前者包括形成和萌出阶段，后者则包括骨端融合、一般尺寸和特定尺寸。[16]对于成人骨架，需要考虑的指标主要与骨骼特定部分的发育后过程有关，主要是磨损和生理性退化。常规采用肉眼观察的形态学技术，然后应用放射学技术和组织学观察。[17]由于不同人群的生长与成熟过程比退化现象更加规律和稳定，所以和成人相比，更容易准确地判断出婴儿和亚成人死亡时的年龄。[18]

尽管在这一研究领域已经开展了海量的工作，但人们普遍意识到，日常应用的标准可能无法确保高度精准地达成接近实际年龄的结果。[19]判断死亡年龄时所固有的、难以控制的误差，一个主要的来源是实际年龄和生物学年龄之间的分离，[20]关键在于生物学年龄受到遗传背景和环境因素的影响，如身体活动的类型与水平、总体健康状况、营养水平、可能改变骨骼与牙齿老化速度的某些疾病。经验表明，骨骼的成熟和老化的进程在一个人的不同解剖区域之间并非恒定的、规则的或均匀的，[21]而且在个体和群体之间也可能存在显著差异。此外，体形大小也会影响死亡年龄的确定，并导致错误的分类。[22]

第二个困难与参考系列有关：从已知性别和年龄的现代人群中得出的标准在多大程度上适用于来自不同地理区域和年代背景的骨骼样本？这个问题已经被一次又一次地反复研究，结果却各不相同。[23]

第三个问题是由博克特-阿佩尔（Bocquet-Appel）和马塞（Masset）在一篇著名论文中首次提出的。他们认为，根据骨骼判断死亡年龄往往是模仿评估标准所依据的标准样本的年龄分布，继而得出的死亡率表仅仅是"随机波动"的，且反映了"错误的方法"。[24]他们这篇论文的价值在于发起了新一代的研究，主要聚焦对理论和方法两方面问题的批判性重新评价。[25]

从单一性状向多性状评价过程的转变，部分地克服了参考样本的影响问题。[26]根据骨骼确定死亡年龄的多因子标准化程序包括"联合"方法、概括年龄法和转移分析法。[27]上述这些方法已经在一定程度上取得了某些成功，但是应当承认，由于骨骼保存得不完整，这些方法没有得到常规使用或具备常规可用性。总的来说，该领域的研究存在着研究人员之间和实验室之间在选择老化技术和年龄分类定义方面的不一致性。[28]除此之外，研究人员在个人经验水平上也存在着差异，我们可以从中发现为什么结果会存在分歧。[29]梅普尔斯（Maples）的断言犹在耳边：确定年龄的过程是"一种艺术，而不是一门精确的科学"。[30]如何应对这个问题呢？至少，我们应该继续探索并验证年龄指标，[31]以期通过对方法进行不断的核查和标准化，并寻找可量化的老龄化过程，使我们的分析更加科学化，更少主观性。[32]

确定婴儿死亡年龄本身就是一个专门领域。年龄的判断主要基于主要和次要牙系的发育和萌出，遵循着对现代人群的放射学调查得出的一些标准。[33]如果这种判断还不够完善，那是因为牙齿形成模式中所固有的个体差异。近年来，牙釉质和牙本质组织学的发展为评估婴儿死亡年龄提供了一种更精确的方法，计算从出生到形成不完整乳牙的时间。[34]牙釉质是一种高度矿化的组织，由通过复杂过程形成的羟基磷灰石晶体构成，这一成釉过程在所谓的分泌阶段有节奏地沉积蛋白质基质，它在第二阶段（即成熟阶段）变为成熟的釉质。该过程在牙釉质微观结构内留下了清晰的痕迹，即釉质晶体每日形成的横纹和跨越牙釉质厚度的被称作雷济厄斯氏生长线（Retzius lines）的条带，它们对应的是每一个体 6~11 天的固定时间间隔。此

130

外，当釉质的形成受到应激因素的干扰时，雷济厄斯氏生长线变得突出，也就是更加明显。第一条突出的雷济厄斯氏生长线在出生时形成。从子宫内环境到宫外环境的过渡在乳牙和第一恒磨牙上留下标记，作为一个突出的釉质递增环，称为新生线（neonatal line，简称 NL）。[35]出生时，所有乳牙都已存在，并且通常第一磨牙已经处在形成过程中。因此，可以通过计算从出生到死亡期间的发育过程中牙冠上的时间标记来确定婴儿的死亡年龄。同样，可以判断正在形成的牙根中的牙本质延伸率，并将死亡年龄的判断范围扩展到第一颗恒磨牙形成的最后一刻，也就是九岁半左右。[36]史密斯（Smith）及其合著者对猕猴进行研究后断定，与已知年龄相比，标准组织学技术平均高估3.5%，平均绝对差是 7.2%。[37]于是，与最广泛使用的形态学方法相比，牙科组织学方法可以更精确地判断婴儿的死亡年龄，而特别应当被用于判断死亡率概况和与断奶相关的研究中。

人口学判断

有关从前的人类群体的结构、规模和生物动力学，骨骼资料有可能提供宝贵的信息。与此同时，它们的局限性也得到了充分的认识与争论。[38]除了上文讨论的与确定年龄和性别相关的问题之外，这些资料在其他方面，包括实践上和理论上，也都存在问题。譬如，骨骼材料的部分获取、选择性丧葬实践的影响以及埋葬方式的季节性差异，都是深刻影响样本结构的因素，有可能带来影响人口特征重建的偏差。

伍德（Wood）团队 1992 年的论文具有里程碑的意义，通过添加其他错误来源，对古人口统计学和古病理学重建的有效性提出了质疑。这些来源包括人口的非平稳性、选择性死亡和同年龄组个体死亡风险的不均匀性。事实上，为了计算人口统计学的参数，必须将样本视为具有相同的生育间隔期的一个个群体。因此，参考人口应该是固定的和封闭的，也就是说，它的特点是排除了可能改变死亡率或出生率和增长率的人员流动及生物和（或）文化事件。这些情况在现实生活中很难看到，即便某些学者认为从前的社会比现在更加稳定，[39]但罗马时期的许多城镇肯定不是这样的，历史学、考古学和生物学都证明了奴隶和自由人的大规模迁移潮。[40]

131

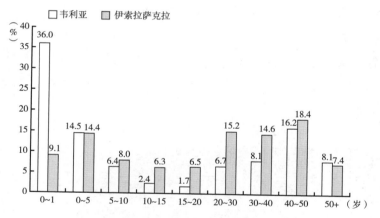

图 4.1　韦利亚海港（公元 1~2 世纪，样本量 297）
　　　　和伊索拉萨克拉（公元 1~3 世纪，样本量 526）的
　　　　死亡年龄的分布范围

迄今任何关于古罗马社会的古人口学研究都很少，而发表于科学期刊上的论文更少。[41]在某些情形下，骨骼序列被证明过于偏颇，无法产生合理的结果——举例来说，卢卡斯费罗尼亚的出现偏差的性别比是 0.79，而且实际上没有 0~1 岁的婴儿，而伊索拉萨克拉的年轻成年男性阶层数量过大。[42]

还有希望吗？

在这种情况中，公元二世纪意大利坎帕尼亚（Campania）的韦利亚是一个明显的例外。在 2003 年至 2006 年的现场勘察中，在城市的南入口，也就是南码头以外，紧邻古代港口的一处大型墓场中挖掘出将近 300 座墓葬。这批墓葬的环境和挖掘发现物表明这处墓场的使用时间是在公元一世纪到二世纪。与伊索拉萨克拉的死亡年龄分布范围的对比（图 4.1）清楚地表明，0~1 岁婴儿在韦利亚的比例超过 30%，整个亚成年子样本几乎达到 60%。韦利亚的人口统计学参数符合第 1 号欧洲西部女性模型。[43] 如图 4.2 所示，韦利亚各年龄段的存活率趋势遵循了理论模型，而伊索拉萨克拉则未遵循。

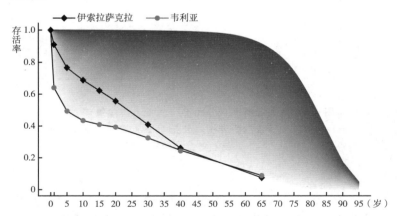

图 4.2　韦利亚的全年龄周期的生存趋势遵循理论模型，而伊索拉萨克拉未遵循。灰色阴影显示出生时平均预期寿命的不同水平，从 20 岁（最浅的颜色）到 80 岁（最深的颜色）

如上所述，墓地样本的年龄和性别结构通常不是生前社区人口参数的可靠指南。尽管如此，此类相同的数据对于发现那些使概况出现偏差的条件非常有用。异常的性别比和对特定年龄段的过低或过高代表性被以各种各样的方式解读为墓葬的选择、奴隶制度、杀婴行为、战争、流行病、移民流动和样本形成的其他动力的结果。[44]至于考古样本中一直普遍缺乏婴儿遗骸，与保存差异的假说相反，刘易斯（Lewis）认为，"不同时期墓葬遗址中婴儿遗骸的缺失可能更多地揭示了他们在社会中的地位，而不是他们'在地下消解'的能力"[45]。

对于罗马世界来说，我们有一个案例可以清楚地说明大规模的自然灾害如何对人口结构产生影响，即公元 79 年的维苏威火山爆发。庞贝城的骨骼资料显示了意料之中的情况，成年男性的死亡比例低于女性和儿童。[46]然而，在赫库兰尼姆这个样本中，性别和年龄分布却是大相径庭的。男性的数量超过女性，非常年轻的个体很少。此外，如果将人口数据和骨骼标本的来源并置一处，我们就会得到一个非常惊人的结果。这些骨架主要是在海滩上和海滩后面的墓穴中发现的。如图 4.3 所示，海滩上以男性为主，但是九个墓穴中，男性在其中的七个里并不占多数。相反，婴儿和大多数青少年与大量女性一起出现在墓穴中。所有这些都暗示了某种社会行为的模式，以及一种特定的逃避策略的实施，后者尚有待于揭示与阐明。另外，在这种情况下，还有一个信息丰富但很复杂的补充因素，即通过铭文学可知，该镇的人口中包含大量曾经的奴隶，以及更多仍是奴隶的人。这难免又引出了进一步的问题，比如海滩样本对全镇人口的代表性如何，还有全镇特殊的人口结构如何影响海滩上和墓穴中的个体分布。[47]

　　总之，我们已经清楚地解释了困扰古人口学的问题。[48]同时，我们坚信年龄和死亡的概况分析是所有人类学研究初始的、基本的和必需的阶段，原因如下。第一，正如韦利亚的案例所表明的那样，有可能发现一个墓地样本，能够满足一个可靠的死亡率概况的大多数要求。第二，与预期标准之间存在的这种偏差似乎破坏了古人口学判断的可信度，尤其是特定类别的代表性过低或过高。这些偏差可以作为有关特定事件和社会行为模式的十分有用的信息来源，正是这些社会行为在特定样本中造成了偏差。第三，如果不能至少从性别比和总体年龄分布的角度来描述一处墓地样本，我们就无法继续考虑与相应人群有关的其他资料，尤其是密切关乎个人性别和年龄的数据，如工作行为的骨骼标记、特定和非特定的健康指标、病理变化和日常饮食。

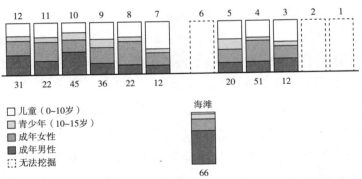

图 4.3　赫库兰尼姆遗址中按照性别和死亡年龄划分的空间分布

他们还好吗？

　　学者们一直在收集罗马时期的古病理学数据，并将其与考古的和书面来源的证据相结合，目的就是帮助了解，第一，疾病的起源、传播和演变；第二，与疾病的出现和扩散相关的流行病学特征，主要关于性别、年龄、社会地位、饮食、发育、死亡率和职业等；第三，治疗这些疾病的医学知识和技能。关于这最后一项，最显著的外科专业证据是一个最古老的截肢病例，包括这一个体的康复及存活。[49]

研究人员还发表了流行病学的研究成果，包含对大量罗马时代样本的骨骼健康标记的系统调查，[50]而其他研究人员则试图追踪不同历史时期之间，[51]或罗马与帝国边缘之间的健康状况差异。[52]某些研究侧重于选定的问题，例如非特定代谢压力标记的出现。[53]还有一些人研究饮食与健康或者一生中骨质减少或骨质疏松过程的相关性。[54]

许多学术论文提供了罕见的病理状况的描述和诊断。额骨内板增生症、垂体巨人症和侏儒症之类的内分泌疾病见于罗马时代各个不同的骨骼系列中。[55]有关特定传染病的一些资料也得到收集。鲁比尼（Rubini）团队从两具显示出一些麻风病骨质变化迹象的骨骼中分离出麻风分枝杆菌（*Mycobacterium leprae*）的 DNA。[56]在赫库兰尼姆和一座公元一世纪的罗马墓地中找到了肺结核的证据。[57]在代谢性疾病中，描述了一例坏血病和一例佝偻病。[58]在公元前一世纪到公元三世纪的罗马科拉蒂纳（Collatina）墓地，发现了一例强直性脊柱炎和一例痛风。[59]这些论文提供了医疗史和疾病史领域的宝贵信息，[60]但对于了解古罗马人的整体健康状况贡献甚微。现在人们承认，对于从前社会的居民适应环境资源与限制的标志的健康和身体状况，历史学家和人类学家有着十分广泛的研究兴趣。此类研究的另一个好处是，它可以为过去的医疗知识、社会组织和资源分配提出有益的见解。

几乎不需要强调的是，必须将临床、历史和古环境证据结合在一起并注意它们相互之间的影响，只有在这样的框架内进行讨论，骨骼资料才有意义。举例来说，了解古代寄生虫在多大程度上影响了居住区的分布、生产活动、社会经济水平和古代人口数据趋势是很有意义的。[61]

135

通过对骨头和牙齿的肉眼观察、放射学和显微分析，过去的几代人在发现、描述和量化疾病，并将疾病置于其时间背景方面做了古病理学调查方面有益的基础工作。[62]同样，骨骼与组织病理学和生物分子证据的整合对于在自然科学领域进一步取得重大进展至关重要。[63]古代 DNA 的发现和测序技术的改进目前正在人类遗传病和包括梅毒螺旋体（*Treponema pallidum*）、布鲁氏杆菌（*Brucella*）和结核分枝杆菌（*Mycobacterium tuberculosis*）在内的古代病原体感染方面提供有趣的结果。[64]对病原体的兴趣还集中在它们与人类宿主互动的进化轨迹上。[65]除 DNA 外，血红蛋白、人类白细胞抗原、疟色素等其他生物分子也提供了进一步的诊断方法。针对古代的分子研究不限于牙齿和骨骼，甚至还将牙垢和粪化石纳入其资料来源。[66]

此外，该领域已经从对个别病例的描述性研究转向应用于整个人群的多学科方法，将来自组织学、解剖学、微生物学、生理学、生物化学、医学、考古学、历史学和生态学的证据加以整理。与此同时，为了解决数据评估和解读方面的局限性，人们已经付出了巨大努力去验证新的研究方法。[67]

作为技术创新与综合方法如何提供有益结果的一个例子是，从古代的骨骼中鉴别出疟疾寄生虫病，这是关于罗马时期的一个特别令人感兴趣的题目。传统的判断方法——对筛状眶（*cribra orbitalia*）和多孔性骨肥厚的骨表现形式进行大体检查——未能提供具体可靠的证据,[68]主要是因为这些症状实际上可能与其他种类的寄生虫、营养不良或遗传性溶血性贫血造成的几种不同疾病有关。[69]与此同时,古代 DNA 测序提供了一些有限的成果。[70]最后,在骨骼材料上测试了一种更快、更便宜的诊断方法,以确定和疟疾感染相关的生物分子。疟色素是疟原虫的一种分解代谢产物,目前它确实作为疟疾的生物标记被应用于临床研究。[71]最近,在一具罗马时代晚期儿童样本的海绵状骨组织上,用荧光显微镜技术发现了这种生物分子,[72]确认了之前通过分离恶性疟原虫（*Plasmodium falciparum*）DNA 获得的疟疾诊断结果。[73]

然而,也应当承认和解决古病理学分析中存在的一些方法缺陷和理论局限。

问题一:诊断和病因。对古病理学研究提供信息的潜力构成限制的第一个因素是,只有有限数量的疾病真正表现在骨头与牙齿上。此外,正如多名作者所强调的,在骨骼样本中,未受感染的个体实际上可能代表人群中感染最严重的群体,因为他们可能包括了那些在疾病能够在骨骼上留下永久标记之前便于短时间内死亡的人。对于以感染和流行病为主的具体病症,分子数据可以做出决定性的贡献。从集体墓葬这种特定的沉积环境中的骨骼系列检测到了鼠疫杆菌,[74]以及其他病原体的存在,其特点是在人口特征上存在偏差,但没有出现任何总体的病理学变化。[75]即使应用了这些技术,也可能出现假阴性,也就是说疾病存在,但是检测未能发现。

第二,骨组织对各种各样病痛的反应非常均质化,这就造成了差别诊断的复杂化,甚至无法进行。例如,肋骨朝向内脏一面的损伤通常与肺结核有关,[76]但这种联系并非十分普遍,[77]

136

佝偻病等其他病理状况也在考虑之列。[78] 此外，许多疾病的病因很复杂。由于它们的机制以及每个单独致病因素的作用都还没有得到完全的了解，也没有经过加权，我们可能无法理解我们在调查中真正要判定的是什么。在这方面，骨关节炎的情况具有典型性。骨关节炎，或称退行性骨关节病（Osteoarthritis, degenerative joint disease，简称DJD），是多种因素造成的一种疾病，与遗传因素、内分泌因子、年龄和性别、营养以及功能性应激有关，和创伤、体重及关节负荷与运动存在联系。[79] 然而，在生物人类学研究中，对退行性骨关节病的分析仅用于评估工作行为的类型与强度，忽略了更复杂的解读，甚至没有涉及与老化过程的某种简单关联。

第三，骨骼分析可能会揭示那些意义并不总是很清楚的疾病的共现关系，举例来说，牙釉质发育不全与寿命缩短之间的关系已经得到关注。[80] 然而，存在着几种可能的替代性解释：生长期间反复的代谢应激可能会增加成年人对疾病的易感性；[81] 发育不全和死亡率可能都是不良的饮食和卫生条件或先天性的个体虚弱造成的。[82]

疾病、死亡率和饮食之间的关联给出了一个多侧面的图景，可以进行复杂的解读。[83] 譬如，在韦利亚，筛状眶的出现与以低蛋白质含量为特征的饮食无关（见图4.4）。在同一样本中，弥漫性原发性骨质增生（diffuse idiopathic skeletal hyperostosis，简称DISH）是一种成因复杂的病理状况，在更多情况下与富含蛋白质的饮食有关（见图4.5）。

问题二：方法论。共同的判断标准并不存在。为了有效地分享和比较结果，研究人员应遵循相同的判断标准并采用相同的调查计划。如果存在龋齿、退行性骨关节病、外伤这些最常

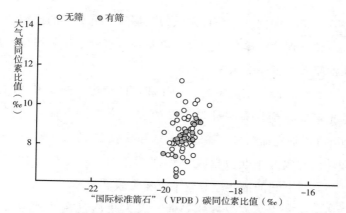

**图 4. 4　来自韦利亚的成年人样本中氮和碳同位素增量值
与筛状眶的发生未呈现显著的相关性
（公元 1~2 世纪，样本量 74）**

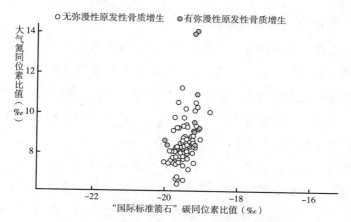

**图 4. 5　来自韦利亚的成年人样本中氮和碳同位素增量值
与弥漫性原发性骨质增生的发生呈现正相关性
（公元 1~2 世纪，样本量 85）**

见和最普遍的疾病，或非特异性应激标记，如牙釉质发育不
全、筛状眶、多孔性骨肥厚、骨膜骨反应，则应当强制执行该　137

程序。对于任何试图与来自文献的数据进行有意义的比较的人来说，特征评分标准化的缺失，以及一对多的、年龄段延长的

138　结果的呈现，都是令人沮丧的事情。[84]

即使是在同一实验室内，采用相同的程序，观察者之间的误差也可能达到具备统计学意义的水平。[85]在这方面，奥特纳（Ortner）、别克斯特拉（Buikstra）和于贝拉克尔（Ubelaker）呼吁并已经致力于在数据收集和判断方面实现更广泛的标准化，并与更客观的描述性专业术语相关联。[86]

还有另一个不应忽视的侧面：因为我们正在处理考古来源的骨骼材料，所以从来不会有完整的个体。骨骼的局部复原如何反映在病理学表征之中？博尔德森（Boldsen）和米尔纳（Milner）讨论了与完整骨骼相比，从碎片化的骨骼中获得"假阴性"的高风险。[87]

在骨关节炎研究的具体案例中，留存下来的考古遗骸中往往没有完整的关节。这一顾虑让我们研究了相关文献中通常采用的评分程序在提供有效信息上的价值。为此，我们使用了公元一世纪至二世纪意大利韦利亚的考古样本作为我们的测试案例。在 103 名成年两性个体的样本中，对肩、肘、腕、髋、膝和踝这六个主要关节复合体的每一块骨骼分别进行骨关节炎变化评分。我们的第一个目标是评估每个关节复合体中单个骨骼部分的有效信息价值。结果表明，每个关节在退行性骨关节病的百分比方面都存在一定程度的关节内差异，并出现我们所谓的"骨骼领导者"，即同一关节内比其他骨头表现出更多退行性骨关节病影响的那块骨头。最常见的和受影响最严重的骨头是肩关节复合体的肩胛骨、髋关节的髋骨、膝关节的股骨和踝关节的胫骨。

为了量化不完整关节对判断退行性骨关节病平均得分的影响，一种方法被开发出来，即模拟一组假定的不同保存水平的考古子样本（从所有包括完整关节的样本中抽取）。这是通过从主要样本中简单地随机消除一定百分比的骨头来实现的。保存水平以完整关节占全部接受评分的关节的百分比来表示，介于90%和10%之间。针对每个级别，一套计算机例行程序从数据库中消除每个关节至少一块骨头的退行性骨关节病评分，然后再次计算退行性骨关节病的患病率。在这种患病率的计算中，如果唇形变、孔隙度和骨质象牙化等任何指标的得分大于1，则认为该关节受到影响。对每种保存水平的全部数据进行1000次的模拟，便得出一个可能的患病率数值的分布范围。

结果表明，对于分析的所有六个关节，关节完整性从90%到10%的降低与退行性骨关节病平均患病率的持续渐进性降低存在关联。与此同时，它们显示了通过1000次模拟运行获得的患病率的标准偏差和范围值的变化是逐渐增加的。图4.6清楚地解释了这一趋势，其中呈现出各个关节的结果，并绘制出唇形变的模拟分布的核心密度的估测。

这些结果证实了，大多数关节都有一块骨头更容易受到机械应力的影响，因此关节的不完整性对结果具有严重的影响，因为它低估了病理状况，并忽略了关节之间始终存在的差异。

问题三：理论问题。除了数据收集中关乎诊断和兼容性的方法学问题外，学者们通过开发并实施新的理论和方法，目前正着力解决的问题是，如何将结果转化为对过往生活状况的一致的、有意义的解读。再一次，我们必须引用伍德团队的"骨学悖论"，以及阻碍我们理解从前的健康状况的三个关键问题：人口数据的非稳定性、选择性死亡，以及患病和死亡风

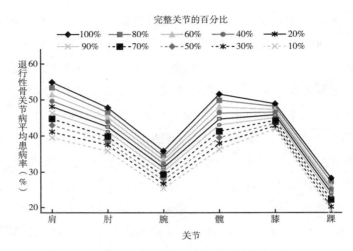

图 4.6　骨表征水平的降低会影响骨关节炎的发生率，
在不同关节上存在不同程度的偏差。例如，
在 100％完整关节的情况下，髋关节的患病率
高于膝关节；而在 70％完整关节时，结果却相反

险中潜在的不均匀性。[88]

140　　　　人口数据的非稳定性。在人口统计学的变量中，迁徙具有
改变一个人群的病理概况的作用，因为新来者的健康状况和生
活史与东道主群体不一样，是不同的生物文化环境的产物。这
个问题没有简单的解决办法。必须承认，在尤其以罗马为代表
的人口流动性相当大的社会，以及诸如意大利中部和南部沿海
或附近的城市，疾病的情况可能非常复杂。

　　　　患病和死亡风险中潜在的不均匀性。从遗传背景到后天易
感性，有很多因素影响着患病和死亡的概率。除了极个别情
况，这些因素以及它们之间的相互作用是无法量化的。一种颇
有前途的办法是从更广大的人群中挑选出较小的同质群体，可
以根据年龄、性别、工作条件或社会地位以及患病情况来确

定。[89]个人生活史，只要可以重建，就应当有助于追踪并识别出体质虚弱的缘由。另一条推荐的行动路线包含对不同健康指标、日常饮食和死亡率之间可能关系的分析。[90]

选择性死亡。在处理曾经活着的人群时，始终要记住，我们所面对的是那些未能幸存的人，他们可能会有更高的患病频率和其他与更艰苦的生活方式有关的骨骼标志，如生长中断、营养摄入不足、繁重的工作负担等。在某些情形下，从灾难性事件中获得的骨骼序列可以让我们一瞥这些人曾经生活的社会，即便他们肯定无法代表该人群的一个确切的剖面。如上所述，赫库兰尼姆和庞贝维苏威火山受害者的人口学参数并不能代表该城市的人口统计数据，[91]而是映射出人们对危机的行为反应。[92]尽管如此，这些样本为我们提供了一个有趣的机会来比较"活着的"和死去的罗马人。将来自伊索拉萨克拉和韦利亚这两处墓地的样本与赫库兰尼姆的灾难性集合体的饮食习惯进行对比确实卓有成效。[93]其初步发现表明，当与赫库兰尼姆"活着的"社会中更为同质的营养模式相对照时，我们从死亡样本中观察到的差异性有可能是被夸大了。

相反，同样从比较的视角观察，使用皮尔逊回归公式[94]计算的身高在两个样本中显示出明显的重叠，它意味着这一衍生特征受到"骨学悖论"的影响较小，而更多取决于罗马帝国统治下意大利中部普遍存在的同质的环境条件。

完整的观点。如上所述，在应对"骨学悖论"，特别是患病和死亡风险中的不均匀性及选择性死亡的挑战时，有一个办法是，在给定人群中分离出一个亚群，并对其开展多变量分析。婴儿期是这一方法中很有希望的选项，尤其是在断奶期，可以通过多种不同方法的组合深入研究饮食、疾病和死亡的相

141

互影响。[95]断奶的时间和过程会影响婴儿死亡率、该人群的人口结构以及婴儿和成人的健康状况。断奶是儿童期的一个关键阶段，与之相关的发病率和死亡率水平是一个社会的看护习惯和卫生水平的间接的衡量尺度。在断奶的情形中，我们可以通过多种不同方法的组合来研究饮食、疾病和死亡的相互影响。具体而言，可以把婴儿的同位素值、死亡率和发病率数据与婴儿、青少年和年轻成人的牙釉质显微分析相结合。不幸的是，由于牙齿磨损，年长的个体很难被纳入这项研究。

请见上文第二节第二段，牙釉质组织学可以更精确地确定年龄，继而可以在利用碳和氮的稳定同位素研究营养水平的变化时，更好地确定断奶时间。[96]此外，激光烧蚀-电感耦合等离子体质谱分析（简称 LA-ICPMS）技术可以将同位素数据与高分辨率的锶浓度年代变化结合在一起。[97]最后，利用生长过程中釉质微缺陷的发生率对可能与断奶相关的代谢压力进行量化并确定其年代，[98]也为估量断奶的时间框架提供了一种方法。

在罗马世界中有关铅的暴露与摄入的影响的最新调查中，牙组织学、婴儿期和多变量分析都发挥了重要作用。众所周知，铅在罗马社会被广泛地使用。[99]在学术讨论中，人们在铅中毒问题上摇摆不定，随着时间推移，其程度和后果从被夸大到被低估。最近对波图斯的港口和台伯河的沉积物进行的一项研究得出结论：罗马人的饮用水受到了铅的污染，但没有达到危险的程度。[100]作者并未提及，早期的一项研究令人信服地显示庞贝人一定是通过供水系统摄入了大量的铅，配水系统的定期维修保养减少了城市内部水管中起到保护作用的烧结外壳。[101]作者对与赫库兰尼姆相关的骨骼证据的利用并不成功，虽然这个想法在原则上非常好，因为我们真正需要知道的是，消费者体内铅的积累达到了什么程度。他们当时接手了一份早期的骨骼样本评估,[102]其中忽略了死亡以后的骨骼变化。前方的道路可能在于对牙釉质的认真检验,因为它比墓葬中的骨骼更不容易受到环境的污染。在任何情况下,显然还不能把铅从罗马人的主要健康风险中排除,而釉质中铅的浓度和同位素比值可能有助于探讨罗马时代的人员流动性问题。[103]

他们在做什么?

古代社会内部的经济活动和不同社会群体工作负担的分配是过往的生物文化适应环境的重要指标。作为历史记载和考古证据的补充,骨骼可以提供有关职业任务的信息。基础的假设是,工作活动在骨骼的形态学和病理学上都有所反映。重复的姿势可能导致骨骼负担过重和生物力学骨反应。[104]许多工作或职业可以导致特定的病状,或增加骨骼创伤的风险。[105]以齿列为"第三只手"的手工生产在牙齿上留下了永久性的痕迹。[106]

文献中提出并讨论了很多职业活动的牙齿骨骼指标。在某些情况下,当代的流行病学、运动医学或人种学观点证实了这一点。更详细地说,可以罗列出以下各种牙齿骨骼活动的标记:退行性骨关节病,肌腱末端病,横截面骨几何形状,特别是股骨膝盖面上的艾伦窝等解剖上的变异,以及齿槽、缺口、破损和特定的磨损模式等牙齿的非咀嚼性无意改变。

在经历了热情的开端之后,这一系列研究在某种程度上已经失去了原先的势头。与此同时,肌腱端和骨关节病变方面信息的价值受到了严格的审查,因为它们作为骨骼标记,其病因是多方面和复杂的。许多研究人员现在放弃了这样的说法,即

142

特定的骨骼变化模式精确地对应于某种工作活动。[107]相反，正如一些临床研究和生物考古学应用所显示的，横截面骨几何形状已被证明是更可靠的指标。[108]长骨横截面特点的差异与习惯性的身体姿势和运动引起的机械应力相关。这种方法已经取得了良好的效果，特别是在检测不对称的机械载荷方面。即使采用这种方式，如果忽略了某些个人状况和生活史的重要方面，错误解读的风险依然很高。譬如说，图4.7显示了一根来自韦利亚的解剖结构正常的成年男性股骨，其皮质厚度分布异常，类似于一只大猩猩。[109]外部形态标志和几乎永远无法获得的内部形态标志之间的差异是惊人的，但可以理解为一处完全愈合的胫骨骨折促使股骨干出现了异常的重塑。

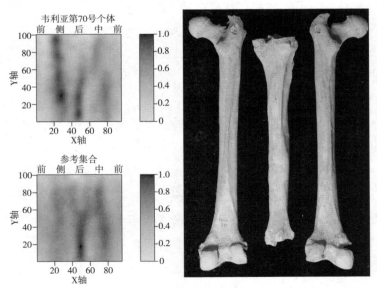

图 4.7　韦利亚第 70 号个体的股骨骨干皮质厚度（左上，右股骨），与一个参考集合（左下）数据的对比。这一异常的皮质模式可以解释为右胫骨上存在已愈合的骨折

尽管对过往人群的职业压力标记的分析引起了人们极大的兴趣，但古罗马世界在这一方面的情况几乎不为人所知。[110]调查最充分的主题是与水有关的活动，如在波图斯和韦利亚这两个沿海城镇所发现的外耳道外生骨疣，这是由耳道频繁且长期接触冷水引起的一种耳部病变。[111]对于这类港口城市，我们只是料想有一定比例的人口会从事水上活动，即海洋食品的采收与加工，尤其是波图斯作为罗马的货物集散地，其海上贸易需要雇用海员、潜水员、搬运工以及船舶和码头工人。这种疾病的发生率很高，波图斯的 15 岁以上成年男性中有 21% 患有外耳道外生骨疣，韦利亚的这一比例是 35.3%，这些数字肯定低估了经常参与水上活动的人口的百分比。值得注意的是，同样情况并没有出现在女性当中，这清楚地表明了性别之间的职业差异。通过碳和氮的稳定同位素分析对饮食进行的配套研究强调了海洋食物在这两个人群饮食中的占比。此外，在一个韦利亚人的亚组中，营养水平较高的食物（主要是海洋食物）的消耗量明显较多，而外耳道外生骨疣和头骨创伤的发生率也较高，这为他们的从业范围提供了有力的证据支持。

他们吃什么？

在有关罗马世界饮食的众多资料来源中，来自骨组织的以稳定同位素为形式的直接信息通常被认为是优于其他所有信息的。理论上，对保存在骨头和牙齿中的有机和矿物部分的碳、氮、氧和氢原子进行的同位素测量，可以直接反映一个人在死亡前较长一段时间内所吃下的食物。因此，同位素方法的优势在于它可以进行直接、深入和广泛的饮食重建，而不必依赖于相比之下貌似只是一些传闻的其他证据来源。因此，稳定同位素分析便已被广泛应用于史前人类遗骸，改变了我们对于日常饮食随时间演进而变化的理解。[112]既然有了这么高的资质，人们很容易会问，稳定同位素分析究竟为后来的历史时期带来了什么——尤其是那个已经提供了有关食物生产和消费的丰富历史记录，以及大量的食物残留物的时期。

尽管对意大利、不列颠和其他地方的罗马时期人口进行的稳定同位素研究并不缺乏，[113]但相比于史前时期的样本，这些研究的影响可以说相对较小，而人们的期望更高。毕竟，饮食重建意味着其中的资料可以和其他前现代的、发展中的，以及现代的社会和经济进行富有成效的比较，对罗马人的日常饮食做出恰当的描述。比如说，我们可能想要知道，蛋白质、脂质（即脂肪）和碳水化合物在一个人的饮食中所占的比例，或不同食品在重量上所占的比例。第二个期望是，了解饮食在根据诸如年龄、性别和社会地位划分的人群中间如何变化，以及按照地理、人口和社会维度进行划分的人群之间有何差别。在这里，我们将简要回顾其中每一个目标的进展，并试图定义这些技术的局限性，以抑制我们过高的期望。有许多评论和文本描述了根据稳定同位素数据推断日常饮食的方法和基本原理，读者可以去参考相应的文章。[114]

使用稳定同位素进行饮食重建的准确性如何？

最常见的是，稳定同位素分析需要对骨骼和牙本质中的主要蛋白质——胶原蛋白中碳和氮的同位素比值进行测量。骨骼的矿物部分，即生物磷灰石中的碳同位素也被广泛测量。通过这两项或三项测量推断精确的饮食构成看似很有挑战性。第一，需要考虑同位素方法所测量的不同元素的来源。胶原蛋白中的碳和氮主要源自膳食中的蛋白质，但动物喂养实验也证明了非蛋白质来源，如碳水化合物，可能还有脂类的碳元素的额外贡献。[115]相反，骨磷灰石中的碳被认为全部来自各种饮食中的碳，尽管在这种情况下，埋葬期间骨骼中生物矿物组分的变化会影响碳同位素比值。因此，在没有进行广泛的测试来检查整体的生物矿物成分时，人们需要谨慎对待骨骼生物磷灰石的同位素数据，而这种测试很少进行。[116]

第二，需要确定标准食品样本中的蛋白质、脂质和碳水化合物来源的碳和氮同位素值。从与人类相关的动物骨骼中提取的胶原蛋白是这种信息的最明显的资料来源，前提是这一信息可以获取，但在丧葬环境中并不总是如此。而且，由于动物骨骼并未实际被食用，需要根据相应的被食用组织的假设予以修正。然而，植物中的碳水化合物和蛋白质，肉类和鱼类中的脂质，以及橄榄油和鱼露等其他具有潜在饮食意义的食物中的碳水化合物和蛋白质，它们的同位素值的不确定性显然被忽略了。这种不确定性的第三个来源是，碳和氮的同位素值在通过食物链时，即从食物到消费者的过程中如何变化，也就是如何分级。较重同位素的富集标准值通常是假设的，但很少经过仔细检查，甚至可能因所消费的不同食物类型而存在差异。[117]

准确的饮食重建所包含的一连串不确定性和假设通常被视作无法克服，因而往往也不会去尝试。研究人员往往倾向于讨论个体之间同位素的可比较差异，或用最宽泛的术语描述饮食，比如说"主要"来自陆地或海洋，却很少注意区分饮食中的蛋白质或碳水化合物部分。在对韦利亚或伊索拉萨克拉和赫库兰尼姆的大型沿海墓地进行饮食调查的时候，这种方法问题尤其多，因为数据显示氮同位素比值的变化很大，包括预期中的食品消费的范围，其中一端是陆地食物，另一端是海洋鱼类，但后者的碳同位素比值与陆地食物完全一致。这些看似混杂的标志被解读为反映了日常饮食的复杂性，即大量的谷物碳水化合物与来自海洋鱼类和陆生动物产品的各种蛋白质相结合。[118]这种解读在一定程度上是根据我们对罗马世界的谷物供应和消费范围的了解，因此它并非不具备一定的循环性。事实上，来自一处河流附近的狩猎采集遗址的人类的类似同位素数值被解读为反映了富含淡水鱼类的饮食，[119]而在罗马，针对圣卡利克特斯（St. Callixtus）地下墓穴的人类遗骸也做出了这样的解读。[120]

146　　　　人类骨骼的放射性碳年代测定已经被用来研究鱼类在日常饮食中的占比，因为一种海洋来源中的碳含有已知数量的来自海洋储备的"旧"碳。于是，在假定年龄相同的骨骼之间放射性碳年代的差异便可以揭示鱼类消费的程度。这种方法已经应用于赫库兰尼姆和罗马的圣彼得（Sts. Peter）和马尔塞林努斯（Marcellinus）地下墓穴的人类遗骸，结果是其饮食中的海洋碳含量高达30%，这相当于约30%的食品干重是来自海洋的。[121]在赫库兰尼姆，鉴于鱼类蛋白质含量相对较高，估计反映在氮同位素比值中的鱼类对膳食蛋白质的贡献几乎是原来的两倍。因此，其余的大部分饮食（按重量计算占50%~70%）应该几乎全部由谷物组成，这与基于历史记录的判断一致。[122]使用这种方法更难评估淡水鱼的消费程度。食用淡水鱼的人，其骨胶原中也会包含"旧"碳，但根据环境的不同，储备的年代可能会有很大差异。如果不知道这个"年代"，便无法有效地判断。

　　　　对于大多数墓地来说，为已知年龄的个体测定年代是一项无法实现的奢望。在这些情况下，另一种方法是使用贝叶斯统计法，该方法能够将上文提到的假设中的不确定性纳入考虑的范畴。[123]此类模型提供了一系列不同食物来源按重量计算的，在个人饮食中占比的判断。这种方法的有效性在赫库兰尼姆得到证实，模型输出支持了放射性碳年代测定对海洋食物占比的解读。[124]然而，和其他所有方法一样，如果不了解标准食物范围，也缺乏对这些食物的同位素识别，我们就无法以任何可兹利用的精度重建日常饮食。

放眼未来，对胶原蛋白中的硫、氢甚至氧等不同的同位素系统的分析有望成为饮食识别的额外变量。但是，或许更鼓舞人心的是对构成胶原蛋白的单个氨基酸中的氮和碳的同位素比值的测量。由于单个氨基酸是以相当可预见的方式从不同的饮食成分中通过生物合成或同位素路由获得的，我们应该能够以高于批量分析的精确度重建饮食。这种方法已被证明有助于量化陆地和海洋来源在饮食中的占比，尽管在方法上更具挑战性，但肯定会改变针对古代饮食的研究领域。[125]

罗马世界的各种饮食中存在什么不同？

即使我们无法以绝对的确定性对罗马人的饮食进行量化，个体之间同位素值的绝对差异仍然提供了优秀的洞见。罗马时期的大型墓地为这样一种人群内部的饮食差异研究提供了极佳的背景。鱼类和陆地食物之间不同的碳和氮的同位素值意味着，与内陆环境相比，沿海地区的遗址中同位素差别更为明显。在韦利亚和伊索拉萨克拉，男性与女性之间的氮同位素比值显著不同，[126]反映出男性获得营养水平更高的海洋食物的机会更多。这些区别可能反映了在家庭层面，获取鱼类、肉类和谷物的机会不同，或许也可能与家庭以外的职业相关。但是，至少在意大利的罗马帝国时期遗址中，很少有证据表明，负担

147

得起不同墓葬的人在饮食习惯上有何不同。

考古遗址之间的同位素差异较大，此处需要我们谨慎行事，以便将类似的情况相互比较。这是因为不同地点可供食用的海洋和陆地动物群落，或许还包括所能供应的谷物，也会在同位素数值上有所不同，从而影响人类的测量值。动物群落基线的这种变化意味着，理想情况下，需要通过测量动物骨骼和植物材料来仔细定义"同位素景观"，以便在空间和时间上对人类的同位素值进行有意义的比较。显然，在罗马这样复杂的中心城市，这不是一项容易的任务，因为那里的食物可能由各种各样的来源供应，但并非所有来源都可供分析。在伊索拉萨克拉和韦利亚，不同遗址之间的人类和陆生动物群落存在显著差异。然而，如果考虑到动物群落的差异，很明显，埋葬在伊索拉萨克拉的个体通常仍显示出较高的氮同位素比值，反映出这里的海洋鱼类的消费量多于韦利亚，这可能与这些墓地所展现的人群的社会地位和职业差异有关。

如第三节所述，在解释偏向于体弱者、年老者和年轻人的消耗性死亡集合体中的稳定同位素数据时，人口数据偏差和骨学悖论的问题仍然至关重要。由于胶原蛋白是在死亡前的一段时间内形成的，从稳定同位素分析获得的数据提供了这段时间内完整的饮食标志。因此，额外的复杂性与胶原蛋白在骨骼中"周转"所需的时间有关。在 1960 年代和 1970 年代的原子弹试验中，一些人的骨骼获得了碳-14，针对上述现象最详细的研究就是在这些个体的股骨上进行的。[127] 这种原子弹示踪实验表明，男性和女性的胶原蛋白周转存在着与生理机能相关的差异。研究还发现，胶原蛋白在生命早期比在生命后期被更快地取代（见表 4.1）。譬如，一名 60 岁男子的股骨中仍保留着

25%的19岁之前的胶原蛋白。所以有趣的是，上述性别相关的差异可能与青少年早期而非晚年获得的食物存在联系。此外很明显的是，有鉴于这种逐步衰减的标志，年龄相关的同位素差异应该是可以观察到的。

表 4.1　基于放射性碳示踪实验的股骨胶原形成的
近似时间（Hedges et al. 2007）

	死亡时间（岁）	某个年龄后形成的股骨胶原所占的百分比（%）		
		25%	50%	75%
男性	20	17	15	12
	40	30	21	15
	60	48	35	19
女性	20	14	11	8
	40	33	24	12
	60	52	42	26

然而，我们已经在伊索拉萨克拉留意到，与年轻人相比，老年人的胶原蛋白明显富含氮-15，[128]这在表面上意味着，伴随年龄增长，食用的鱼类也更多。或者，考虑到胶原蛋白的周转率，更有可能的情况或许只是，在一生中接触鱼类较多的个体寿命更长。对这两种远非微不足道的解释加以分辨，会影响我们如何解读食物在人群中的分布和（或）饮食对健康的影响。理解人口数据和组织周转是问题的关键。未来会有两种方法在这方面提供帮助。第一种方法是通过对不发生周转的递增生长的组织（如牙本质）进行微量采样，我们就能够对儿童和青少年进行更有意义的比较。[129]如果头发角蛋白方便取用，它将是另一种有用的组织。第二种方法是将注意力集中在灾难性的死亡

集合体上，如赫库兰尼姆、奥普隆蒂斯（Oplontis）和庞贝，这些集合体记录下活着的罗马人口的快照，避免了困扰该领域的许多人口统计学上的问题。有一件事很清楚：随着稳定同位素应用的扩大，对于这些基本问题，需要投入同样的研究精力。

他们来自哪里？

迁移，即个人、家庭和人群的移动，是罗马世界的一个特征。除了作为一个主要的人口学变量，迁移还与奴隶制度、经济和身份等重要调查领域存在明显的相关性——更不必说文化和宗教习俗与思想的散播。[130]历史学的、铭文学的和考古方面的资料有助于识别自愿和非自愿的移民，尽管每种证据都有其局限性。[131]同位素分析除了在研究过去的饮食中发挥作用外，还是调查个人和群体流动性的一个重要方法，为移民出现在某个地点以及他们可能的来源地提供了关键的证据。

人类骨骼和牙齿中氧（氧-18 与氧-16 的比值）和锶（锶-87 与锶-86 的比值）的同位素分析被用于研究骨骼样本的流动性和地理来源，因为这些同位素比值主要由当地水和下伏地质的特点决定，二者分别对应着氧元素和锶元素。人类在一生中通过食用当地食物和饮用当地的水获得这些同位素特征。因此，在特定区域出生和长大的人，他们的组织中会有一种化学"特征"，与该区域的氧同位素比值和锶同位素比值的基线一致。氧同位素比值中的"δ"符号用于表示根据国际标准测量的较重的（氧-18）同位素与较轻的（氧-16）同位素的比值。锶同位素值通常仅表示为一个比值，而不使用"δ"符号，因为其中一个同位素（锶-87）是放射产生的，也就是说，它是铷-87 的衰变产物。碳和氮的同位素可与氧和锶同位素一起被用于研究流动性，前提是新近来到某个地区的移民会显示出不同于当地同位素特征的饮食标志。[132]一个局限是，不同的饮食可能具有相似的同位素值，因此碳和氮的同位素比值不应单独用来推断流动性。

对于生命历程中的流动性，骨骼和牙齿提供了不同的信息。牙齿保留了从婴儿期到儿童后期的有关饮食的同位素信息，而骨骼则保存着成年以后的几十年中平均的同位素标志。牙釉质形成于生命早期，一俟牙釉质完成矿化，同位素标志就不会再改变。恒牙在出生前后开始形成，第三磨牙作为最后萌出的一颗牙齿，它的牙冠在 12～16 岁时完全形成。牙釉质也是人体内最坚硬的物质之一，并且在考古记录中保存完好。相比之下，骨骼在幼年期和青春期经历了快速的生长和发育，一旦发育完成，就会以相对恒定的速度继续重塑，因此它是一个长期的标志。骨重塑的进度目前尚不清楚，尽管据估计每年为 3%～8%，而且这一速度会随着年龄的增长而减缓。[133]影响骨骼的体内同位素标志的其他因素是埋葬环境中发生的化学变化，即原状固结。锶的问题尤其严重，因为锶离子很容易被考古土壤中的钙和其他微量元素取代。因此，锶同位素的研究中主要使用牙齿，因为釉质更硬，化学稳定性更高，所以这种替代不太容易发生。氧同位素也有可能在死后发生变动，但有办法检测样品何时受到固结变化的影响。[134]

氧同位素与锶同位素

骨骼和牙齿中的氧元素在很大程度上取决于饮用水中的氧同位素比值，大约是当地降水中的数值，虽然这个标志中也有一小部分可能来自日常饮食。雨水中的氧同位素值随着当地气温、湿度、距离海岸的远近、纬度和海拔而上下波动。[135]饮水时摄入的氧与身体内的组织相结合，虽然由于新陈代谢作用，饮用水和人类组织中的该数值会相互抵消一小部分。将骨骼和牙齿中的氧同位素值转换成饮用水中的数值是有一个公式的。[136]这种经过调整的氧同位素比值便可以同公布的、当代的地区和全球降水地图中的年均氧同位素比值进行比较，后者显示了气候和地理差别造成的变化。现代降水地图能够和来自罗马时期骨骼样本中的氧同位素数据进行对比，因为全球降水的温度变化在过去几千年中非常微小。

人类消费的当地食物和水中的锶同位素标志与下伏基岩的锶-87 和锶-86 的比值有关。[137]通常非常古老的地质层（超过一亿年以前）具有较高的锶同位素比值，而较年轻的地层（一百万年至一千万年以前）的比值较低。[138]与氧元素相比，锶元素在通过食物链时的变化不大，很容易置换骨骼和牙齿矿物质部分中的钙。如果已知该区域的下伏地质情况，锶同位素变化的区域地图则可用于构建本地锶元素的变化范围，以便与人类数值进行比较。然而，并非所有地区都有已知锶同位素标志的详细地质图，尽管锶元素数值与下伏基岩的特点相关，但由于土壤运输等因素，土壤值可能略有不同，而土壤运输反过来又会影响被消费的食物的锶元素标志。[139]

识别罗马时期意大利的移民

对罗马港居民牙齿的氧同位素分析表明，样本中约三分之一的个体并非来自罗马及其周边地区，其中既有男性也有女性。进一步对同一个体早期和晚期形成的牙齿进行比较，又表明其中一些人在儿童时期就已迁移。[140] 布鲁恩（Bruun）随后发表的一篇评论引发了人们对使用同位素研究罗马世界人类流动性的担忧，并强调了证据的局限性，基尔格罗夫（Killgrove）和普劳斯（Prowse）对此做出了回应。[141] 布鲁恩正确地指出了，氧同位素并不能解释人类流动性背后的各种动机，比如是个人和家庭的自愿迁移，还是与奴隶制度相关的非自愿流动。[142] 显然，如果我们要试图了解男人、女人和（或）儿童迁移的原因，就必须将同位素资料与历史、文学和考古证据中的背景信息相结合。

对卡萨尔贝尔托内（Casal Bertone）和卡斯泰拉乔欧罗巴科（Castellaccio Europarco）这两处罗马郊区遗址的骨骼样本进行的锶和氧同位素分析发现，出生在罗马及其郊区以外的人口比例低于出生在波图斯的人口比例，表明前两个遗址的迁移率较低。此外，郊区样本没有充分代表妇女和儿童的情况。[143] 显然，我们需要从罗马时期的遗址中获得更多、更大的样本，然后才能根据骨骼证据判断罗马及其郊区的移居比例。和其他同位素研究一样，无法确定来到这些地方的移民的确切地理来源，因为不同地区的基线数值相似。即使在相对有限的罗马及其周边地区，也很可能缺乏标准的迁移模式或移民来源。每个墓地样本会提供个性化的流动历史，可以从年龄、性别、地位和社会身份的其他侧面展开调查。

迄今，对于罗马时期意大利人的起源进行的同位素分析大多研究了来自罗马本身或该区域各个地方的样本，预计有较高的流动性。切纳里（Chenery）团队指出了对流动性较低的人群进行研究的必要。[144] 意大利南部瓦努里（Vagnari）的罗马庄园就是这样一个地方。该遗址的考古证据表明，这里有一个重要的定居点，或许是一座皇家庄园，有一处主要在公元一世纪至三世纪使用的墓地。[145]结合了氧同位素和古代 DNA 分析的一项初步研究发现了少量外来物种的证据。[146]最近，一项综合了丧葬和氧同位素的分析发现，样本中只有 8% 不是来自本地，但在这五个人中，有两个是十岁以下的儿童，一个是六个月大的婴儿，说明他们在整个生命历程中都在移动。[147]

同位素分析的局限和前景

同位素可以用来识别骨骼样本中的非本地人，但由于人们在死亡之前可能居住在多个地方，因此它在说明短期居住或反复移动方面的能力有限。由于骨骼周转的缓慢，新地点的同位素特征需要数年才能显示在骨骼中。在氧同位素研究中，有许多因素可以导致某些区域的饮用水不能代表所在区域的雨水的氧-18 与氧-16 的比值。例如，罗马大量的高架渠系统从地势较高的内陆地区引来饮用水，而内陆地区的雨水的氧同位素组成明显较轻。[148]食物制备行为，如酿造、煮沸和炖煮，可能会导致所食用的液体部分的氧同位素比值略有增加。[149]母乳喂养也表明，在这一时期发育的牙齿中，同位素标志向更重的比值偏移。母乳富含的较重同位素（氧-18）与母亲饮用的水有关，因此婴儿期形成的牙齿的氧同位素比值略高。[150]可以调整同位素数据，也可以利用断奶后形成的牙齿来说明这种影响。氧同位素分析的最后一个局限性是不能确定与特定的氧同位素比值关联的确切地理位置。解决这个问题的一种可能方法是使用现代人类的数值作为当地氧比值的"替代指标"，[151]尽管为此类分析获取足够的现代样本会有一定的挑战性。无论如何，整合氧和锶的同位素资料将使我们有更多的机会确定可能的地理来源。

关于锶元素，斯洛瓦克（Slovak）和佩坦（Paytan）强调，为了查明流动性，各个研究区域之间必须有足够的地质差异性。[152]此外，如果海洋食物是人群日常饮食的重要组成部分，牙齿中的锶数值可能反映了海水的锶-87与锶-86比值，并使对沿海和内陆地区之间流动性的解读发生混淆。[153]基尔格罗夫和蒙哥马利（Montgomery）根据意大利的地质图发布了罗马市内及周边地区锶同位素比值的估计值，而塔富里（Tafuri）团队也对意大利南部加尔加诺（Gargano）地区新石器时代的遗址做了相同的工作。[154]然而，除了纳波利奥蒂（Nafplioti）在希腊所做的工作外，没有针对地中海地区生物活性锶的大规模区域研究。[155]可能有多个具有类似的锶同位素标志的区域，因此，将氧和锶结合起来可以更好地确定移民的可能地理来源。最后，日常的食物可能来自不同地区，具有不同的锶同位素标志，因此人体组织中的锶同位素标志反映了这些来源的平均值。为了控制锶的这些问题，同位素研究使用来自本地、非迁移性动物或同一地区现代植物残留物的"具有生物活性的"锶-87与锶-86比值代表本地的锶数值，[156]假设它们反映了该地区可供人类消费的食物的平均锶同位素比值。[157]

　　有关罗马世界流动性的同位素研究正在迅速增加，尤其是针对来自罗马时期不列颠的样本。[158]来自地中海地区和罗马帝国其他地区的所有地理区域的可比较的人类同位素数据，以及关于反映氧元素的当地饮用水和当地动植物的基线锶特征的更多信息，都需要开展进一步研究，以完善特定地理区域的变化幅度。饮食中的碳和氮与流动性上的氧和锶，这些同位素数据的整合可能有助于进一步阐明个体的地理起源。[159]铅元素也被用于识别罗马时期不列颠的移民，因为在罗马征服以后，工业和家庭环境中的铅用量都有所增加。[160]只有少数研究结合了同位素和古代 DNA 证据来探索地理起源和生物学亲缘关系，[161]但这是未来研究的另一条可能路径。

虽然进行同位素分析所需要的样品量相对较小，但是这些都属于破坏性分析，因此在进行测试之前，要仔细设计研究问题。如果我们的最终目标是了解人们（包括成年男性、女性、儿童或家庭）是如何以及为什么迁移的，那么同位素数据的解读需要被置于从文献、铭文学和考古证据中获得的社会和历史框架中。每种证据都有各自的优缺点，但当这些明显迥然不同的要素与多种多样的方法结合在一起时，我们对过往的人类流动性就有了更加细致入微的了解。

结语

关于人口结构、日常饮食、疾病、健康、社会行为、移民等方面的信息，骨骼和牙齿是独特的宝贵资源，它们所提供的数据在数量上十分惊人，并且是跨阶层的，而且这些数据还在源源不断地到来。

数据本身并不能说明问题，它们必须得到解读。当然，这一说法也适用于来自古代的其他种类的证据。然而，骨骼数据的解读有其特别的问题。最响亮和尖锐的批评来自人类学界内部。一篇著名的文章宣布古人口学已失去其作用，另一名学者又在古人口学的棺材上钉上了更多的钉子，他还声称当前占主导地位的古病理学方法是一条错误路径。

生物人类学是一门并不完善的科学。然而，它是一门自然科学，也是一门不断进步的自然科学，一直在从错误中吸取教训，评估并改进所采用的分析与方法。古人口学死了吗？宣布它的死亡是过于夸大其词了。[162]诚然，我们不可以好高骛远，而应确立适当的目标。人们不能指望根据某个特定的骨骼样本便能重建一个群体的人口结构。其实这也并非完全不可能，意大利南部的韦利亚就是一个例证，它只是在通常情况下不可能。但如果是这样的话，为什么不可能呢？哪些因素导致了一个有倾向性的概况呢？所有科学家都知道，实验的负面结果并非毫无价值；它有可能带来富有成效的调查，并最终达成合理的解释。与此同时，古人口学中还有其他方面迄今仍然相当缺乏探索，例如墓地中的死者和灾难中"活着的"受害者之间的可比较的人口结构，更不用说有关迁移这个重要的人口变量的骨骼证据。

　　批评者自己也提示了前进的方向，那就是分离出一个特定的年龄组进行深入的研究，运用自然科学很多学科的最新技术，并最好在来自相似环境的群体之间进行比较。于是，古病理学正从过去那样只关注不同寻常的疾病，以及某些具体的但存在问题的、表现为骨损伤形式的应力标记，转向广泛地重建整个群体的发病率和死亡率状况。

154

　　我们的讨论强调了婴儿和青少年这一年龄组。针对这些群体，正在出现大有希望的研究，并且逐渐融合，他们的死亡年龄比成年人更容易判定。牙科组织学取得的突破使我们能够计数牙冠上从出生到死亡的时间标记。此外，最先进的技术使我们能够仔细分析诱发疾病的应激影响，以及潜在的有毒矿物质的摄入，其主要关注点在于但并不限于断奶这一关键时期。

　　稳定同位素分析是一种相对较新的方法，人们很容易聚焦其目前的局限性和不足，而未能认识到它的突出贡献——提供较长时间段的整体的饮食标志，或识别人口中的非本地成分——并低估它在重建饮食和揭示迁移模式方面的潜力。例如，在对饮食中的陆地和海洋来源的占比进行量化，以及确定移民的地理来源方面，我们可以期待这项技术稳步取得进展。

一种多学科的方法是进一步增加我们的知识的关键。在自然科学方面，组织学、微生物学、生化医学以及其他学科形成了合力，例如在骨骼样本中识别出疟疾寄生虫病等传染性疾病。考古学服务于人类学。那么历史学呢？尽管历史学家和人类学家的兴趣有所重叠，最明显的是在饮食、健康、人口结构和流动以及城市环境等领域，但目前历史学尚未发挥出应有的作用。对于历史学家或考古学家来说，忽略或无视生物人类学及相近的自然科学对我们理解古代社会所做出的贡献，并不是明智的选择。

注 释

1. André 1981.

2. Scheidel 2012.

3. Larsen 2006.

4. Bondioli and Sperduti 2011.

5. Bocquet-Appel and Masset 1982；Wood et al. 1992.

6. 例如，请见 Ferembach et al. 1979；Buikstra and Mielke 1985；Buikstra and Ubelaker 1994，Krogman and İsçan 1986；İsçan and Kennedy 1989；White and Falkens 2000；Garvin 2012。

7. Walrath et al. 2004.

8. Weiss 1972.

9. Walker 2008；Guyomarc'h and Bruzek 2011；Garvin 2012.

10. Krogman and İsçan 1986；Rogers and Saunders 1994.

11. Spradley and Jantz 2011.

12. Lee et al. 2015.

13. 评论请见 Sutter 2003。

14. Mays and Faerman 2001；Hassan et al. 2014. 请见第六篇。

15. Spirduso 1995；Schmitt et al. 2002；Cox 2000；Corsini et al. 2005.

16. 评论请见 Schaefer et al. 2009。

17. 放射学：Macchiarelli et al. 1990。组织学：综合请见 Kemkes-Grottenhaler 2002。

18. Klepinger 2006.

19. Soomer et al. 2003；Baccino et al. 1999；Garvin et al. 2012.

20. 完整的讨论请见 Nawrocki 2010。

21. Spirduso 1995.

22. Merritt 2015.

23. Katz and Suchey 1989；Schmitt 2004；Falys et al. 2006；Hens et al. 2008；Merritt 2014；Mays 2014.

24. Bocquet-Appel and Masset 1982，329.

25. 例如，请见 Gowland and Chamberlain 2002；Hoppa and Vaupel 2002；Soomer et al. 2003；Gowland 2007；Jackes 2011。

26. Kemkes-Grottenhaler 2002.

27. Acsàdi and Nemeskéri 1970（"联合"方法）；Lovejoy et al. 1985（概括年龄法）；Boldsen et al. 2002（转移分析法）。

28. Falys and Lewis 2011；Garvin and Passalacqua 2012.

29. Kimmerle et al. 2008.

30. Maples 1989，323.

31. Falys and Prangle 2015；Tang et al. 2014.

32. Stoyanova et al. ，2015.

33. 最新请见 AlQahtani 2009。

34. Antoine et al. 2009；Birch and Dean 2009；Mahoney 2011.

35. Sabel et al. 2008.

36. Macchiarelli et al. 2006；Dean 2009；Dean and Cole 2013.

37. Smith et al. 2006.

38. Bocquet-Appel and Masset 1982，1985；Van Gerven and Armelagos 1983；Konigsberg and Frankenberg 1994，2002；Bocquet-Appel and Masset 1996；Paine and Harpending 1998；Hoppa and Vaupel 2002；Jackes 2011.

39. Green et al. 1974；Johansson and Horowitz 1986.

40. McNeill 1979；Scheidel 2001a；Sperduti 1995；Paine and Storey 2006.

41. Farwell and Molleson 1993. 期刊：Molleson 1989；Lewis 2010；Redfern and Dewitte 2011a。

42. Sperduti 1995.

43. Coale and Demeny 1983；关于模型生命表的可行性，请见 Scheidel 2001b；Hin 2013。

44. Mays and Faerman 2001；Hassan et al. 2014；Sperduti et al. in press.

45. Lewis 2011，4.

46. Luongo et al. 2003；Frey et al. 2010.

47. Fattore et al. 2012.

48. Cf. Jackes 2011.

49. Weaver et al. 2000.

50. 例如，请见 Bisel 1991；Capasso 2001；Paine et al. 2009；Gowland and Garnsey 2010；Petrone et al. 2011。

51. Cucina et al. 1998；Belcastro et al. 2007；Manzi et al. 1999.

52. Gowland and Redfern 2010.

53. Manzi et al. 1989；Ricci et al. 1997；Salvadei et al. 2001；Facchini et al. 2004；Fitz-Gerald et al. 2006.

54. Bisel 1988；Bonfiglioli et al. 2003；Prowse et al. 2008（饮食）；Cho and Stout 2011；Beauchesne and Agarwal 2014（过程）。

55. Sperduti and Manzi 1990；Ottini et al. 2001；Lazer 2011；Minozzi et al. 2012a.

56. Rubini et al. 2014.

57. Capasso and Di Tota 1999（赫库兰尼姆）；Canci et al. 2005（罗马）。

58. Lunardini et al. 2005；Minozzi et al. 2012b.

59. Lunardini et al. 2008（强直性脊柱炎）；Minozzi et al. 2013（痛风）。

60. 有关罗马帝国时代骨畸形病变的详细描述，请见 Piccioli et al. 2015。

61. Sallares 2002.

62. Ortner and Putschar 1981.

63. Ragsdale and Lehmer 2012；Zuckerman et al. 2016.

64. 有关更新的评论，请见 Spigelman 2012 以及下文第六篇。

65. Bos et al. 2011；Schuenemann et al. 2011；Bouwman et al. 2012.

66. Jaeger and Iñiguez 2014；Warinner et al. 2014；Weyrich et al. 2015.

67. Ortner 1991；Wood et al. 1992；Zuckerman et al. 2012，2015；DeWitte and Stojanowski 2015.

68. Walker et al. 2009；Setzer 2014.

69. Stuart-Macadam 1989，1992.

70. Hawass et al. 2010；Sallares and Gomzi 2001；Marciniak et al. 2016. 请见下文第六篇。

71. Mirdha et al. 1999.

72. Lugnano in Teverina，Inwood，J.，personal communication.

73. Abbott 2001；Sallares et al. 2004.

74. Drancourt et al. 1998；Zink et al. 2006；Bos et al. 2012；Wagner et al. 2014.

75. DeWitte and Wood 2008.

76. Santos and Roberts 2001.

77. Mays et al. 2001，2002.

78. Molto 1990.

79. Hough 2001；Weiss and Jurmain 2007；Musumeci et al. 2015.

80. Palubeckaitė et al. 2002.

81. Duray 1996；Armelagos et al. 2009.

82. Rothman and Greenlander 1998.

83. Bondioli et al. 2016.

84. Bridges 1993.

85. Macchiarelli et al. 1994；Davis et al. 2013；Jacobi and Danforth 2002；Waldron and Rogers 1991.

86. Ortner 1991，2012；Buikstra and Ubelaker 1994.

87. Boldsen and Milner 2012.

88. Wood，et al. 1992.

89. Storey 1997；DeWitte and Bekvalac 2010；Boldsen et al. 2015.

90. DeWitte 2014.

91. Capasso 2001；Lazer 2011.

92. Fattore et al. 2012.

93. Crowe et al. 2010；Craig et al. 2013（伊索拉萨克拉和韦利亚）；

Martyn et al. 2015（赫库兰尼姆）。

94. 请见 Giannecchini and Moggi-Cecchi 2008。

95. Sandberg et al. 2014.

96. 一个评论请见 Fulminante 2015。

97. Humphrey et al. 2007；Bondioli et al. 2011.

98. FitzGerald et al. 2006.

99. E. g. , Retief and Cilliers 2005.

100. Delile et al. 2014.

101. Keenan-Jones et al. 2012.

102. Bisel and Bisel 2002.

103. Montgomery et al. 2010.

104. Ruff et al. 1984；Ruff 1987；Chenorkian et al. 1990.

105. Crowe et al. 2010（病状）；Brasili et al. 2004；Kanz and Grosschmidt 2006；Van der Merwe et al. 2010（创伤）。

106. Frayer and Russell 1987；Erdal 2008；Waters-Rist et al. 2010；Lorkiewicz 2010；Sperduti et al. 2011.

107. Jurmain et al. 2012；Villotte and Knüsel 2013.

108. Shaw and Stock 2009a, b（临床研究）；Maggiano et al. 2008；Sládek et al. 2007（考古学）。

109. 有关方法论，请见 Bondioli et al. 2010。

110. Farwell and Molleson 1993；Petrone 1993；Sperduti 1997；Catalano et al. 2010.

111. Manzi et al. 1991；Crowe et al. 2010；Sperduti et al. 2012. 这些文章也为该病症的发病原因提供了临床的和流行病学的参考标准。

112. Richards et al. 2003；Richards et al. 2005；Richards et al. 2000.

113. Prowse et al. 2004；Craig et al. 2009；Craig et al. 2013；Müldner et al. 2011；Richards and Hedges 1998；Keenleyside et al. 2009.

114. E. g. , Katzenberg 2000；Sealy 2001；van Klinken et al. 2000.

115. Hedges 2006.

116. Salesse et al. 2014.

117. O'Connell et al. 2012；Hedges and Reynard 2007.

118. Craig et al. 2009；Prowse et al. 2004；Craig et al. 2013.

119. Cook et al. 2001.

120. Rutgers et al. 2009.

121. Craig et al. 2013; Salesse et al. 2014.

122. Foxhall and Forbes 1982.

123. Fernandes et al. 2014.

124. Fernandes 2015.

125. Colonese et al. 2014; Naito et al. 2010.

126. Craig et al. 2009; Prowse et al. 2004.

127. Hedges et al. 2007.

128. Prowse et al. 2005.

129. Beaumont et al. 2013.

130. E. g. , Noy 2000; Scheidel 2004, 2005, 2007; de Ligt and Northwood 2008; Eckardt 2010; Holleran 2011; de Ligt 2012; Hin 2013; de Ligt and Tacoma 2016.

131. Eckardt et al. 2014.

132. E. g. , Dupras and Schwarcz 2001; Chenery et al. 2010, 2011; Müldner et al. 2011.

133. Parfitt 2004; Hedges et al. 2007; Stepańczak et al. 2014.

134. Hedges 2002.

135. Yurtsever and Gat 1981; Gat 1996.

136. Daux et al. 2008; Pollard et al. 2011a; Chenery et al. 2012.

137. Slovak and Paytan 2012.

138. Bentley 2006.

139. Chenery et al. 2010, 2011.

140. Prowse et al. 2007.

141. Bruun 2010; Killgrove 2010a; Prowse 2016.

142. Bruun 2010.

143. Killgrove and Montgomery 2016; cf. Killgrove 2010b; 2013.

144. Chenery et al. 2010.

145. Small 2011.

146. Prowse et al. 2010.

147. Prowse 2016.

148. Lightfoot et al. 2014.

149. Brettell et al. 2012；Lightfoot et al. 2014.

150. Roberts et al. 1998；Wright and Schwarcz 1998.

151. E. g. , Prowse et al. 2007.

152. Slovak and Paytan 2012.

153. Prowse et al. 2007；Slovak and Paytan 2012.

154. Killgrove and Montgomery 2016；Tafuri and coworkers 2015.

155. Nafplioti 2011.

156. Bataille and Bowen 2012；Chenery et al. 2011.

157. 有关锶同位素在考古学中的应用的一个详细讨论，请见 Bentley 2006 and Slovak and Paytan 2012。

158. E. g. , Evans et al. 2006；Chenery et al. 2010, 2011；Montgomery et al. 2010；Müldner et al. 2011；Eckardt et al. 2014.

159. E. g. , Pollard et al. 2011b.

160. E. g. , Montgomery et al. 2010；Shaw et al. 2016.

161. E. g. , Prowse et al. 2010；Sofeso et al. 2012.

162. Mark Twain，adapted；See Van Gerven and Armelagos 1983.

参考文献

Abbott, A. 2001. "Earliest malaria DNA found in Roman baby graveyard." *Nature* 412 (6850): 847. DOI: 10.1038/35091226.

Acsàdi, G., and J. Nemeskéri. 1970. *History of Human Life Span and Mortality*. Budapest: Akadémiai Kiadò.

AlQahtani, S. J. 2009. *Atlas of Human Tooth Development and Eruption*. London: Queen Mary and Westfield College.

André, J. 1981. *L'alimentation et la cuisine à Rome*. Paris: Belles Lettres.

Antoine, D., S. Hillson, and M. C. Dean. 2009. "The developmental clock of dental enamel: a test for the periodicity of prism cross-striations in modern humans and an evaluation of the most likely sources of error in histological studies of this kind." *Journal of Anatomy* 214: 45-55. DOI: 10.1111/j.1469-7580.2008.01010.x.

Armelagos, G., et al. 2009. "Enamel hypoplasia and early mortality: bioarcheological support for the Barker hypothesis." *Evolutionary Anthropology* 18: 261-271. DOI: 10.1002/evan.20239.

Baccino, E., et al. 1999. "Evaluation of seven methods of estimating age at death from mature human skeletal remains." *Journal of Forensic Sciences* 44: 931-936.

Bataille, C., and G. Bowen. 2012. "Mapping $^{87}Sr/^{86}Sr$ variations in bedrock and water for large scale provenance studies." *Chemical Geology* 304-305: 39-52.

Beauchesne, P., and S. C. Agarwal. 2014. "Age-related cortical bone maintenance and Loss in Imperial Roman population." *International Journal Osteoarchaeology* 24: 15–30. DOI: 10.1002/oa.1303.

Beaumont, J., et al. 2013. "Childhood diet: a closer examination of the evidence from dental tissues using stable isotope analysis of incremental human dentine." *Archaeometry* 55 (2): 277–295. DOI: 10.1111/j.1475-4754.2012.00682.x.

Belcastro, G., et al. 2007. "Continuity or discontinuity of the life-style in central Italy during the Roman Imperial Age–Early Middle Ages transition: diet, health, and behavior." *American Journal of Physical Anthropology* 132: 381–394. DOI: 10.1002/ajpa.20530.

Bentley, R. A. 2006. "Strontium isotopes from the earth to the archaeological skeleton: a review." *Journal of Archaeological Method and Theory* 13: 135–187. DOI: 10.1007 /s10816-006-9009-x.

Birch, W., and M. C. Dean. 2009. "Rates of enamel formation in human deciduous teeth." In *Comparative Dental Morphology: Frontiers of Oral Biology* 13, eds. T. Koppe, G. Meyer, and K. W. Alt. Basel: Karger, 116–120. DOI: 10.1159/000242402.

Bisel, S. 1988. "Nutrition in 1st Century Herculaneum." *Anthropologie Brno* 26: 61–66.

Bisel, S. 1991. "The human skeletons of Herculaneum." *International Journal of Anthropology* 6: 1–20. DOI: 10.1007/BF02447284.

Bisel, S., and J. Bisel. 2002. "Health and Nutrition at Herculaneum: an examination of human skeletal remains." In *The Natural History of Pompeii*, eds. W. F. Jashemski and F. G. Meyer. Cambridge: Cambridge University Press, 451–475.

Bocquet-Appel, J.-P., and C. Masset. 1982. "Farewell to paleodemography." *Journal of Human Evolution* 11 (4): 321–333.

Bocquet-Appel, J.-P., and C. Masset. 1985 "Paleodemography: resurrection or ghost?" *Journal of Human Evolution* 14 (2): 107–111.

Bocquet-Appel, J.-P., and C. Masset. 1996. "Palaeodemography: expectancy and false hope." *American Journal of Physical Anthropology* 89: 235–256. DOI: 10.1002 /(SICI)1096-8644(199604)99:4<571::AID-AJPA4>3.0.CO;2-X.

Boldsen, J. L., and G. R. Milner. 2012. "An epidemiological approach to paleopathology." In *A Companion to Paleopathology*, ed. A. L. Grauer Malden, MA: Wiley-Blackwell, 114–132. DOI: DOI: 10.1002/9781444345940.ch7.

Boldsen, J. L., G. R. Milner, and S. Weise. 2015. "Cranial vault trauma and selective mortality in medieval to early modern Denmark." *Proceedings of the National Academy of Sciences of the United States of America* 112 (6): 1721–1726. DOI: 10.1073/pnas.1412511112.

Boldsen, J. L., et al. 2002. "Transitional analysis: a new method for estimating age from skeletons." In *Paleodemography: Age Distributions from Skeletal Samples*, eds. R. D. Hoppa, and J. W. Vaupel. New York: Cambridge University Press, 73–106.

Bondioli, L., W. Müller, and P. F. Rossi. 2001. "Evaluation of secretion vs. maturation in human dental enamel from LA-ICPMS compositional profiles." American Association of Physical Anthropologists Supplement 144 (S52): 93.

Bondioli, L., and A. Sperduti. 2011. "Comunità dei morti ed individui scheletrici: dallo studio di popolazioni alla ricostruzione della storia biologica individuale" In *Dalla nascita alla morte: antropologia e archeologia a confronto. Atti dell'Incontro Internazionale di studi in onore di Claude Lévi-Strauss*, ed. V. Nizzo. Roma: Museo Nazionale Preistorico Etnografico Luigi Pigorini, 431–460.

Bondioli L., et al. 2010. "Technical note: morphometric maps of long bone shafts and dental roots for imaging topographic thickness variation." *American Journal of Physical Anthropology* 142: 328–334. DOI: 10.1002/ajpa.21271.

Bondioli, L., et al. 2016. "Diet and health in Central-Southern Italy during the Roman Imperial time." *ACTA IMEKO* 5 (2): 19–25.

Bonfiglioli, B., P. Brasili, and M. G. Belcastro. 2003. "Dental-alveolar lesions and nutritional habits: paleopathology of Roman skeletons of a Roman Imperial Age population (1st–4th c.AD): Quadrelli (Molise, Italy)." *Homo* 54: 35–56.

Bos, K. I., et al. 2011. "A draft genome of *Yersinia pestis* from victims of the Black Death." *Nature* 478 (7370): 505–510. DOI: 10.1038/nature10549.

Bos, K. I., et al. 2012. "*Yersinia pestis*: new evidence for an old infection." *PLoS ONE* 7 (11): e49803. DOI: 10.1371/journal.pone.0049803.

Bouwman, A. S., et al. 2012. "Genotype of a historic strain of *Mycobacterium tuberculosis*." *Proceedings of the National Academy of Sciences of the United States of America* 109 (45): 18511–18516. DOI: 10.1073/pnas.1209444109.

Brasili, P., E. Bianchi, and A. R. Ventrella. 2004. "Traumatic events and life-style in ancient Italian populations." *Collegium Antropologicum* 28: 179–191.

Brettell, R., J. Montgomery, and J. Evans. 2012. "Brewing and stewing: the effect of culturally mediated behaviour on the oxygen isotope composition of ingested fluids and the implications for human provenance studies." *Journal of Analytic Atomic Spectrometry* 27: 778–785. DOI: 10.1039/C2JA10335D.

Bridges, P. S. 1993. "The effect of variation in methodology on the outcome of osteoarthritic studies." *International Journal of Osteoarchaeology* 3: 289–295. DOI: 10.1002/oa.1390030407.

Bruun, C. 2010. "Water, oxygen isotopes, and immigration to Ostia-Portus." *Journal of Roman Archaeology* 23: 109–132. DOI: 0.1017/S1047759400002324.

Buikstra, J. E., and J. H. Mielke. 1985. "Demography, diet and health." In *The Analysis of Prehistoric Diets*, eds. R. I. Gilbert and J. H. Mielke. Orlando: Academic Press, 359–422.

Buikstra, J. E., and D. H. Ubelaker. 1994. *Standards for Data Collection from Human Skeletal Remains*. Fayetteville: Arkansas Archeological Survey Research.

Canci, A., et al. 2005. "A case of healing spinal infection from Classical Rome." *International Journal of Osteoarchaeology* 15: 77–83. DOI: 10.1002/oa.734.

Capasso, L. 2001. *I fuggiaschi di Ercolano*. Rome: L'Erma Di Bretschneider.

Capasso, L., and G. Di Tota. 1999. "Tuberculosis in Herculaneum (79 AD)." In *Tuberculosis: Past and Present*, eds. G. Palfi et al. Golden Book Publishers and Tuberculosis Foundation: Budapest, 463–467.

Catalano, P., et al. 2010. "Health status and life style in Castel Malnome (Rome, I–II cent. A. D.)." *Medicina nei Secoli* 22: 11–28.

Chenery, C., H. Eckardt, and G. Müldner. 2011. "Cosmopolitan Catterick? Isotopic evidence for population mobility on Rome's northern frontier." *Journal of Archaeological Science* 38 1525–1536. DOI: 10.1016/j.jas.2011.02.018.

Chenery, C., et al. 2010. "Strontium and stable isotope evidence for diet and mobility in Roman Glouchester, UK." *Journal of Archaeological Science* 37: 150–163. DOI: 10.1016/j.jas.2009.09.025.

Chenery, C. A., et al. 2012. "The oxygen isotope relationship between the phosphate and structural carbonate fractions of human bioapatite." *Rapid Communication in Mass Spectrometry* 26: 309–319. DOI: 10.1002/rcm.5331.

Chenorkian, R., et al. 1990. "Pour une archéologie du geste." *Travaux du Lapmo*: 147–151.

Cho, H., and S. D. Stout. 2011. "Age-associated bone loss and intraskeletal variability in the Imperial Romans." *Journal of Anthropological Science* 89: 109–125. DOI: 10.4436/jass.89007.

Coale, A. J., and P. Demeny. 1983. *Regional Model Life Tables and Stable Populations*. Princeton: Princeton University Press.

Colonese, A. C., et al. 2014. "Long-Term Resilience of Late Holocene Coastal Subsistence System in Southeastern South America." *PLoS ONE* 9 (4): e93854. DOI: 10.1371/journal.pone.0093854.

Cook, G. T., et al. 2011. "A freshwater diet-derived C-14 reservoir effect at the stone age sites in the iron gates gorge." *Radiocarbon* 43 (2): 453–460. DOI: 10.2458/azu_js_rc.43.3985.

Corsini, M., A. Schmitt, and J. Bruzek. 2005. "Ageing process variability on the human skeleton: artificial network as an appropriate tool for age at death assessment." *Forensic Science International* 148: 163–167. DOI: 10.1016/j.forsciint.2004.05.008.

Cox, M. 2000. "Ageing adults from the skeleton." In *Human Osteology in Archaeology and Forensic Science*, eds. M. Cox and S. Mays. London: Greenwich Medical Media, 61–81.

Craig, O. E., et al. 2009. "Stable isotopic evidence for diet at the imperial Roman coastal site of Velia (1st and 2nd Centuries AD) in Southern Italy." *American Journal of Physical Anthropology* 139: 572–583. DOI: 10.1002/ajpa.21021.

Craig, O. E., et al. 2013. "Evaluating marine diets through radiocarbon dating and stable isotope analysis of victims of the AD 79 eruption of Vesuvius." *American Journal of Physical Anthropology* 152: 345–352. DOI: 10.1002/ajpa.22352.

Crowe, F., et al. 2010. "Water-Related occupations and diet in two Roman coastal communities (Italy, first to third century AD): Correlation between stable carbon and nitrogen isotope values and auricular exostosis prevalence." *American Journal of Physical Anthropology* 142: 355–366. DOI: 10.1002/ajpa.21229.

Cucina, A., D. Mancinelli, and A. Coppa. 1998. "Demography, nutrition and stress in the Italian Peninsula from the Copper Age to the Roman Imperial Age." *Rivista di Antropologia* 76: 135–138.

Daux, V., et al. 2008. "Oxygen isotope fractionation between human phosphate and water revisited." *Journal of Human Evolution* 55 (6): 1138–1147. DOI: 10.1016/j.jhevol.2008.06.006.

Davis, C. B., et al. 2013. "Patterns of interobserver error in the scoring of entheseal changes." *International Journal of Osteoarchaeology* 23: 147–151. DOI: 10.1002/oa.2277.

Dean, M. C. 2009. "Extension rates and growth in tooth height of modern human and fossil hominin canines and molars." In *Frontiers of Oral Biology: Interdisciplinary Dental Morphology*, 13, eds. T. Koppe, G. Meyer, and K.W. Alt. Karger: Basel, 68–73. DOI: 10.1159/000242394.

Dean, M.C., and T. J. Cole. 2013. "Human life history evolution explains dissociation between the timing of tooth eruption and peak rates of root growth." *PLoS ONE* 8 (1): e54534. DOI: 10.1371/journal.pone.0054534.

Delile, H., et al. 2014. "Lead in ancient Rome's city waters." *Proceedings of National Academy of Sciences of the United States of America* 111 (18): 6594–6599. DOI: 10.1073/pnas.1400097111.

DeWitte, S. N. 2014. "Differential survival among individuals with active and healed periosteal new bone formation." *International Journal of Paleopathology* 7: 38–44. DOI: 10.1016/j.ijpp.2014.06.001.

DeWitte, S. N., and J. Bekvalac. 2010, "Oral health and frailty in the medieval English cemetery of St Mary Graces." *American Journal of Physical Anthropology* 142: 341–354. DOI: 10.1002/ajpa.21228.

DeWitte, S. N., and C. M. Stojanowski. 2015. "The Osteological Paradox 20 years later: past perspectives, future directions." *Journal of Archaeological Research*. DOI 10.1007/s10814-015-9084-1.

DeWitte, S. N., and J. W. Wood. 2008. "Selectivity of Black Death mortality with respect to pre-existing health." *Proceedings of the National Academy of Sciences of the United States of America* 105 (5): 1436–1441. DOI: 10.1073/pnas.0705460105.

Drancourt, M., et al. 1998. "Detection of 400-year-old *Yersinia pestis* DNA in human dental pulp: an approach to the diagnosis of ancient septicemia." *Proceedings of the National*

Academy of Sciences of the United States of America 95 (21): 12637–12640. DOI: 10.1073 /pnas.95.21.12637.

Dupras, T. L., and H.P. Schwarcz. 2001. "Strangers in a strange land: Stable isotope evidence for human migration in the Dakhleh Oasis, Egypt." *Journal of Archaeological Science* 28: 1199–1208. DOI: 10.1006/jasc.2001.0640.

Duray, S. 1996. "Dental indicators of stress and reduced age at death in prehistoric native Americans." *American Journal of Physical Anthropology* 99, 275–286. DOI: 10.1002 /(SICI)1096-8644(199602)99:2<275::AID-AJPA5>3.0.CO;2-Y.

Eckardt, H., ed. 2010. *Roman Diasporas: Archaeological Approaches to Mobility and Diversity in the Roman Empire*. Portsmouth, RI: Journal of Roman Archaeology. Supplementary volume 78.

Eckardt, H., G. Mülnder, and M. Lewis. 2014. "People on the move in Roman Britain." *World Archaeology* 46 (4): 534–550. DOI: 10.1080/00438243.2014.931821.

Erdal, Y.S. 2008. "Occlusal grooves in anterior dentition among Kovuklukaya inhabitants (Sinop, Northern Anatolia, 10th Century AD)." *International Journal of Osteoarchaeology* 18: 152–166. DOI: 10.1002/oa.925.

Evans, J., N. Stoodley, and C. Chenery. 2006. "A strontium and oxygen isotope assessment of a possible fourth century immigrant population in a Hampshire cemetery, England." *Journal of Archaeological Science* 33: 265–272. DOI: 10.1016/j.jas.2005.07.011.

Facchini, F., E. Rastelli, and P. Brasili. 2004. "*Cribra orbitalia* and *cribra cranii* in Roman skeletal remains from the Ravenna area and Rimini (I–IV Century AD)." *International Journal of Osteoarchaeology* 14: 126–136. DOI: 10.1002/oa.717.

Falys, C. G., H. Schutkowski, and D. Weston. 2006. "Auricular surface ageing: worse than expected? A test of the revised method on a documented historic skeletal assemblage." *American Journal of Physical Anthropology* 130: 508–513. DOI: 10.1002 /ajpa.20382.

Falys, C. G., and M. E. Lewis. 2011. "Proposing a way forward: a review of standardisation in the use of age categories and ageing techniques in osteological analysis (2004–2009)." *International Journal of Osteoarchaeology* 21: 704–716. DOI: 10.1002/oa.1179.

Falys, C. G., and D. Prangle. 2015. "Estimating age of mature adults from the degeneration of the sternal end of the clavicle." *American Journal of Physical Anthropology* 156: 203–214. DOI: 10.1002/ajpa.22639.

Farwell, D. E., and T. I. Molleson. 1993. *Excavations at Poundbury 1966–80. Volume II: The Cemeteries*. Dorchester: Dorset Natural History and Archaeology Society Monograph 11.

Fattore, L., et al. 2012. "The Roman skeletal remains from Herculaneum: new evidence from the excavation of the fornici 7, 8, 9, 10, and 11." *American Association of Physical Anthropologists Suppl. 81st Annual Meeting*. Portland, Oregon: 11–14, April 2012. 142 DOI 10.1002/ajpa.22032.

Ferembach, D., I. E., Schwidetzky, and M. Stloukal. 1979. "Raccomandazioni per la determinazione dell'età e del sesso sullo scheletro." *Rivista di Antropologia* 60: 5–51.

Fernandes, R. 2015. "A simple(r) model to predict the source of dietary carbon in individual consumers." *Archaeometry*: 500–512. DOI: 10.1111/arcm.12193.

Fernandes, R., et al. 2014. "Food reconstruction using isotopic transferred signals (FRUITS): a bayesian model for diet reconstruction." *PLoS ONE* 9 (2): e87436. DOI: 10.1371/journal .pone.0087436.

FitzGerald, C., et al. 2006. "Health of infants in an Imperial Roman skeletal sample: perspective from dental microstructure." *American Journal of Physical Anthropology* 130: 179–189. DOI: 10.1002/ajpa.20275.

Foxhall, L., and H. A. Forbes. 1982. "Sitometria: The role of grain as a staple food in classical antiquity." *Chiron* 12: 41–90.

Frayer, D. W., and M. D. Russell. 1987. "Artificial grooves in the Krapina Neanderthal teeth." *American Journal of Physical Anthropology* 74: 393–405. DOI: 10.1002/ajpa.1330740311.

Frey, B. S., D. A. Savage, and B. Torgler. 2010. "Interaction of natural survival instincts and internalized social norms exploring the Titanic and Lusitania disasters." *Proceedings of the National Academy of Sciences of the United States of America* 16 (11): 4862–4865. DOI: 10.1073/pnas.0911303107.

Fulminante, F. 2015. "Infant feeding practices in Europe and the Mediterranean from prehistory to the Middle Ages: a comparison between the historical sources and bioarchaeology." *Childhood in the Past* 8: 24–47. DOI: 10.1179/1758571615Z.00000000026.

Garvin, H. M. 2012. "Adult sex determination: methods and application." In *A Companion to Forensic Anthropology*, ed. D. C. Dirkmaat. Malden, MA: Wiley-Blackwell, 239–247. DOI: 10.1002/9781118255377.ch12.

Garvin, H. M., and N. V. Passalacqua. 2012. "Current practices by forensic anthropologists in adult skeletal age estimation." *Journal of Forensic Sciences* 57: 427–433. DOI: 10.1111/j.1556–4029.2011.01979.x.

Garvin, H. M., et al. 2012. "Developments in forensic anthropology: age at-death estimation." In *A Companion to Forensic Anthropology*, ed. D.C. Dirkmaat. Malden, MA: Wiley-Blackwell, 202–223. DOI: 10.1002/9781118255377.ch10.

Gat, J. R. 1996. "Oxygen and hydrogen isotopes in the hydrologic cycle." *Annual Review of Earth and Planetary Sciences* 24: 225–262. DOI: 10.1146/annurev.earth.24.1.225.

Giannecchini, M., and J. Moggi-Cecchi. 2008. "Stature in archeological samples from central Italy: methodological issues and diachronic changes." *American Journal of Physical Anthropology* 135: 284–292. DOI: 10.1002/ajpa.20742.

Gowland, R. L. 2007. "Age, ageism and osteological bias: the evidence from late Roman Britain." *Journal of Roman Archaeology Supplementary* 65: 153–169.

Gowland, R. L., and A. T. Chamberlain. 2002. "A Bayesian approach to ageing perinatal skeletal remains: implications for the evidence of infanticide in Roman Britain." *Journal of Archaeological Science* 29: 677–685. DOI: 10.1006/jasc.2001.0776.

Gowland, R. L., and P. Garnsey. 2010. "Skeletal evidence for health, nutritional status and malaria in Rome and the Empire." In *Roman Diasporas: Archaeological Approaches to Mobility and Diversity in the Roman Empire*, ed. H. Eckhardt. Portsmouth, RI, Journal of Roman Archaeology, 131–156.

Gowland, R. L., and R. C. Redfern. 2010. "Childhood health in the Roman world: perspectives from the centre and margin of the Empire." *Childhood in the Past* 3: 15–42. DOI: 10.1179/cip.2010.3.1.15.

Green, S., S. Green, and G. Armelagos. 1974. "Settlement and mortality of the Christian site (1050 A.D.—1300 A.D.) of Meinarti (Sudan)." *Journal of Human Evolution* 3 (4): 297–316. DOI: 10.1016/0047-2484(74)90024-4.

Guyomarc'h, P., and J. Bruzek. 2011. "Accuracy and reliability in sex determination from skulls: a comparison of Fordisc3.0 and the discriminant function analysis." *Forensic Science International* 208: 180–e1. DOI: 10.1016/j.forsciint.2011.03.011.

Hassan, N.A-M., et al. 2014. "Ancient DNA study of the remains of putative infanticide victims from the Yewden Roman villa site at Hambleden, England." *Journal Archaeological Science* 43: 192–197. DOI: 10.1016/j.jas.2013.12.017.

Hawass, Z., et al. 2010. "Ancestry and pathology in King Tutankhamun's family." *The Journal of the American Medical Association* 303: 638–647. DOI: 10.1001/jama.2010.121.

Hedges, R.E.M. 2002. "Bone diagenesis: an overview of process." *Archaeometry* 44 (3): 319–328. DOI: 10.1111/1475-4754.00064.

Hedges, R.E.M. 2006. "Where does our protein carbon come from?" *British Journal of Nutrition* 95: 1031–1032. DOI: 10.1079/BJN20061782.

Hedges, R.E.M., and L. M. Reynard. 2007. "Nitrogen isotopes and the trophic level of humans in archaeology." *Journal of Archaeological Science* 34: 1240–1251. DOI: 10.1016/j.jas.2006.10.015.

Hedges, R.E.M., et al. 2007. "Collagen turnover in the adult femoral mid-shaft: modeled from anthropogenic radiocarbon tracer measurements." *American Journal of Physical Anthropology* 133: 808–816. DOI: 10.1002/ajpa.20598.

Hens, S. M., E. Rastelli, and G. Belcastro. 2008. "Age estimation from the human *os coxa*: a test on a documented Italian collection." *Journal of Forensic Sciences* 53: 1040–1043. DOI: 10.1111/j.1556-4029.2008.00818.x.

Hin, S. 2013. *The Demography of Roman Italy: Population Dynamics in an Ancient Conquest Society, 201 BCE–14 CE.* Cambridge: Cambridge University Press.

Holleran, C. 2011. "Migration and the urban economy of Rome." In *Demography and the Graeco-Roman World: New Insights and Approaches*, eds. C. Holleran and A. Pudsey. Cambridge: Cambridge University Press, 155–180.

Hoppa, R. D., and J. W. Vaupel. 2002. *Paleodemography: Age Distributions from Skeletal Samples.* Cambridge: Cambridge University Press.

Hough, A. J. 2001. "Pathology of osteoarthritis." In *Arthritis and Allied Conditions*, ed. W. J. Koopman. Philadelphia: Lea and Febiger, 2167–2194.

Humphrey, L. T., et al. 2007. "Unlocking evidence of early diet from tooth enamel." *Proceedings of the National Academy of Sciences of the United States of America* 105 (19): 6834–6839. DOI: 10.1073/pnas.0711513105.

İşcan, M. Y., and K. A. Kennedy. 1989. *Reconstruction of Life from the Skeleton.* New York: Alan R. Liss.

Jackes, M. 2011. "Representativeness and bias in archaeological skeletal samples." In *Social Bioarchaeology*, eds. S. C. Agarwal, and B. A. Glencross. Chichester: Blackwell, 107–146. DOI: 10.1002/9781444390537.ch5.

Jacobi, K. P., and M. E. Danforth. 2002. "Analysis of interobserver scoring patterns in porotic hyperostosis and *cribra orbitalia*." *International Journal of Osteoarchaeology* 12: 248–258. DOI: 10.1002/oa.619.

Jaeger, L. H., and A. M. Iñiguez. 2014. "Molecular paleoparasitological hybridization approach as effective tool for diagnosing human intestinal parasites from scarce archaeological remains." *PLoS ONE* 9 (8): e105910. DOI: 10.1371/journal.pone.0105910.

Johansson, S. R., and S. Horowitz. 1986. "Estimating mortality in skeletal populations: influence of the growth rate on the interpretation of levels of trends during the transition to agriculture." *American Journal of Physical Anthropology* 71: 233–250. DOI: 10.1002/ajpa.1330710211.

Jurmain, R., et al. 2012. "Bioarchaeology's Holy Grail: the reconstruction of activity." In *A Companion to Paleopathology*, ed. A. L. Grauer. New York: Wiley-Blackwell, 531–552. DOI: 10.1002/9781444345940.ch29.

Kanz, F., and K. Grosschmidt. 2006. "Head injuries of Roman gladiators." *Forensic Science International* 13: 207–216. DOI: 10.1016/j.forsciint.2005.10.010.

Katz, D., and J. M. Suchey. 1989. "Race differences in pubic synphyseal aging patterns in the male." *American Journal of Physical Anthropology* 80: 167–172. DOI: 10.1002/ajpa.1330800204.

Katzenberg, M. A. 2000. "Stable isotope analysis: a tool for studying past diet, demography and history." In *Biological Anthropology of the Human Skeleton*, eds. M. A. Katzenberg and S. R. Saunders. New York: Wiley-Liss, 305–328. DOI: 10.1002/9780470245842.ch13.

Keenan-Jones, D., J. Hellstrom, and R. Drysdale. 2012. "Lead contamination in the drinking water of Pompeii." In *Art, Industry and Infrastructure in Roman Pompeii*, eds. E. Poehler, M. Flohr, and K. Cole. Oxford: Oxford University Press, 130–181.

Keenleyside, A., et al. 2009. "Stable isotopic evidence for diet in a Roman and Late Roman population from Leptiminus, Tunisia." *Journal of Archaelogical Science* 36: 51–63. DOI: 10.1016/j.jas.2008.07.008.

Kemkes-Grottenthaler, A. 2002. "Aging through the ages: historical perspectives on age indicator methods." In *Paleodemography: Age Distributions from Skeletal Samples*, eds. R. D. Hoppa and J. W. Vaupel. Cambridge: Cambridge University Press, 48–72.

Killgrove, K. 2010a. "Response to C. Bruun's 'Water, oxygen isotopes, and immigration to Ostia-Portus.'" *Journal of Roman Archaeology* 23: 133–136. DOI: 10.1017/S1047759400002336.

Killgrove, K. 2010b. "Identifying immigrants to Imperial Rome using strontium isotope analysis." In *Roman Diasporas: Archaeological Approaches to Mobility and Diversity in the Roman Empire*, ed. H. Eckardt. Portsmouth, RI: Journal of Roman Archaeology, Supplementary volume 78, 157–174.

Killgrove, K., and J. Montgomery. 2016. "All roads lead to Rome: exploring human migration to the eternal city through biochemistry of skeletons from two Imperial-era cemeteries (1st–3rd c AD)." *PLoS ONE* 11 (2): e0147585. DOI: 10.1371/journal.pone.0147585.

Kimmerle, E. H., D. A. Prince, and G. E. Berg. 2008. "Inter-observer variation in methodologies involving the pubic symphysis, sternal ribs, and teeth." *Journal of Forensic Sciences* 53: 594–600. DOI: 10.1111/j.1556-4029.2008.00715.x.

Klepinger, L. L. 2006. *Fundamentals of Forensic Anthropology*. Wiley-Liss: New Jersey.

Konigsberg, L. W. and S. R. Frankenberg, 1994. "Paleodemography: 'Not quite dead.'" *Evolutionary Anthropology* 3: 92–105. DOI: 10.1002/evan.1360030306.

Konigsberg, L. W., and S. R. Frankenberg. 2002. "Deconstructing death in paleodemography." *American Journal of Physical Anthropology* 117: 297–309. DOI: 10.1002/ajpa.10039.

Krogman, W. M., and M. Y. İşcan. 1986. *The Human Skeleton in Forensic Medicine*. Springfield, IL: Charles C. Thomas.

Larsen, C. S. 2006. "The changing face of bioarchaeology: an interdisciplinary science." In *Bioarchaeology: The Contextual Analysis of Human Remains*, eds. J. E. Buikstra and L. A. Beck. Burlington, MA: Academic Press, 359–374.

Lazer E. 2011. *Resurrecting Pompeii*. Abingdon, Oxon, and New York: Routledge. DOI: 10.3764/ajaonline1161.

Lee, U. Y., I. B. Kim, and D. S. Kwak. 2015. "Sex determination using discriminant analysis of upper and lower extremity bones: new approach using the volume and surface area of digital model." *Forensic Science International* 253: 135.e1–4. DOI: 10.1016/j.forsciint.2015.05.017.

Lewis, M. E. 2010. "Life and death in a *civitas* capital: metabolic disease and trauma in the children from Late Roman Dorchester, Dorset." *American Journal of Physical Anthropology* 143: 405–416. DOI: 10.1002/ajpa.21239.

Lewis, M. E. 2011. "The osteology of infancy and childhood: misconceptions and potential." In *Rethinking The Little Ancestor: New Perspectives on the Archaeology of Infancy and Childhood*, eds. M. Lally and A. Moore. Oxford: Archaeopress, 1–13.

Lightfoot, E., M. Slaus, and T. C. O'Connell. 2014. "Water consumption in Iron Age, Roman and early medieval Croatia." *American Journal of Physical Anthropology* 154: 535–543. DOI: 10.1002/ajpa.22544.

Ligt, L. de. 2012. *Peasants, Citizens and Soldiers: Studies in the Demographic History of Roman Italy 225BC–AD 100*. Cambridge: Cambridge University Press.

Ligt, L. de, and S. Northwood, eds. 2008. *People, Land and Politics: Demographic Developments and the Transformation of Roman Italy, 300 BC–AD 14*. Leiden: Brill.

Ligt, L. de, and L. E. Tacoma, eds. 2016. *Migration and Mobility in the Early Roman Empire*. Leiden: Brill.

Lorkiewicz, W. 2011. "Nonalimentary tooth use in the Neolithic population of the Lengyel culture in central Poland (4600–4000 BC)." *American Journal of Physical Anthropology* 144: 538–551. DOI: 10.1002/ajpa.21435.

Lovejoy C. O., et al. 1985. "Multifactorial determination of skeletal age at death: a method and blind test of its accuracy." *American Journal of Physical Anthropology* 68: 1–14. DOI: 10.1002/ajpa.1330680102.

Lunardini, A., et al. 2005. "A severe case of rickets in the Roman Imperial Age (I–II century A.D.)." *Journal of Paleopathology* 17: 137–143.

Lunardini, A., et al. 2008. "A severe case of ankylosing spondylitis from the Roman Imperial Age (I–II century A.D.)." *Journal of Paleopathology* 20: 29–35.

Luongo, G., et al. 2003. "Impact of the AD 79 explosive eruption on Pompeii. II. Causes of death of the inhabitants inferred by stratigraphic analysis and areal distribution of the human casualties." *Journal of Volcanology and Geothermal Research* 126: 169–200. DOI: 10.1016/S0377-0273(03)00147-1.

Macchiarelli, R., A. Sperduti, and L. Bondioli. 1990. "L'indagine radiografica dello scheletro nella attribuzione dell'età alla morte. II. Analisi sperimentale dei corpi vertebrali." *Rivista di Antropologia* 68: 103–127.

Macchiarelli, R., et al. 1994. "Intra- and interobserver concordance in scoring Harris lines: a test on bone sections and radiographs." *American Journal of Physical Anthropology* 95: 77–83. DOI: 10.1002/ajpa.1330950107.

Macchiarelli, R., et al. 2006. "How Neanderthal molar teeth grew." *Nature* 444 (7120): 748–751. DOI: 10.1038/nature05314.

Maggiano, I. S., et al. 2008. "Cross-sectional analysis of long bones, occupational activities and long-distance trade of the Classic Maya from Xcambó: archaeological and osteological evidence." *American Journal of Physical Anthropology* 136: 470–477. DOI: 10.1002/ajpa.20830.

Mahoney, P. 2011. "Human deciduous mandibular molar incremental enamel development." *American Journal of Physical Anthropology* 144: 204–214. DOI: 10.1002/ajpa.21386.

Manzi, G., A. Sperduti, and P. Passarello. 1991. "Behavior-induced auditory exostoses in imperial Roman society: evidence from coeval urban and rural communities near Rome." *American Journal of Physical Anthropology* 85: 253–260. DOI: 10.1002/ajpa.1330850303.

Manzi, G., et al. 1989. "Linee di Harris e ipoplasia dello smalto nei resti scheletrici delle popolazioni umane di Isola Sacra e *Lucus Feroniae* (Roma, I–III sec. d.C.)." *Rivista di Antropologia* 67: 129–148.

Manzi, G., et al. 1999. "Discontinuity of life conditions at the transition from the Roman Imperial age and early Middle ages: example from central Italy evaluated by pathological dental alveolar lesions." *American Journal of Human Biology* 11 (3): 327–341. DOI: 10.1002/(SICI)1520-6300(1999)11:3<327::AID-AJHB5>3.0.CO;2-M.

Maples, W. R. 1989. "The practical application of age-estimation techniques." In *Age Markers in the Human Skeleton*, ed. M. Y. İşcan. Springfield, IL: Charles C. Thomas, 319–324.

Marciniak, S., et al. 2016. "*Plasmodium falciparum* malaria in 1st–2nd century CE southern Italy." *Current Biology* 26: 1220–1222.

Martyn, R.E.V., et al. 2015. "Capturing Roman dietary variability in the catastrophic death assemblage at Herculaneum, AD 79." *United Kingdom Archaeological Science, Environmental and Archaeological Science Conference.* Durham, UK, April 2015: 8–11.

Mays, S. 2014. "A test of a recently devised method of estimating skeletal age at death using features of the adult acetabulum." *Journal of Forensic Sciences* 59: 184–187. DOI: 10.1111/1556-4029.12293.

Mays, S., and M. Faerman. 2001. "Sex identification in some putative infanticide victims from Roman Britain using ancient DNA." *Journal of Archaeological Science* 28: 555–559. DOI: 10.1006/jasc.2001.0616.

Mays, S., E. Fysh, and G. M. Taylor. 2002. "Investigation of the link between visceral surface rib lesions and tuberculosis in a medieval skeletal series from England using ancient DNA." *American Journal of Physical Anthropology* 119: 27–36. DOI: 10.1002/ajpa.10099.

Mays, S., et al. 2001. "Paleopathological and biomolecular study of tuberculosis in a medieval skeletal collection from England." *American Journal of Physical Anthropology* 114: 298–311. DOI: 10.1002/ajpa.1042.

McNeill, W. H. 1979. "Historical patterns of migration." *Current Anthropology* 20: 95–102. DOI: 10.1086/202206.

Merritt, C. E. 2014. "A test of Hartnett's revisions to the pubic symphysis and fourth rib methods on a modern sample." *Journal of Forensic Sciences* 59: 703–711. DOI: 10.1111/1556-4029.12380.

Merritt, C. E. 2015. "The influence of body size on adult skeletal age estimation methods." *American Journal of Physical Anthropology* 156: 35–57. DOI: 10.1002/ajpa.22626.

Minozzi, S., et al. 2012a. "Pituitary disease from the past: a rare case of gigantism in skeletal remains from the Roman Imperial Age." *The Journal of Clinical Endocrinology and Metabolism* 97: 4302–4303. DOI: 10.1210/jc.2012-2726.

Minozzi, S., et al. 2012b. "Palaeopathology of human remains from the Roman Imperial Age." *Pathobiology* 79: 268–283. DOI: 10.1159/000338097.

Minozzi, S., et al. 2013. "A case of gout from Imperial Rome (1st–2nd Century AD)." *Journal of Clinical Research & Bioethics* 4: 162. DOI: 10.4172/2155-9627.1000162.

Mirdha, B. R., et al. 1999. "Bone marrow examination for identifying malaria in fever of unknown origin." *Journal Association of Physicians of India* 47: 177–179.

Molleson, T. I. 1989. "Social implications of mortality patterns of juveniles from Poundbury Camp, Romano-British Cemetery." *Anthropologischer Anzeiger* 47: 27–38.

Molto, J. E. 1990. "Differential diagnosis of rib lesions: a case study from Middle Woodland, Southern Ontario. Circa 230 AD." *American Journal of Physical Anthropology* 83: 439–447. DOI: 10.1002/ajpa.1330830405.

Montgomery, J., et al. 2010. "'Gleaming white and deadly': the use of lead to track human exposure and geographic origins in the Roman period in Britain." In *Roman Diasporas: Archaeological Approaches to Mobility and Diversity in the Roman Empire*, ed. H. Eckardt. Portsmouth, RI: Journal of Roman Archaeology, Supplementary volume 78, 199–226.

Müldner, G., C. Chenery, and H. Eckardt. 2011. "The 'Headless Romans:': multi-isotope investigations of an unusual burial ground from Roman Britain." *Journal of Archaeological Science* 38: 280–290. DOI: 0.1016/j.jas.2010.09.003.

Musumeci, I., et al. 2015. "Osteoarthritis in the XXIst Century: risk factors and behaviours that influence disease onset and progression." *International Journal of Molecular Sciences* 16: 6093–6112. DOI: 10.3390/ijms16036093.

Nafplioti, A. 2011. "Tracing population mobility in the Aegean using isotope geochemistry: a first map of local biologically available $^{87}Sr/^{86}Sr$ signatures." *Journal of Archaeological Science* 38: 1560–1570. DOI: 10.1016/j.jas.2011.02.021.

Naito, Y. I., et al. 2010. "Quantitative evaluation of marine protein contribution in ancient diets based on nitrogen isotope ratios of individual amino acids in bone collagen: an investigation at the Kitakogane Jomon site." *American Journal of Physical Anthropology* 143: 31–40. DOI: 10.1002/ajpa.21287.

Nawrocki, S. P. 2010. "The nature and sources of error in the estimation of age at death from the skeleton." In *Age Estimation of the Human Skeleton*, eds. K. Latham and M. Finnegan. Springfield, IL: Charles C. Thomas, 79–101.

Noy, D. 2000. *Foreigners at Rome: Citizens and Strangers*. London: Duckworth.

O'Connell, T. C., et al. 2012. "The diet-body offset in human nitrogen isotopic values: a controlled dietary study." *American Journal of Physical Anthropology* 149: 426–434. DOI: 10.1002/ajpa.22140.

Ortner, D. J. 1991. "Theoretical and methodological issues in paleopathology." In *Human Paleopathology: Current Syntheses and Future Options*, eds. D. Ortner and A. Aufderheide. Washington, DC: Smithsonian Institution Press, 5–11.

Ortner, D. J. 2012. "Differential diagnosis and issues in disease classification." In *A Companion to Paleopathology*, ed. A. L. Grauer. Malden, MA: Wiley-Blackwell, 250–267. DOI: 10.1002/9781444345940.ch14.

Ortner, D. J., and G. J. Putschar. 1981. *Identification of Pathological Conditions in Human Skeletal Remains*. Washington, D.C.: Smithsonian Institution Press.

Ottini, L., et al. 2001. "A subject with abnormally short stature from Imperial Rome." *Journal of Endocrinological Investigation* 24: 546–548. DOI: 10.1007/BF03343890.

Paine, R. R., and H. C. Harpending. 1998. "Effect of sample bias on palaeodemographic fertility estimates." *American Journal of Physical Anthropology* 105: 231–240. DOI: 10.1002/(SICI)1096-8644(199802)105:2<231::AID-AJPA9>3.0.CO;2-X.

Paine, R. R., and G. R. Storey. 2008. "Epidemics, age at death and mortality in Ancient Rome." In *Urbanism in the Preindustrial World*, ed. G. R. Storey. Tuscaloosa: University of Alabama Press, 69–85.

Paine, R. R., et al. 2009. "A health assessment for Imperial Roman burials recovered from the necropolis of San Donato and Bivio CH, Urbino, Italy." *Journal of Anthropological Science* 87: 193–210.

Palubeckaitė, Ž., R. Jankauskas, and J. Boldsen. 2002. "Enamel hypoplasia in Danish and Lithuanian Late Medieval / Early Modern samples: a possible reflection of child morbidity and mortality patterns." *International Journal of Osteoarchaeology* 12: 189–201. DOI: 10.1002/oa.607.

Parfitt, A. 2004. "What is the normal rate of bone remodeling?" *Bone* 35: 1–3. DOI: 10.1016/j.bone.2004.03.022.

Petrone, P. P. 1993. "Schiavitù, stress da attività lavorativa, malnutrizione: condizioni socioculturali quali principali cause di morbilità e mortalità in popolazioni di età imperiale dell'area flegrea (Napoli, Campania)." *Abstracts X Congresso Antropologi Italiani*: 18.

Petrone, P., et al. 2011. "Enduring fluoride health hazard for the Vesuvius area population: the case of AD 79 Herculaneum." *PLoS ONE* 6 (6): e21085. DOI: 10.1371/journal.pone.0021085.

Piccioli, A., V. Gazzaniga, and P. Catalano, eds. 2015. *Bones: Orthopaedic Pathologies in Roman Imperial Age*. New York: Springer International Publishing.

Pollard, A. M., et al. 2011a. "Technical note: some observations on the conversion of dental enamel $\delta^{18}O_p$ values to $\delta^{18}O_w$ to determine human mobility." *American Journal of Physical Anthropology* 145: 499–504. DOI: 10.1002/ajpa.21524.

Pollard, A. M., et al. 2011b. " ' These boots were made for walking': the isotopic analysis of a C_4 Roman inhumation from Gravesend, Kent, UK." *American Journal of Physical Anthropology* 146: 446–456. DOI: 10.1002/ajpa.21602.

Prowse, T. L. 2016. "Isotopes and mobility in the ancient Roman world." In *Approaches to Migration in the Early Roman Empire*, eds. L. de Ligt and L. E. Tacoma. Leiden: Brill Publishers, 205–233. DOI: 10.1163/9789004307377_011.

Prowse, T. L., et al. 2004. "Isotopic paleodiet studies of skeletons from the imperial Roman-age cemetery of Isola Sacra, Rome, Italy." *Journal of Archaeological Science* 31: 259–272. DOI: 10.1016/j.jas.2003.08.008.

Prowse, T. L., et al. 2005. "Isotopic evidence for age-related variation in diet from Isola Sacra, Italy." *American Journal of Physical Anthropology* 128: 2–13. DOI: 10.1002/ajpa.20094.

Prowse, T. L., et al. 2007. "Isotopic evidence for age-related immigration to Imperial Rome." *American Journal Physical Anthropology* 132: 510–519. DOI: 10.1002/ajpa.20541.

Prowse, T. L., et al. 2008. "Isotopic and dental evidence for infant and young child feeding practices in an imperial Roman skeletal sample." *American Journal Physical Anthropology* 137: 294–308. DOI: 10.1002/ajpa.20870.

Prowse, T. L et al. 2010. "Stable isotope and ancient DNA evidence for geographic origins at the site of Vagnari (2nd–4th centuries AD), Italy." In *Roman Diasporas: Archaeological Approaches to Mobility and Diversity in the Roman Empire*, ed. H. Eckardt. Portsmouth, RI: Journal of Roman Archaeology, 175–198.

Ragsdale, B. D., and L. M. Lehmer. 2012. "A knowledge of bone at the cellular (histological) level is essential to paleopathology." In *A Companion to Paleopathology*, ed. A. L. Grauer. Malden, MA: Wiley-Blackwell, 227–249. DOI: 10.1002/9781444345940.ch13.

Redfern, R. C., and S. N. DeWitte. 2011a. "A new approach to the study of Romanization in Britain: a regional perspective of cultural change in late Iron Age and Roman Dorset using the Siler and Gompertz-Makeham models of mortality." *American Journal of Physical Anthropology* 144: 269–285. DOI: 10.1002/ajpa.21400.

Redfern, R. C., and S. N. DeWitte. 2011b. "Status and health in Roman Dorset: the effect of status on risk of mortality in post-conquest populations." *American Journal of Physical Anthropology* 146: 197–208. DOI: 10.1002/ajpa.21563.

Retief, F. P., and L. Cilliers. 2005. "Lead poisoning in ancient Rome." *Acta Theologica Supplementum* 7: 147–164. DOI: /10.4314/actat.v26i2.52570.

Ricci, R., et al. 1997. "Pattern of porotic hyperostosis and quality of life in a II century A.D. farm near Rome." *Rivista di Antropologia* 75: 117–128.

Richards, M. P., and R.E.M. Hedges. 1998. "Stable isotope analysis reveals variations in human diet at the Poundbury camp cemetery site." *Journal of Archaeological Science* 25: 1247–1252. DOI: 10.1006/jasc.1998.0307.

Richards, M. P., R. J. Schulting, and R.E.M. Hedges. 2003. "Sharp shift in diet at onset of Neolithic." *Nature* 425 (6956): 366–366. DOI: 10.1038/425366a.

Richards, M. P., et al. 2000. "Neanderthal diet at Vindija and Neanderthal predation: the evidence from stable isotopes." *Proceedings of the National Academy of Sciences of the United States of America* 97 (13): 7663–7666. DOI: 10.1073/pnas.120178997.

Richards, M. P., et al. 2005. "Isotope evidence for the intensive use of marine foods by Late Upper Palaeolithic humans." *Journal of Human Evolution* 49 (3): 390–394. DOI: 10.1016/j.jhevol.2005.05.002.

Roberts, S. B., et al. 1988. "Effect of weaning on accuracy of double labeled water method in infants." *American Journal of Physiology* 254: 622–627.

Rogers, T., and S. Saunders. 1994. "Accuracy of sex determination using morphological traits of the human pelvis." *Journal of Forensic Sciences* 39: 1047–1056. DOI: 10.1016/1353-1131(95)90091-8.

Rothman, K., and S. Greenlander. 1998. *Modern Epidemiology*. Philadelphia: Lippincott-Raven.

Rubini, M., et al. 2014. "Paleopathological and molecular study on two cases of ancient childhood leprosy from the Roman and Byzantine empires." *International Journal of Osteoarcheology* 24: 570–582. DOI: 10.1002/oa.2242.

Ruff, C. B. 1987. "Sexual dimorphism in human lower limb bone structure: relationship to subsistence strategy and sexual division of labour." *Journal of Human Evolution* 16 (5): 391–416. DOI: 10.1016/0047-2484(87)90069-8.

Ruff, C. B., C. S. Larsen, and W. C. Hayes. 1984. "Structural changes in the femur with the transition to agriculture on the Georgia coast." *American Journal Physical Anthropology* 64: 125–136. DOI: 10.1002/ajpa.1330640205.

Rutgers, L. V., et al. 2009. "Stable isotope data from the early Christian catacombs of ancient Rome: new insights into the dietary habits of Rome's early Christians." *Journal of Archaeological Science* 36: 1127–1134. DOI: 10.1016/j.jas.2008.12.015.

Sabel, N., et al. 2008. "Neonatal lines in the enamel of primary teeth: a morphological and scanning electron microscopic investigation." *Archives of Oral Biology* 53: 954–963. DOI: 10.1016/j.archoralbio.2008.05.003.

Salesse, K., et al. 2014. "Variability of bone preservation in a confined environment: the case of the catacomb of Sts Peter and Marcellinus (Rome, Italy)." *Palaeogeography Palaeoclimatology Palaeoecology* 416: 43–54. DOI: 10.1016/j.palaeo.2014.07.021.

Sallares, R. 2002. *Malaria and Rome: A History of Malaria in Ancient Italy*. Oxford: Oxford University Press. DOI: 10.1093/acprof:oso/9780199248506.001.0001.

Sallares, R., A. Bouwman, and C. Anderung. 2004. "The spread of malaria to Southern Europe in antiquity: new approaches to old problems." *Medical History* 48: 311–328.

Sallares, R., and R. Gomzi. 2001."Biomolecular archaeology of malaria." *Ancient Biomolecules* 3: 195–213.

Salvadei, L., F. Ricci, and G. Manzi. 2001. "Porotic hyperostosis as a marker of health and nutritional conditions during childhood: studies at the transition between Imperial Rome and the early Middle Ages." *American Journal of Human Biology* 13 (6): 709–717. DOI: 10.1002/ajhb.1115.

Sandberg, P. A., et al. 2014. "Intra-tooth stable isotope analysis of dentine: a step toward addressing selective mortality in the reconstruction of life history in the archaeological record." *American Journal of Physical Anthropology* 155: 281–293. DOI: 10.1002/ajpa.22600.

Santos, A. L., and C. A. Roberts. 2001. "A picture of tuberculosis in young Portuguese people in the early 20th century: a multidisciplinary study of the skeletal and historical evidence." *American Journal of Physical Anthropology* 115: 38–49. DOI: 10.1002/ajpa.1054.

Schaefer, M., S. M. Black, and L. Scheuer. 2009. *Juvenile osteology: a laboratory and field manual*. Amsterdam: Academic.

Scheidel, W. 2001a. "Progress and problems in Roman demography." In *Debating Roman Demography*, ed. W. Scheidel. Leiden: Brill, 1–81.

Scheidel, W. 2001b. "Roman age structure: evidence and models." *Journal of Roman Studies* 91: 1–26. DOI: 10.1017/S0075435800015811.

Scheidel, W. 2004. "Human mobility in Roman Italy, I: The free population." *The Journal of Roman Studies* 94: 1–26. DOI: 10.2307/4135008.

Scheidel, W. 2005. "Human mobility in Roman Italy, II: The slave population." *The Journal of Roman Studies* 95: 64–79. DOI: 0.3815/000000005784016270.

Scheidel, W. 2007. "A model of real income growth in Roman Italy." *Historia: Zeitschrift für Alte Geschichte* 56: 322–346. DOI: 10.2307/25598399.

Scheidel, W. 2012. "Physical well-being." In *The Cambridge Companion to the Roman Economy*, ed. W. Scheidel. Cambridge: Cambridge University Press, 321–333. DOI: 10.1017/CCO9781139030199.020.

Schmitt, A. 2004. "Age-at-death assessment using the os pubis and the auricular surface of the ilium: a test on an identified Asian sample." *International Journal of Osteoarchaeology* 14: 1–6. DOI: 10.1002/oa.693.

Schmitt, A., et al. 2002. "Variability of the pattern of aging on the human skeleton: evidence from bone indicators and implications on age at death estimation." *Journal of Forensic Sciences* 47: 1203–1209. DOI: 10.1520/JFS15551J.

Schuenemann, V. J., et al. 2011. "Targeted enrichment of ancient pathogens yielding the pPCP1 plasmid of *Yersinia pestis* from victims of the Black Death." *Proceedings of the National Academy of Sciences of the United States of America* 108 (38): 746–752. DOI: 10.1073/pnas.1105107108.

Schuenemann, V. J., et al. 2013. "Genome-wide comparison of medieval and modern *Mycobacterium leprae*." Science 341 (6142): 179–183. DOI: 10.1126/science.1238286.

Sealy, J. 2001. "Body tissue chemistry and palaeodiet." In *Handbook of Archaeological Sciences*, eds. D. R. Brothwell and A. M. Pollard. Chichester: John Wiley, 269–279.

Setzer, T. J. 2014. "Malaria detection in the field of paleopathology: a meta-analysis of the state of the art." *Acta Tropica* 140: 97–104. DOI: 10.1016/j.actatropica.2014.08.010.

Shaw, C. N., and J. T. Stock. 2009a. "Habitual throwing and swimming correspond with upper limb diaphyseal strength and shape in modern athletes." *American Journal of Physical Anthropology* 140, 160–172. DOI: 10.1002/ajpa.21063.

Shaw, C. N., and J. T. Stock. 2009b. "Intensity, repetitiveness, and directionality of habitual adolescent mobility patterns influence the tibial diaphysis morphology of athletes." *American Journal of Physical Anthropology* 140: 149–159. DOI: 10.1002/ajpa.21064.

Shaw, H., et al. 2016. "Identifying migrants in Roman London using lead and strontium stable isotopes." *Journal of Archaeological Science* 66: 57–68. DOI: 10.1016/j.jas.2015.12.001.

Sládek, V., et al. 2007. "Human manipulative behavior in the central European late eneolithic and early Bronze Age: humeral bilateral asymmetry." *American Journal of Physical Anthropology* 133: 669–681. DOI: 10.1002/ajpa.20551.

Slovak, N. M., and A. Paytan. 2012. "Applications of Sr isotopes in archaeology." In *Handbook of Environmental Isotope Geochemistry, Advances in Isotope Geochemistry*, ed. M. Baskaran. Berlin: Springer-Verlag, 743–768. DOI: 10.1007/978-3-642-10637-8_35.

Small, A. M. 2011. *Vagnari: The Village, the Industries, the Imperial Property*. Bari: Edipuglia.

Smith, T. M., D. J. Reid, and J. E. Sirianni. 2006. "The accuracy of histological assessments of dental development and age at death." *Journal of Anatomy* 208: 125–138. DOI: 10.1111/j.1469-7580.2006.00500.x.

Sofeso, C., et al. 2012. "Verifying archaeological hypotheses: investigations on origin and genealogical lineages of a privileged society in Upper Bavaria from Imperial Roman times (Erding, Kletthamer Feld)." In *Population Dynamics in Prehistory and Early History: New Approaches Using Stable Isotopes and Genetics*, eds. E. Kaiser, J. Burger, and W. Schier. Berlin: De Gruyter, 113–130. DOI: 10.1515/9783110266306.113.

Soomer, H., et al. 2003. "Reliability and validity of eight dental age estimation methods for adults." *Journal of Forensic Sciences* 48: 149–152.

Sperduti, A. 1995. "I resti scheletrici umani nella necropoli di eta' romano-imperiale di Isola Sacra (1–3 sec. d.C.). Analisi paleodemografica." PhD Dissertation, Università di Roma.

Sperduti, A. 1997. "Life conditions of a Roman Imperial Age population: occupational stress markers and working activities in *Lucus Feroniae* (Rome, I–II cent. AD)." *Human Evolution* 12 (4): 253–267. DOI: 10.1007/BF02438179.

Sperduti, A., L. Bondioli, and P. Garnsey. 2012. "Skeletal evidence for occupational structure and diet at the coastal towns of Portus and Velia (Central Italy, I–III cent. AD)." In *More Than Just Numbers? The Role of Science in Roman archaeology*, ed. I. Schrüfer-Kolb. Portsmouth, RI: Journal of Roman Archaeology, Supplementary volume 91, 53–70.

Sperduti, A., and G. Manzi. 1990. "*Hyperostosis frontalis interna* in a cranial sample from the Roman population of Portus." *Rivista di Antropologia* 68: 279–286.

Sperduti, A., et al. 2011. "Non-masticatory tooth wear at Gricignano d'Aversa, Italy (2500–1750 BCE): the importance of macro- and microscopic analysis." *American Association of Physical Anthropologists 80th Annual Meeting*. Minneapolis, Minnesota: 12–16 April 2011, 281.

Sperduti, A., et al. in press. "Differential burial treatment of newborn infants from Late Roman Age: children and dogs depositions at Peltuinum." In *Archeologia e Antropologia della Morte, Atti del III Incontro Internazionale di Studi di Antropologia e Archeologia a confronto*, Vol. 1, ed. V. Nizzo. Rome: Editorial Service System.

Spigelman, M., D. H. Shin, and G.K.B. Gal. 2012. "The promise, the problems, and the future of DNA analysis in paleopathology studies." In *A Companion to Paleopathology*, ed. A. L. Grauer. Malden, MA: Wiley-Blackwell, 133-151. DOI: 10.1002/9781444345940.ch8.

Spirduso, W. W. 1995. *Physical dimensions of aging*. Champaign, IL: Human Kinetics.

Stepańczak, B., K. Szostek, and J. Pawlyta. 2014. "The human bone oxygen isotope ratio changes with aging." *Geochronometria* 41 (20): 147-159. DOI: 10.2478/s13386-013-0146-1.

Storey, R. 1997. "Individual frailty, children of privilege, and stress in Late Classic Copan." In *Bones of the Maya*, eds. S. Whittington and D. Reed. Tuscaloosa: University of Alabama Press, 116-126.

Stoyanova, D., B.F.D. Algee-Hewitt, and D. E. Slice. 2015. "An enhanced computational method for age-at-death estimation based on the pubic symphysis using 3D laser scans and thin plate splines." *American Journal of Physical Anthropology* 158: 431-40. DOI: 10.1002/ajpa.22797.

Spradley, M. K., and R. L. Jantz. 2011. "Sex estimation in forensic anthropology: skull versus postcranial elements." *Journal of Forensic Sciences* 56: 289-296. DOI: 10.1111/j.1556-4029.2010.01635.x.

Stuart-Macadam, P. 1989. "Nutritional deficiency diseases: a survey of scurvy, rickets, and iron deficiency anemia." In *Reconstruction of Life from the Skeleton*, eds. M. Y. İşcan and K.A.R. Kennedy. New York: Alan R. Liss, 201-222.

Stuart-Macadam, P. 1992. "Anemia in past human populations." In *Diet, Demography, and Disease: Changing Perspectives on Anemia*, eds. P. Stuart-Macadam and S. Kent. New York: Aldine de Gruyter, 151-170.

Sutter, R. C. 2003. "Nonmetric subadult skeletal sexing traits: I. A blind test of the accuracy of eight previously proposed methods using prehistoric known-sex mummies from Northern Chile." *Journal of Forensic Sciences* 48: 927-935.

Tafuri, M. A, et al. 2016. "Life and death in Neolithic southeastern Italy: the strontium isotope evidence." *International Journal of Osteoarcheology* DOI: 10.1002/oa.2516.

Tang, N., D. Antoine, and S. Hillson. 2014. "Application of the Bang and Ramm age at death estimation method to two known-age archaeological assemblages." *American Journal of Physical Anthropology* 155: 332-351. DOI: 10.1002/ajpa.22566.

Van der Merwe, A. E., M. Steyn, and E. N. L'Abbé. 2010. "Trauma and amputations in 19th century miners from Kimberley, South Africa." *International Journal of Osteoarcheology* 20: 291-306. DOI: 10.1002/oa.1035.

Van Gerven, D. P., and G. J. Armelagos. 1983. " 'Farewell to paleodemography?' Rumors of its death have been greatly exaggerated." *Journal of Human Evolution* 12 (4): 353-360. DOI: 10.1016/S0047-2484(83)80162-6.

van Klinken, G. J., M. P. Richards, and R.E.M. Hedges. 2000. "An overview of causes for stable isotopic variations in past human environmental, ecophysiological, and cultural effects." In *Biogeochemical Approaches to Paleodietary Analysis*, eds. S. H. Ambrose and M. A. Katzenberg New York: Kluwer Academic/Plenum, 39-58. DOI: 10.1007/0-306-47194-9_3.

Villotte, S., and C. J. Knüsel. 2013. "Understanding entheseal changes: definition and life course changes." *International Journal of Osteoarcheology* 23: 135-146. DOI: 10.1002/oa.2289.

Wagner, D., et al. 2014. "*Yersinia pestis* and the plague of Justinian 541-543 AD: a genomic analysis." *The Lancet Infectious Diseases* 14: 319-326. DOI: 10.1016/S1473-3099(13)70323-2.

Waldron, T., and J. Rogers. 1991. "Inter-observer variation in coding osteoarthritis in human skeletal remains." *International Journal of Osteoarcheology* 1: 49-56. DOI: 10.1002/oa.1390010107.

Walker, P. L. 2008. "Sexing skulls using discriminant function analysis of visually assessed traits." *American Journal of Physical Anthropology* 136: 39–50. DOI: 10.1002/ajpa.20776.

Walker, P. L., et al. 2009. "The causes of porotic hyperostosis and *cribra orbitalia*: a reappraisal of the iron-deficiency-anemia hypothesis." *American Journal of Physical Anthropology* 139: 109–125. DOI: 10.1002/ajpa.21031.

Walrath, D. E., P. Turner, and J. Bruzek. 2004. "Reliability test of the visual assessment of cranial traits for sex determination." *American Journal of Physical Anthropology* 125: 132–137. DOI: 10.1002/ajpa.10373.

Warinner, C., et al. 2014. "Pathogens and host immunity in the ancient human oral cavity." *Nature Genetics* 46 (4): 336–344. DOI: 10.1038/ng.2906.

Waters-Rist, A. et al. 2010. "Activity-induced dental modification in Holocene Siberian hunter-fisher-gatherers." *American Journal of Physical Anthropology* 143: 266–278. DOI: 10.1002/ajpa.21313.

Weaver, D. S., et al. 2000. "A surgical amputation in 2nd century Rome." *Lancet* 356 (9230), 686. DOI: 10.1016/S0140-6736(05)73840-X.

Weiss, E., and R. Jurmain. 2007. "Osteoarthritis revisited: a contemporary review of aetiology." *International Journal of Osteoarcheology* 17: 437–450. DOI: 10.1002/oa.889.

Weiss K. M. 1972. "On the systematic bias in skeletal sexing." *American Journal of Physical Anthropology* 37: 239–250. DOI: 10.1002/ajpa.1330370208.

Weyrich, L. S., K. Dobney, and A. Cooper. 2015. "Ancient DNA analysis of dental calculus." *Journal of Human Evolution* 79: 119–124. DOI: 10.1016/j.jhevol.2014.06.018.

White, T. D., and P. A. Folkens. 2005. *The Human Bone Manual*. Boston: Elsevier Academic Press.

Wood, J. W., et al. 1992. "The Osteological Paradox: Problems of inferring prehistoric health from skeletal samples." *Current Anthropology* 33: 343–358. DOI: 10.1086/204084.

Wright, L., and H. P. Schwarcz. 1998. "Stable carbon and oxygen isotopes in human tooth enamel: identifying breastfeeding and weaning in prehistory." *American Journal of Physical Anthropology* 106: 1–18. DOI: 10.1002/(SICI)1096-8644(199805)106:1<1::AID-AJPA1>3.0.CO;2-W.

Yurtsever, Y., and J. R. Gat. 1981. "Atmospheric Waters." In *Stable Isotope Hydrology: Deuterium and Oxygen-18 in the Water Cycle*, eds. J. Gat and R. Gonfiantini. Vienna: International Atomic Energy Agency, 103–142.

Zink, A. R., et al. 2006. "Molecular analysis of ancient microbial infections." *FEMS Microbiology Letters* 213: 141–147. DOI: 10.1111/j.1574-6968.2002.tb11298.x.

Zuckerman, M. K., K. N. Harper, and G. J. Armelagos. 2016. "Adapt or die: three case studies in which the failure to adopt advances from other fields has compromised paleopathology." *International Journal of Osteoarchaeology* 26: 375–383. DOI: 10.1002/oa.2426.

Zuckerman, M. K., B. L. Turner, and G. J. Armelagos. 2012. "Evolutionary thought in paleopathology and the rise of the biocultural approach." In *A Companion to Paleopathology*, ed. A. L. Grauer. Malden MA: Wiley-Blackwell, 34–57. DOI: 10.1002/9781444345940.ch3.

第五篇　人类的发育和身高

丽贝卡·高兰、劳伦·沃尔瑟

引言

身高是从人群中收集的一种最古老的生物统计数据，也仍然是当下记录最为频繁的生理参数之一。皮肤会出现皱纹，头发可能脱落，体重或许会波动，但身高被认为是成年人的一个稳定的识别特征。事实上，年龄渐长之后身高确实会略有下降，甚至在一天中会波动 1.5~2 厘米。在早上起床和晚上入睡之间，在负重活动中都会发生软组织的压缩，从而使身高降低。相反，由于椎间盘的异常膨胀，长期处于失重状态的宇航员的身高可能会"增长"多达 4~6 厘米。[1]返回地球以后，他们的身高会经历一段时间的调整，在此期间存在背部受伤的风险。对于我们这些地球居民来说，因为波动相对较小，身高被认为是对个体和群体的一种非常可靠的描述。

尽管如此，最终的成年身高是一个人的基因与生长期间影响身体的一系列环境和社会因素相互作用的结果。[2]由于外部的影响，即使在具有基因同质性的人群内部，也可能出现大幅度的群体内差异。[3]身高对生活环境的敏感性意味着可以有效地利用身高来调查各种环境和社会变量对人口健康状况的影响。[4]斯特科尔（Steckel）对身高数据的应用范围进行了有价值的总结，包括了对殖民主义、移民、奴隶制、传染病和职业的研究。[5]

在今天的工业化世界中，"身高较高的人群通常也是更富裕的人群"[6]。对古代和现代群体的研究表明，个子高的人往往比个子矮的人平均预期寿命更长。[7]这是因为成年身材矮小与儿童时期的不利条件有关，它可能会阻碍个体达到其遗传身高的潜力。然而，儿童时期的发育迟缓可以被"追赶生长"现象所掩盖，这是在早期停滞阶段以后的一个加速生长期。[8]然而，为了实现追赶生长，儿童需要改善过的营养和环境条件；此外，还必须留有一个剩余的潜在增长期。

"1958 年英国出生人群研究"发现，对于未来的就业状况，七岁儿童的身高是一项很有用的预测指标，因为生长发育是社会状况的一项敏感指标。调查发现，身高最矮的五分之一儿童的失业可能性是身高最高的五分之一儿童的三倍。在这项研究中，七岁时的身高被认为与不良的社会经济和心理社会环境存在可信的相关性。[9]与此类似，十九世纪英格兰的历史记录经常证明儿童工厂工人的发育不良和令人遗憾的生理状况，恩格斯等社会评论家警告说，童工问题将导致"俾格米①一族"[10]。但是，作为这一时期的公共卫生改革者，埃德温·查德威克（Edwin Chadwick）测量了儿童和成年人的身高，并最终断定，人们观察到的这种儿童身高发育不足和成年后的身高矮小，其原因是卫生状况不良的城市环境，并非工厂里的劳作。[11]

成人身高与健康状况之间的关系取决于生长发育的过程，而不是这一过程的终点。巴克（Barker）团队针对赫尔辛基出

①　俾格米人（Pygmies），泛指男性平均身高不足五英尺（约 1.52 米）的民族，这一名称源于古希腊人对非洲中部矮人的称谓，所以这个词也被用以指代侏儒。

生人群的研究很好地说明了这一点，该研究表明，入学时身高较高的男孩的寿命更长，个子高说明他们具备充足的营养和良好的环境。[12]然而，那些在发育迟缓一段时间后因为快速的追赶生长而长高的男孩寿命较短。在这个例子中，成年人的身高是类似的，但早期生活中的应激因素的隐性后果表现为后期生活中的更为脆弱。

传统上，对过往人群中成年人身高的研究都是根据历史记录进行的。然而，这些数据严重偏向于更加晚近的，通常是十八世纪到十九世纪或更晚的人口，例如军队的征兵记录。[13]为了研究从历史早期开始的身高趋势，研究人员必须将考古领域的人类骨骼遗骸作为主要证据来源。[14]有关过往身高的许多研究都利用了人类的骨骼遗骸，包括对原始人类遗骸的分析，不同地区内部和之间的时序趋势，不断变化的生存实践、城市化、气候变化的作用，以及疾病对各个人群的影响。[15]

许多作者对罗马时期骨架的身高进行了大规模研究，以此作为评估不同地区和帝国存续期间身体健康状况的一种手段。有人主张当时的经济和生活条件是有利的，另一些人则认为其政治制度不利于健康，双方存在着一些争论。荣格曼（Jongman）大体上属于前一阵营，他声称股骨的平均长度在公元一世纪中期至二世纪中期达到最大，而在公元三世纪和四世纪，随着帝国的财富减少，股骨长度也在缩短。[16]克朗（Kron）同样主张这样一个"健康"的罗马时期，他肯定地指出，从公元前500年到公元500年这一千年里，意大利成年男性的身高是168厘米，相比于十九世纪的应征入伍者的历史数据中记录的意大利男性163厘米的平均身高，前者相当可观。[17]然而，正像沙伊德尔强调的那样，克朗的数据集跨越了整个千年，因而缺乏任何时间上的解析度和细微差别。[18]高兰和加恩西进一步批评了克朗的研究中使用的回归公式，以及这些公式与意大利考古人群之间潜在的不相容性。[19]贾内基尼（Gianecchini）和莫吉-切基（Moggi-Cecchi）的研究支持这一批评，他们的研究表明，根据目前的数据，164厘米是罗马时期意大利中部成年男性平均身高的合理近似值，与十九世纪的应征入伍者的身高相似。[20]他们认为，在罗马时期的意大利，经常用于判断身高的特罗特（Trotter）-格莱塞（Gleser）的"白人"公式导致了高估，因为意大利考古人群的身材比例与用于设计公式的骨骼样本不同。[21]由于报告的身高估值缺乏可靠性，一些作者建议完全绕过身高计算公式，而直接比较长骨的长度。[22]两位扬茨（Jantz）同样得出结论，长骨长度是身高的有力代表，下肢骨骼往往比上肢骨骼更清晰地显示出长期的趋势。[23]戈德维克（Goldewijk）和雅各布斯（Jacobs）在研究罗马帝国各地人的身高时，分析了包含大约一万具墓葬遗骸的大型数据集。[24]他们发现，这些样本中股骨长度与其他长骨的比例和大多数常用的身高重建方法中的比例存在明显差异。这些作者支持目前的这种趋势，即以下肢长度作为成人身高的替代指标进行直接比较。

本篇回顾了考古记录中关于身高的研究，以罗马时期为重点。接下来将对目前的身高判断方法进行批判性的评价，包括评估不同的技术及其在罗马时期的应用。我们不主张仅靠比较长骨长度来研究罗马世界的身高，因为我们认为这种方法忽视了全身比例（包括躯干高度）的生物文化意义；作为代替，我们应该更加努力地建立具有人群特异性的回归公式。最后，我们还认为，由于成年身高和最终身材比例受到童年环境条件的巨大影响，需要更细致地考虑婴幼儿时期的发育和逆境。首先，本篇将详细讨论目前用于根据骨骼遗骸计算身高的方法。

根据骨骼遗骸估算身高

177 　　一个活着的人，他的身高是由连接在一起的各部分软组织和硬组织集合而成的。在考古学语境中，人类遗骸通常是骨架化的，往往并不完整，而且除非原地不动，否则也不再是相互连接的。自十九世纪末以来，根据已知生前身高者的骨架记录，产生了各种从分离开来的"干燥骨头"获取生前身高的方法。皮尔逊（Pearson）于1899年创建了根据长骨长度计算身高的回归公式，而值得注意的是，这种方法至今仍被一些人类学家使用。大体上，有两种"类型"的方法可以从骨骼遗骸中判断身高，一种是以"菲利技术"为代表的解剖学方法，另一种是数学方法。[25] 以下将分别论述每种方法，及其各自的潜力与局限性。

解剖学方法

　　1956年，菲利（Fully）首次提出了这种解剖学方法，他将该技术用于第二次世界大战中那些保存了临终记录的法国战俘的身上。[26] 该方法通过测量直接影响一个人身高的所有相接的各部分骨骼来重建生前的身高，其中有颅骨高度、脊柱高度、股骨和胫骨的长度，以及脚上连接在一起的距骨和跟骨的高度。它还另外结合了软组织修正，以便将这些骨骼遗骸中没有的部分也包括进来。该技术通过测量所有参与决定身高的骨骼，将一些身材比例上的个体特征，如下肢比躯干短都纳入考虑范围，甚至还顾及脊柱弯曲等某些影响身高的病理特征。[27]

拉克斯特（Raxter）团队在对菲利方法的审查中发现，这一方法得出的数值与生前身高具有强相关性，但可能对身高低估了 2.4 厘米，尤其是在应用于非裔美国人口的时候。[28] 这种结果被认为与来自欧洲人群的软组织修正系数的不准确有关。此外，菲利在进行测量时使用的精确解剖标志也不够清晰。拉克斯特团队对菲利的方法进行了有益的修订，包括创建了新的软组织修正系数。[29] 此外，拉克斯特团队强调脊柱的年龄相关变化所带来的潜在误差来源，并建议使用宽泛的年龄校正计算。[30]

这种方法的主要限制因素是保存状况不佳，而且需要存在非常多的、未受损的相接的骨骼部分。为了解决这个问题，奥尔巴赫（Auerbach）开发了一些方法来估算那些经常缺失的骨骼部分的数值，譬如脊椎。[31] 虽然这种估算可能会带来误差，但相比于使用回归公式仅仅根据长骨估算身高所发生的更大误差，这种方法的误差应该很小（请见下文第二节第二段）。

总的来说，解剖学方法提供了一种有效的方式，可以根据保存完好的骨骼确定具有人群特异性的身材比例差别，继而能够利用这些测量值创建专门的回归公式，再应用于那些不太完整的骨骼。许多作者曾尝试这种方法。[32] 不幸的是，由于保存问题和此类分析耗时较多，解剖学方法在考古研究中的使用并不多见。[33]

数学方法

数学方法牵涉到利用简单的回归公式，单单凭借一根长骨计算出成年人的身高，而在股骨和胫骨同时具备时也会一同使用。这些公式是从已知生前身高或遗体身高的个体骨骼的长骨中推导出来的。皮尔逊在 1899 年第一个提出计算身高的"数学方法"；然而，目前应用最广泛的公式是特罗特–格莱塞公式以及特罗特公式（见表 5.1）。[34]特罗特-格莱塞公式的创建是根据来自美国特里收藏（Terry collection）[①] 中的美国白人和黑人已知个体样本，它为股骨、胫骨、肱骨、桡骨和尺骨建立的公式具有不同的关联误差范围。根据下肢骨骼，尤其是股骨计算的身高估值，被认为是最准确的。在根据骨骼计算身高之前，重要的是首先确定个体的性别和粗略定义的祖先是美国白人还是美国黑人，因为回归方程会有所不同。与"解剖学方法"一样，也必须对使用该方法计算出来的身高应用年龄相关的校正系数，因为个体，尤其是女性的身高随着年龄的增长而降低。[35]

179

表 5.1　特罗特和格莱塞开发的根据股骨估算身高的回归公式

单位：厘米

参考标准	男性公式	女性公式
特罗特-格莱塞 1952,1958（"白人"公式）	2.32×最大股骨长度+65.53	2.47×最大股骨长度+54.1
特罗特-格莱塞 1952,1958（"黑人"公式）	2.10×最大股骨长度+72.22	2.28×最大股骨长度+59.76
特罗特 1970	2.38×最大股骨长度+61.41	2.47×最大股骨长度+54.1
皮尔逊 1899	1.88×最大股骨长度+81.306	1.95×最大股骨长度+72.844

　　鉴于这种方法只需要一次测量，计算身高的速度比解剖学方法快得多，甚至可以根据很不完整的骨骼进行计算。[36]然而，通过数学回归公式重建的生前身高的准确性受到人群内部和人群之间身材比例不同的影响，这种差异是由遗传、生态地理变

---

① 指罗伯特·特里（Robert Terry）在圣路易斯华盛顿大学医学院解剖系担任解剖学教授期间收集的一批人类骨骼标本，现收藏于美国史密森学会自然历史博物馆，有 1728 具人体骨骼。

化和生活环境导致的。[37]考古人群的身材比例可能与推导公式
所用的参考样本非常不同。如表 5.1 所示，这些公式各不相
同，导致身高估值可能相差几厘米。理想情况下，可以选择基
于相似身材比例的参考人群的方程式，但这并不是能够轻易确
定或完成的，因为只有有限数量的骨骼标本具备生前身高记
录。[38]目前已经出现了具有人群特异性的各种回归方程，包括
针对英国和东非男性的奥布鲁克（Allbrook）公式、针对现代
中美洲和美国西南部人群的热诺维斯（Genovés）公式，还有
针对荷兰人的德比尔（de Beer）公式。然而，在实践中，特
罗特-格莱塞的"白人"公式往往适用于大多数考古人群，无
论来自哪个时期或地点。[39]

有关特罗特和格莱塞身高计算表的最后一个问题牵涉方法
论上的争议。扬茨注意到，在将该技术用在原来的参考人群
时，估算身高和记录身高之间出现了显著差异。[40]进一步研究
的结论是，在创建这个公布出来的公式时，事实上并没有遵循
原始论文中描述的方法——尤为重要的是在测量胫骨的过程中
忽略了内踝。[41]这一普遍的胫骨测量错误在法医学和考古学界
延续了如此长的时间，造成了难以估量的影响。[42]下一节将仔
细考虑这些方法对罗马晚期不列颠骨骼样本的适用性。

解剖学和数学方法在成人骨骼上的应用：一个来自罗马时期不列颠的案例研究

解剖学方法和数学方法，对通过这两种方法计算出来的
身高进行的验证往往会发现前者更加准确。[43]然而，解剖学方
法和数学方法的使用并不是相互排斥的。韦尔切洛蒂
（Vercellotti）团队利用解剖学方法为欧洲考古人群创建了新的

180

具有人群特异性的回归公式。[44]结果被发现比使用特罗特和格莱塞等人的通用回归方法更为精确。我们对来自罗马时期不列颠的骨骼样本采用了类似的方法，目的是更准确地描述其身材比例上的特点，并得出更可靠的身高估值。首先，将解剖学方法应用于英格兰南部和东部五处罗马晚期墓地中共 76 具保存完好的罗马裔不列颠人的骨骼，包括 36 名男性和 40 名女性。由此得出的计算结果作为"已知"身高和身材比例的基础。然后，对 76 个样本采用不同的回归方法，并将结果与使用解剖学方法计算出来的"已知"身高进行比较。表 5.2 显示了"已知"身高和应用每种常用回归公式得出的结果与前者之间存在的偏差。使用特罗特-格莱塞方法以及特罗特方法得出的身高估值，与使用菲利解剖学方法计算出的男性和女性身高，将这两者加以比较（配对 t 检验；$p < 0.001$）的结果呈现出达到统计学意义的显著差异。[45]当使用特罗特-格莱塞的"黑人"公式计算男性身高时，从股骨得出的身高明显不同（配对 t 检验；$t = -2.1$，$p < 0.01$），但是胫骨上没有显著差异（配对 t 检验；$t = 1.9$，$p = 0.06$）。[46]这一操作再次凸显了不同身材比例的影响。应用皮尔逊公式时，女性股骨长度存在具有统计学意义的显著差异（配对 t 检验；$t = 2.6$，$p = 0.01$），而男性股骨长度上没有显著差异（配对 t 检验；$t = -1.1$，$p = 0.28$）。[47]女性和男性的胫骨长度方程都显示出统计学意义的显著差异。最后，当使用股骨和胫骨长度之和估算身高时，男性身高没有统计学上的显著差异（配对 t 检验；$t = 0.5$，$p = 0.64$），而女性身高则具有显著差异（配对 t 检验；$t = 4.2$，$p < 0.01$）。这项分析揭示了下肢身材比例的不同不仅存在于罗马裔不列颠人样本与特罗特、格莱塞和皮尔逊的参考人群之间，也存在于男性与女性之间。

表5.2 使用解剖学方法、一系列常用回归技术和一种新开发的具有人群特异性的回归方法，根据罗马裔不列颠人的颅骨骨骼计算出的身高

单位：厘米

		菲利方法身高		新罗马裔不列颠人回归公式		特罗特-格莱塞 1952/1958 "白人"公式		特罗特-格莱塞 1952/1958 "黑人"公式		皮尔逊 1899		特罗特 1970	
		男性 N=36	女性 N=40	男性 N=36	女性 N=40	男性 N=36	女性 N=40	男性 N=36	女性 N=40	男性 N=36	女性 N=40	男性 N=36	女性 N=40
股骨	最大值	173.43	161.80	170.97	159.27	178.86	164.14	174.81	161.33	173.14	159.49	177.67	164.14
	最小值	149.35	143.89	152.92	146.66	155.20	146.72	153.39	145.49	153.97	145.98	153.40	146.97
	平均值	163.18	153.78	163.19	153.77	168.66	156.66	165.57	154.43	164.87	153.60	167.20	165.66
	配对 T 检验			$P=0.998$	$P=0.999$	$P=2.67E-09$	$P=9.36E-07$	$P=0.000$	$P=0.180$	$P=0.013$	$P=0.711$	$P=1.77E-06$	$P=9.36E-07$
胫骨	最大值	173.43	161.80	170.34	159.52	174.74	165.35	169.35	160.36	169.78	158.98	175.26	165.35
	最小值	149.35	143.89	152.04	145.79	156.22	146.65	152.59	144.56	151.61	143.81	155.98	164.65
	平均值	163.18	153.78	163.18	153.78	167.50	157.52	162.79	153.75	162.68	152.63	167.72	157.52
	配对 T 检验			$P=0.999$	$P=0.999$	$P=2.89E-07$	$P=4.27E-09$	$P=0.557$	$P=0.954$	$P=0.460$	$P=0.019$	$P=1.10E-07$	$P=4.27E-09$
股骨与胫骨之和	最大值	173.43	161.80	170.72	159.80	176.71	164.83	171.80	161.07	172.21	159.60	176.39	164.89
	最小值	149.35	143.89	153.85	147.17	155.67	148.01	152.60	145.54	152.91	146.10	154.68	148.14
	平均值	163.18	153.78	163.20	153.74	167.65	156.89	163.53	153.84	163.86	152.18	167.04	159.93
	配对 T 检验			$P=0.979$	$P=0.933$	$P=9.07E-08$	$P=8.07E-08$	$P=0.598$	$P=0.880$	$P=0.306$	$P=0.187$	$P=1.75E-06$	$P=6.37E-08$

最后，根据"已知"的身材比例和身高，从 76 具保存完好的罗马裔不列颠人样本中开发出具有人群特异性的回归公式。之后，将这些回归公式应用于样本中剩余的、同时保留了左股骨和左胫骨的罗马裔不列颠人的骨骼。该样本由 174 名女性和 213 名男性组成，罗马裔不列颠女性的平均身高为 154.6厘米，正负偏差 2.19 厘米；罗马裔不列颠男性的平均身高为164.3 厘米，正负偏差 2.46 厘米。这些数值与贾内基尼和莫吉-切基对罗马时期意大利中部的估值类似。[48]

181

脊椎测量

182

在评价身高估测技术的准确性和生成具有人群特异性公式的过程中，以上内容证明了解剖学方法的实用性。然而，在这个罗马裔不列颠人的样本中，只有 35 具骨架的保存程度足够好，可以完全使用解剖学方法。在菲利的解剖学方法中，脊柱是一个重要组成部分，但是埋葬时的破坏、疾病过程和挖掘中的获取偏差往往会导致脊椎缺失。通过纳入对缺失的部分脊椎的估测，我们能够将样本数量增加一倍以上，达到 76 个。之所以能做到这一点，是因为脊柱中相邻椎体在高度上的变化相对较小。对于颈椎或胸椎中单个或整段的椎骨，可以利用数学方程根据现有椎骨的大小加以估算。

如果已知从颈椎第二节到腰椎第五节的所有椎体高度，就能利用这样的脊柱计算出一个估算个别缺失椎体的系数。然后将该系数用于以下公式对缺失的椎骨进行估算：

$$k \times \frac{x + y}{2}$$

其中，k 是从要估算的已知椎体高度计算出来的系数，x

是已知的上一节椎体，而 y 是下一节椎体。该计算在"已知"样本中又添加了六名个体，即四名男性和两名女性。

奥尔巴赫根据已知的各段椎体的总和，得出了估算颈椎、胸椎或腰椎中缺失的椎体区间的方程式。[49]在这个罗马裔不列颠人的样本上尝试了一种类似的方法，以确定奥尔巴赫方程是否能准确预测缺失的椎体区间。已知从颈椎第二节到腰椎第五节所有椎体高度之和的脊柱被输入奥尔巴赫的回归公式，以估算缺失区间或脊柱的总长度。虽然该技术通常表现良好，但在使用奥尔巴赫方程判断脊柱总长度时，出现了具有统计学意义的明显偏差。[50]因此，我们创建新的数学回归公式，以便更准确地根据这一特定罗马裔不列颠人群的已知椎体区间总和来估算其脊柱长度。根据腰椎高度的总和，男性和女性之间存在明显的统计学差异。结果，便为男性和女性分别创建了单独的公式。

为了根据已知的胸椎和腰椎的高度之和估算整个脊柱的长度，创建了以下方程式：

女性：

183

$$1.2216 \times 各节胸椎高度之和的平方 + 1.0588 \times 各节腰椎高度之和的平方 + 39.333$$

男性：

$$1.0801 \times 各节胸椎高度之和的平方 + 1.3493 \times 各节腰椎高度之和的平方 + 39.921$$

如果缺失了胸椎，则可以通过腰椎之和来估算整个脊柱，尽管此方程产生的误差要大于上述方程。

女性：

$$2.0395 \times 各节腰椎高度之和的平方 + 188.62$$

男性：

$$2.8165 \times 各节腰椎高度之和的平方 + 98.872$$

这四个方程使我们得以向样本中添加 35 名个体。虽然上述计算步骤似乎颇为费力，但重要的是应当相信，身高估值是尽可能准确的，并且可以适用于不同人群之间的身材比例差异。下节将仅对长骨的长度进行比较，完全忽略脊椎。

直接比较长骨

正如引言中所讨论的，现在提倡的是直接比较长骨长度，而不是比较通过计算得出的身高数据。[51]对罗马裔不列颠人和盎格鲁-撒克逊人骨骼中股骨最大长度的平均值进行比较的结果表明，与后罗马时期相比，罗马裔不列颠人的骨骼中男性和女性的股骨长度都显著偏短（见图 5.1、表 5.3，t 检验：p = 0.0001）。此外，罗马时期不列颠男性的股骨平均长度与贾内基尼和莫吉-切基提出的罗马时期意大利中部男性的 445.5 毫米的数字非常相近。[52]

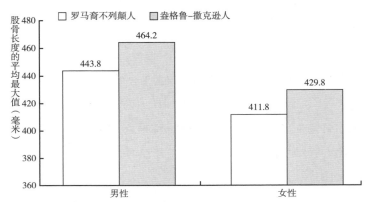

图 5.1　英格兰的罗马人群和盎格鲁-撒克逊人群之间股骨长度的比较

表 5.3　来自英格兰南部和东部的罗马裔不列颠人
与盎格鲁-撒克逊人墓地的股骨平均长度的比较

单位：毫米

	罗马裔不列颠人的股骨平均长度				盎格鲁-撒克逊人的股骨平均长度			
	样品量（个）	算术平均值	样本偏差	标准误差	样品量（个）	算术平均值	样本偏差	标准误差
男性	297	443.8	28.2	1.6	158	464.2	26.6	2.1
女性	236	411.8	21.9	14[①]	135	429.8	23.3	2.0

　　在单独以股骨长度对不同遗址进行比较的时候，会遇到一个困难：很多骨架报告仅提供了最终的身高，而没有包括长骨长度在内的原始数据。可以理解的是，当下令人烦恼的是计算身高的方法缺乏标准化，而直接对长骨进行比较似乎可以切合实际地满足戈德维克和雅各布斯描述的需要，所以我们建议，在可能的情况下采取一种顾及骨骼样本全身比例的方法。[53]举例来说，上文分析的罗马裔不列颠人和盎格鲁-撒克逊人的骨骼样本中，我们注意到躯干平均高度的差异，与肢体长度相比，盎格鲁-撒克逊人的躯干高度相对较短。因此，虽然罗马裔不列颠人的股骨长度可能短了很多，但在某些情形下，相对较长的躯干在整体身高上做出了一定的弥补。戈德维克和雅各布斯指出，"没有办法找出哪种方法能够提供确切的身高"，但随着解剖学方法的广泛应用，如上所述，是可以描述不同地区的身材比例的范围和变化的。[54]下文将以最近对罗马时期骨骼所进行的大规模研究为背景，讨论这项针对罗马裔不列颠人的身材分析。

184

---

① 原文如此。疑为 1.4。

罗马帝国时期的身高

身高作为一项健康指标，在罗马时期的骨骼研究中得到了广泛的应用。如上所述，罗马时期男性的身高估值为 168 厘米，这一数值被人们广泛引用，在某些情况下用以支持该时期具备适当的生活水准这一观点。相比之下，这个估值远远高于十九世纪意大利男性入伍者仅为 163 厘米的历史数据。针对这些估值存在着很多批评，包括用于计算身高的回归公式的选择。还有一些批评也值得注意，尤其要考虑到意大利的入伍者在测量身高时的实际年龄，即大约二十岁。[55]我们知道，早期暴露在不利环境中的个体，他们在青春期阶段的加速生长期会被延迟，从而把发育延迟到二十岁出头。青春期后期获得的额外身高来自躯干，它会在四肢长骨完成融合后继续生长。十九世纪普通意大利人的生活条件远未达到最高水平，在此期间，大多数欧洲国家的平均身高出现了下降。[56]因此，很可能这些入伍者中有许多人还没有完成发育，在男性的最终身高中，大约有9%的部分是在青春期获得的。[57]在古罗马人和十九世纪的入伍者之间，一般认定的这个 5 厘米的差距可以被部分地解释为，是因为考古样本中的成人与应征入伍的青少年或年轻人，这两个数据集之间的不匹配比较。此外，正如高兰和加恩西所指出的，用于计算罗马时期骨骼身高的回归公式的不相容性很可能也是造成男性身高被高估的原因。[58]埃亨（A'Hearn）团队与克朗同样使用十九世纪应征入伍者的数据对发育和身高进行了研究，进一步凸显了意大利人二十岁时的身高在区域上的不均匀性。[59]在我们对罗马帝国进行涵盖大范围地理和时间的考古研究时，应该注意数据的次区域复杂性以及这些次区域复杂性的社会和环境原因。

　　贾内基尼和莫吉-切基认为，根据现有数据，164厘米是罗马时期意大利中部成年男性平均身高的合理近似值，它与十九世纪入伍者的身高近似。[60]他们主张，罗马时期骨骼样本的身材比例与特罗特-格莱塞的"黑人"公式更为一致，而且，使用"白人"公式会高估身高。[61]贾内基尼和莫吉-切基的发现也非常接近使用解剖学方法对此处分析的罗马裔不列颠人样本进行独立计算得出的身高（见表5.2）。同样，罗马裔不列颠人骨骼样本所表现出的身材比例更接近特罗特-格莱塞的"黑人"公式，而且也在"白人"公式中被高估。

　　科派克（Kopeke）研究了公元一世纪至四世纪的一套罗马骨骼样本，并假设在公元二世纪和三世纪，当帝国更加完整和稳固的时候，人们的身高也达到最高。[62]然而，她从研究中发现，这期间的身高在很大程度上并没有变化，只是在四世纪确实略有下降。科派克和巴滕（Baten）认为，在罗马时期，欧洲中部、西部和南部的身高出现"停滞"，并在公元五世纪和六世纪期间有所增加。[63]事实上，许多研究表明，在帝国的各个地区，后罗马时代的身高都有所增加。[64]对不列颠来说，这往往被解释为日耳曼移民涌入，而不是当地环境条件改善的结果。同样，科派克和巴滕也认为，通过墓葬中的物品确定的那些在罗马时期来到欧洲中部的移民平均比当地人矮4厘米。[65]这两个地区的本地人和非本地人之间的身高差异能表明社会和文化习俗存在的差异，包括欧洲北部和东部食用更多的牛奶和肉类蛋白质。[66]有趣的是，牛奶消费量的增加被认为是过去四十年里日本人身高急剧增长的一个重要原因。[67]

　　在罗马时期的不列颠，骨骼证据揭示了与前一时期相比的身高下降，以及健康压力的非特异性指标的总体增加。[68]在罗马时期的意大利也观察到类似的骨骼模式。[69]发挥作用的一个

186

因素可能是罗马人占领不列颠后，针对当地民众施加了越来越多的层级结构，导致了更严重的社会不平等和更大的心理社会压力。沙伊德尔同样认为，罗马时期高卢人的身高降低可能与人口增加和社会不平等有关。[70]来自现代人群的身高数据表明，社会平等与更高的成年人身材之间具有相关性。[71]众所周知，压力性激素皮质醇会抑制生长，这可能就是心理社会应激与身高降低之间存在一定联系的原因。[72]

成年人的身高作为健康水平的衡量标准不能表达细微的变化，因为它可以掩盖一系列早期生活中经受的压力，这些压力对发病率和死亡率有着重要的影响。在研究罗马人健康状况的过程中，一种更有成效的办法是把注意力集中在处于成长期的儿童身上。在罗马健康研究中，儿童的骨骼遗骸经常被忽视。[73]然而，儿童的身体对社会和环境的挑战具有高度的敏感性，是一个反映人群总体健康状况的敏感的晴雨表。[74]如前所述，营养不良、感染以及这些应激因素之间的协同增效是作用于发育的最具影响力的环境因子。[75]长期处于健康压力之下的人会表现出骨骼生长速度较慢、牙齿萌出延迟、发育期间延长，最终导致成年人的身高不如预期。[76]发育迟缓已被概念化为生活史中面对逆境时做出的一种取舍。[77]然而，除了短期影响外，发育迟缓还会带来严重的长期健康后果，例如免疫系统受损和认知能力下降。[78]

成长、发育与环境

187   下文将简要地讨论发育、妨碍发育的潜在因素，以及在考古记录中对这些因素的识别。

胎儿和婴儿的发育

新生儿在出生时就已经有了一段充满变数的历史，将其与母亲的健康和营养状况密切地联系在一起。[79]宫内条件对幼儿期的发育轨迹有着长期的重要影响，因此，考虑母体的健康对子女发育和成人身高的影响程度就很重要。[80]身材和骨盆尺寸较小的女性，更容易发生生产风险及产下"小于胎孕龄"（small for gestational age，简称 SGA）的婴儿。[81]在苏丹努比亚地区的中世纪骨骼群体中，西布莉（Sibley）团队对女性骨盆尺寸的研究发现，骨盆收缩的女性比例很高。[82]这些作者指出，母亲发育迟缓的证据与新生儿及产妇的发病率和死亡率之间存在联系。从整个生命历程的视角来看，母亲因其自身所处的童年环境不良而发育迟缓，导致其后代健康状况也不佳，从而固化了健康不平等的循环。[83]

　　对发展中国家里的发育迟缓的研究表明，停滞发生在生命早期，在两岁前最为明显。[84]出生后，随着新生儿向基于自我平衡的和遗传的，而非基于母体的调节系统过渡，其发育会出现一个调整期。[85]然而，婴儿与母体的联系尚未被阻断，母乳喂养的习俗和母亲的营养状况继续对婴儿的健康发挥重要的影响。营养不良严重影响胎儿、婴儿和幼儿生长阶段的发育。在这一时期，食物主要通过胎盘或母乳从母体获得。[86]查韦斯（Chávez）团队进行的一个纵向研究表明，在婴儿两到三个月大以前，母亲的营养不良会使母乳进食量明显下降，导致幼儿期营养失调和发育不良。[87]两岁以内出现的身高不足往往会持续到成年。举例来说，从 1950 年到 1990 年，日本成年人口的身高所实现的 4 厘米的长期增加是在两岁时便已经出现的。[88]因此，库扎瓦（Kuzawa）和奎因（Quinn）主张，成年人的体形与母系的营养状况和历史有着最紧密的关系。[89]

　　出生后的发育速度在产后第一年里是最快的，前两个月可以达到每年约 30 厘米，但 12 个月以后急剧下降。[90]如此快速的

发育对出生后阶段的饮食提出了很高的要求，使婴儿面临营养
不良、感染和夭折的更大风险。[91]婴儿死亡率，尤其是产后一
个月到一年发生的新生期后婴儿死亡率，与成年人最终身高的
平均值密切相关。[92]因此，理想的情况是，将罗马世界的婴儿
死亡率与作为健康补充指标的成人身高相结合，这样的考察将
是有益的。虽然刘易斯和高兰能够对中世纪英格兰的新生期与
新生期后婴儿死亡率进行成功的解释，但由于对婴儿的不同掩
埋方式，类似的研究对于罗马时期并不可行。[93]

对儿童期生长和压力的不同骨骼参数进行的分析，有可能
产生传记性质的数据。虽然肢体长度比躯干高度在面对环境压
力时更具"可塑性"，但考古人群之间脊椎尺寸的差异已得到
确认，且与身体虚弱程度的增加相关。[94]换句话说，从脊椎尺
寸上观察到的婴儿期发育迟缓会导致成年后体质更加虚弱。由
于这部分骨骼的融合，椎骨神经管的横向和前后直径在五岁时
便被"锁定"，为出生后的早期发育提供了一个标志，而椎体
的高度则会继续增长，直到成年早期。

对这些参数的补充分析，与长骨长度一起，可用于建构幼
儿期和少年期的发育迟缓的骨骼传记，以及对成人发病产生的
影响。[95]可以根据不同的环境或社会变量确定并分析发育停滞
阶段的人群内和人群间比较。在对中世纪以后的伦敦儿童椎体
尺寸的研究中，纽曼（Newman）和高兰说明了这种方法的潜
力。[96]在这里，生长压力模式与社会建构的生命历程规范相关，
包括彰显社会地位的儿童保育实践与童工现象。

青春期

有人提出，儿童中期的加速生长大约发生在八岁或九岁，

但也有人对此表示怀疑。[97]在这之后是青春期前后的青少年加速生长期。进入青春期后，个体和性别之间的差异越来越大，男孩经历加速生长的年龄比女孩要晚。青春期受到社会环境条件的强烈影响，不利的环境会延迟发育和青春期的开始，并导致成熟期延长到成年早期。[98]现在，新近发展起来的骨科技术使根据骨骼遗骸评估青春期年龄成为可能。[99]此类方法已被应用于中世纪英格兰青少年的研究，并对研究过往社会的年龄轨迹和生育有着重要的意义。沙普兰（Shapland）团队对一个中世纪大型样本进行的研究发现，月经开始时间迟至大约 15 岁及以上（根据骨科标准），而相比之下，今天的这一平均年龄是 13 岁。[100]同时发现男性青春期也被延长了，成熟过程持续到20 岁出头。[101]在来自罗马时期不列颠的青少年骨骼上，这类骨骼新技术的第一次独立应用同样表明，以现代的标准来衡量，当时的青春期被推迟了。来自农村和城市遗址的罗马裔不列颠女性月经初潮的较晚年龄暗示着，她们不太可能在十八九岁之前生育，而男性到 20 岁出头时仍在发育。[102]这些骨骼数据与一些罗马裔不列颠妇女接受的埋葬仪式相关，表明从 18 岁到 24岁，她们的社会地位发生了显著变化，可能与结婚或成为母亲的年龄有关。[103]骨骼数据也符合盖伦（Galen）的主张，即男性的发育一直持续到从 20 岁出头到 25 岁前后。[104]在地位较高的群体中，营养状况更好，膳食中包含更多的蛋白质，月经初潮的开始年龄可能要小得多，这或许也就导致了罗马精英人口的结婚年龄小得多。

189

构建生长发育的概况

在分析考古人群中的儿童骨骼发育时，有必要以牙齿发育年龄作为已知年龄的替代指标。不要将牙齿发育与牙齿萌出混淆，前者与年龄密切相关,[105]如果一个孩子出现一段时间的不适或营养不良，尽管他或她的颅后生长会停滞，牙齿仍继续发育。这一观察早在十九世纪便已确立，当时还在利用牙齿年龄强制规定工厂里的儿童最低工作年龄。[106]可以根据牙齿年龄推算发育参数（如长骨骨干长度），绘出生长发育的概况，进而能够开展人群之间的比较（见图 5.2）。一如既往，还要涉及许多注意事项。首先，牙齿年龄虽然很近似但并非已知年龄，因而这种概况包含各种相关误差；其次，这些概况基于非生存者，即死亡的儿童，他们可能无法代表活着的那些人。这后一点的重要性一直存在争议,[107]桑德斯（Saunders）和霍帕（Hoppa）认为这种影响可能很小。[108]无论如何，考古遗址之间发育概况的比较都消除了这一偏差来源，因为数据集具有可比性。

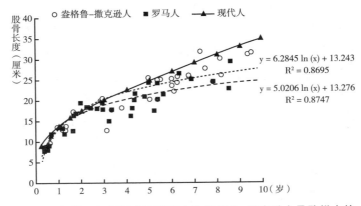

$$y = 6.2845 \ln (x) + 13.243$$
$$R^2 = 0.8695$$

$$y = 5.0206 \ln (x) + 13.276$$
$$R^2 = 0.8747$$

图 5.2　根据一组罗马裔不列颠人和盎格鲁-撒克逊人骨骼样本的
牙齿年龄推算的股骨长度。罗马裔不列颠人的趋势线
（短横线）低于盎格鲁-撒克逊人的趋势线（点虚线）

图 5.2 提供了根据罗马裔不列颠和盎格鲁-撒克逊儿童所构建的发育概况的一个示例。在这两个时期中，儿童的各项数值都低于现代。[109]这对于考古人群的大多数生长概况来说都是正确的，也是我们可以想象的，因为现代儿童的营养状况更好，传染性疾病的影响更小。盎格鲁-撒克逊儿童的生长速度比罗马裔不列颠儿童的样本稍稍更接近现代的数值，考虑到后罗马时代不列颠的身高增长，这也是预期之中的。罗恩博涅（Rohnbogner）将来自大量罗马裔不列颠儿童样本的骨骼生长概况，与十八世纪至十九世纪伦敦中产阶级人口进行了比较。[110]有意思的是，她发现，在大约五岁之前，罗马裔不列颠儿童表现出更强劲的发育，直到五岁时这种情况发生反转。鉴于上述讨论，这可以表明，与工业化的伦敦相比，罗马时期不列颠的产妇健康和婴儿喂养策略更好，但是在童年后期遇到更为不利的条件。同位素研究表明，罗马时期不列颠的婴儿在大约三岁前通常由母乳喂养，然后逐步断奶。[111]这比中世纪后的伦敦要长得多，罗马时期不列颠的喂养制度可能会给遇到最恶劣环境影响的儿童提供了缓冲，使他们得到被动免疫、卫生条件和有营养的食物来源。有趣的是，同位素证据显示，在罗马时期不列颠和罗马港（伊索拉萨克拉）之间，婴儿喂养方式存在某种差异，后者的过渡喂养期较短，母乳喂养往往更早地终止。[112]

190

皮质厚度、椎体高度和骨骼"压力"指标

在对十九世纪英格兰伯明翰儿童骨骼遗骸的研究中，梅斯（Mays）团队发现，社会经济地位较低个体的骨骼皮质厚度受到负面的影响。[113]事实上，这些作者认为，外加生长可能是一

191

种比纵向骨骼生长更为敏感的环境应激因素的指标。纽曼和高兰对后中世纪儿童的一项研究确认了这种结果，其中表明，外加生长不良与健康状况不佳的病理指标之间存在关联，后者包括筛状眶、牙釉质发育不良、佝偻病和坏血病（请见本书中斯佩尔杜蒂及其同事的论述）。[114]在任何个体的健康评价中，一并考虑发育模式和古病理指标是很有帮助的。图 5.3 展示了基于颈椎椎体高度的发育概况。其中有三个个体的数值相对于他们的年龄来说特别低，包括第 208、338 和 262 号骨骸，值得注意的是，这三个人都有健康状况不良的严重而活跃的病理指标。[115]

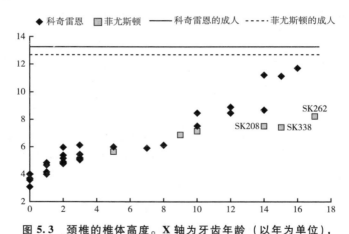

图 5.3　颈椎的椎体高度。X 轴为牙齿年龄（以年为单位），
Y 轴为椎体高度（以毫米为单位）。
科奇雷恩（Coach Lane）和
菲尤斯顿（Fewston）是两处后中世纪遗址

身材比例

骨骼的发育具有异时性，也就是说不同的部分具有不一样

的生长速度和发展阶段。譬如说，坐姿身高（即躯干的长度）的增长一般发生在婴幼儿时期和青春期，而腿长的增长发生在儿童期。结果便是，在幼儿的成长过程中，腿是先于躯干发育的。[116] 如此一来，人在一岁时腿的长度占成年后长度的 35%，但是到了十岁的时候，这一比例就已上升到 77%。[117] 于是，在此期间发生的营养不良或遭遇到的困境可能会不成比例地抑制腿的长度。博金（Bogin）和贝克（Baker）的一项研究显示，绝对腿长和相对腿长为出生到青春期之间的出生后发育做了一个总结，且相对腿长在八岁时既已确立。[118] 总的来说，儿童期发育受损的发生时间和持续时长会对成年人的身材比例产生不同的影响，因而导致肢体和躯干长度的群体内异质性。[119] 一项针对生活在秘鲁高地和低地儿童的研究正好恰当地说明了这一点，波默罗伊（Pomeroy）团队发现尺骨和胫骨对营养不良最为敏感。[120] 在研究从前的环境应激因素对相关肢体长度、身高和死亡年龄的影响这一背景下，他们的调查结果将会很好地转化到考古数据集之中。譬如，我们可以假设，与后罗马时期相比，从上述罗马裔不列颠个体中识别到的躯干相对较长，这可能代表了青春期后期的发育期延长——此时的大部分身高增长来自脊椎。这一更长的发育时期可能是身体的一种努力，目的是弥补早期生活中的发育不足，因为与后罗马时期的不列颠人相比，罗马时期的人们承受了更高水平的环境应激因素。

成人身高的整体解决之道

对过往社会中成年人身高所进行的研究，往往是将它作为一个横截面，也就是时间上的某一片段。然而，骨骼的生长具有历时性的特点，其中特定的骨头与牙齿在不同的时间以不同的速度形成。对从前的儿童开展的研究有可能通过分析与生命历程不同阶段相关的各种骨骼参数，深入理解身高是如何实现的。例如，分析成人和儿童的身材比例，其中特别注意肢体远端部分的比例长度，就可能暗示出环境应激因素。[121]虽然发育迟缓对个体长骨长度的影响可能被追赶生长所掩盖，但对生命早期融合的骨骼参数的分析能够提供有关幼儿期的补充信息。[122]然后可以将弥补性生长的证据，例如小横径、肢体远端部分、成人平均身高等汇集在一起，并与死亡风险相关联。该信息可根据儿童健康状况不良（如筛状眶）指标的存在情况加以评估，其中要特别注意这些损伤发生的年龄，以及骨骼样本中是否存在活动性及治愈性的病变。[123]随后，这些数据应当与从牙本质增量同位素分析中得到的纵向饮食数据相结合。牙齿的高分辨率同位素分析可以揭示成年幸存者和童年时死亡的非幸存者遭遇严重健康压力的时期，也就是氮元素数值升高的阶段。[124]幸存者的同位素证据也表明曾有一段时间处于匮乏状态，他们的发育不足与发育迟缓的其他骨骼参数相关，将会受到人们的特别关注。发育不足和古病理学损伤开始发生的年龄对解读工作至关重要。目前，有一种倾向是把这类损伤解释为与母乳喂养或单独照顾儿童相关。可是，在墓地人群中，样本中女性的发育如果受到阻碍，那么在婴幼儿中观察到的发育不足和古病理学损伤可能反映了一种代际的传承，包括免疫应答受损。[125]贫困等社会和经济因素可能带来一种能够遗传的生物学遗产，结果导致生理上的劣势，它又与社会环境协同增效，彼此强化。[126]

在这里分析的骨骼样本中，很明显，罗马裔不列颠人和盎格鲁-撒克逊人之间不仅在身高上，而且在身材比例上也存在差异。同样明显的还有，这些差异不仅是遗传的产物，而且是童年阶段早期压力水平较高的结果。对于那些受影响最严重的骨骼而言，生命历程中这种压力阶段的发生时间至关重要。因此，身材比例数据有助于对相关时段里遭遇的困境获得传记性的理解。如果仅仅比较不同墓地人群之间的股骨长度，那么就会忽略掉大量额外的相关数据。

结语

身高作为罗马世界里的一项幸福指数，对它展开的研究一直受到与骨骼学分析缺乏标准化及所带来的数据集不兼容有关的问题困扰。此外，生物考古学中有一种倾向，即采取简单的均变论的立场，换言之，将在特定骨骼样本上开发的技术普遍应用，而不考虑时间或地点的变化。这种方法部分源于骨骼是惰性的生物学物体这样一种观念，而没有意识到它是以动态方式与社会和物理环境相互作用的一种有生命的组织。[127]虽然必须承认骨骼学分析的实用性和局限性，但在技术的个性化应用和努力构建能提供更多信息的骨骼传记方面，我们还可以做很多工作。这只有通过一种途径才能实现，就是将多种技术结合在一起，并将它们统一到生命历程的图景当中。这种生命历程的途径明确承认个人传记的累积性和相互关联性。因此，在可以从人类骨骼遗骸判断身高时我们推荐使用解剖学方法，并创建具有人群特异性的公式。此外，还应当计算出各种骨骼指数，以确定肢体各部分比例的差异，并进行躯干和肢体长度的比较。同一人群中性别之间的差异可以说明不同性别在压力中的暴露或反应的区别，而人群之间的差异则可能指向了特定的生物文化因素。将这些数据与

194

古病理学信息相结合，并在可能的情况下加入同位素证据，应当能促进解读工作。

正如上文讨论中强调的，年轻女孩所遭遇的困境可能会对她在生育方面的未来以及她的子女和外孙子女的身高产生影响。我们需要考虑个体命运的相互关联，以及影响这些命运的变量范围，除此之外，还有非常基本的生理参数。上文的论述中也强调了营养，包括婴儿喂养策略在决定成人身高方面的作用。罗马帝国时期具有高度的流动性。因此，墓地人口的身高计算是一个复杂的问题，因为样本中的个体可能在童年时生活在多种多样的地方。我们认为，对于那些往往被边缘化的婴幼儿骨骼遗骸，今后要给予密切的关注。至于总体上的人口流动性，我们的目标应当是充分利用锶、铅和氧的稳定同位素证据和 DNA 分析，尽可能具体地分析其性质与范围。

当下这种直接比较骨骼样本之间的长骨长度以替代身高比较的趋势，我们对其背后的动机表示支持。虽然这是一些有价值的研究，但我们认为也有产生误导的可能性，因为它们无法充分说明存在差别的身材比例，如躯干高度。这些研究中隐含着一个观点，认为不同的身材比例是一种造成混淆的因素，也是产生误差的来源。我们提倡一种对这种复杂性加以利用的办法，目的就是获取更多对影响生命历程不同阶段个体发育的各种生物文化因素的了解。

致谢

感谢瓦尔特·沙伊德尔邀请我们为本书撰稿，并感谢蒂姆·汤普森（Tim Thompson）对本文初稿提出的意见。感谢彼得·加恩西的鼓励、耐心与智慧。最后，我们感谢一位匿名审稿人员对本文初稿做出的大有裨益的评论。

注　释

1. Sayson and Hargens 2008.
2. Steckel et al. 2002.
3. Vercelloti et al. 2011.
4. Bogin 2001；Steckel et al. 2002.
5. Steckel 2009.
6. Bozzoli et al. 2009，647.
7. Kemkes-Grottenhaler 2005.
8. Tanner 1974.
9. Blane 2006.
10. Engels 1850，158.
11. Chadwick 1965.
12. Barker and et al. 2011.
13. Steckel 2004；Gustafsson et al. 2007；Cardoso and Gomes 2009.
14. E. g. , Steckel 2007；Steckel and Floud 1997；Roberts and Cox 2010.
15. Frayer 1980；Feldesman et al. 1990（原始人类遗骸）；Eveleth and Tanner 1990；Ruff 1994；de Beer 2004；Steckel 2004；Gustafsson et al. 2007。
16. Jongman 2007.
17. Kron 2005.
18. Scheidel 2012.
19. Gowland and Garnsey 2010. 又请见 Giannecchini and Moggi-Cecchi 2008。
20. Giannecchini and Moggi-Cecchi 2008.
21. Trotter and Gleser 1952.
22. Goldewijk and Jacobs 2013.

23. Jantz and Jantz 1999.

24. Goldewijk and Jacobs 2013.

25. E. g. , Trotter and Gleser 1952.

26. Fully 1956；Raxter et al. 2006.

27. Raxter et al. 2006；Maijanen 2009；Maijanen and Niskanen 2010；
Shin et al. 2012.

28. Raxter, et al. 2006.

29. Raxter et al. 2006；Fully 1956.

30. Raxter et al. 2007.

31. Auerbach 2011.

32. E. g. , Scuilli et al. 1990；Scuilli and Giesen 1993；Formicola and
Franceschi 1996；Sciulli and Hetland 2007；Raxter et al. 2008.

33. DeMendonça 2000；Raxter et al. 2006；Vercellotti et al. 2009；
Auerbach 2011.

34. Pearson 1899；Trotter and Gleser 1952, 1958；and Trotter 1970.

35. Raxter et al. 2006.

36. E. g. , Trotter and Gleser 1952, 1958.

37. Vercellotti et al. 2009.

38. Feldesman et al. 1990；Konigsberg et al. 1998；Holliday 1999；
Raxter et al. 2006；Sciulli and Hetland 2007；Auerbach and
Ruff 2010.

39. Allbrook 1961；Genovés 1967；de Beer 2004；and Trotter and
Gleser 1952.

40. Jantz 1992.

41. Jantz 1992；Jantz et al. 1994.

42. Gowland and Thompson 2013.

43. Raxter et al. 2006.

44. Vercellotti et al. 2009.

45. Trotter and Gleser 1952, 1958；and Trotter 1970.

46. Trotter and Gleser 1952, 1958.

47. Pearson 1899.

48. Giannecchini and Moggi-Cecchi 2008.

49. Auerbach 2011.

50. Auerbach 2011.

51. Goldewijk and Jakobs 2013.

52. Gianecchini and Moggi-Cecchi's 2008.

53. Goldewijk and Jacobs 2013.

54. Goldewijk and Jacobs 2013，5.

55. A'Hearn et al. 2009.

56. Cole 2003.

57. Karlberg 1998.

58. Gowland and Garnsey 2010.

59. A'Hearn，et al. 2009.

60. Giannecchini and Moggi-Cecchi 2008.

61. Trotter and Gleser 1952，1958.

62. Kopeke 2002.

63. Kopeke and Baten 2005.

64. E. g.，Roberts and Cox 2003；Giannecchini and Moggi-Cecchi 2008. 请见上文表 5. 1。

65. Koepke and Baten 2005.

66. King 1999；Scheidel 2012.

67. Takahashi 1984.

68. E. g.，Roberts and Cox 2003；Gowland and Redfern 2010；Redfern and DeWitte 2011.

69. E. g.，Gianecchini and Moggi-Cecchi 2008.

70. Scheidel 2012.

71. Bozzoli et al. 2009.

72. Walsh 2015.

73. Redfern and Gowland 2012.

74. Lewis 2007.

75. King and Ulijaszek 1999，161；Humphrey 2000.

76. Humphrey 2000.

77. Bogin et al. 2007.

78. Pelletier 2000；McDade 2003，2012（免疫系统）；Chávez 2000；Uauy et al. 2011（认知能力）。

79. Tanner 1974；Kuzawa and Bragg 2012.

80. Barker et al. 2001；Barker et al. 2002.

81. Kemkes-Grottenhaler 2005.

82. Sibley et al. 1992.

83. Uauy et al. 2011.

84. Kuzawa and Quinn 2009.

85. Johnston 1986.

86. Kuzawa and Quinn 2009.

87. Chávez and colleagues 2000.

88. Cole 2003.

89. Kuzawa and Quinn 2009.

90. Johnston 1986.

91. Saunders and Barrans 1999，184.

92. Bozzoli et al. 2009.

93. Lewis and Gowland 2007（中世纪）；Gowland et al. 2014（罗马时期）。

94. 肢体：e. g.，Wadsworth et al. 2002。脊椎：Watts 2013。

95. Newman and Gowland 2015.

96. Newman and Gowland 2015.

97. E. g.，Smith and Buschang 2004.

98. Bogin 1999.

99. Shapland and Lewis 2013，2014.

100. Shapland, et al. 即将出版。

101. Lewis et al. 即将出版。

102. Arthur et al. 2016.

103. Gowland 2001.

104. Harlow and Laurence 2002.

105. Saunders 2000.

106. Kirby 2013.

107. Humphrey 2000.

108. Saunders and Hoppa 1993.

109. Maresh 1955.

110. Rohnbogner 2015.

111. Fuller et al. 2006；Powell et al. 2014.

112. Prowse et al. 2008；Powell et al. 2014.

113. Mays et al. 2009.

114. Newman and Gowland 2016.

115. Gowland，即将出版。

116. Karlberg 1998.

117. Tardieu 2010，174.

118. Bogin and Baker 2012.

119. Vercellotti et al. 2011.

120. Pomeroy and colleagues 2012.

121. Pomeroy et al. 2012；Chung and Kuzawa 2014.

122. 例如神经弓的横径；Watts 2013；Newman and Gowland 2015。

123. Walker et al. 2009；DeWitte et al. 2014.

124. Beaumont et al. 2013，2015；Montgomery et al. 2013.

125. Chung and Kuzawa 2014；Gowland 2015.

126. Chávez et al. 2000.

127. Gowland 2006.

参考文献

A'Hearn, B., F. Peracchi, and G. Vecchi. 2009. "Height and the normal distribution: evidence from Italian military data." *Demography* 46: 1–25. DOI: 10.1353/dem.0.0049.

Allbrook, D. 1961. "The estimation of stature in British and East African males." *Journal of Forensic Medicine* 8: 15–28.

Arthur, N. A., R. L. Gowland, and R. C. Redfern. 2016. "Coming of age in Roman Britain: osteological evidence for pubertal timing." *American Journal of Physical Anthropology* 59: 698–713. DOI: 10.1002/ajpa.22929.

Auerbach, B. M. 2011. "Methods for estimating missing human skeletal element osteometric dimensions employed in the revised Fully technique for estimating stature." *American Journal of Physical Anthropology* 145: 67–80. DOI: 10.1002/ajpa.21469.

Auerbach, B. M., and C. B. Ruff. 2010. "Stature estimation formulae for indigenous North American populations." *American Journal of Physical Anthropology* 141: 190–207. DOI: 10.1002/ajpa.21131.

Barker, D.J.P., et al. 2001. "Size at birth and resilience to effects of poor living conditions in adult life: longitudinal study." *British Medical Journal* 323 (7324): 1273–1276. DOI: 10.1136/bmj.323.7324.1273.

Barker, D.J.P., et al. 2002. "Fetal origins of adult disease: strength of effects and biological basis." *International Journal of Epidemiology* 31: 1235-1239.

Barker, D.J.P, et al. 2011. "How boys grow determines how long they live." *American Journal of Human Biology* 23 (3): 412-416. DOI: 10.1002/ajhb.21165.

Beaumont, J., et al. 2013. "Victims and survivors: identifying survivors of the Great Famine in 19th century London using carbon and nitrogen isotope ratios." *American Journal of Physical Anthropology* 150: 87-98. DOI: 10.1002/ajpa.22179.

Beaumont, J., et al. 2015. "Infant mortality and isotopic complexity: new approaches to stress, maternal health, and weaning." *American Journal of Physical Anthropology* 157: 441-457. DOI: 10.1002/ajpa.22736.

Béguelin, M. 2011. "Stature estimation in a Central Patagonian prehispanic population: development of new models considering specific body proportions." *International Journal of Osteoarchaeology* 21: 150-158. DOI: 10.1002/oa.1117.

Blane, D. 2006. "The life course, the social gradients, and health." In *Social Determinants of Health* (second edition), eds. M. Marmot and R. G. Wilkinson. Oxford: Oxford University Press, 54-77. DOI: 10.1093/acprof:oso/9780198565895.003.04.

Bogin, B. 1999. *Patterns of Human Growth*. Cambridge: Cambridge University Press.

Bogin, B. 2001. *The Growth of Humanity*. New York: Wiley-Liss

Bogin, B., and J. Baker. 2012. "Low birth weight does not predict the ontogeny of relative leg length of infants and children: an allometric analysis of the NHANES III sample." *American Journal of Physical Anthropology* 148: 487-494. DOI: 10.1002/ajpa.22064.

Bogin, B., M. Inês Varela Silva, and L. Rios. 2007. "Life history trade-offs in human growth: adaptation or pathology?" *American Journal of Human Biology* 19 (5): 631-642. DOI: 10.1002/ajhb.20666.

Bozzoli, C., A. Deaton, and C. Quintana-Domeque. 2009. "Adult height and childhood disease." *Demography* 46: 647-669. DOI: 10.1353/dem.0.0079.

Cardoso, H.F.V., and J.E.A. Gomes. 2009. "Trends in adult stature of peoples who inhabited the modern Portuguese territory from the mesolithic to the late 20th century." *International Journal of Osteoarchaeology* 19: 711-725. DOI: 10.1002/oa.991.

Chadwick, E. 1965. *The Sanitary Conditions of the Labouring Population of Great Britain: Report 1842*. Edinburgh: Edinburgh University Press.

Chávez, A., C. Martinez, and B. Soberanes. 2000. "The effect of malnutrition on human development: a 24-year study of well-nourished and malnourished children living in a poor Mexican village." In *Nutritional Anthropology: Biocultural Perspectives on Food and Nutrition*, eds. A. H. Goodman, D. L. Dufour, and GH. Pelto. Berkeley: University of California Press, 234-252.

Chung, G .C., and C. W. Kuzawa. 2014. "Intergenerational effects of early life nutrition: maternal leg length predicts offspring placental weight and birth weight among women in rural Luzon, Philippines." *American Journal of Human Biology* 26 (5): 652-659. DOI: 10.1002/ajhb.22579.

Cole, T. J. 2003. "The secular trend in human physical growth: a biological view." *Economics and Human Biology* 1: 161-168. DOI: 10.1016/S1570-677X(02)00033-3.

de Beer, H. 2004. "Observations on the history of the Dutch physical stature from the late-Middle Ages to the present." *Economics and Human Biology* 2: 45-55. DOI: 10.1016/j.ehb.2003.11.001.

de Mendonça, M. C. 2000. "Estimation of height from the length of long bones in a Portuguese adult population." *American Journal of Physical Anthropology* 112: 39-48. DOI: 10.1002/(SICI)1096-8644(200005)112:1<39::AID-AJPA5>3.0.CO;2-#.

DeWitte, S. et al., 2014. "Differential survival among individuals with active and healed periosteal new bone formation." *International Journal of Palaeopathology* 7: 38-44. DOI: 10.1016/j.ijpp.2014.06.001.

Engels, F. 1950. *The Condition of the Working-Class in England in 1844*. With a preface written in 1892. London: George Allen and Unwin Ltd.

Eveleth, P. B., and J. M. Tanner. 1990. *Worldwide Variation in Human Growth*. Second edition. Cambridge: Cambridge University Press.

Feldesman, M. R., J. G. Kleckner, and J. K. Lundy. 1990. "Femur/stature ratio and estimates of stature in mid-and late-Pleistocene fossil hominids." *American Journal of Physical Anthropology* 83: 359-372. DOI: 10.1002/ajpa.1330830309.

Feldesman, M. R., and L. K. Lundy. 1988. "Stature estimates for some African Plio-Pleistocene fossil hominids." *Journal of Human Evolution* 17 (6): 583-596. DOI: 10 .1016/0047-2484(88)90086-3.

Formicola, V. 1993. "Stature reconstruction from long bones in ancient population samples: an approach to the problem of its reliability." *American Journal of Physical Anthropology* 90: 351-358. DOI: 10.1002/ajpa.1330900309.

Formicola, V., and M. Franceschi. 1996. "Regression equations for estimating stature from long bones of early Holocene European samples." *American Journal of Physical Anthropology* 100: 83-88. DOI: 10.1002/(SICI)1096-8644(199605)100:1<83::AID-AJPA8>3.0.CO;2-E.

Frayer, D. W. 1980. "Sexual dimorphism and cultural evolution in the Late Pleistocene and Holocene of Europe." *Journal of Human Evolution* 9: 399-415. DOI: 0.1016/0047 -2484(80)90050-0.

Fully, G. 1956. "Une nouvelle méthode de détermination de lataille." *Annales de Medecine Legale* 35: 266-273.

Fuller, B. T., et al. 2006. "Isotopic evidence for breastfeeding and possible adult dietary differences from late/sub Roman Britain." *American Journal of Physical Anthropology* 129: 45-54. DOI: 10.1002/ajpa.20244.

Gaskell, P. 1833. *The Manufacturing Population of England*. London: Baldwin and Cradock.

Genoves, S. 1967. "Proportionality of the long bones and their relation to stature among Mesoamericans." *American Journal of Physical Anthropology* 26: 67-78. DOI: 10.1002 /ajpa.1330260109.

Giannecchini, M., and J. Moggi-Cecchi. 2008. "Stature in archaeological samples from Central Italy: method issues and diachronic changes." *American Journal of Physical Anthropology* 135: 284-292. DOI: 10.1002/ajpa.20742.

Goldewijk, G. K., and J. Jacobs. 2013. *The Relation between Stature and Long Bone Length in the Roman Empire*. Groningen: University of Groningen.

Gowland, R. L. 2001. "Playing dead: implications of mortuary evidence for the social construction of childhood in Roman Britain." In *Proceedings of the Tenth Annual Theoretical Roman Archaeology Conference*, eds. G. Davies, A. Gardner, and K. Lockyear Oxford: Oxbow, 152-168.

Gowland, R. L. 2006. "Age as an aspect of social identity: the archaeological funerary evidence." In *Social Archaeology of Funerary Remains*, eds. R. L. Gowland and C. Knüsel. Oxford: Oxbow, 143-154.

Gowland, R. L. 2015. "Entangled lives: implications of the developmental origins of health and disease (DOHaD) hypothesis for bioarchaeology and the life course." *American Journal of Physical Anthropology* 158: 530-40. DOI: 10.1002/ajpa.22820.

Gowland, R. L., A. T. Chamberlain, and R. C. Redfern. 2014. "On the brink of being: re-evaluating infant death and infanticide in Roman Britain." In *Infant Health and Death in Roman Italy and Beyond*, eds. M. Carroll, and E.-J. Graham. Portsmouth, RI: Journal of Roman Archaeology, 69-88.

Gowland, R. L. and P. Garnsey. 2010. "Skeletal evidence for health, nutritional status and malaria in Rome and the empire." *Roman Diasporas. Archaeological Approaches to Mobility and Diversity in the Roman Empire*, ed. H. Eckardt. Portsmouth, RI: Journal of Roman Archaeology, 131-156.

Gowland, R. L., and S. L. Newman. in press. "Children of the revolution: childhood health inequalities and the life course during industrialisation of the 18th to 19th centuries." In *Children and Childhood in the Past*, eds. P. Beauchesne and S. Agarwal. Gainesville: University of Florida Press.

Gowland, R. L., and R. C. Redfern. 2010. "Childhood health at the core and periphery of the Roman Empire." *Childhood in the Past* 3: 15–42

Gowland, R. L., and T.J.U. Thompson. 2013. *Human Identity and Identification*. Cambridge: Cambridge University Press.

Gustafsson, A., et al. 2007. "Stature and sexual dimorphism in Sweden, from the 10th to the end of the 20th century." *American Journal of Human Biology* 19 (6): 861–870. DOI: 10.1002/ajhb.20657.

Harlow, M., and R. Laurence. 2002. *Growing Up and Growing Old in Ancient Rome: A Life Course Approach*. London: Routledge.

Holliday, T. W. 1999. "Brachial and crural indices of European Late Upper Paleolithic and Mesolithic humans." *Journal of Human Evolution* 36: 549–566. DOI: 10.1006/jhev.1998.0289.

Humphrey, L. T. 2000. "Growth studies of past populations: an overview and an example." In *Human Osteology in Archaeology and Forensic Science*, eds. M. Cox and S. Mays. London: Greenwich Medical Media, 23–38.

Jantz, R. L. 1992. "Modification of the Trotter and Gleser female stature estimation formulae." *Journal of Forensic Sciences* 37: 1230–1235. DOI: 10.1520/JFS13310J.

Jantz, R. L., D. R. Hunt, and L. Meadows. 1994. "Maximum length of the tibia: how did Trotter measure it?" *American Journal of Physical Anthropology* 93: 525–528. DOI: 10.1002/ajpa.1330930410.

Jantz, L. M., and R. L. Jantz. 1999. "Secular change in long bone length and proportion in the United States, 1800–1970." *American Journal of Physical Anthropology* 111: 57–67. DOI: 10.1002/(SICI)1096-8644(199909)110:1<57::AID-AJPA5>3.0.CO;2-1.

Johnston, F. E. 1986. "Somatic growth of the infant and preschool child." In *Human Growth*, eds. F. Falkner, and J. M. Tanner. New York: Plenum Press, 3–24.

Jongman, W. 2007. "Gibbon was right: the decline and fall of the Roman economy." In *Crises and the Roman Empire*, eds. O. Hekster, G. de Kleijn, and D. Slootjes. Brill: Leiden, 183–199. DOI: 10.1163/ej.9789004160507.i-448.38.

Jongman, W. M. 2009. "Archaeology, demography and Roman economic growth." In *Quantifying the Roman Economy: Problems and Methods*, eds. A. Bowman, and A. Wilson. Oxford: Oxford University Press, 115–26. DOI: 10.1093/acprof:oso/9780199562596.003.0004.

Karlberg, J. 1998. "The human growth curve." In *The Cambridge Encyclopaedia of Human Growth and Development*, eds. S. Ulijaszek, F. Johnston, and M. Preece. Cambridge: Cambridge University Press, 108–113.

Kemkes-Grottenthaler, A. 2005. "The short die young: the inter-relationship between stature and longevity—evidence from skeletal remains." *American Journal of Physical Anthropology* 128: 340–347. DOI: 10.1002/ajpa.20146.

King, A. 1999. "Meat diet in the Roman world: a regional inter-site comparison of the mammal bones." *Journal of Roman Archaeology* 12: 168–202. DOI: 10.1017/S1047759400017979.

King, S. E., and S. J. Ulijaszek. 1999. "Invisible insults during growth and development." In *Human Growth in the Past*, eds. R. D. Hoppa and C. M. Fitzgerald. Cambridge: Cambridge University Press, 161–182.

Kirby, P. 2013. *Child Workers and Industrial Health in Britain, 1780–1850*. London: Boydell Press.

Koepke, N. 2002. "Regional differences and temporal development of the quality of nutrition in the Roman provinces of Germania and Raetia from the first century to the fourth century AD." *Proceedings of the XIII International Economic History Association Congress.* Buenos Aires.

Koepke, N., and J. Baten. 2005. "The biological standard of living in Europe during the last two millennia." *European Review of Economic History* 9: 61–95. DOI: 10.1017/S1361491604001388.

Konigsberg, L. W., et al. 1998. "Stature estimation and calibration: Bayesian and maximum likelihood perspectives in physical anthropology." *Yearbook of Physical Anthropology* 41: 65–92. DOI: 10.1002/(SICI)1096-8644(1998)107:27+<65::AID-AJPA4>3.0.CO;2-6.

Kron, G., 2005. "Anthropometry, physical anthropology, and the reconstruction of ancient health, nutrition, and living standards." *Historia* 54: 68–83. DOI: 10.2307/4436756.

Kuzawa, C. W., and J. M. Bragg. 2012. "Plasticity in human life history strategy: implications for contemporary human variation and the end of genus *Homo*." *Current Anthropology* 53: 369–382. DOI: 10.1086/667410.

Kuzawa, C. W., and W. A. Quinn. 2009. "Developmental origins of adult function and health: evolutionary hypotheses." *Annual Review of Anthropology* 38: 131–147. DOI: 10.1146/annurev-anthro-091908-164350.

Lewis, M. E. 2007. *The Bioarchaeology of Children.* Cambridge: Cambridge University Press.

Lewis, M. E. Forthcoming. "Work and the adolescent in Medieval England (AD 900–1550): the osteological evidence." *Medieval Archaeology.*

Lewis, M. E., and R. L. Gowland. 2007. "Brief and precarious lives: infant mortality in contrasting sites from medieval and post-medieval England (AD850–1859)." *American Journal of Physical Anthropology* 134: 117–129. DOI: 10.1002/ajpa.20643.

Maijanen, H. 2009. "Testing anatomical methods for stature estimation on individuals from the wm bass donated skeletal collection." *Journal of Forensic Science* 54:746–752.

Maijanen, H., and M. Niskanen. 2010. "New regression equations for stature estimation for Medieval Scandinavians." *International Journal of Osteoarchaeology* 20: 472–480. DOI: 10.1002/oa.1071.

Maresh, M. M. 1955. "Linear growth of long bones of extremities from infancy through adolescence: continuing studies." *American Journal of Diseases in Children* 89: 725–742. DOI: 10.1001/archpedi.1955.02050110865010.

Mays, S., R. Ives, and M. Brickley. 2009. "The effects of socioeconomic status on endochondral and appositional bone growth, and acquisition of cortical bone in children from 19th century Birmingham, England." *American Journal of Physical Anthropology* 140: 410–416. DOI: 10.1002/ajpa.21076.

McDade, T. W. 2003. "Life history theory and the immune system steps toward a human ecological immunology." *American Journal of Physical Anthropology* 46: 100–125. DOI: 10.1002/ajpa.10398.

McDade, T. W. 2012. "Early environments and the ecology of inflammation." *Proceedings of the National Academy of Sciences of the United States of America* 109 (2): 17281–17288. DOI: 10.1073/pnas.1202244109.

Minozzie, S., et al. 2013. "'The Roman Giant': overgrowth syndrome in skeletal remains from the Imperial Age." *International Journal of Osteoarchaeology* 25: 574–584. DOI: 10.1002/oa.2322.

Molleson, T. 1995. "Rates of ageing in the eighteenth century." In *Grave Reflections: Portraying the Past through Cemetery Studies*, eds. S. R. Saunders and A. Herring. Toronto: Canadian Scholars Press, 199–222.

Montgomery, J., et al. 2013. "Strategic and sporadic marine consumption at the onset of the Neolithic: increasing temporal resolution in the isotope evidence." *Antiquity* 87: 1060–1072. DOI: 10.1017/S0003598X00049863.

Newman, S. L., and R. L. Gowland. 2015. "The use of non-adult vertebral dimensions as indicators of growth disruption and non-specific health stress in skeletal populations." *American Journal of Physical Anthropology* 158: 155–164. DOI: 10.1002/ajpa.22770.

Newman, S. L., and R. L. Gowland. Forthcoming. "Dedicated followers of fashion? Bioarchaeological perspectives on socio-economic status, inequality, and health in urban children from the Industrial Revolution." *International Journal of Osteoarchaeology*.

Pearson, K. 1899. "Mathematical contribution to the theory of evolution: on the reconstruction of the stature of prehistoric races." *Philosophical Transactions of the Royal Society London* 192: 169–244. DOI: 10.1098/rsta.1899.0004.

Pelletier, D. L. 2000. "The potentiating effects of malnutrition on child mortality: epidemiologic evidence and policy implications." In *Nutritional Anthropology: Biocultural Perspectives on Food and Nutrition*, eds. A. H. Goodman, D. L. Dufour, and G. H. Pelto. Berkeley: University of California, 227–234.

Pomeroy, E., et al. 2012. "Trade-offs in relative limb length among Peruvian children: extending the Thrifty Phenotypes hypothesis to limb proportions." *PLoS ONE* 7 (12): e51795. DOI: 10.1371/journal.pone.0051795

Powell, L. A., et al. 2014. "Infant feeding practices in Roman London: evidence from isotope analysis." In *Infant Health and Death in Roman Italy and Beyond*, eds. M. Carroll and E.-J. Graham. Portsmouth, RI: Journal of Roman Archaeology, 89–110.

Prowse, T. L., et al. 2008. "Isotopic and dental evidence for infant and young child feeding practices in an imperial Roman skeletal sample." *American Journal of Physical Anthropology* 137: 294–308. DOI: 10.1002/ajpa.20870.

Raxter, M.H., B.M. Auerbach, and C.B. Ruff. 2006. "Revision of the Fully technique for estimating stature." *American Journal of Physical Anthropology* 130: 374–384. DOI: 10.1002/ajpa.20361.

Raxter, M. H., C. B. Ruff, and B. M. Auerbach. 2007. "Technical note: Revised Fully stature estimation technique." *American Journal of Physical Anthropology* 133: 817–818. DOI: 10.1002/ajpa.20588.

Raxter, M. H., et al. 2008. "Stature estimation in Ancient Egyptians: a new technique based on anatomical reconstruction of stature." *American Journal of Physical Anthropology* 136: 147–155. DOI: 10.1002/ajpa.20790.

Redfern, R. C., and S. N. Dewitte. 2011. "Status and health in Roman Dorset: the effect of status on risk of mortality in post-conquest populations." *American Journal of Physical Anthropology* 146: 197–208. DOI: 10.1002/ajpa.21563.

Redfern, R. C., and R. L. Gowland. 2012. "A bioarchaeological perspective on the pre-adult stages of the life course: implications for the care and health of children in the Roman Empire." In *Families in the Roman and Late Antique World*, eds. M. Harlow and L. L. Loven. New York: Continuum, 111–140.

Roberts, C., and M. Cox. 2007. "The impact of economic intensification and social complexity on human health in Britain from 6000BP (Neolithic) and the introduction of farming to the mid-nineteenth century AD." In *Ancient Health: Skeletal Indicators of Agricultural and Economic Intensification*, eds. M. N. Cohen and G.M.M. Crank-Kramer. Gainesville: University of Florida Press, 149–163.

Roberts, C.A., and M. Cox. 2003. *Health and Disease in Britain: From Prehistory to the Present Day*. Gloucester: Sutton.

Rohnbogner, A. 2015. "Dying young: a palaeopathological analysis of child health in Roman Britain." PhD Dissertation, University of Reading, England.

Roseboom, T. J., J.H.P. van der Meulen, and A.C.J. Ravelli. 2001. "Effects of prenatal exposure to the Dutch famine on adult disease in later life: an overview." *Molecular and Cellular Endocrinology* 185: 93–98.

Ross, M. G., and M. H. Beall. 2008. "Adult sequelae of intrauterine growth restriction." *Seminars in Perinatology* 32: 213–218. DOI: 10.1053/j.semperi.2007.11.005.

Ruff, C. B. 1994. "Morphological adaptation to climate in modern and fossil hominids." *American Journal of Physical Anthropology* 37: 65–107. DOI: 10.1002/ajpa.1330370605.

Saunders, S. R. 2000. "Subadult skeletons and growth related studies." In *Skeletal Biology of Past Peoples: Research Methods*, eds. M. A. Katzenberg and S. R. Saunders. New York: Wiley-Liss, 135–161.

Saunders, S. R., and L. Barrans. 1999. "What can be done about the infant category in skeletal samples?" In *Human Growth in the Past*, eds. R. D. Hoppa and C. M. Fitzgerald. Cambridge: Cambridge University Press, 183–209.

Saunders, S. R. and R. D. Hoppa. 1993. "Growth deficit in survivors and non-survivors: biological correlates of mortality bias in subadult skeletal samples." *Yearbook of Physical Anthropology* 36: 127–151.

Sayson, J. V., and A. R. Hargens. 2008. "Pathophysiology of lower back pain during exposure to microgravity." *Aviation, Space and Environmental Medicine* 79: 365–373. DOI: 10.3357/ASEM.1994.2008.

Scheidel, W. 2012. "Physical well-being." In *The Cambridge Companion to the Roman Economy*, ed. W. Scheidel. Cambridge: Cambridge University Press, 321–333. DOI: 10.1017/CCO9781139030199.020.

Sciulli, P. W., and M. J. Giesen. 1993. "Brief Communication: an update on stature estimation in Prehistoric Native Americans of Ohio." *American Journal of Physical Anthropology* 92: 395–399. DOI: 10.1002/ajpa.1330920309.

Sciulli, P. W., and B. M. Hetland. 2007. "Stature estimation for Prehistoric Ohio Valley Native American populations based on revisions of the Fully Technique." *Archaeology of Eastern North America* 35: 105–113.

Sciulli, P. W., K. N. Schneider, and M. C. Mahaney. 1990. "Stature estimation in Prehistoric Native Americans of Ohio." *American Journal of Physical Anthropology* 83: 275–280. DOI: 10.1002/ajpa.1330830302.

Shapland F., M. E. Lewis. 2013. "Brief Communication: a proposed osteological method for the estimation of pubertal stage in human skeletal remains." *American Journal of Physical Anthropology* 151: 302–310.

Shapland, F., and M. E. Lewis. 2014. "Brief Communication: a proposed method for the assessment of pubertal stage in human skeletal remains using cervical vertebrae maturation." *American Journal of Physical Anthropology* 153: 144–153. DOI: 10.1002/ajpa.22416.

Shapland, F., M. Lewis, and R. Watts. Forthcoming. "The lives and deaths of young medieval women: the osteological evidence." *Medieval Archaeology*.

Shin, D. H, et al. 2012. "Ancient-to-modern secular changes in Korean stature." *American Journal of Physical Anthropology* 147: 433–442.

Sibley, L. M., G. J. Armelagos, and D. P. Van Gerven. 1992. "Obstetric dimensions of the true pelvic in a medieval population from Sudanese Nubia." *American Journal of Physical Anthropology* 60: 279–317. DOI: 10.1002/ajpa.1330890403.

Sletner, L., et al. 2014. "Maternal life course socio-economic position and offspring body composition at birth in a multi-ethnic population." *Paediatric and Perinatal Epidemiology* 28: 445–454. DOI: 10.1111/ppe.12137.

Smith, S. L., and P. H. Buschang. 2004. "Variation in longitudinal diaphyseal long bone growth in children three to ten years of age." *American Journal of Human Biology* 16 (6): 648–657. DOI: 10.1002/ajhb.20077.

Steckel, R. H. 2004. "New light on the 'Dark Ages': the remarkably tall stature of Northern European Men during the Medieval Era." *Social Science History* 28: 211–228. DOI: 10.1215/01455532-28-2-211.

Steckel, R. H. 2005. "Health and nutrition in the Preindustrial Era: insights from a millennium of average heights in northern Europe." In *Living Standards in the Past*, eds.

R.C. Allen, T. Bengtsson, and M. Dribe. Oxford: Oxford University Press, 227–254. DOI: 10.1093/0199280681.003.0010.

Steckel, R. H. 2007. *A Pernicious Side of Capitalism: The Care and Feeding Slave Children.* Available at http://web.econ.ohio-state.edu/rsteckel/vita.pdf.

Steckel, R. H. 2009. "Heights and human welfare: recent developments and new directions." *Explorations in Economic History* 46: 1–23. DOI: 10.3386/w14536.

Steckel, R. H., and R. Floud. 1997. *Health and Welfare during Industrialization.* Chicago: University of Chicago Press.

Steckel, R. H., et al. 2002. "Skeletal health in the Western Hemisphere from 4000 B.C. to the present." *Evolutionary Anthropology* 11: 142–155. DOI: 10.1002/evan.10030.

Takahashi, E. 1984. "Secular trend in milk consumption and growth in Japan." *Human Biology* 56 (3): 427–437.

Tardieu, C. 2010. "Development of the human hind limb and its importance for the evolution of bipedalism." *Evolutionary Anthropology* 19: 174–186. DOI: 10.1002/evan.20276.

Tanner, J. M. 1974. "Variation in growth and maturity of newborns." In *The Effect of the Infant on its Caregiver*, eds. M. Lewis and L. A. Rosenblum. New York; London: Wiley-Interscience, 77–103.

Trotter, M. 1970. "Estimation of stature from intact long limb bones." In *Personal Identification in Mass Disasters*, ed. T. D. Stewart. Washington, DC: Smithsonian Press, 71–83.

Trotter, M., and G. C. Gleser. 1952. "Estimation of stature from long bones of American whites and Afroamericans." *American Journal of Physical Anthropology* 10: 463–512.

Trotter, M., and G. C. Gleser. 1958. "A re-evaluation of estimation of stature based on measurements of stature taken during life and of long bones after death." *American Journal of Physical Anthropology* 16: 79–123. DOI: 10.1002/ajpa.1330160106.

Uauy, R., J. Kain, and C. Corvalan. 2011. "How can the developmental origin of health and disease (DOHaD) hypothesis contribute to improving health in developing countries." *American Journal of Clinical Nutrition* 96: 1759S–1764S. DOI: 10.3945/ajcn.110.000562.

Vercellotti, G., et al. 2009. "Stature estimation in an early Medieval (XI–XII c.) Polish population: testing the accuracy of regression equations in a bioarchaeological sample." *American Journal of Physical Anthropology* 140: 135–142. DOI: 10.1002/ajpa.21055.

Vercellotti, G., et al. 2011. "Intrapopulation variation in stature and body proportions: social status and sex differences in an Italian medieval population (Trino Vercellese, VC)." *American Journal of Physical Anthropology* 145: 203–214. DOI: 10.1002/ajpa.21486.

Wadsworth, M. E., et al. 2002. "Leg and trunk length at 43 years in relation to childhood health, diet and family circumstances: evidence from the 1946 national birth cohort." *International Journal of Epidemiology* 31: 383–390. DOI: 10.1093/ije/31.2.383.

Walker, P. L., et al. 2009. "The causes of porotic hyperostosis and cribra orbitalia: a reappraisal of the iron deficiencyanemia hypothesis." *American Journal of Physical Anthropology* 139: 109–125.

Walsh, J. 2015. "Normal bone physiology, remodeling and its hormonal regulation." *Surgery* 33: 1–6. DOI: 10.1016/j.mpsur.2014.10.010.

Watts, R. 2011. "Non-specific indicators of stress and their relationship to age-at-death in medieval York: using stature and vertebral canal neural size to examine the effects of stress occurring during different stages of development." *International Journal of Osteoarchaeology* 21: 568–576. DOI: 10.1002/oa.1158.

Watts, R. 2013. "Childhood development and adult longevity in an archaeological population from Barton-upon-Humber, Lincolnshire, England." *International Journal of Palaeopathology* 3: 95–104. DOI: 10.1016/j.ijpp.2013.05.001.

Werdelin, L. 1985. "The stature of some medieval Swedish populations." *Fornvännen* 80: 133–141.

第六篇　古代DNA

诺琳·图罗斯、迈克尔·G. 坎帕纳

引言

在人类基因组以及病原体和家畜的基因组中，都留下了历史的痕迹。虽然可以从现存基因组所保存的遗传化石中收集到很多信息（请见第七篇），但基因组是一本可以重复书写的记录，更晚近的事件覆盖了一部分从前发生的事件。古代DNA，又称古DNA，指保存在考古学、古生物学和博物馆的原始资料中的DNA，对于它的研究使我们能够调查历史事件前后的基因组，并观察其实时的演变。古DNA的研究领域在本质上也是可以重复书写的，其中旧的结果不仅得到扩展和修改，而且在技术的快速进步中可能被完全舍弃。

本篇将探讨古DNA分析如何帮助我们重建古代历史，尤其是罗马历史中的案例调查。我们简要介绍了古DNA的生物化学结构与特性及其研究历史。通过几个关键案例研究，我们展示了探索古DNA在澄清古代历史进程方面的潜力，同时也强调它的某些弱点与局限。

古DNA的生物化学

在生物体中，DNA是一种生物分子，它对产生多肽和功能性核糖核酸（ribonucleic acids，简称RNA）的指示进行编码。它是决定由父母传给后代的生物学特征的主要遗传分子。DNA 包含编码区和非编码区。在编码区，DNA 序列对基因，即产生多肽和功能性 RNA 的指示进行编码。相反，非编码区不包含基因，但是能发挥基因调控等其他作用。从其主结构来看，DNA 是由核苷酸组成的、定向的、线性的聚合生物分子。每个核苷酸由脱氧核糖、一个磷酸根与腺嘌呤（A）、胸腺嘧啶（T）、鸟嘌呤（G）和胞嘧啶（C）这四个含氮碱基的其中一个组成。DNA 链是有方向的，链的合成是从分子的 5′端到 3′端进行的。通常，细胞中的 DNA 是双链的，互补的两条链通过对应核苷酸之间的氢键相互配对，分别朝相反的方向延伸。腺嘌呤对应胸腺嘧啶，而鸟嘌呤对应胞嘧啶。

在真核生物中，大多数的 DNA，进而也包括基因，都容纳在细胞核中，这种所谓的"核 DNA"与被称作"组蛋白"的蛋白质紧密缠绕形成染色体。每个细胞核里包含的非性染色体都是成对的，分别来自生物体的双亲。性染色体也是继承自双亲的，但各自的数目因性别决定系统而异。在哺乳动物中，雌性有两条 X 染色体，分别来自父母的其中一方，而雄性有一个遗传自母亲的 X 染色体和一个遗传自父亲的 Y 染色体。鸟类则不同，雄性有两条 Z 染色体，而雌性有一条来自父亲的 Z 染色体和一条来自母亲的 W 染色体。此外，真核细胞含有线粒体 DNA（简称 mtDNA），是在线粒体这个负责产生能量的细胞器中存在的一个圆形 DNA 片段，它几乎完全遗传自母系，每个细胞可以包含数百到数千个。许多生物体都有附加的核外 DNA。例如，植物的叶绿体是负责光合作用的细胞器，其中就含有叶绿体 DNA。

在活细胞里，DNA 不断受到各种攻击，如紫外线暴露、水解作用、活性氧自由基等，而 DNA 修复机制使它免于损伤累积。细胞死亡以后，其修复机制停止运行，细胞膜分解，将消化酶释放到细胞质中。除非通过冷冻和脱水等方法使 DNA 失活，否则 DNA 就会被这些酶迅速破坏。即便阻止了这种酶消化作用，DNA 也会因水解作用和氧化损伤而随时间衰减。[1]这些化学反应的速度快慢取决于环境。在稳定、寒冷、干燥的环境，比如永久冻土中，pH 值为中性到微碱性，盐浓度较高，DNA 最有可能在其中存活。[2]避免促进氧化的紫外线照射和细菌与真菌的侵袭也能增加 DNA 保存的可能性。[3]

幸存的内源性古 DNA 破裂为少于 500 个碱基对[4]的较短片段。古 DNA 的大部分研究集中在有 100～200 个碱基对的 DNA 片段上。[5]然而，最近应用高通量测序方法的研究已经显示，大部分样本中的多数内源性古 DNA 分子在长度上少于 100 个碱基对。[6]这些分子通常受到了明显的破坏，如单链缺口、错误编码和阻塞性损伤，以及与其他生物分子的交联。[7]尽管有些损伤是可修复的，比如通过苯甲酰噻唑溴化物处理去除蛋白质交联，[8]但大多数损伤都使受影响的 DNA 无法得到分析。

由于大多数标本中可供分析的目标 DNA 分子数量较少，非内源性 DNA 污染就对古 DNA 研究构成了最大的风险。[9]在古代样本的全部 DNA 中，内源性古 DNA 很少能超过 10%。[10]为了防止污染，研究古 DNA 的实验室制定了所谓的"真实可信标准"，以确保结果的可靠。[11]尽管各个研究团队的标准不尽相同，但几乎所有实验室都采取控制反应来清除污染物，通过重复实验确保结果可信，并将古代 DNA 的制备与现代 DNA 的实验室空间加以分割以限制交叉污染。[12]

从真实可信的古 DNA 中得到的序列错误的主要来源是胞嘧啶到胸腺嘧啶（C→T）转换。[13]当内源性胞嘧啶残基脱去氨基成为尿嘧啶时便会发生这种 C→T 转换。在聚合酶链式反应中，尿嘧啶被 DNA 聚合酶读取并置换为胸腺嘧啶。[14]这些损伤在古 DNA 链中按照一种可预测的模式发生，C→T 转换在 DNA 分子的 5′端更加频繁，鸟嘌呤向互补的腺嘌呤（G→A）转换在 3′端似乎更为常见。[15]这种模式如今被用作古基因组分析中的古 DNA 真实性的标准。[16]此外，在聚合酶链式反应前，以尿嘧啶 N-糖基化酶对 DNA 提取物进行处理，通过在尿嘧啶残基处切割 DNA 分子，便可以减少 C→T 转换的发生。[17]最近，一些经过尿嘧啶 N-糖基化酶处理后仍然出现的 C→T 转换，已被证明是由于古 DNA 的甲基化。[18]这一发现为研究古代表观基因组学打开了大门，这一学科能够为从前的身体发育、营养状况和整体健康提供信息。[19]

古 DNA 研究的历史

1984 年，拉塞尔·樋口（Russell Higuchi）团队证明，在博物馆中保存了 140 年的已灭绝的一个斑马亚种——拟斑马（又译斑驴，*Equus quagga quagga*）的一块皮肤中保存着内源性 DNA 的小片段。从这块皮肤中提取的 DNA 分子量较少（少于 500 个碱基对），而且起初包含着污染物。为了找出两个含有可识别线粒体的 DNA 序列，该团队不得不筛查 2.5 万个随机插入拟斑马皮肤 DNA 的细菌克隆！

尽管樋口团队已经证明了古 DNA 的存在，但直到 1980 年代中期，卡里·穆利斯（Kary Mullis）团队在赛图斯公司

（Cetus Corporation）① 发明了聚合酶链式反应，针对生物分子的系统研究才成为可能。[20]使用已知序列的合成单链 DNA 分子（"引物"）和一种耐热 DNA 聚合酶，聚合酶链式反应可将感兴趣的特定 DNA 片段复制数十亿次，甚至可以对单个 DNA 分子进行分析（见图 6.1）。加热和冷却的重复循环使 DNA 变成单链，将引物固定到目标 DNA 上，然后使用引物作为 DNA 聚合酶的起点来合成互补的 DNA 链。新合成的双链 DNA 可以作为模板用于下一个加热和冷却的循环。

208

1990 年代初，聚合酶链式反应技术在考古学、历史学和古生物学问题上的应用引发了古 DNA 研究的一场大爆炸。到了 1990 年代中期，随着人们意识到，许多最令人瞩目的发现，尤其是来自白垩纪恐龙、保存在琥珀中的昆虫和细菌，以及中新世植物化石里面的 DNA 都是实验室污染的结果，这波热潮才逐渐平息。[21]上述案例导致严格的"真实可信标准"出台，以确保古 DNA 分析的可靠性和可复制性。

209

尽管有了聚合酶链式反应技术，古 DNA 研究却依然受制于无法生成大量的可靠数据。针对古 DNA 的绝大多数研究都集中在线粒体 DNA 上，因为每个细胞的线粒体 DNA 副本的数目较多，使聚合酶链式反应扩增更为便利，它的母系遗传也简化了系统发生学分析。这种情况在 2005 年发生了变化，高通量合成测序仪在当时被投放市场。[22]这些方法不以已知 DNA 区域的短片段为目标，而是通过将特定的 DNA 适配器附着到原始 DNA 链的末端，把适合的分子固定在使用这种适配器的分

---

① 　由美国加州大学伯克利分校的教职员于 1971 年创立的一家公司，是最早的生物科技公司之一。

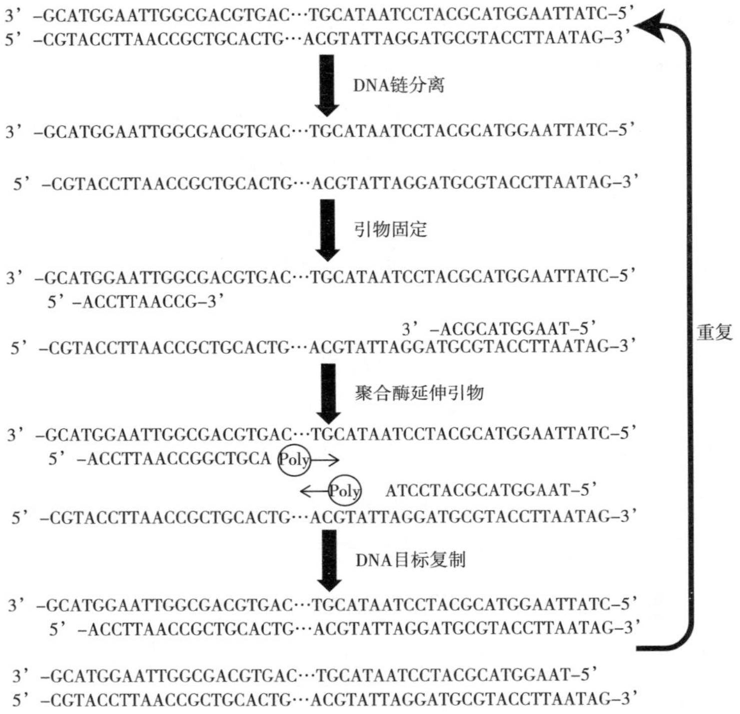

3'–GCATGGAATTGGCGACGTGAC⋯TGCATAATCCTACGCATGGAATTATC–5'
5'–CGTACCTTAACCGCTGCACTG⋯ACGTATTAGGATGCGTACCTTAATAG–3'

DNA链分离

3'–GCATGGAATTGGCGACGTGAC⋯TGCATAATCCTACGCATGGAATTATC–5'

5'–CGTACCTTAACCGCTGCACTG⋯ACGTATTAGGATGCGTACCTTAATAG–3'

引物固定

3'–GCATGGAATTGGCGACGTGAC⋯TGCATAATCCTACGCATGGAATTATC–5'
5'-ACCTTAACCG–3'

3'–ACGCATGGAAT–5'
5'–CGTACCTTAACCGCTGCACTG⋯ACGTATTAGGATGCGTACCTTAATAG–3'

聚合酶延伸引物

3'–GCATGGAATTGGCGACGTGAC⋯TGCATAATCCTACGCATGGAATTATC–5'
5'-ACCTTAACCGGCTGCA (Poly)→

←(Poly) ATCCTACGCATGGAAT–5'
5'–CGTACCTTAACCGCTGCACTG⋯ACGTATTAGGATGCGTACCTTAATAG–3'

DNA目标复制

3'–GCATGGAATTGGCGACGTGAC⋯TGCATAATCCTACGCATGGAATTATC–5'
5'-ACCTTAACCGCTGCACTG⋯ACGTATTAGGATGCGTACCTTAATAG–3'

3'–GCATGGAATTGGCGACGTGAC⋯TGCATAATCCTACGCATGGAAT–5'
5'–CGTACCTTAACCGCTGCACTG⋯ACGTATTAGGATGCGTACCTTAATAG–3'

重复

图 6.1　聚合酶链式反应示意图。通过热变性、短寡核苷酸引物退火和耐热 DNA 聚合酶引物延伸的重复循环，DNA 分子进行复制

子珠或分子板上，然后在同步测序反应中对数百万到数十亿个分子进行测序，从而有可能实现对一个样本中的所有分子的测序。[23]这些技术可以对古代基因组进行整体测序，[24]而代价是更短的、精度更低的序列读取，并对样本中存在的大量无用的污染物也进行了测序。由于测序仪的改进，其测序的长度和质量能够媲美基于聚合酶链式反应的传统技术，再加上有助于从序列池中排除无用污染物的捕获技术的发展，上述缺陷得到一定程度的弥补。[25]

人群的亲缘关系：古代伊特鲁里亚人
与现代托斯卡纳人

文献和考古证据往往无法揭示古代人的遗传起源及其与历史和现代人口的关系。通过确定古代人的遗传从属关系以及现存人群在多大程度上为其直系后裔，古代 DNA 研究可以帮助我们了解古代历史。

一个值得注意且广受争议的例子是古代的伊特鲁里亚人，即位于前古典时期意大利中部的伊特鲁里亚的一个非印欧族群。考古学、古人类学和文本记录中几乎没有关于伊特鲁里亚人的遗传亲缘关系的证据，尽管有记录表明他们至少在文化上与地中海东部的社会有所交流。[26]此外，伊特鲁里亚人与当下居住在该地区的现代托斯卡纳人之间的关系尚不清楚。为了解决这些问题，韦尔内西（Vernesi）团队分析了 30 个伊特鲁里亚个体的线粒体控制区的序列，这是一种快速进化的非编码位点，经常用于推断种内系统发育。[27]这些标本的考古年代是公元前七世纪到公元前三世纪，来自曾经属于伊特鲁里亚地区的各个不同城镇。将古代伊特鲁里亚人的单倍型（即某个遗传位点的唯一变体）与现代欧洲和地中海人群进行比较，结果显示，相比于他们与现存的托斯卡纳人和其他现代意大利人的关系，古代伊特鲁里亚人与地中海东部人口的关系更为密切。基于这些数据，韦尔内西团队认为伊特鲁里亚人至少部分起源于地中海东部人群，并且在并入罗马帝国以后经历了人口更替。考察突变率、人口规模、迁移、社会分层等一系列人口参数的计算机模拟也支持这种人口更替曾经发生。[28]对 27 个公元十世纪到十五世纪的中世纪托斯卡纳人线粒体控制区的测序进

210

一步支持了发生在公元 1000 年之前的人口更替。这表明现代托斯卡纳人与中世纪托斯卡纳人之间存在相互关联，但两者都不是古代伊特鲁里亚人的后裔。[29]值得注意的是，许多伊特鲁里亚人的单倍型在现代数据库中并未被找到，这可能是人口同化以后血统消亡的结果，[30]但也被解读为 DNA 损伤或污染造成 DNA 序列失真的证据。[31]

在对古代伊特鲁里亚人的研究中，DNA 序列不准确的可能性和采用样本量较少的问题，引发了对这些研究结果的争议。虽然巴布贾尼（Barbujani）团队和吉马雷（Guimares）团队否认 DNA 序列错误影响了他们的分析，但阿基利（Achilli）团队认为伊特鲁里亚人和现代托斯卡纳人之间存在的间断是序列错误和技术问题造成的。[32]阿基利团队调查了 322 个现存的托斯卡纳人线粒体控制区。他们发现，托斯卡纳人群，尤其是伊特鲁里亚人建立的穆洛（Murlo）镇的居民，与近东人群的关系比与其他现代意大利人的更为密切。近东单倍型出现的频率相对较低，只有大约 5%，如果采样量不足的话，可能就会漏过这一模式。阿基利团队认为他们的数据显示了现代托斯卡纳人和古代伊特鲁里亚人之间的连续性，但也同意伊特鲁里亚人是来自近东人群的。

这两种解读之间的差异突出了困扰当前人口遗传学研究的许多问题。虽然古代 DNA 研究具有一定的时间深度，但它们缺乏足够的样本量，有可能忽略遗传数据中的低水平模式。同时，阿基利团队将托斯卡纳人的近东单倍型归于伊特鲁里亚人，但由于他们的数据缺乏时间深度，也可能有其他解释，例如，源自后来的地中海东部的基因流动。在这两种情况下，线粒体 DNA 仅代表非编码的来自母亲一方的谱系。来自父系的和编码的遗传史尚缺乏探索。基因组分析可以为伊特鲁里亚人的遗传从属关系提供一幅更细致的图景。

古代历史族谱学：埃及王室木乃伊

古 DNA 研究更吸引媒体关注的一个方面是其澄清古代家族谱系的能力。最著名的也是最有争议的例子就是埃及王室的木乃伊。许多埃及木乃伊的身份和关系都不确定，原因包括盗墓活动、石棺在古代历史中可能被重新使用或错误标注，以及碎片化的考古和文字证据。[33] 2010 年，扎希·哈瓦斯（Zahi Hawass）团队公布了针对图坦卡蒙王室后裔中 11 具木乃伊重建的一份五代人的谱系。2012 年，研究人员继续他们的初步研究，使用计算机断层扫描开展第二次分析，确认了拉美西斯三世（Ramesses Ⅲ）在宫闱阴谋中被暗杀这一历史记载。利用基因证据，这些作者推断出，在拉美西斯三世所在的同一王家密藏中发现的一具代号 "E" 的未知木乃伊就是阴谋的主要策划者之一彭塔瓦尔（Pentawere）的尸体。[34] 这具不明身份的木乃伊与拉美西斯三世具有相同的 Y 染色体单倍型，身上覆盖着一层在仪式意义上代表不纯洁的山羊皮，暗示惩罚。

从表面上看，这些研究让我们对古埃及历史的理解实现了一次巨大的跨越。然而，在古 DNA 研究界，它们立即引发了争议。由于温暖的气候和木乃伊化的未知影响，真实的古埃及 DNA 能否长期存活受到质疑。[35] 此外，这两项分析是以对古代微卫星序列的分析为基础的。微卫星序列是一种由长度为一到六个碱基对的重复序列组成的遗传标记（如 CACACA……），其等位基因根据重复单位的数量而变化。

由于微卫星序列的快速进化和高度的人群特异性，对它的分析经常应用于法医学中确定失踪人员以及母子或父子关系鉴定的案例。然而，由于分子测序中的困难以及它们在聚合酶链式反应过程中产生伪等位基因的倾向，微卫星序列在古代DNA研究中的应用常常遭到贬低。[36]此外，微卫星等位基因在古埃及人群中的出现频率尚不明确。因而很难从统计学角度对遗传学结果加以评估，尤其是在怀疑具有血亲关系的地位较高人群中。[37]为了验证木乃伊的系谱，需要使用更可靠的遗传标记展开进一步的研究，如单核苷酸多态性（single nucleotide polymorphisms，简称SNP）这类在单核苷酸位置发生变化的遗传标记。

人类古基因组学的革命

针对几千个现存人类个体和几百个古代人类样本进行的基因组测序，彻底改变了我们对人口历史的理解。[38]举例来说，全基因组测序的应用和改进的生物地理建模算法，记录了铁器时代的人口和盎格鲁-撒克逊人群对现存的不列颠群岛人口各自做出的贡献，并显示出仍然可以从现在的英国人中观察到古代人口结构。[39]除了研究人口的历史与进化，我们现在甚至可以分析古代表观基因组及其对基因表达的影响。[40]

在很多情形下，对完整基因组的分析已将史书改写。卡明（Karmin）团队记录到一个前所未知的Y染色体瓶颈期，在时间上与欧洲新石器时代的开始相吻合，可能与当时的社会组织变化存在关联。[41]拉加万（Rhagavan）团队和斯科格隆（Skoglund）

团队都在现存的和古代的美洲土著居民人口中发现了澳大拉西亚（Australasia）① 祖先的遗传特征。[42]尽管形态学数据表明一部分美洲土著群体具有澳大拉西亚血统，但之前的遗传学研究只记录到这些人群的亚洲血统。[43]将全基因组测序应用于托斯卡纳及伊特鲁里亚人和古埃及人可能会解决之前的聚合酶链式反应研究所遗留下来的问题。

罗马帝国人口的散布

虽然罗马帝国的人民在欧洲和世界历史上占有重要地位，但是利用古 DNA 技术对他们进行的研究还相当少。已发表的大多数是小范围的或初步的分析结果。三项基于聚合酶链式反应的研究发现，在罗马时期的不列颠，男女婴儿都会遭遇杀婴行为，这表明杀婴的目的并非控制性别比例。[44]同样，在以色列阿什凯隆（Ashkelon）的一家罗马澡堂里有针对男婴和女婴的杀害，暗示了这里曾被用作妓院。[45]在意大利瓦努里的罗马庄园发现了线粒体单倍群的变体，对应着欧洲人的常见血统。[46]对意大利庞贝的卡斯蒂阿曼蒂（Casti Amanti）和盖乌斯·尤利乌斯·波利比乌斯住宅（Caius Iulius Polybius house）的人类遗骸进行的基于聚合酶链式反应的分析发现，其中保存了足够的 DNA，可以使用釉原蛋白基因鉴定性别，并通过微卫星序列识别个体。[47]后来的线粒体单倍群分析结果证实，盖乌斯·尤利乌斯·波利比乌斯住宅的 13 名个体中有 6 个具有母系遗传相关性。[48]根据从青

---

① 　澳大拉西亚是一个包括澳大利亚、新西兰和太平洋上一些相邻岛屿的区域，在地理政治学、物理地理学、语言学、生态学等不同语境下，涵盖的范围略有不同。

铜时代早期到罗马时代晚期的四具叙利亚骨骼中获得的线粒体单倍群，维塔斯（Witas）团队提出了印度次大陆和美索不达米亚之间的遗传关联。[49]最近使用 DNA 捕获技术对四具来自伦敦的罗马时代骨骼展开的研究也发现了线粒体单倍群、眼睛颜色和头发颜色的变化。[50]迄今最为全面的分析包括来自英国约克的七个低覆盖度（~1×覆盖度）的罗马裔不列颠人基因组。[51]其中六个基因组与现代英国的凯尔特人存在密切的亲缘关系，而第七个基因组与中东人口有亲缘关系，证实了罗马帝国的世界主义性质。

213

古代历史中的健康状况与疾病

传染病形塑了人类的历史。由于历史描述和考古证据有限，很多古代大瘟疫背后的病原体尚不清楚。古 DNA 证据极大地丰富了我们对古代病原体的致命性与流行性的理解。古 DNA 分析不仅可以实现最佳的病原体识别，还可以在缺乏诊断性解剖病变，或其他生化分析已被证明无效的情况下查明受害者的疾病。[52]古 DNA 分析还可以记录古代混合菌株和不复存在的菌株导致的感染，达到其他古微生物技术无法提供的分辨率。[53]

早期古病理学的古 DNA 研究利用基于聚合酶链式反应的方法来识别古代传染病。通过应用这些方法，在埃及木乃伊中发现了分枝杆菌的感染。[54]数个团队都报告了与古代安第斯人木乃伊中的克氏锥虫病［*Trypanosoma cruzi*，又称恰加斯病（Chagas' Disease）］相匹配的聚合酶链式反应扩增和 DNA 测序结果。[55]从古埃及木乃伊和意大利翁布里亚（Umbria）卢尼亚诺（Lugnano）的一副古罗马骨骼中，已扩增出诊断恶性疟原虫感染，也就是疟疾的聚合酶链式反应的产物。[56]利用当下的 DNA 捕获技术，马尔恰尼亚克（Marciniak）团队证实了，在公元一世纪至二世纪意大利南部韦利亚和瓦努里的罗马帝国公墓中存在恶性疟原虫疟疾。[57]帕帕格里戈拉基斯（Papagrigrakis）团队将历史上的雅典瘟疫（Plague of Athens）① 的病理因素确定为伤寒杆菌（*Salmonella enterica serovar typhi*），但这一判断存在争议。[58]在林道人（Lindow Man）② 和一具埃及木乃伊的尸体中识别出了大肠杆菌（*Escherichia coli*）。[59]一具埃及木乃伊的头部发现了棒状杆菌（*Corynebacterium*） 的 DNA。[60]最后，卢西亚尼（Luciani）团队在哥伦布到达美洲之前的一个美洲土著居民的骨架中发现了副流感嗜血杆菌（*Haemophilus parainfluenzae*） 的 DNA。[61]

在对古代历史中疾病的理解上，近年的技术发展使我们取得了古 DNA 方面一项最重要的进步：分离与测序一种导致了查士丁尼瘟疫的鼠疫杆菌的菌株。[62]根据医学描述，公元 541 年至 750 年③的查士丁尼瘟疫、1330 年至 1351 年的黑死病④这类不定期的全球大流行，以及从 1855 年持续至今的现代大流行，历史学家推测鼠疫杆菌是造成它们的原因。[63]在缺乏确凿的科学证据的情况下，对查士丁尼瘟疫和黑死病是否源于鼠疫杆菌仍然存在争议。[64]

---

① 指发生于公元前 430 年到公元前 427 年的一场席卷整个雅典的瘟疫，它直接导致了近 1/4 的居民（7.5 万～10 万人）死亡。这是人类历史上最早的一场记载较详尽的重大疾病。
② 英国保存最好的一具沼泽木乃伊。
③ 这一时间段指广义上在二百多年的时间里暴发了二三十次的瘟疫，狭义上的则应为 541 年至 549 年（传播至欧洲北部和阿拉伯半岛）。
④ 原文为广义上的中世纪鼠疫，一般认为狭义上的黑死病在 1347 或 1348 年至 1351 年在欧洲暴发。

古 DNA 基因组证据证明，鼠疫杆菌至少是造成查士丁尼瘟疫和黑死病的原因之一。[65]这也修正了我们对耶尔森氏菌属（Yersinia）的系统发育的理解。现存的鼠疫杆菌菌株通常根据其生物学特性分为"古代"、"中世纪"和"东方"三个生物变种，尽管它们在系统发育上意义不大。[66]每一种菌株都曾被认为是这三次大流行的其中一次的起因：古代变种被认为造成了查士丁尼瘟疫，中世纪变种带来了黑死病，东方变种则是现代大流行的起因。[67]古 DNA 证据很快便证伪了这一假设。德朗古（Drancourt）团队指出，查士丁尼瘟疫和黑死病都携带有类似于现存东方菌株的单倍型。[68]使用一种依据系统发育修订的命名法，哈贝克（Harbeck）团队和瓦格纳（Wagner）团队表明，导致查士丁尼瘟疫的菌株在鼠疫杆菌的谱系中始于独立的一支，与假结核耶尔森氏菌（Yersinia pseudotuberculosis）一起靠近这一谱系的根部，远离中世纪和东方这另外两个变种。[69]根据其在系统发育树形图上的位置，查士丁尼瘟疫或许起源于亚洲。[70]该菌株尚未在现存的啮齿动物宿主中识别出来，有可能已经灭绝。[71]

致病菌株的持续存在也在鼠疫杆菌身上得到了证实。这种瘟疫在欧洲的最后一次暴发是在十八世纪的法国马赛，其受害者身上发现的鼠疫杆菌，与从十四世纪黑死病患者骨骼中发现的菌株存在关联。[72]

古代历史中动植物的繁育与栽培实践

虽然有无数的古 DNA 分析都针对史前动物和植物的驯化，[73]但相对而言，很少涉及古代历史中栽培与繁育实践中那些众所周知的变化。例如，在罗马帝国时期，整个欧洲的马和牛的体形都在增加，尽管尚不清楚其原因是选择性繁殖、饲养方式改进抑或更大体形动物的引进。[74]科洛米纳（Colominas）团队尝试利用伊比利亚牛的线粒体基因组数据来回答这个问题，但无法保证足够解决这一争论的样本规模，因为只有六个样本。[75]其他古 DNA 分析是方法验证或简单的物种和血统的鉴定。线粒体与核 DNA 是从发现于意大利的庞贝和赫库兰尼姆的罗马时期的马匹遗骸中扩增出来的。[76]然而，这些线粒体序列中至少有一个的真实性受到了质疑，被认为是家马和索马里驴的序列之间的杂交。[77]施伦鲍姆（Schlumbaum）团队从法国的比赛姆-屈南（Biesheim-Kunheim）遗址获得了罗马时期的苹果种子的序列。[78]在瑞士奥古斯塔劳里卡（August Raurica）的罗马时期的牛中观察到典型的近东线粒体单倍型。[79]古代历史中的繁育与栽培实践值得我们利用古 DNA 技术，特别是先进的基因组技术，展开进一步的分析。

未来的方向

自 1980 年代以来，古 DNA 研究已经取得了长足的进步，但它在古代历史中的应用仍然相对有限。利用当下的古基因组学方法开展的大部分研究是考察史前的重大事件。[80]对古代历史遗骸的多数古 DNA 分析结果使用了过时的聚合酶链式反应技术，几乎无力解决重要问题。尽管如此，正如查士丁尼瘟疫的完整基因组序列所表明的，古 DNA 数据有助于弄清并修正我们对古代历史的理解。未来，相比于仅仅依靠历史文献和考古发现，利用这些技术开展的分析有望对人类过往获得更为深入的理解。

215

注 释

1. Lindahl 1993.
2. Pääbo et al. 2004.
3. Bollongino et al. 2008.
4. Pääbo 1989.
5. E. g. , Dabney et al. 2013；Pääbo et al. 2004；Römpler et al. 2006；Shapiro and Cooper 2003.
6. E. g. , Dabney et al. 2013.
7. E. g. , Pääbo et al. 2004；Willerslev and Cooper 2005.
8. Vasan et al. 1996；Poinar et al. 1998.
9. E. g. , Kolman and Tuross 2000；Pääbo et al. 2004；Willerslev and Cooper 2005.
10. Knapp and Hofreiter 2010.
11. E. g. , Cooper and Poinar 2000；Gilbert et al. 2005.
12. Cooper and Poinar 2000；Gilbert et al. 2005.
13. Briggs et al. 2007；Brotherton et al. 2007.
14. Pääbo et al. 2004.
15. Briggs et al. 2007.
16. E. g. , Schuenemann et al. 2011.
17. Hofreiter et al. 2001.
18. Briggs et al. 2010；Llamas et al. 2012；Pedersen et al. 2013.
19. Pedersen et al. 2013.
20. Saiki et al. 1985；Mullis and Faloona 1987.
21. An et al. 1995；Woodward et al. 1994（恐龙）；Cano and Borucki 1995；Cano et al. 1994，1995；DeSalle et al. 1992，1993（昆虫和细菌）；Golenberg et al. 1990；Soltis et al. 1992（植物化石）。
22. Margulies et al. 2005.
23. Bentley et al. 2008；Margulies et al. 2005.
24. E. g. , Miller et al. 2008.
25. E. g. , Maricic et al. 2010；Carpenter et al. 2013；Hodges et

al. 2009.

26. Vernesi et al. 2004.

27. Vernesi et al. 2004.

28. Belle et al. 2006.

29. Guimaraes et al. 2009.

30. Vernesi et al. 2004.

31. Bandelt 2004；Malyarchuk and Rogozin 2004.

32. Barbujani et al. 2004；Guimaraes et al. 2009；Achilli et al. 2007.

33. E. g. , Hawass et al. 2010, 2012.

34. Hawass, et al. 2012.

35. Gilbert et al. 2005；Krings et al. 1999；Marota et al. 2002.

36. 评论请见 Campana 2008。

37. E. g. , Bixler 1982；Hawass et al. 2010.

38. E. g. , Stoneking and Krause 2011；Veeramah and Hammer 2014.

39. Schiffels et al. 2016；Leslie et al. 2015.

40. Orlando et al. 2015.

41. Karmin et al. 2015.

42. Rhagavan et al. 2015；Skoglund et al. 2015.

43. 澳大拉西亚：Rhagavan et al. 2015；Skoglund et al. 2015。之前的研究：E. g. , Reich et al. 2012。

44. Hassan et al. 2014；Mays and Faerman 2001；Waldron et al. 1999.

45. Faerman et al. 1997, 1998.

46. Prowse et al. 2010.

47. Cipollaro et al. 1998；Cipollaro et al. 1999.

48. Di Bernardo et al. 2009.

49. Witas et al. 2013.

50. Eaton et al. 2015.

51. Martiniano et al. 2016.

52. E. g. , Bos et al. 2015；Guhl et al. 1999；Sallares and Gomzi 2001.

53. E. g. , Bos et al. 2014；Kay et al. 2015.

54. E. g. , Nerlich et al. 1997；Zink et al. 2001a；Zink et al. 2003.

55. Aufderheide et al. 2004；Ferreira et al. 2000；Guhl et al. 1997, 1999；Madden et al. 2001.

56. 木乃伊：Taylor et al. 1997；Hawass et al. 2010；Nerlich et al. 2008。罗马：Sallares and Gomzi 2001。

57. Marciniak and colleagues 2016.

58. Papagrigorakis et al. 2006；Shapiro et al. 2006.

59. Fricker et al. 1997（林道人）；Zink et al. 2000（木乃伊）。

60. Zink et al. 2001b.

61. Luciani and colleagues 2006.

62. Wagner et al. 2014.

63. Drancourt and Raoult 2002.

64. E. g.，Gilbert et al. 2004；McCormick 2007.

65. Bos et al. 2011；Wagner et al. 2014.

66. Harbeck et al. 2013.

67. Drancourt et al. 2004.

68. Drancourt et al. 2004，2007.

69. Harbeck et al. 2013；Wagner and et al. 2014.

70. Harbeck et al. 2013；Wagner et al. 2014.

71. Wagner et al. 2014.

72. Bos et al. 2016；Seifert et al. 2016.

73. E. g.，Bailey et al. 1996；Jaenicke-Després et al. 2003；Larson et al. 2007；Ludwig et al. 2009.

74. Albarella et al. 2008；Colominas et al. 2014.

75. Colominas et al. 2014.

76. Cipollaro and Di Bernardo 2004；Di Bernardo et al. 2004a；Di Bernardo et al. 2004b.

77. Cipollaro 2011；Gurney 2010.

78. Schlumbaum and colleagues 2012.

79. Schlumbaum et al. 2006.

80. 例如人属的进化：Meyer et al. 2014；Reich et al. 2010。

参考文献

Achilli, A., et al. 2007. "Mitochondrial DNA variation of modern Tuscans supports the Near Eastern origin of Etruscans." *American Journal of Human Genetics* 80 (4): 759–768. DOI: 10.1086/512822.

Albarella, U., C. Johnstone, and K. Vickers. 2008. "The development of animal husbandry from the Late Iron Age to the end of the Roman period: a case study from South-East Britain." *Journal of Archaeological Science* 35: 1828–1848. DOI: 10.1016/j.jas.2007.11.016.

An, C., et al. 1995. "Molecular cloning and sequencing the 18S rDNA from specialized dinosaur egg fossil found in Xixia Henan, China." *Acta Scientiarum Naturalium Universitatis Pekinensis* 31: 140–147.

Aufderheide, A. C., et al. 2004. "A 9000-year record of Chagas' disease." *Proceedings of the National Academy of Sciences of the United States of America* 101 (7): 2034–2039. DOI: 10.1073/pnas.0307312101.

Bailey, J. F., et al. 1996. "Ancient DNA suggests a recent expansion of European cattle from a diverse wild progenitor species." *Proceedings of the Royal Society B, Biological Sciences* 263: 1467–1473. DOI: 10.1098/rspb.1996.0214.

Bandelt, H.-J. 2004. "Etruscan artifacts." *American Journal of Human Genetics* 75 (5): 919–920. DOI: 10.1086/425180.

Barbujani, G., et al. 2004. "Etruscan artifacts: much ado about nothing." *American Journal of Human Genetics* 75 (5): 923–927. DOI: 10.1086/425283.

Belle, E.M.S., et al. 2006. "Serial coalescent simulations suggest a weak genealogical relationship between Etruscans and modern Tuscans." *Proceedings of the National Academy of Sciences of the United States of America* 103 (21): 8012–8017. DOI: 10.1073/pnas.0509718103.

Bentley, D. R., et al. 2008. "Accurate whole human genome sequencing using reversible terminator chemistry." *Nature* 456 (7218): 53–59. DOI: 10.1038/nature07517.

Bixler, R. H. 1982. "Sibling incest in the royal families of Egypt, Peru, and Hawaii." *The Journal of Sex Research* 18: 264–281. DOI: 10.1080/00224498209551152.

Bollongino, R., A. Tresset, and J.-D. Vigne. 2008. "Environment and excavation: pre-lab impacts on ancient DNA analyses." *Comptes Rendus Palevol* 7: 91–98. DOI: 10.1016/j.crpv.2008.02.002.

Bos, K. I., et al. 2011. "A draft genome of *Yersinia pestis* from victims of the Black Death." *Nature* 478 (7376): 506–510. DOI: 10.1038/nature10549.

Bos, K. I., et al. 2014. "Pre-Columbian mycobacterial genomes reveal seals as a source of New World human tuberculosis." *Nature* 514 (7523): 494–497. DOI: 10.1038/nature13591.

Bos, K., et al. 2015. "Parallel detection of ancient pathogens via array-based DNA capture." *Philosophical Transactions of the Royal Society B, Biological Sciences* 370: 20130375. DOI: 10.1098/rstb.2013.0375.

Bos, K. I., et al. 2016 "Eighteenth century *Yersinia pestis* genomes reveal the long-term persistence of an historical plague focus." *eLife* 5: e12994. DOI: 10.7554/eLife.12994.001.

Briggs A. W., et al. 2007. "Patterns of damage in genomic DNA sequences from a Neandertal." *Proceedings of the National Academy of Sciences of the United States of America* 104 (37): 14616–14621. DOI: 10.1073/pnas.0704665104.

Briggs, A. W., et al. 2010. "Removal of deaminated cytosines and detection of *in vivo* methylation in ancient DNA." *Nucleic Acids Research* 38: e87. DOI: 10.1093/nar/gkp1163.

Brotherton, P., et al. 2007. "Novel high-resolution characterization of ancient DNA reveals C > U-type base modification events as the sole cause of *post mortem* miscoding lesions." *Nucleic Acids Research* 35: 5717–5728. DOI: 10.1093/nar/gkm588.

Campana, M. G. 2008. "The use of ancient microsatellites to detect past migrations." *Archaeological Review from Cambridge* 23.2: 147–160.

Cano, R. J., and M. K. Borucki. 1995. "Revival and identification of bacterial spores in 25- to 40-million-year-old Dominican amber." *Science* 268 (5213): 1060–1064. DOI: 10.1126/science.7538699.

Cano, R. J., et al. 1993. "Amplification and sequencing of DNA from a 120–135-million-year-old weevil." *Nature* 363 (6429): 536–538. DOI: 10.1038/363536a0.

Cano, R. J., et al. 1994. *"Bacillus* DNA in fossil bees: an ancient symbiosis?" *Applied and Environmental Microbiology* 60: 2164–2167.

Carpenter, M. L., et al. 2013. "Pulling out the 1%: whole-genome capture for the targeted enrichment of ancient DNA sequencing libraries." *The American Journal of Human Genetics* 93 (5): 852–864. DOI: 10.1016/j.ajhg.2013.10.002.

Cipollaro, M. 2011. "Strengthening ancient mtDNA equid sequences from Pompeii." *Journal of Cellular Biochemistry* 112: 363–364.

Cipollaro, M., and G. Di Bernardo. 2004. "DNA from equine remains buried by the 79 A.D. Vesuvius eruption." *Rendiconti Lincei* 15, 151–157.

Cipollaro, M., et al. 1998. "Ancient DNA in human bone remains from Pompeii archaeological site." *Biochemical and Biophysical Research Communications* 247: 901–904.

Cipollaro, M., et al. 1999. "Histological analysis and ancient DNA amplification of human bone remains found in Caius Iulius Polybius house in Pompeii." *Croatian Medical Journal* 40 (3): 392–397.

Colominas, L., A. Schlumbaum, and M. Saña. 2014. "The impact of the Roman Empire on animal husbandry practices: study of the changes in cattle morphology in the north-east of the Iberian Peninsula through osteometric and ancient DNA analyses." *Archaeological and Anthropological Sciences* 6: 1–16. DOI: 10.1007/s12520-013-0116-9.

Cooper, A., and H. N. Poinar. 2000. "Ancient DNA: do it right or not at all." *Science* 289 (5482): 1139. DOI: 10.1126/science.289.5482.1139b.

Dabney, J., et al. 2013. "Complete mitochondrial genome sequence of a Middle Pleistocene cave bear reconstructed from ultrashort DNA fragments." *Proceedings of the National Academy of Sciences of the United States of America* 110 (39): 15758–15763. DOI: 10.1073/pnas.1314445110.

DeSalle, R., M. Barcia, and C. Wray. 1993. "PCR jumping in clones of 30-million-year-old DNA fragments from amber preserved termites (*Mastotermes electrodominicus*)." *Experientia* 49: 906–909. DOI: 10.1007/BF01952607.

DeSalle, R., et al. 1992. "DNA sequences from a fossil termite in Oligo-Miocene Amber and their phylogenetic implications." *Science* 257 (5078): 1933–1936. DOI: 10.1126/science.1411508.

Di Bernardo, G., et al. 2004a. "Genetic characterization of Pompeii and Herculaneum *Equidae* buried by Vesuvius in 79 AD." *Journal of Cellular Physiology* 199: 200–205. DOI: 10.1002/jcp.10461.

Di Bernardo, G., et al. 2004b. "2000 year-old ancient equids: an ancient-DNA lesson from Pompeii remains." *Journal of Experimental Zoology B: Molecular and Developmental Evolution* 302B: 550–556. DOI: 10.1002/jez.b.21017.

Di Bernardo, G., et al. 2009. "Ancient DNA and family relationships in a Pompeian house." *Annals of Human Genetics* 73, 429–437.

Drancourt, M., et al. 2004. "Genotyping, Orientalis-like *Yersinia pestis*, and plague pandemics." *Emerging Infectious Diseases* 10 (9): 1585–1592. DOI: 10.3201/eid1009.030933.

Drancourt, M., et al. 2007. "*Yersinia pestis* Orientalis in remains of ancient plague patients." *Emerging Infectious Diseases* 13: 332–333. DOI: 10.3201/eid1302.060197.

Drancourt, M., and D. Raoult. 2002. "Molecular insights into the history of plague." *Microbes and Infection* 4: 105–109. DOI: 10.1016/S1286-4579(01)01515-5.

Eaton, K., et al. 2015. *Museum of London Report on the DNA Analyses of Four Roman Individuals*. London: Museum of London.

Faerman, M., et al. 1997. "DNA analysis reveals the sex of infanticide victims." *Nature* 385: 212–213.

Faerman, M., et al. 1998. "Determining the sex of infanticide victims from the late Roman Era through ancient DNA analysis." *Journal of Archaeological Science* 25: 861–865.

Ferreira, L. F., et al. 2000. "Paleoparasitology of Chagas disease revealed by infected tissues of Andean mummies." *Acta Tropica* 75: 79–84.

Fricker, E. J., M. Spigelman, and C. R. Fricker. 1997. "The detection of *Escherichia coli* DNA in the ancient remains of Lindow Man using the polymerase chain reaction." *Letters in Applied Microbiology* 24: 351–354.

Gilbert, M.T.P., et al. 2003. "Long-term survival of ancient DNA in Egypt: response to Zink and Nerlich (2003)." *American Journal of Physical Anthropology* 128: 110–114. DOI: 10.1002/ajpa.20045.

Gilbert, M.T.P., et al. 2004. "Absence of *Yersinia pestis*-specific DNA in human teeth from five European excavations of putative plague victims." *Microbiology* 150: 341–354. DOI: 10.1099/mic.0.26594-0.

Gilbert, M.T.P., et al. 2005. "Assessing ancient DNA studies." *Trends in Ecology and Evolution* 20: 541–544. DOI: 10.1016/j.tree.2005.07.005.

Golenberg E. M., et al. 1990. "Chloroplast DNA sequence from a Miocene *Magnolia* species." *Nature* 344 (6267): 656–658. DOI: 10.1038/344656a0.

Guhl, F., et al. 1997. "*Trypanosoma cruzi* DNA in human mummies." *The Lancet* 349: 1370. DOI: 10.1016/S0140-6736(05)63207-2.

Guhl, F., et al. 1999. "Isolation of *Trypanosoma cruzi* DNA in 4,000-year-old mummified tissue from northern Chile." *American Journal of Physical Anthropology* 108: 401–407. DOI: 10.1002/(SICI)1096-8644(199904)108:4<401::AID-AJPA2>3.0.CO;2-P.

Guimaraes, S., et al. 2009. "Genealogical discontinuities among Etruscan, Medieval, and contemporary Tuscans." *Molecular Biology and Evolution* 26 (9): 2157–2166. DOI: 10.1093/molbev/msp126.

Gurney, S.M.R. 2010. "Revisiting ancient mtDNA equid sequences from Pompeii." *Journal of Cellular Biochemistry* 111: 1080–1081.

Harbeck, M., et al. 2013. "*Yersinia pestis* DNA from skeletal remains from the 6th century AD reveals insights into Justinianic Plague." *PLoS Pathogens* 9 (5): e1003349. DOI: 10.1371/journal.ppat.1003349.

Hassan, N.A.-M., et al. 2014. "Ancient DNA study of the remains of putative infanticide victims from the Yewden Roman villa site at Hambleden, England." *Journal of Archaeological Science* 43: 192–197.

Hawass, Z., et al. 2010. "Ancestry and pathology in King Tutankhamun's family." *Journal of the American Medical Association* 303: 638–647. DOI: 10.1001/jama.2010.121.

Hawass, Z., et al. 2012. "Revisiting the harem conspiracy and death of Ramesses III: anthropological, forensic, radiological, and genetic study." *British Medical Journal* 345: e8268. DOI: 10.1136/bmj.e8268.

Higuchi, R., et al. 1984. "DNA sequences from the quagga, an extinct member of the horse family." *Nature* 312 (5991): 282–284. DOI: 10.1038/312282a0.

Hodges, E., et al. 2009. "Hybrid selection of discrete genomic intervals on custom-designed microarrays for massively parallel sequencing." *Nature Protocols* 4: 960–974. DOI: 10.1038/nprot.2009.68.

Hofreiter, M., et al. 2001. "DNA sequences from multiple amplifications reveal artifacts induced by cytosine deamination in ancient DNA." *Nucleic Acids Research* 29: 4793–4799. DOI: 10.1093/nar/29.23.4793.

Jaenicke-Després, V., et al. 2003. "Early allelic selection in maize as revealed by ancient DNA." *Science* 302 (5648): 1206–1208. DOI: 10.1126/science.1089056.

Karmin, M., et al. 2015. "A recent bottleneck of Y chromosome diversity coincides with a global change in culture." *Genome Research* 25 (4): 459–466. DOI: 10.1101/gr.186684.114.

Kay, G. L., et al. 2015. "Eighteenth-century genomes show that mixed infections were common at time of peak tuberculosis in Europe." *Nature Communications* 6: 6717. DOI: 10.1038/ncomms7717.

Knapp, M., and M. Hofreiter. 2010. "Next generation sequencing of ancient DNA: requirements, strategies and perspectives." *Genes* 1: 227–243. DOI: 10.3390/genes1020227.

Kolman, C. J., and N. Tuross. 2000. "Ancient DNA analysis of human populations." *American Journal of Physical Anthropology* 111: 5–23. DOI: 10.1002/(SICI)1096-8644(200001)111:1<5::AID-AJPA2>3.0.CO;2-3.

Krings, M., et al. 1999. "mtDNA analysis of Nile River Valley populations: a genetic corridor or a barrier to migration?" *American Journal of Human Genetics* 64 (4): 1166–1176.

Larson, G., et al. 2007. "Ancient DNA, pig domestication, and the spread of the Neolithic into Europe." *Proceedings of the National Academy of Sciences of the United States of America* 104 (39): 15276–15281. DOI: 10.1073/pnas.0703411104.

Leslie, S., et al. 2015. "The fine-scale genetic structure of the British population." *Nature* 519 (7543): 309–314. DOI: 10.1038/nature14230.

Lindahl, T. 1993. "Instability and decay of the primary structure of DNA." *Nature* 362 (6422): 709–715. DOI: 10.1038/362709a0.

Llamas, B., et al. 2012. "High-resolution analysis of cytosine methylation in ancient DNA." *PLoS One* 7 (1): e30226. DOI: 10.1371/journal.pone.0030226.

Luciani, S., et al. 2006. "Molecular characterization of a pre-Columbian mummy and in situ coprolite." *American Journal of Physical Anthropology* 129: 620–629. DOI: 10.1002/ajpa.20314.

Ludwig, A., et al. 2009. "Coat color variation at the beginning of horse domestication." *Science* 324 (5926): 485. DOI: 10.1126/science.1172750.

Madden, M., et al. 2001. "Hybridization screening of very short PCR products for paleoepidemiological studies of Chagas' disease." *BioTechniques* 30: 102–109.

Malyarchuk, B. A., and I. B. Rogozin. 2004. "On the Etruscan mitochondrial DNA contribution to modern humans." *American Journal of Human Genetics* 75 (5): 920–923. DOI: 10.1086/425220.

Marciniak, S., et al. 2016. "*Plasmodium falciparum* malaria in 1st–2nd century CE southern Italy." *Current Biology* 26: R1205–R1225.

Margulies, M., et al. 2005. "Genome sequencing in microfabricated high-density picolitre reactors." *Nature* 437 (7057): 376–380. DOI: 10.1038/nature03959.

Maricic, T., M. Whitten, and S. Pääbo. 2010. "Multiplexed DNA sequence capture of mitochondrial genomes using PCR products." *PLoS One* 5 (11): e14004. DOI: 10.1371/journal.pone.0014004.

Marota, I., et al. 2002. "DNA decay rate in papyri and human remains from Egyptian archaeological sites." *American Journal of Physical Anthropology* 117: 310–318. DOI: 10.1002/ajpa.10045.

Martiniano, R., et al. 2016. "Genomic signals of migrations and continuity in Britain be-fore the Anglo-Saxons." *Nature Communications* 7: 10326. DOI: 10.1038/ncomms1 0326.

Mays, S. and M. Faerman. 2001. "Sex identification in some putative infanticide victims from Roman Britain using ancient DNA." *Journal of Archaeological Science* 28: 555-559. DOI: 10.1006/jasc.2001.0616.

McCormick, M. 2007. "Toward a molecular history of the Justinianic pandemic." In *Plague and the End of Antiquity: The Pandemic of 541-750*, ed. L. K. Little. Cambridge: Cambridge University Press, 290-312.

Meyer, M., et al. 2014. "A mitochondrial genome sequence of a hominin from Sima de los Huesos." *Nature* 505 (7483): 403-406. DOI: 10.1038/nature12788.

Miller, W., et al. 2008. "Sequencing the nuclear genome of the extinct woolly mammoth." *Nature* 456 (7220): 387-390. DOI: 10.1038/nature07446.

Mullis, K. B., and F. A. Faloona. 1987. "Specific synthesis of DNA *in vitro* via a polymerase-catalyzed chain reaction." *Methods in Enzymology* 155: 335-350.

Nerlich, A. G., et al. 1997. "Molecular evidence for tuberculosis in an ancient Egyptian mummy." *The Lancet* 350: 1404. DOI: 10.1016/S0140-6736(05)65185-9.

Nerlich, A. G., et al. 2008. "*Plasmodium falciparum* in Ancient Egypt." *Emerging Infectious Diseases* 14: 1317-1318. DOI: 10.3201/eid1408.080235.

Orlando, L., M.T.P. Gilbert, and E. Willerslev. 2015. "Reconstructing ancient genomes and epigenomes." *Nature Reviews Genetics* 16 (7): 395-408.

Pääbo, S. 1989. "Ancient DNA: extraction, characterization, molecular cloning and enzymatic amplification." *Proceedings of the National Academy of Sciences of the United States of America* 86 (6): 1939-1943.

Pääbo, S., et al. 2004. "Genetic analyses from ancient DNA." *Annual Review of Genetics* 38: 645-679. DOI: 10.1146/annurev.genet.37.110801.143214.

Papagrigorakis, M. J., et al. 2006. "DNA examination of ancient dental pulp incriminates typhoid fever as a probable cause of the Plague of Athens." *International Journal of Infectious Diseases* 10: 206-214. DOI: 10.1016/j.ijid.2005.09.001.

Pedersen, J. S., et al. 2013. "Genome-wide nucleosome map and cytosine methylation levels of an ancient human genome." *Genome Research* 24 (3): 454-466. DOI: 10.1101/gr.163592.113.

Poinar, H. N., et al. 1998. "Molecular coproscopy: dung and diet of the extinct ground sloth *Nothrotheriops shastensis*." *Science* 281 (5375): 402-406. DOI: 10.1126/science.281.5375.402.

Prowse, T. L., et al. 2010. "Stable isotope and mitochondrial DNA evidence for geographic origins on a Roman estate at Vagnari (Italy)." In *Roman Diasporas: Archaeological Approaches to Mobility and Diversity in the Roman Empire*, ed. H. Eckard *Journal of Roman Empire Supplement* 78: 175-197.

Raghavan, M., et al. 2015. "Genomic evidence for the Pleistocene and recent population history of Native Americans." *Science* 349 (6250): DOI: 10.1126/science.aab3884.

Reich, D., et al. 2010. "Genetic history of an archaic hominin group from Denisova Cave in Siberia." *Nature* 468 (7327): 1053-1060. DOI: 10.1038/nature09710.

Reich, D. E., et al. 2012. "Reconstructing Native American population history." *Nature* 488 (7411): 370-4. DOI: 10.1038/nature11258.

Römpler, H., et al. 2006. "Multiplex amplification of ancient DNA." *Nature Protocols* 1: 720-728. DOI: 10.1038/nprot.2006.84.

Saiki, R. K., et al. 1985. "Enzymatic amplification of β-globin genomic sequences and re-striction site analysis for diagnosis of sickle cell anemia." *Science* 230 (4732): 1350-1354. DOI: 10.1126/science.2999980.

Sallares, R., and S. Gomzi. 2001. "Biomolecular archaeology of malaria." *Ancient Biomolecules* 3:195–213.

Schiffels, S., et al. 2016. "Iron Age and Anglo-Saxon genomes from East England reveal British migration history." *Nature Communications* 7: 10408. DOI: 10.1038/ncomms 10408.

Schlumbaum, A., M. Turgay, and J. Schibler. 2006. "Near east mtDNA haplotype variants in Roman cattle from Augusta Raurica, Switzerland, and in the Swiss Evolène breed." *Animal Genetics* 37: 373–375. DOI: 10.1111/j.1365-2052.2006.01435.x.

Schlumbaum, A., S. van Glabeke, and I. Roldan-Ruiz. 2012. "Toward the onset of fruit tree growing north of the Alps: ancient DNA from waterlogged apple (*Malus* sp.) seed fragments." *Annals of Anatomy* 194: 157–162. DOI: 10.1016/j.aanat.2011.03.004.

Schuenemann, V. J., et al. 2011. "Targeted enrichment of ancient pathogens yielding the pPCP1 plasmid of *Yersinia pestis* from victims of the Black Death." *Proceedings of the National Academy of Sciences of the United States of America* 108 (38): 746–752. DOI: 10.1073/pnas.1105107108.

Seifert, L., et al. 2016 "Genotyping *Yersinia pestis* in historical Plague: evidence for long-term persistence of *Y. pestis* in Europe from the 14th to the 17th century." *PloS One* 11 (1): e0145194. DOI: 10.1371/journal.pone.0145194.

Shapiro, B., and A. Cooper. 2003. "Beringia as an Ice Age genetic museum." *Quaternary Research* 60 (1): 94–100. DOI: 10.1016/S0033-5894(03)00009-7.

Shapiro, B., A. Rambaut, and M.T.P. Gilbert. 2006. "No proof that typhoid caused the Plague of Athens (a reply to Papagrigorakis et al.)." *International Journal of Infectious Diseases* 10: 334–335. DOI: 10.1016/j.ijid.2006.02.006.

Skoglund, P., et al. 2015. "Genetic evidence for two founding populations of the Americas." *Nature* 525 (7565): 104–108. DOI: 10.1038/nature14895.

Soltis, P. S., D. E. Soltis, and C. J. Smiley. 1992. "An *rbcL* sequence from a Miocene *Taxodium* (bald cypress)." *Proceedings of the National Academy of Sciences of the United States of America* 89 (1): 449–451.

Stoneking, M., and J. Krause. 2011. "Learning about human population history from ancient and modern genomes." *Nature Reviews Genetics* 12 (9): 603–614. DOI: 10.1038/nrg3029.

Taylor, G., P. Rutland, and T. Molleson. 1997. "A sensitive polymerase chain reaction method for the detection of *Plasmodium* species DNA in ancient human remains." *Ancient Biomolecules* 1: 193–203.

Vasan, S., et al. 1996. "An agent cleaving glucose-derived protein crosslinks *in vitro* and *in vivo*." *Nature* 382 (6588): 275–278. DOI: 10.1038/382275a0.

Veeramah, K. R., and M. F. Hammer. 2014. "The impact of whole-genome sequencing on the reconstruction of human population history." *Nature Reviews Genetics* 15 (3): 149–162. DOI: 10.1038/nature12736.

Vernesi, C., et al. 2004. "The Etruscans: a population-genetic study." *American Journal of Human Genetics* 74 (4): 694–704. DOI: 10.1086/383284.

Wagner, D. M., et al. 2014. "*Yersinia pestis* and the Plague of Justinian 541–543 AD: a genomic analysis." *The Lancet Infectious Diseases* 14: 319–326. DOI: 10.1016/S1473 -3099(13)70323-2.

Waldron, T., et al. 1999. "Sexing of Romano-British baby burials from the Beddingham and Bignor villas." *Sussex Archaeological Collections* 137: 71–79.

Willerslev, E., and A. Cooper. 2005. "Ancient DNA." *Proceedings of the Royal Society B: Biological Sciences* 272: 3–16. DOI: 10.1098/rspb.2004.2813.

Witas, H. W., et al. 2013. "mtDNA from the early Bronze Age to the Roman Period suggests a genetic link between the Indian subcontinent and Mesopotamian cradle of civilization." *Plos One* 8 (9): e73682.

Woodward, S. R., N. J. Weyand, and M. Bunnell. 1994. "DNA sequence from Cretaceous Period bone fragments." *Science* 266 (5188): 1229–1232. DOI: 10.1126/science.7973705.

Zink, A., et al. 2000. "Molecular evidence of bacteremia by gastrointestinal pathogenic bacteria in an infant mummy from Ancient Egypt." *Archives of Pathology and Laboratory Medicine* 124: 1614–1618. DOI: 0.1043/0003-9985(2000)124<1614:MEOBBG>2.0.CO;2.

Zink, A., et al. 2001a. "Molecular analysis of skeletal tuberculosis in an ancient Egyptian population." *Journal of Medical Microbiology* 50: 355–366. DOI: 10.1099/0022-1317-50-4-355.

Zink, A., et al. 2001b. "Corynebacterium in Ancient Egypt." *Medical History* 45: 267–272. DOI:DOI: 10.1017/S0025727300067740.

Zink A. R., et al. 2003. "Characterization of *Mycobacterium tuberculosis* complex DNAs from Egyptian mummies by spoligotyping." *Journal of Clinical Microbiology* 41: 359–367. DOI: 10.1128/JCM.41.1.359-367.2003.

第七篇　现代DNA与古代地中海地区

罗伊·J. 金、彼得·A. 昂德希尔

前言

当世不同人口的DNA变异模式是有关我们这个物种的进化历史的一座档案库，而人口遗传学的一项目标便是获得并理解这种遗传记忆。本篇将通过好奇但未入门的普通读者能够理解的遗传学原理，说明现代Y染色体序列多样性可以在多大程度上反映出可能的史前场景，并与包括古代DNA研究在内的其他学科证据保持一致。虽然线粒体基因组可以追溯母系的历史，但我们在此要聚焦于父系传递的Y染色体测序方面的最新进展。这种男性特有的染色体保存着突变的不间断记录，这些突变在解剖学上的现代人类的整个历史上持续不断地存在并累积。许多现代Y染色体DNA序列可以集合成单一的、经过时间校准的系统发育或基因树形图，显示出地理上的不同分支。分子钟使我们能够判断这幅树形图上的分支（分化）事件何时开始。这些Y染色体系统发育特征有助于提供一些有关人群在何处、何时以及如何形成和扩展的假设与计算模型。如此一来，对于因为人口迅速扩大而四散开来的共同祖先的最后痕迹，以及随后开始的区域多样化，这个概念简单的遗传体系就能在时间和空间上实现顺畅的记录。利用对现代人口的Y染色体多样性结构的了解，辅之以古代DNA提供的精准线索，我们探讨了地中海地区人类居住地的某些片段，包括与黑海南岸的本都地区（Pontus）及邻近的欧洲地区之间的关系。

引论

遗传学是对遗传特征的研究，DNA 变异是遗传的本质。DNA 序列差异是整个遗传学的基础，而人口遗传学研究的是人群中的这种多样性及其随时间的变化。利用现代 DNA 重建人类历史是以抽样可行性为前提的长期努力。[1]如果一种突变性的变化不会对个体的繁殖能力产生负面影响，它就可能会传递给后世的每一代人，最终在一个人群中确立下来。这些突变，无论是有益的、有害的，还是中性的，都可以起到遗传标记的作用。

人类的遗传信息保存在一个基因组中，其中包含细胞核中的 46 条染色体及周围细胞质中的线粒体 DNA。构成 DNA 的相关单位是四个被称为核苷酸碱基的分子，分别以字母 A（腺嘌呤）、C（胞嘧啶）、G（鸟嘌呤）和 T（胸腺嘧啶）表示。最常见的 DNA 序列变体是单核苷酸变异（single nucleotide variations，简称 SNV），如此命名是为了区别于传统的单核苷酸多态性（single nucleotide polymorphism，简称 SNP），后者要求出现率达到 1% 以上。因此，单核苷酸变异包括"单例"，而单核苷酸多态性不包含。虽然人类基因组的 30 亿个碱基中的大多数是相同的，代表了我们这个物种最近的祖先，但每个人可能有多达 1000 万个核苷酸碱基（占全部碱基的 0.33%）与其他人类个体不同。由于核 DNA 中碱基替换突变率较低，任何染色体上发生的单核苷酸变异一般都代表着人类历史上的某个特殊事件，因而具有独特的时间和地点属性，可以追溯到一个共同的祖先。然而，由于二倍体状态的染色体成对地出现在有性繁殖物种的基因组中，重组的过程将同一染色体上出现的其他单核苷酸变异之间的原始关系分割开来。因此，起源于从 1 号到 22 号染色体和 X 染色体的单核苷酸变异通常作为独立位点进行分析。在单核苷酸变异保留在基因库期间，它可能会传播到其他区域，以不同的出现率在当地确立。通常，从大量的单核苷酸变异中经过系统测量得到的出现率被用于判断人群之间的亲缘程度。

遗传距离

遗传距离是针对两个或多个人群或者两个或多个染色体的进化关联性所进行的任何类型的数值衡量。人群的遗传多样性是混合与局部分化的结果。人类遗传变异的空间分布通常呈现出不均匀的斑驳相间和逐变条纹。[2]这种梯度变异要么是由于起初具有不同遗传构造的人群之间的持续基因流动，要么是因为当地人口增长以后发生的分布范围扩展。[3]当人们与邻居（也就是远亲）交配时，亲缘关系的重叠会越来越高，因此这一人群的遗传相似性更高。相反，如果他们能够克服地理和（或）文化上的阻隔而均等地与其他人交配，其遗传相似性则会更低。这种缺乏随机交配的倾向造成了进一步的种群细分，从而经常会形成由不同的亚群体构成的集合人群。可以利用集合人群之间标记出现率的细微差别来分析此类亚结构。目前，已经识别出分散在核基因组和线粒体 DNA 基因组中的几十万个碱基替换，其中一部分被选择用于人群的基因分型，这当中要用到可以同时确定每个所选变体的核苷酸状态的成套仪器。通常，这种基于出现率的基因分型数据集以人口树[4]或主成分（Principal Components，简称 PCs）的形式呈现，后者是具有独立绘制模式的图形摘要，其中一个点的位置表示某一个体与其他接受类似分析的个体之间的相似性。[5]本质上，在主成分分析中聚集得更紧密的个体，与聚集得更远的个体相比，彼此之间具有更多的遗传关联性，即亲缘关系。通过对已知人群中的代表性个体进行基因分型，我们还可以评估与其他已明确的人群相关的任何未知样本的生物地理祖先。

注意事项

然而，仅以现代 DNA 替代数据为基础推断史前事件可能会受限或扭曲，因为存在以下问题：（1）不同人群的历史可能产生相同的遗传景观；（2）标记出现率模式随时间而变化；（3）较早的人口事件可能被较晚的事件遮盖或取代；（4）对特定基因进行差别性选择的力量与均匀作用于人群中所有基因的随机力量，如人口规模的波动；（5）迁移或杂交缩短了人群之间的遗传距离；（6）关于人群分化、合并或迁移的发生时间的信息很少且不够精确。虽然有复杂的计算方法来分析全基因组变异以推断人口学特征，如分化时间和祖先的人口规模，[6]但这些仿真模型经常假设在持续迁移而无增长的情况下没有发生重组。[7]尽管像"ADMIXTURE"① 这样的通行算法可以处理大量的单核苷酸变异数据并揭示人群结构和混合的标记，[8]但仅凭这些分析本身的优势，还不足以直接判断此类事件的时间框架以及基因流动的方向性。

227

---

① 一款快速分析群体遗传结构的软件。

基因树与亚结构

史前历史学家显然对一个重大事件的发生和持续时间相当感兴趣。[9]挑战在于解开包含着现存遗传多样性集合体的史前事件的过程。最终，额外的、质量更好的全基因组序列加上复杂的计算分析，将提供更为准确的解释。在此期间，存在着一种多位点计算机模拟人群方法的替代手段，可以直接解决时间维度的问题。这里的时间指的是一种分子钟，它假设 DNA 序列的进化以恒定的速率发生，使两个世系之间的趋异过程与它们从同一祖先分化出来的时间，也就是接合时间，存在着精准的联系。它的基础是利用个体，而不是人群中共同分析的多重独立标记出现率所进行的基因树单倍型分析。"单倍型"这一术语是指发生在同一染色体上的两个或多个单核苷酸变异集合的等位基因状态的组合。依据惯例，等位基因状态简单地标示为 0 或 1，其中 0 等位是开始形成的祖先形式，1 等位则是更为新颖的衍生状态。突变在整个基因组中随时间和空间累积，而大多数二倍体常染色体单倍型记录都会经历重组过程。所以，最多在几千年之内，祖先留下的大量信息内容便已大幅度衰减。[10]此外，在配子形成，也就是减数分裂的过程中，通过自由组合，遗传信息也会发生非系统性的重大损失。[11]然而，Y 染色体和线粒体 DNA 是免于重组的单个未配对的单倍体分子，因而非常适合根据基因树进行的系统发生学分析。如果一个人沿着系统发育中的任何特定世系，从家族树的史前根部一路穿行，来到当代的树枝尖端，此时，与顺序累积的突变总数成比例的分支模式和长度便保存了他的整个进化过程。

线粒体 DNA 与 Y 染色体

虽然这两个单倍体系统都可以追踪具有性别特异性的历史，并拥有附带地理结构的经过时间校准的分支，但是相对于 Y 染色体，线粒体 DNA 基因组既有优势也存在弱点。优点包括，两性都有线粒体 DNA 基因组，使包括古代 DNA 样本在内的取样更具包容性，而且每个细胞的线粒体 DNA 分子数量较多，相比之下每个细胞只有一个 Y 染色体。与核 DNA 相比，线粒体 DNA 分子的数量更多，这更有利于长期保存，并提高了在古代 DNA 样本中成功检索到线粒体 DNA 的机会。线粒体 DNA 数据的广泛收集已经实现，部分原因是将在后文讨论的下一代测序技术出现之前，已经获得了针对现存全球人口的很多完整的桑格序列①。线粒体 DNA 的相关缺陷在于，与核染色体相比，它的基因组长度较短，这限制了系统发育中可能存在的世系分辨率的固有水平。较高的线粒体 DNA 突变率提高了反复突变的水平，进而增加了系统发育中某些分支关系的不确定性。由于大多数线粒体 DNA 基因组用于为基因编码，偶尔会有一些呈现自然选择的证据，降低了某些单倍群的可观测到的多样性。[12]相反，形塑 Y 染色体多样性的似乎仅是同时影响整个基因组的一些人群层面的因素，如人口增长、始祖的影响和人口迁移等。[13]Y 染色体在本篇中得到强调，但我们也承认线粒体 DNA 基因组为人口历史和亚结构持续提供着有价值的洞见。[14]尽管单倍体系统的分辨率很高，但它们依然存在局

228

---

① 英国生物化学家弗雷德里克·桑格（Frederick Sanger）发明了桑格测序法，又称双脱氧终止测序法，是第一代 DNA 测序技术。

限。单倍体由母系传递的线粒体 DNA 和由父系传递的 Y 染色体的基因树仅提供了人类迁徙历史中男女两性的各自叙述，在某些情况下，作为性别偏见下的生殖选择的结果，这些叙述可能有所不同。[15] 此外，单倍体系统可能会夸大人口更替的程度。[16] 最终需要分阶段进行基因组测序，以区分同源常染色体片段上等位基因之间的联系，进而收集个体中存在的全基因组单倍型，再加上详尽的计算机模拟，来评估能够产生常染色体变异的可观测的现代模式的全景，最终实现更全面的人类历史重建。[17]

单倍群

单倍群是一批具有共同分子祖先的遗传性质相似的单倍体世系。单倍群之间的关系形成了一套系统发育。由于本篇的大部分内容会涉及 Y 染色体的单核苷酸变异，我们将按照惯例使用"单倍群"这一术语称呼单倍体系统，其中包含的二十个最基本的系统发育分支会按字母顺序进行编号。通常，基于 Y 染色体单核苷酸变异的树形图显示一组组嵌套的单倍群，向不同的后代分支延伸开来。这种系统发育中的分支包含着特定的单核苷酸变异。人类 Y 染色体核 DNA 的单核苷酸变异突变率很低，因此可以假设约 98％ 的绝大多数碱基替换在人类历史上只出现过一次。如此一来，拥有相同的衍生等位基因（亦即突变的个体）就共享同一个男性祖先，这种情况通常被称为"血统认同"。虽然这是一个罕见的事件，但碱基替换可能会独立地重复出现，从而带来"状态认同"的情形。这些罕见的事件是很容易理解的，因为衍生等位基因通常发生在不同的分支和不同的时间范围。如此一来，由于 Y 染色体系统发育提供了清晰的单倍群背景，这些叛逆标记就还是很容易解读的。

即便是当时的当地人口，一般也代表了具有独特历史的多重输入，也就是始祖世系的产物。因此，稳定的单倍体基因树形图所反映的人群不是从一棵人口之树上萌发出来的唯一群体，而是一个不同世系的复合物，是随着时间和空间发生的多层次的史前事件和交互作用的结果。这棵树在不同节点的形状提供了有关人口变化动态的信息，而不只是存在哪些世系。[18]

分子的博弈

对于在基因组中的任何地方引入新的遗传变异，每一代人都创造了潜在的机会。在制造每个孩子独一无二的基因遗产时，生物学上的父母双方都为此贡献了双亲遗传常染色体的四个副本作为全部的原材料。常染色体是编号从 1 到 22 的染色体，其中每一个在男性和女性中都有两个副本，但卵子或精子细胞除外，其每个染色体只包含四个现成副本中的一个。与单倍体线粒体 DNA 基因组和 Y 染色体不同，常染色体是多个祖先的输入组成的嵌合体。有性繁殖中，在减数分裂形成配子的过程里，每个后代随机继承父母的复杂遗产的 50%。结果便是，除了同卵双胞胎，兄弟姐妹中的每个人都将继承一组片段，每个片段都反映了父母在家族谱系中的某一个祖先的任意馈赠，诸如外祖父或高祖父等。X 染色体也有三个副本，拥有 XX 染色体的女性贡献两个副本，拥有 XY 染色体的男性在受精时提供一个 X 或一个 Y 染色体，使男性单独负责决定后代的性别。虽然男性和女性都有为自己的常染色体和 X 染色体遗产做出贡献的多位祖先，但是男性只从一位男性祖先那里继承了他的 Y 染色体。

遗传漂变

区分两个人群的理想标记是在一个群体中固定，但在另一群体中不存在的某个等位基因，并且具备可恢复的时间和空间特征。基因组中出现的突变的特点是以下的结果：（1）具有位点特异性的影响力，基因一个接一个地影响突变的未来，从而受自然选择的影响；或反之（2）人群水平影响力，如规模的波动、迁移、混合等同时影响人群中所有基因的力量。在这种中立状态下，决定什么样的多样性丧失或保持的，仅仅是像始祖的影响这种简单的偶然性。此类等位基因出现率的随机波动被称作遗传漂变。

规模的确与遗传相关。在一个缩减的人群中，中立的条件下，一种新的变体可以比在一个庞大的人群中更快地接近固定。在一对交配男女的染色体集合体中，偶然性，也就是遗传漂变，对 Y 染色体的影响比对其他染色体更大，因为常染色体组与 X 染色体和 Y 染色体的比例为 4：3：1。于是，首次出现在基因库中的一个新的 Y 染色体突变，与繁殖过程中四个常染色体组其中一个发生的任何新突变相比，仅凭偶然的机会，在人群中确立的概率就至少要高四倍。[19]另外，只要影响因素将某些男性从交配中排除，就会出现不同的繁殖成功率。这种额外的偶然事件将把人群中确立新的 Y 染色体衍生等位基因的可能性进一步提高四倍以上。因此，Y 染色体的分布范围通常显示出全球范围内任何遗传"血统认同"的体系中最高水平的地理特征。这种独特的 Y 染色体突变更可能与亚人群起源的发展有关的次要瓶颈期相重合，例如与北美殖民相关的西伯利亚始祖。[20]

除了对遗传漂变非常敏感外，人类的 Y 染色体大约包含 5000 万个碱基，而线粒体 DNA 基因组的总数仅为 1.6 万个碱基。于是，从理论上讲，能用于为线粒体 DNA 谱系分类的单核苷酸变异标记数最多也就是 1.6 万个。然而，在忽略约 1000 个碱基的高变区域后，对全球人口样本中 1.5 万个可比线粒体 DNA 序列核苷酸的系统发生学分析表明，任何单个世系中衍生位置的数量，从线粒体 DNA 基因树的根部到顶端，平均只有大约 50 个突变。[21]相反，较大的 Y 染色体提供了更多具有稳定信息的二元突变。这种更强的能力增加了某些 Y 染色体世系偶然地、更加密切地对应特定人口事件的可能性，否则，这些事件对于其他基因位点的信号而言便似乎并不明显。

在过去大约 15 年间，有数千个 Y 染色体突变是通过非系统性方式发现的。[22]对样本集的一些标记进行基因分型，确认了它们在全球范围内的系统发生学关系的可靠性，以及主要单倍群和亚单倍群的很强的地理模式。[23]在理解整个 Y 染色体序列的基因组时代之前，仅从约 600 个典型单核苷酸变异的角度了解了 20 个主要单倍群的层级结构及其一些相关亚单倍群的顺序。有关连接结构性节点的分支的数量和长度的详细信息不足，只在时间和人口动态信息方面形成了粗疏的拓扑结构。虽然我们仍然无法厘清两个或多个单核苷酸变异在同一分支上累积的顺序，但现在我们可以判断按顺序排列的各个节点时间间隔，并通过对每个分支连接进行这种判断来创建一个经过时间校准且具有人口统计学意义的系统发育。因此，Y 染色体可以说是一个颇有启发作用的标记系统，能够提供有关生物地理祖

231

先和人口结构随时间变化的框架。在下一节中，我们扼要总结了在这个经过时间校准的人类 Y 染色体系统发育时代中的最新进展。[24] 所以，对于本节前面提到的理想的具有人群特异性的标记，Y 染色体可能是最适合的标准。

人类基因组学

2003 年，作为一项具有里程碑意义的成就，某国际研究团队经过了十多年的努力，终于接近完成了一个高精度的现代人类参考基因组。它不仅提供了有关一整套基因的位置、组成和功能的详细信息，这个前所未有的资源还创造了新的机会，带来了大容量并行短读 DNA 测序技术的重要进展。随着计算机数据分析的进步，这些发展将人类遗传学推入了"大数据"和人类基因组学的领域。一般来讲，一个知情同意的成年人会自愿捐献唾液、血液或组织样本，可以从中分离出 DNA。目前最常用的测序方法要求首先将提取到的 DNA 分解成数百万个片段，从而创建一个代表捐献者的全基因组的 DNA 分子"库"。再把能够识别样本唯一性的合成分子标签连接到这些片段的所有末端，然后收集长度为 250~500 个核苷酸的标记过的分子片段，并展开测序。值得注意的是，具有样本特异性的标记允许对不同样本库的混合物进行高效的同时测序，并随后通过计算机检索每个样本各自的一组测序片段。接下来，将得自每一个体的小段 DNA 序列与参考基因组的非竞争区域对齐，对它们进行计算组装，就是使其在染色体上定位。之后，用一种算法对样本和参考 DNA 序列加以比较，分辨出可能的核苷酸差异。与已知的参考 DNA 碱基重叠的短序列读取的数目越多，样本测序的覆盖面与所召集的核苷酸碱基的置信度就越大。如今，只需几千美元或更少的费用，就可以在几天之内对一份完整的人类基因组进行 30 倍覆盖度的测序。大多数人类基因组信息都理所当然地聚焦于医学遗传学问题。通常不需要对人类基因组核苷酸序列的全部 30 亿对碱基进行整体测序，所以人们开发出其他的方法，其中通过杂交反应仅对基因组的选定区域进行定位和捕获。人类的外显子组就是一个例子，它是一个特定的染色体区域，在为全部 2 万~2.5 万个已知的蛋白质基因进行编码的序列中，它只包含大约 300 万个核苷酸。"一千基因组项目联盟"是一个领先的技术与方法的试验平台，其目标是在低覆盖度下对大量基因组测序，并创建一个遗传变异的全球参考。[25]虽然现在已有数千个人类基因组被测序，但世界上还有许多人群没有得到反映。为了利用无论现代或古代个体的基因组重建人口历史，用于医学研究的相同捕获技术的实施提供了新的机会。[26]

最新的进展

在过去大约四年的时间里，我们取得了里程碑式的进展，首次迭代的一个经过校准的 Y 染色体基因树形图与 36 个已公开的可用序列进行了比较。这幅图基于在 320 万个碱基对序列中观察到的单碱基替换突变，[27]校准的基础是人类与黑猩猩之间 650 万年的分化时间。

关于"全部"Y 染色体测序的下一个重大进展利用了来自非洲、欧亚大陆和美洲的总共 69 个样本。[28]第一步是以严格的标准识别 Y 染色体上当前短读序列数据与参考序列可靠对齐的所有单副本区域。[29]下一步是开发出一条标准化的管道，以便沿着每个样本序列中多达约 1000 万个碱基对召集单核苷酸变异，构建系统发育，并判断其中各种分支事件的无偏差接合时间（这将在下文讨论）。与上文提到的、定义单个线粒体 DNA 谱系的大约 50 个标记相反，69 个 Y 染色体世系中的每一个从根部到顶端平均约有 1100 个替换。在标记可用性上的这个约 20 倍的比率（1100/50）可以理解为 Y 染色体的明显更为精细的系统发生学的和地理上的分辨率。随后其他重要的 Y 染色体研究[30]使用了包括古代 DNA 在内的独立校准方法，确证了这一突变率，从而形成了可靠的共识。[31]捕获方法的成功应用已经在现代"整体的"Y 染色体测序中得到证明。[32]

到达最近共同祖先的时间

确定时间维度需要构建一幅基因树形图，其中所包含的单核苷酸变异数据来自对数十个或更多的，例如 36～1244 个样本中已知长度的 Y 染色体序列，如 1000 万个核苷酸的重新测序。我们现在已经了解这棵树在不断进化中随机添加单核苷酸变异的平均速率。数据集是建立在对序列中 1000 万个碱基重新测序的基础上，此时的平均突变周期为每 132 年累积一个单核苷酸变异。[33]注意，这个以实验为依据的数值与所研究的序列长度是成比例的。譬如，如果对 500 万个碱基进行测序并构建一套系统发育，平均突变周期将是每 264 年添加一个单核苷酸变异。因此，基于不同序列长度的系统发育将生成对于分支逐次分化之间的"等待时间"的类似估值，使不同的数据集具备可比性。接合时间是两个或多个世系在其最接近的共享分子祖先分支或前体谱系的节点处接合，即连接所用的向前追溯的时间。[34]于是，这种系统发育中的分支长度现在因为与时间成正比而变得重要起来。将连续分化关联在一起的分支代表了一个人群中与繁殖相关的成员数量保持恒定规模的平均时长。然而，也存在一种可能（尤其是如果内部分支较长的话）：一些人口规模波动事件曾经多次发生，但现在看不到了，也就是丢失了。因此，如今可见的联系可能反映了一系列人口规模收缩中的最后一次。不过，当我们观察到许多世系从单一祖先辐射出来的特征时，这种灌木状结构标志着人口从先前的瓶颈期开始进入一个快速扩张期。此类模式最常见于最靠近顶端的地方，也就是树冠上。我们必须意识到，在经过校准的基因树上显示为分支事件的到达最近共同祖先（the most recent common ancestor，简称 TMRCA）的时间与人群增长最快的时间并不一定重合。我们重申，到达最近共同祖先的时间，亦即两个或多个世系的分化时间不一定对应人口历史中的任何重大事件。虽然人口事件（如人群规模的显著变化）有时可能在新的短茎分支出现后很快开始，但是在其他情形下，增长通常发生在以长茎为典型的分支开始形成后的相当长的一段时间。因此，到达最近共同祖先的时间为随后的人群动态设定了一个时间上限。相反，来自可靠年代的古代 DNA 样本的 Y 染色体数据，为基因库中某个标记年代提供了可能的下限。

经时间校准的 Y 染色体系统发育的特征

除了独立的单倍群 A00 以外，现代 Y 染色体系统发育（见图 7.1）反映了从其约 19 万年前的最早起源一直延续到现在的父系血统的时序多样性。[35] 在我们这个物种里，过去存在的一些世系似乎已经不复存在，例如来自保存完好的大约 4.5 万年前的西伯利亚乌斯季伊希姆（Ust'-Ishim）标本的古代 DNA 结果。[36] 当人群规模较小时，漂变的后果（即最幸运者的生

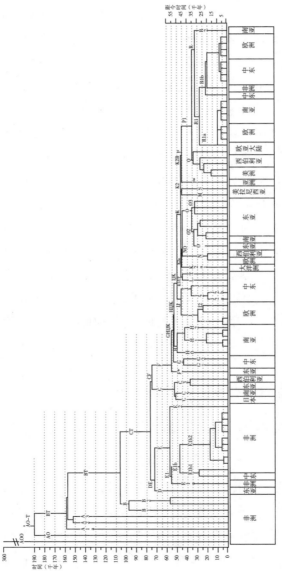

图 7.1 主要单倍群关系的 Y 染色体基因树形图，以及在几千日历年中的时代估算，它们根据的是为具有全球代表性的个体约 1000 万个核苷酸碱基重新测序时检测到的单核苷酸替换苷酸替换。分支长度与每个分支上发现的单碱基替换突变的数目成正比。本图是卡明等人在 2015 年和波兹尼克（Poznik）等人在 2016 年所发布信息的简化改编（在融合这两份出版物时，可能出现的任何疏漏、错误或者对系统发生学的误读，均由我方独立承担责任）

存）就会被放大，正像在适合生殖的男性数量很少的情况下可以预期的那样。在这一方面，独立 A00 世系的发现提供了证据，表明在现已灭绝的古人类男性和解剖学上的现代女性之间发生了基因渗入，也就是通过杂交将遗传信息从一个物种转移到另一个物种。这个 A00 世系一直存在，即便从大约 30 万年前直到今天，它仅以很低的出现率存在于非洲。

图 7.1 显示了基于现代 DNA 的主要单倍群和它们的地理从属关系与接合时间。该树形图概要地表述了改编自两个关键研究的信息。为了简单易懂，仅显示了这两项研究中记录到的一小部分已知的分支多样化。图中绘制的每个单倍群都包含比所示更为精细的子单倍型的区别。图 7.1 说明了早期始祖如何定义了从 A、B、C 到 T 核心单倍型群结构，这些始祖的后代积累了额外的突变，沿着血统进入基因树内部的不同分支层次，通常显示为中等程度的地理分布范围。一般来说，来自某一地理区域的人群包含来自基因树的许多不同部分（即单倍群）的世系组合。

对迁徙起到调节作用的气候变化标志

13.5 万年前到 7.5 万年前，非洲特大干旱的结束带来了更加湿润的环境，这可能促进了早期现代人类的扩张和迁徙。[37]虽然我们无法确定，在大约 3 万年的时间跨度内，集中表现为 CT 分支的源人群在哪里持续存在，但经过校准的 D、C 和 F 系统发育与现代非非洲系统的地理分布范围提出了这样一种可能性，即 DE 和 CF 二者的祖先可能早在 7.5 万年前就已存在于欧亚大陆。这近似于遭遇了一个小型瓶颈期的亚洲亚人群的模型，其中后代人群的扩张发生在此后的氧同位素第三阶段①，约 5.9 万年前到 2.4 万年前更为湿润的间冰期气候中。[38]经过校准的系统发育的一个异常的特征是，少数勇敢的先驱者迅速分散到欧亚大陆、澳大利亚和巴布亚大陆（Papuan landmasses），从而快速形成了主要的非非洲始祖单倍群。[39]特别是在 5.5 万年前到 5 万年前的短暂间隔中，C 和 F 的分化涉及了 F*、G、H、IJ、K、K2、M、P 和 S 单倍群的核心。[40]在大约 2.7 万年前到 1.9 万年前的末次盛冰期（Last Glacial Maximum），北半球的人口减少。当规模缩减的人群躲进避难所，其他地方加剧的干旱令他们相互隔绝，出现了地方性的变异，直到气候条件改善以后他们才逐渐散开。后来，更晚进化的变种形成了基因树的顶端，经常显示出有限的地理分布范围。这些较新的人群表现为耙状的枝形结构，所具有的非常短的茎出现在 E1b2、H1、I1、R1a 和大部分 R1b 等单倍群的为期五千年的接合时间范围内。这些分支从靠近树冠的一个共同的短根辐射出去，与人口普查数据一致，这表明在几块大陆上出现的男性数量的快速增长，与短茎的到达最近共同祖先时间几乎一致，这是近两千年来增长最为迅猛的阶段。[41]近年来的此类爆发性增长已经被解读为代表了经济与文化变迁的结果。[42]另外，人们现在可以简单地修改现代 Y 染色体的树形图，削减到任何感兴趣的从前的接合时间范围，并对现存 Y 染色体单倍群的多样性在当时的可能水平获得全面的了解。假设系统发育经过了正确的校准，那么现代系统发育中不应存在比可靠

---

① "Oxygen Isotope Stage 3"。氧同位素阶段又称"海洋氧同位素阶段"或"海洋同位素阶段"，指的是根据深海钻孔沉积物中的氧同位素数据所反映的温度变化推断出来的地球古气候冷暖交替周期。

地确定了年代的样本更年轻的 Y 染色体标记。举例来说，丹尼索瓦人（Denisovan）① 和欧洲尼安德特人（Neanderthal）的古代基因组测序结果表明，古代人和早期现代人的基因渗入并不罕见。[43]最近的一份报告通过对一名来自亚洲阿尔泰地区的、至少 5 万年前的女性尼安德特人的第 21 号染色体序列数据进行复杂的建模，声称发现了大约 10 万年前现代人类曾经发生基因渗入的证据。[44]尽管任何一条 Y 染色体都可能在某一代人中丢失，古代单倍群 A00 的存活却告诉我们，如果有一天，发现一个亚洲男性尼安德特人显示出与图 7.1 所示的现代系统发育分支在时间上一致的任何人类 Y 染色体的变体，例如分别在约 15.5 万年前和 10.5 万年前接合的 BT 或 CT 分支，那么解剖学上的现代人的基因渗入尼安德特人的证据可能会成为现实。

可信的古代 DNA 的影响

单倍体系统代表了基因组中的一个狭窄的片段。虽然可以说古代 DNA 结果揭示了以前没有被遗传学家意识到的隐秘的复杂性，但试图利用现代 DNA 重建人类史前史的遗传学家[45]通常只有很少的古代标本可用，且此类标本往往只能产生真实突变的少量残体。通过与现代样本的比较，古代 Y 染色体 DNA 结果现在开始展示过往的分支结构，包括发现了已经灭绝的分支。[46]然而，令人振奋的是，在可信的古代 DNA 研究的成就方面，[47]即便只能检测到少量 Y 染色体标记的残留物，它

---

① 丹尼索瓦人是新发现的一个生活在上一个冰期的人类种群。通过对古代遗留的牙齿和从指骨化石提取的 DNA 进行分析，科学家已经证明了丹尼索瓦人的存在。虽然这是依据俄罗斯的化石样本命名的，但其实这一人种主要分布在中国。

们也可以和现代 DNA 中识别到的大量单核苷酸变异数据展开
237 交叉验证。从古代 DNA 中检索到的 Y 染色体，[48] 与对现代 Y 染
色体系统发育的时间和地理的了解形成交叉，为通往过去的道
路指明了可靠的方向。

史前的欧洲

在朝向农业的转型发生之前，在史前欧洲的人口分布中发
挥作用的因素通常构建于气候和文化两个方面，以刀尖和刀刃
技术与象征艺术为基础。和奥瑞纳文化（Aurignacian）① 有关
的一个约 3.7 万年前的俄罗斯标本——科斯坚基（Kostenki）
遗址第 14 号，和一个 3.5 万年前的比利时标本——戈耶
（Goyet）遗址第 116.1 号，都与一些现代西伯利亚人和欧洲人
有着全基因组的亲缘关系。[49]这两个旧石器时代的男性还拥有
一个相关的 Y 染色体亚单倍群 C 变体。在 7000 年前的中石器
时代的一个伊比利亚人，即拉布拉尼亚（La Braña）遗址第 1
号的身上也检测到同样的单倍群，但全基因组分析表明，其中
涉及的人口事件不同，并不是代表一个长期稳定的持续期。[50]这
种单倍群 C 变体如今在现代欧洲人中几乎不存在。古线粒体
DNA 单倍群 M 变体出现于晚冰期（Late Glacial）② 的欧洲，[51]
和新石器时代之前欧洲人口更替的线粒体 DNA 证据一起，进
一步证明了与欧洲人从事狩猎采集活动阶段的一致性。[52]

---

① 距今 4.3 万年前到 2.6 万年前在欧洲大部分地区占主要地位的一种旧石
　器时代文化，因最初发现于法国南部加龙河上游图卢兹附近的奥瑞纳山
　洞而得名。
② 指晚更新世末次冰期的结束时期，大约为距今 1.5 万或 1.4 万年前到 1 万
　年前。

新石器时代的过渡

有关文化传播和人口扩张作用的讨论经久不衰。[53]古代和现代的 Y 染色体数据首次表明，当代撒丁岛人最显著地保留了新石器时代的基因遗产，反映了农业人口向欧洲的扩张。[54]来自 5300 年前名为奥茨（Ötzi）的蒂罗尔冰人（Tyrolean Iceman）① 的古代 Y 染色体证据显示，他携带着 Y 染色体单倍群 G2a-L91，这是早前被替代的单倍群 G2a-PF3147 的一个亚进化分支。相比于在安纳托利亚和塞浦路斯等其他地方约 1% 的低出现率，这两个密切相关的单倍群在今天的撒丁岛和科西嘉岛南部的出现率最高。[55]安纳托利亚西部新石器时代样本中的古代 DNA 中存在的 PF3147 相关世系，[56]以及在法国南部新石器时代样本中存在的分辨率较低的匹配数据，[57]都与新石器时代过渡期间地中海地区相关的基因流动一致。一项基于常染色体单核苷酸变异出现率的主成分分析也确凿地证实了冰人的亲缘关系最接近现代撒丁岛人，而不是其他现代欧洲大陆人。[58]随后进行的严格的常染色体分析显示，现代撒丁岛人也与来自欧洲大陆[59]以及爱琴海地区的其他古代农民的 DNA 样本相似。[60]在冰后期中石器时代的古代 DNA 标本中，也明显缺乏 PF3147 相关世系。[61]这些古代和现代的证据合在一起，巩固了这样一种可能性：G2a-PF3147 及其后代 G2a-L91Y 染色体亚单倍群，尽管两者都缺乏频率曲线，但是可以非常明确地追踪到新石器时代人口向欧洲扩张的步伐。它们目前的

238

---

① 作为世界上最古老、保存最完好的一具石器时代的木乃伊，"冰人奥茨"于 1991 年在意大利阿尔卑斯山脉中被意外发现，他是世界上最重要的考古发现之一。

这种低出现率说明，这些特定的 G2a 世系已被和青铜时代有关的快速扩张的欧亚草原人群所取代，[62] 后者的组成接近现代观察到的遗传结构，其中一些元素在铁器时代文化中被识别出来。[63]

事态

在单倍体基因树中使用特定标记来研究人口历史，对此提出批评的人常常指出，由于没有认识到接合时间并不总是与感兴趣的人口事件密切相关，产生了错误解读。[64] 尽管不可否认的是，通过利用经过时间校准的现代单倍群的嵌套层级结构以及对古代的单亲与常染色体 DNA 的初步认识，在了解约公元前 7000 年开始的欧洲新石器时代过渡期和黑海与里海以北大草原上青铜时代的人口数据方面，新近取得了一些进展，但以下各节中的讨论将 DNA 模式与更为晚近和复杂的新石器时代后的过渡期联系起来，其中包括航海的米诺斯（Minoan）、希腊、腓尼基及罗马文明。这些联系虽然貌似合理，但仍不明确。能不能识别出那些可以将它们部分或全部地加以区分的遗传模式呢？

地中海地区的地方性与世界性动态

历史研究本质上是跨学科的。不仅历史过程逐渐没入史前史的一片模糊之中，而且对特定历史时期的研究可以受益于一系列其他领域的资料和阐释框架，包括社会学和人类学、考古学、语文学、气候学和人类生物学。在这里，我们主要利用现代常染色体和 Y 染色体数据，探索一个狭窄的地理中心内部的遗传模式，即地中海、黑海及毗邻的欧洲和近东地区。我们的首要模型在很大程度上源于费尔南·布罗代尔对地中海地区的历史分析，及后来霍登和普塞尔在其巨著《堕落之海》（*The Corrupting Sea*）中对地中海历史的重新审视。[65]布罗代尔的论点是，地中海是一个特定的历史或史前地区，具有共同的长期持续的历史模式，基于相似的气候和地理；而霍登和普塞尔的地中海模型是一系列高度碎片化和多样化的微生态，除了远距离的海上贸易和迁移，各地之间保持着相对的隔离和差异化。这两种观点以一种有趣的方式形成了互补。布罗代尔的模型在很大程度上是世界性的，而霍登和普塞尔的模型强调了地中海盆地文化发展的地方性本质。有关地中海历史的这种两极观点符合人类人口学的几个基本遗传模型，最显著的是与长距离和短距离迁移相联系的一种岛屿模型。岛屿间漂移的两极力量和迁徙导致遗传标记在地理分布上呈现出惊人的结果。

239

世界性范例

在这里，我们从遗传学的角度讨论新石器时代后的远距离迁徙。许多特定 Y 染色体单倍群是在十多年前定义的，在它们的现存地理分布的启发之下，人们试图将它们与地中海文明联系起来。比如，有人打算利用在黎凡特显示出现率峰值的单倍体 J2-M172 来追踪腓尼基人。[66]虽然许多已发表的 Y 染色体结果涉及由接合时间早于新石器时代的标记所定义的世系，但最近对全部 Y 染色体测序的结果表明，有一些主要的亚系接近青铜时代的人口事件。单倍体 J2a-M410 就是个例子，它的分化时间在大约 3.3 万年以前。[67]这个单倍群的地理范围涵盖了巴基斯坦、伊朗、高加索地区、安纳托利亚和地中海沿岸的欧洲地区。[68]现代分布范围和系统发育亚结构表明，M410 单倍体的单核苷酸变异出现在今天伊朗的扎格罗斯山脉。[69]亚单倍群 J2a-M67 和 J2a-Z387 构成了现存欧洲人中可以观察到的大多数亚单倍群。J2a-M67 中有三个主要亚分支，被命名为 Z467、Z500 和 CTS900。[70]目前，在欧洲古代 DNA 背景中，仅报告了一次 J2a-M410 的出现，它涉及从大约公元前 1200 年匈牙利青铜时代晚期标本中观察到的 J2a-CTS900 亚系。[71]今天，CTS900 亚系在高加索地区最常被观察到。

在安纳托利亚西部、塞浦路斯、西西里岛和意大利北部以及德系犹太人（Ashkenazi Jews）中观察到了 J2a-Z467 的 L210 亚系。[72]托斯卡纳样本中 L210 的接合时间可以确定为大约在公元前 200 年，这表明了希腊罗马时代的人口扩张。最近，对罗马时代不列颠样本的古代 DNA 分析报告了其中某个样本有一个在其地理背景中不同寻常的单倍群。该个体属于典型的中东地区的单倍群 J2，显示了罗马帝国的世界性，而且他的常染色体结果表明他与来自黎凡特和阿拉伯半岛的个体聚集在一起。[73]

亚单倍群 J2a-Z387 同样广泛分布于地中海沿岸的欧洲地区，尤其是意大利南部、西西里岛和克里特岛，接合时间为公元前 1500 年。[74]它可能映射了考古学记录中所见的青铜时代晚期的海洋人口移动。T 单倍群在整个近东和地中海地区同样广泛分布，并表现出与上述 J2 世系相似的人口学特征。[75]在公元前 5207 年至公元前 5079 年的德国新石器时代晚期样本中同样报告了 T 单倍群。[76]虽然该分支也显示了一个久远的接合时间，但它的亚系在约公元前 2000 年至公元前 1400 年的青铜时代扩散开来。[77]西西里岛上发现了在北非柏柏尔人（Berbers）中很突出的 E-M81 谱系。[78]这些例子很可能反映了从青铜器时代到古代时期整个地中海的海上贸易，并支持了布罗代尔论点的一个侧面，即地中海构成了一个由几千年来的长期和广泛的互动结合而成的遗传和文化区域。

地方性范例

我们不仅看到了整个地中海地区的长期扩张，还发现了本地的迁移或人口扩张的证据，特别是在爱琴海和巴尔干地区。

大约公元前 7000 年，在克诺索斯（Knossos）对克里特岛进行殖民的移民将整个新石器时代的文明带到了这座岛上。在从新石器时代末期向青铜时代早期过渡的后半段（大约公元前 3100 年），陶器样式的变换可能标志着米诺斯文明到达了该岛。金（King）团队[79]判断，克里特岛上的两个 Y 染色体世系——J2a-M319 和 J2a-M92 的扩张发生在公元前 3100 年。这一判断是利用了高度多态性基因位点，其中等位基因的序列长度根据短串联重复（Short Tandemly Repeated，简称 STR）[①] 核苷酸的数量而变化，例如（ATG）$_n$ 或（GAGT）$_n$ 等重复元素。J2a-M319 和 J2a-M92 都集中于安纳托利亚中部和西北部的现代人口中。这些结果说明，安纳托利亚的始祖群体可能在此时迁移到了克里特岛。

一般来讲，E-V13 是常见于希腊和巴尔干地区现存人口中的一个 Y 单倍群，而在地中海其他地区相对罕见。[80]尽管 E-V13 的接合时间在公元前 10000 年，但公元前 1600 年前后发生了一次表现为各种不同亚系的大规模扩张，这可能与讲希腊语的人来到希腊的时间相近。由于 E-V13 相对晚近的扩张时

---

① 即上一篇中提到的微卫星序列。

间，它最初局限于希腊和巴尔干地区，且在地中海其他地区的出现率较低，因此 E-V13 可能是追踪铁器时代或古代时期希腊人跨地中海殖民的一个理想标记。这是一项针对普罗旺斯（Provence）的现代研究的目的，它估计希腊人的 Y 染色体在普罗旺斯人口中占 15%～20%。[81]而在其他研究中，E-V13 也被用来判断希腊的大陆部分对西西里岛[82]以及塞浦路斯岛（13%）和克里特岛（20%）的贡献，[83]尽管有些人曾怀疑 E-V13 的特异性。[84]

241

即将到来的可能性

针对包括人口学特异性不足在内的一些缺点，至少在某些情况下，可通过构建高分辨率的系统发育来弥补，即采用限制在相同的单倍群分辨率水平的多个现代 DNA 样本的全序列。近来，这种方法的有效性得到了北温带欧亚大陆常见的 N 单倍群样本的支持。每一种系统发育都表现为更加精细的分支结构，许多分支的长度较短，有效地缩短了分化时间与随后从之前瓶颈期到开始扩张之间的间隔。在针对现代人群进行基因分型时，这些新定义的亚单倍群通常也显示出独特的空间上的出现率模式。[85] Y 染色体基因分型如何达到 V13 分辨率水平的问题可以离散地反映出，希腊在公元前 1600 年前后向地中海中部扩张的情况同样可以通过对多个 E-V13 样本进行测序来研究。随后的高分辨率系统发育分析有助于评估是否存在由短茎连接在一起的任何独立亚单倍群的集聚，其估计的接合时间和现代空间出现率分布与通过适当的现代人群样本获知的殖民地点近似。谨慎的做法是，要记住，"一个单倍群一次迁移"的解决路径是一种过于简单的模型。尽

管对年代久远的、确证的希腊标本进行的古代 DNA 研究可能
会发现，在与时间相关的史前基因库中缺乏 E-V13，但其他
单倍群如果具有与 E-V13 同时期出现的特性，也可以在追踪
希腊人的迁移中发挥作用。

结语

在过去约四年的时间里，现代人口基因组学和古代 DNA
结果的汇集为遗传学领域带来了改观。[86]同样的技术进步允许
出于医学目的为数万个现代基因组进行测序，这也使获得可靠
的古代 DNA 结果成为可能。这种新的测序能力也将 Y 染色体
系统发生学带入了一个理解更为深入的时代。利用现代 DNA
样本中的"整体的"序列，以高精细度的分辨率揭示分支结
构，提供了一个有着更广泛背景的并经过时间校准的体系，这
对于更全面地理解有关古代 DNA 数据的宝贵资料至关重要。
使用十几个代表分支节点的单核苷酸变异对现代人群样本进行
基因分型，其接合时间适合探索有关人类历史的特定假设，便
可以揭示未曾发现的过往的人口事件。这方面的一个令人瞩目
的发展是有关农业进入欧洲究竟是人口的扩散还是文化的传播
这样一场争论。虽然古代 DNA 清楚地显示，第一批农民实际
上是从安纳托利亚和近东迁移到欧洲的，但是这种 Y 染色体
标记在现代欧洲大陆人群中的存在微乎其微，只有大约 1%。
值得注意的是，古代和现代的 DNA 结果，包括 Y 染色体单倍
群 R1b 的接合时间，都表明在过去不到 5000 年的时间里，草
原民族的到来在很大程度上取代了早期欧洲新石器时代的基因
遗产。现代全球 Y 染色体基因树与分支事件的时间估测相结
合，在事实上显示出，新石器时代后欧洲出现的大规模人口增

长在很大程度也发生在世界各地。现在，Y 染色体系统发生学方面的实质性知识的成熟，提供了一个多功能的实验系统来形成并检验有关解剖学上的现代人类历史的假设。

致谢

P. A. 昂德希尔得到了"海外学习项目"（SAP）为卡洛斯·D. 布斯塔曼特教授提供的 Spo#115016 号资助的支持。

注　释

1. E. g. , Cavalli-Sforzaet al. 1994.

2. Rosenberg et al. 2005.

3. Ramachandran et al. 2005.

4. Cavalli-Sforza and Feldman 2003.

5. Novembre et al. 2008.

6. Skoglund et al. 2014；Broushaki et al. 2016.

7. Wall and Slatkin 2012.

8. Alexander et al. 2009.

9. Renfrew 2010.

10. Kidd et al. 2012.

11. Byrnes et al. 2014.

12. Behar et al. 2012.

13. Chiaroni et al. 2009.

14. Kivisild 2015.

15. Underhill and Kivisild 2007；Bedoya et al. 2006.

16. Balaresque et al. 2015.

17. Ray and Excoffier 2009.

18. Harpending 2007.

19. Jorde et al. 1998；Kivisild 2015.

20. Dulik et al. 2012.

21. Behar et al. 2012；Poznik et al. 2013.

22. E. g. , Hinds et al. 2005.

23. E. g. , Underhill et al. 2000；Jobling and Tyler-Smith 2003；Karafet et al. 2008；Hallast et al. 2015.

24. Jobling and Tyler-Smith 2017.

25. The 1000 Genomes Project Consortium 2010；The 1000 Genomes Project et al. 2015.

26. Stoneking and Krause 2011；Kivisild 2017. 以及上文第六篇。

27. Wei et al. 2013.

28. Poznik et al. 2013.

29. Poznik et al. 2013.

30. Karmin et al. 2015；Batini et al. 2015；Balanovsky et al. 2015；Poznik et al. 2016.

31. Poznik et al. 2016.

32. Hallast et al. 2015；Batini et al. 2015；Balanovsky et al. 2015.

33. Poznik et al. 2016.

34. Rosenberg and Nordborg 2002.

35. Karmin et al. 2015；Poznik et al. 2016.

36. Fu et al. 2014.

37. Scholz et al. 2007.

38. Pope and Terrell 2008.

39. Bergström et al. 2016.

40. Karmin et al. 2015.

41. Keinan and Clark 2012.

42. Karmin et al. 2015；Poznik et al. 2016.

43. Green et al. 2010；Prüfer et al. 2014.

44. Kuhlwilm et al. 2016.

45. Haber et al. 2016.

46. Rasmussen et al. 2014，2015；Schroeder et al. 2015；Fu et al. 2014.

47. Der Sarkissian et al. 2015；Slatkin and Racimo 2016.

48. E. g. , Keller et al. 2012；Schroeder et al. 2015；Rasmussen et al. 2014；Mathieson et al. 2015.

49. Seguin-Orlando et al. 2014；Fu et al. 2016.

50. Olalde et al. 2014.

51. Posth et al. 2016.

52. Pala et al. 2012.

53. Wall and Slatkin 2012.

54. Keller et al. 2012.

55. Rootsi et al. 2012；Voskarides et al. 2016.

56. Mathieson et al. 2015；Hofmanová et al. 2016.

57. Lacan et al. 2011.

58. Keller et al. 2012.

59. Sikora et al. 2014；Gamba et al. 2014.

60. Hofmanová et al. 2016.

61. Hofmanová et al. 2016.

62. Haak et al. 2015；Allentoft et al. 2015.

63. Gamba et al. 2014.

64. Goldstein and Chikhi 2002；Soares et al. 2011；Pinhasi et al. 2012.

65. Braudel 1972；Horden and Purcel 2000.

66. Zalloua et al. 2008.

67. Poznik et al. 2016.

68. Chiaroni et al. 2009.

69. Grugni et al. 2012；Poznik et al. 2016.

70. Poznik et al. 2016.

71. Gamba et al. 2014.

72. King R. J.，未发表的结果；Magoon et al 2013。

73. Martiniano et al. 2016.

74. Poznik et al. 2016.

75. Mendez et al. 2011.

76. Haak et al. 2015.

77. Poznik et al. 2016.

78. Di Gaetano et al. 2009.

79. King et al. 2008.

80. Cruciani et al. 2007.

81. King et al. 2011.

82. Di Gaetano et al. 2009.

83. Voskarides et al. 2016; King et al. 2008.

84. Tofanelli et al. 2016.

85. E. g. , Ilumäe et al. 2016.

86. Slatkin and Racimo 2016; Nielsen et al 2017.

参考文献

Alexander D. H., J. Novembre, and K. Lange. 2009. "Fast model-based estimation of ancestry in unrelated individuals." *Genome Research* 19 (9):1655–1664. DOI: 10.1101/gr.094052.109.

Allentoft M. E., et al. 2015. "Population genomics of Bronze Age Eurasia." *Nature* 522 (7555): 167–172. DOI: 10.1038/nature14507.

Balanovsky, O., et al. 2015. "Deep phylogenetic analysis of haplogroup G1 provides estimates of SNP and STR mutation rates on the human Y-chromosome and reveals migrations of Iranic speakers." *PLoS ONE* 10 (4): e0122968. DOI: 10.1371/journal.pone.0122968.

Balaresque, P., et al. 2015. "Y chromosome descent clusters and male differential reproductive success: young lineage expansions dominate Asian pastoral nomadic populations." *European Journal of Human Genetics* 23 (10): 1413–1422. DOI: 10.1038/ejhg.2014.285.

Batini, C., et al. 2015. "Large-scale recent expansion of European patrilineages shown by population resequencing." *Nature Communications* 6: 7152. DOI: 10.1038/ncomms8152.

Bedoya, G., et al. 2006. "Admixture dynamics in Hispanics: a shift in the nuclear genetic ancestry of a South American population isolate." *Proceedings of the National Academy of Sciences of the United States of America* 103 (19): 7234–7239. DOI: 10.1073/pnas.0508716103.

Behar, D. M., et al. 2012. "A 'Copernican' reassessment of the human mitochondrial DNA tree from its root." *American Journal of Human Genetics* 90 (4): 675–684. DOI: 10.1016/j.ajhg.2012.03.002.

Bergström A., et al. 2016. "Deep roots for Aboriginal Australian Y chromosomes." *Current Biology* 26 (6): 809–813. DOI: 10.1016/j.cub.2016.01.028.

Braudel, F. 1972. *The Mediterranean and the Mediterranean World in the Age of Philip II*, trans. S. Reynolds. London: Collins.

Broushaki F., et al. 2016. "Early Neolithic genomes from the eastern Fertile Crescent." *Science* 353 (6298): 499–503. DOI: 10.1126/science.aaf7943.

Byrnes, J., N. M. Myres, and P. A. Underhill. 2014. "Genetic genealogy in the genomic era." In *Forensic DNA Applications: An Interdisciplinary Perspective*, eds. D. Primorac and M. Schanfield. Boca Raton, FL: CRC Press Taylor & Francis Group. DOI: 10.1201/b16512-23.

Cavalli-Sforza, L. L., and M. W. Feldman. 2003. "The application of molecular genetic approaches to the study of human evolution." *Nature Genetics* 33 (Supplement): 266–275. DOI:10.1038/ng1113.

Cavalli-Sforza, L. L., P. Menozzi, and A. Piazza. 1994. *History and Geography of Human Genes*. Princeton: Princeton University Press.

Chiaroni, J., P. A. Underhill, and L. L. Cavalli-Sforza. 2009. "Y chromosome diversity, human expansion, drift, and cultural evolution," *Proceedings of the National Academy of Sciences of the United States of America* 106 (48): 20174–20179. DOI: 10.1073/pnas.0910803106.

Cruciani. F., et al. 2007. "Tracing past human male movements in northern/eastern Africa and western Eurasia: new clues from Y-chromosomal haplogroups E-M78 and J-M12." *Molecular Biology and Evolution* 24 (6): 1300–1311. DOI: 10.1093/molbev/msm049.

Der Sarkissian, C., et al. 2015. "Ancient genomics." *Philosophical Transactions of the Royal Society London B, Biological Sciences* 370: 20130387. DOI: 10.1098/rstb.2013.0387.

Di Gaetano, C., et al. 2009. "Differential Greek and northern Africa migrations to Sicily are supported by genetic evidence from the Y chromosome." *European Journal of Human Genetics* 17: 91–99. DOI: 10.1038/ejhg.2008.120.

Dulik, M. C., et al. 2012. "Mitochondrial DNA and Y chromosome variation provides evidence for a recent common ancestry between Native Americans and Indigenous Altaians." *American Journal of Human Genetics* 90 (2): 229–246. DOI:10.1016/j.ajhg.2011.12.014.

Fu, Q., et al. 2014. "Genome sequence of a 45,000-year-old modern human from western Siberia." *Nature* 514 (7523): 445–450. DOI: 10.1038/nature13810.

Fu, Q., et al. 2016. "The genetic history of Ice Age Europe." *Nature* 534 (7606): 200–205. DOI: 10.1038/nature17993.

Gamba, C., et al. 2014. "Genome flux and stasis in a five millennium transect of European prehistory." *Nature Communications* 5: 5257. DOI: 10.1038/ncomms6257.

Goldstein, D. B., and L. Chikhi. 2002. "Human migrations and population structure: what we know and why it matters." *Annual Review of Genomics and Human Genetics* 3: 129–152. DOI: 10.1146/annurev.genom.3.022502.103200.

Green R. E., et al. 2010. "A draft sequence of the Neandertal genome." *Science* 328 (5979): 710–722. DOI: 10.1126/science.1188021.

Grugni, V., et al. 2012. "Ancient migratory events in the Middle East: new clues from the Y-chromosome variation of modern Iranians." *PLoS ONE* 7 (7): e41252. DOI: 10.1371/journal.pone.0041252.

Haak, W. 2015. "Massive migration from the steppe was a source for Indo-European languages in Europe." *Nature* 522 (7555): 207–211. DOI: 10.1038/nature14317.

Haber, M., et al. 2016. "Ancient DNA and the rewriting of human history: be sparing with Occam's razor." *Genome Biology* 17: 1. DOI: 10.1186/s13059-015-0866-z.

Hallast, P., et al. 2015. "The Y-chromosome tree bursts into leaf: 13,000 high-confidence SNPs covering the majority of known clades." *Molecular Biology and Evolution* 32 (3): 661–673. DOI: 10.1093/molbev/msu327.

Harpending, H. 2007. "Humans: demographic history." In *Encylopedia of Life Sciences*. Chichester: John Wiley & Sons Ltd. Available at http://www.els.net. DOI: 10.1002/9780470015902.a0005077.pub2.

Hinds, D. A., et al. 2005. "Whole-genome patterns of common DNA variation in three human populations." *Science* 307 (5712): 1072–1079. DOI: 10.1126/science.1105436.

Hofmanová, Z., et al. 2016. "Early farmers from across Europe directly descended from Neolithic Aegeans." *Proceedings of the National Academy of Sciences of the United States of America* 113 (25): 6886–6891. DOI: 10.1073/pnas.1523951113.

Horden, P., and N. Purcell. 2000. *The Corrupting Sea: A Study of Mediterranean History*. Oxford: Wiley-Blackwell.

Ilumäe, A.-M., et al. 2016. "Human Y-chromosome haplogroup N: a non-trivial time-resolved phylogeography that cuts across language families." *American Journal of Human Genetics* 99: 163–173. DOI: 10.1016/j.ajhg.2016.05.025.

Jobling, M. A., and C. Tyler-Smith. 2003. "The human Y chromosome: an evolutionary marker comes of age." *Nature Reviews Genetics* 4: 598–612. DOI: 10.1038/nrg1124.

Jobling, M. A., and C. Tyler-Smith. 2017. "Human Y-chromosome variation in the genome-sequencing era. *Nature Reviews Genetics* 18: 485–497. DOI: 10.1038/nrg.2017.36.

Jorde, L. B., M. Bamshad, and A. R. Rogers. 1998. "Using mitochondrial and nuclear DNA markers to reconstruct human evolution." *BioEssays* 20:126–136. DOI: 10.1002 /(SICI)1521–1878(199802)20:2<126:AID-BIES5>3.0.CO;2-R.

Karafet, T. M., et al. 2008. "New binary polymorphisms reshape and increase resolution of the human Y chromosomal haplogroup tree." *Genome Research* 18 (5): 830–838. DOI: 10.1101/gr.7172008.

Karmin, M., et al. 2015. "A recent bottleneck of Y chromosome diversity coincides with a global change in culture." *Genome Research* 25 (4): 459–466. DOI: 10.1101/gr.18668 4.114.

Keinan, A., and A. G. Clark. 2012. "Recent explosive human population growth has resulted in an excess of rare genetic variants." *Science* 336 (6082): 740–743. DOI: 10.1126 /science.1217283.

Keller, A., et al. 2012. "New insights into the Tyrolean Iceman's origin and phenotype as inferred by whole-genome sequencing." *Nature Communications* 3: 698. DOI: 10.1038 /ncomms1701.

Kidd, J., et al. 2012. "Population genetic inference from personal genome data: impact of ancestry and admixture on human genomic variation." *American Journal of Human Genetics* 91 (4): 660–671. DOI: 10.1016/j.ajhg.2012.08.025.

King, R. J., et al. 2008. "Differential Y-chromosome Anatolian influences on the Greek and Cretan Neolithic." *Annals of Human Genetics* 72 (2): 205–214. DOI:10 .1111/j.1469–1809.2007.00414.x.

King R. J., et al. 2011. "The coming of the Greeks to Provence and Corsica: Y chromosome models of archaic Greek colonization of the western Mediterranean." *BMC Evolutionary Biology* 11: 69. DOI: 10.1186/1471-2148-11-69.

Kivisild, T. 2015. "Maternal ancestry and population history from whole mitochondrial genomes." *Investigative Genetics* 6: 3. DOI: 10.1186/s13323-015-0022-2.

Kivisild, T. 2017. "The study of human Y chromosome variation through ancient DNA." *Human Biology* 136: 529–546. DOI 10.1007/s00439-017-1773-z.

Kuhlwilm M., et al. 2016. "Ancient gene flow from early modern humans into Eastern Neanderthals." *Nature* 530 (7591): 429–433. DOI: 10.1038/nature16544.

Lacan, M., et al. 2011. "Ancient DNA reveals male diffusion through the Neolithic Mediterranean route." *Proceedings of the National Academy of Sciences of the United States of America* 108 (24): 9788–9791. DOI: 10.1073/pnas.1100723108.

Magoon, G. R., et al. 2013. "Generation of high-resolution *a priori* Y-chromosome phylogenies using "next-generation" sequencing data." *Bioarchiv* November 22, 2013 DOI: https://doi.org/10.1101/000802.

Martiniano, R., et al. "Genomic signals of migration and continuity in Britain before the Anglo-Saxons." *Nature Communications* 7: 10326. DOI: 10.1038/ncomms10326.

Mathieson I., et al. 2015. "Genome-wide patterns of selection in 230 ancient Eurasians." *Nature* 528 (7583): 499–503. DOI: 10.1038/nature16152.

Mendez, F. L., et al. 2011. "Increased resolution of Y chromosome haplogroup T defines relationships among populations of the Near East, Europe, and Africa." *Human Biology* 83 (1), 39–53. DOI: 10.3378/027.083.0103.

Nielsen, R., et al. 2017. "Tracing the peopling of the world through genomics." *Nature* 541: 302–310. DOI: 10_1038/nature21347.

Novembre, J., et al. 2008. "Genes mirror geography within Europe." *Nature* 456 (7281): 98–101. DOI: 10.1038/nature07331.

Olalde, I., et al. 2014. "Derived immune and ancestral pigmentation alleles in a 7,000-year-old Mesolithic European." *Nature* 507 (7491): 225–228. DOI: 10.1038/nature12960.

Pala, M., et al. 2012. "Mitochondrial DNA signals of late glacial recolonization of Europe from Near Eastern refugia." *American Journal of Human Genetics* 90 (5), 915–924. DOI: 10.1016/j.ajhg.2012.04.003.

Pinhasi, R., et al. 2012. "The genetic history of Europeans." *Trends in Genetics* 28: 496–505. DOI: 10.1016/j.tig.2012.06.006.

Pope, K. O., and J. E. Terrell. 2008. "Environmental setting of human migrations in the circum-Pacific region." *Journal of Biogeography* 35: 1–21. DOI: 10.1111/j.1365 -2699.2007.01797.

Posth, C., et al. 2016. "Pleistocene mitochondrial genomes suggest a single major dispersal of Non-Africans and a late glacial population turnover in Europe." *Current Biology* 26 (6): 827–833. DOI: 10.1016/j.cub.2016.01.037.

Poznik, G. D., et al. 2013. "Sequencing Y chromosomes resolves discrepancy in time to common ancestor of males versus females." *Science* 341 (6145): 562–565. DOI: 10.1126 /science.1237619.

Poznik, G. D., et al. 2016. "Punctuated bursts in human male demography inferred from 1,244 worldwide Y chromosome sequences." *Nature Genetics* 48 (6): 593–599. DOI: 10.1038/ng.3559.

Prüfer, K., et al. 2013. "The complete genome sequence of a Neanderthal from the Altai Mountains." *Nature* 505 (7481): 43–9. DOI: 10.1038/nature12886.

Ramachandran, S., et al. 2005. "Support from the relationship of genetic and geographic distance in human populations for a serial founder effect originating in Africa." *Proceedings of the National Academy of Sciences of the United States of America* 102 (44): 15942–15947. DOI: 10.1073/pnas.0507611102.

Rasmussen, M., et al. 2014. "The genome of a late Pleistocene human from a Clovis burial site in western Montana." *Nature* 506 (7487): 225–229. DOI: 10.1038/nature13025.

Rasmussen, M., et al. 2015. "The ancestry and affiliations of Kennewick Man." *Nature* 523 (7561): 455–458. DOI: 10.1038/nature14625.

Ray, N., and L. Excoffier. 2009. "Inferring past demography using spatially explicit population genetic models." *Human Biology* 81 (2–3): 141–157. DOI: 10.3378/027.081 .0303.

Renfrew, C. 2010. "Archaeogenetics—towards a 'new synthesis?'" *Current Biology* 20 (4): R162–R165. DOI: 10.1016/j.cub.2009.11.056.

Rootsi, S., et al. 2012. "Distinguishing co-ancestries of European and Caucasian human Y-chromosomes within haplogroup G." *European Journal of Human Genetics* 20 (12): 1275–1282. DOI: 10.1038/ejhg.2012.86.

Rosenberg, N. A., and M. Nordborg. 2002. "Genealogical trees, coalescent theory and the analysis of genetic polymorphisms." *Nature Reviews Genetics* 3 (5): 380–390. DOI: 10 .1038/nrg795.

Rosenberg, N. A., et al. 2005. "Clines, clusters, and the effect of study design on the inference of human population structure." *PLoS Genetics* 1 (6): e70. DOI: 10.1371/journal .pgen.0010070.

Scholz, C. A., et al. 2007. "East African megadroughts between 135 and 75 thousand years ago and bearing on early-modern human origins." *Proceedings of the National Academy of Sciences of the United States of America* 104 (42): 16416–16421. DOI: 10.1073 /pnas.0703874104.

Schroeder, H., et al. 2015. "Genome-wide ancestry of 17th-century enslaved Africans from the Caribbean." *Proceedings of the National Academy of Sciences of the United States of America* 112 (12): 3669–3673. DOI: 10.1073/pnas.1421784112.

Seguin-Orlando, A., et al. 2014. "Paleogenomics: genomic structure in Europeans dating back at least 36,200 years." *Science* 346 (6213): 1113–1118. DOI: 10.1126/science.aaa0114.

Sikora, M., et al. 2014. "Population genomic analysis of ancient and modern genomes yields new insights into the genetic ancestry of the Tyrolean Iceman and the genetic structure of Europe." *PLoS Genetics* 10 (5): e1004353. DOI: 10.1371/journal.pgen.1004353.

Skoglund, P., et al. 2014. "Investigating population history using temporal genetic differentiation." *Molecular Biology and Evolution* 31 (9): 2516–2527. DOI: 10.1093/molbev/msu192.

Slatkin, M., and F. Racimo, 2016. "Ancient DNA and human history." *Proceedings of the National Academy of Sciences of the United States of America* 113 (23): 6380–6387. DOI. 10.1073/pnas.1524306113.

Soares, P., et al. 2011. "Learning about human population history from ancient and modern genomes." *Nature Review Genetics* 12 (9): 603–614. DOI: 10.1038/nrg3029.

The 1000 Genomes Project Consortium. 2010. "A map of human genome variation from population scale sequencing." *Nature* 467 (7319): 1061–1073. DOI: 10.1038/nature09534.

The 1000 Genomes Project Consortium et al. 2015. "A global reference for human genetic variation." *Nature* 526 (7571): 68–74. DOI: 10.1038/nature15393.

Tofanelli, S., et al. 2016. "The Greeks in the West: genetic signatures of the Hellenic colonization in southern Italy and Sicily." *European Journal of Human Genetics* 24: 429–436. DOI: 10.1038/ejhg.2015.124.

Underhill, P. A., and T. Kivisild. 2007. "Use of Y chromosome and mitochondrial DNA population structure in tracing human migrations." *Annual Review Genetics* 41: 539–564. DOI: 0.1146/annurev.genet.41.110306.130407.

Underhill, P. A., et al. 2000. "Y chromosome sequence variation and the history of human populations." *Nature Genetics* 26 (3): 358–361. DOI: 10.1038/81685.

Voskarides, K., et al. 2016. "Y-chromosome phylogeographic analysis of the Greek-Cypriot population reveals elements consistent with Neolithic and Bronze Age settlements." *Investigative Genetics* 7: 1. DOI: 10.1186/s13323-016-0032-8.

Wall J. D., and Slatkin M. 2012. "Paleopopulation genetics." *Annual Review Genetics* 46: 635–649. DOI:10.1146/annurev-genet-110711-155557.

Wei, W., et al. 2013. "A calibrated human Y-chromosomal phylogeny based on resequencing." *Genome Research* 23 (2): 388–395. DOI: 10.1101/gr.143198.112.

Zalloua, P. A., et al. 2008. "Identifying genetic traces of historical expansions: Phoenician footprints in the Mediterranean." *American Journal of Human Genetics*: 83 (5): 633–642. DOI: 10.1016/j.ajhg.2008.10.012.

索 引

（以下为原书页码，即本书页边码）

注：页码后有 *t* 表明为表，有 *f* 表明为图。

图书在版编目（CIP）数据

古罗马史与自然科学方法：生物、气候与历史学的
未来／（奥）瓦尔特·沙伊德尔（Walter Scheidel）主
编；祁长保译 . --北京：社会科学文献出版社，
2024.3
　　书名原文：The Science of Roman History：
Biology，Climate，and the Future of the Past
　　ISBN 978-7-5228-2760-5

　　Ⅰ.①古…　Ⅱ.①瓦…　②祁…　Ⅲ.①古罗马-历史
-研究　Ⅳ.①K126

　　中国国家版本馆 CIP 数据核字（2023）第 219177 号

　　地图审图号：GS（2023）4649 号（书中地图系原文插图）

古罗马史与自然科学方法：生物、气候与历史学的未来

主　　编／〔奥〕瓦尔特·沙伊德尔（Walter Scheidel）
译　　者／祁长保

出 版 人／冀祥德
组稿编辑／董风云
责任编辑／成　琳
责任印制／王京美

出　　版／社会科学文献出版社·甲骨文工作室（分社）（010）59366527
　　　　　　地址：北京市北三环中路甲 29 号院华龙大厦　邮编：100029
　　　　　　网址：www. ssap. com. cn
发　　行／社会科学文献出版社（010）59367028
印　　装／北京盛通印刷股份有限公司

规　　格／开本：889mm×1194mm　1/32
　　　　　　印　张：11　字　数：255 千字
版　　次／2024 年 3 月第 1 版　2024 年 3 月第 1 次印刷
书　　号／ISBN 978-7-5228-2760-5
著作权合同
登 记 号／图字 01-2020-3897 号
定　　价／72.00 元

读者服务电话：4008918866